DAS NGO HANDBUCH

Non Governmental Organisations

Ein Produkt des
greenpeace
magazin.

Greenpeace Media GmbH,
Große Elbstr. 145d
22767 Hamburg
Telefon 040/808 12 80 80
Fax 040/808 12 80 99
E-Mail: gpm@greenpeace-magazin.de

www.greenpeace-magazin.de

V.i.S.d.P.: Jochen Schildt

Recherche und Redaktion: Jan van Aken

Organisation: Kirsten Brodde, Kerstin Leesch

Schlussredaktion: Kerstin Eitner

Mitarbeit: Sibille Lutz, Constanze Semidei, Nina Schulz, Emeline van Houtte, Lasse van Aken, Felix Lorenzen, Marco Joneleit

Gestaltung: Bettina Rosenow/Büro Hamburg

Druck: CPI books, Leck

ISBN 978-3-981 16 89-0-7

Vorwort

Wer setzt sich für die Rettung der *Zahnradtomate ein? Was verbirgt sich hinter dem Kürzel 22september.ch? Wie kann ich die Veranstalter vom Red Hand Day erreichen? Wofür und von wem wird ein Preis namens BigBrother-Award verliehen? Und wie kann ich mich für den Schutz der Wale und Delfine einsetzen?*

In diesem Nachschlagewerk finden Sie *die Antworten. Wir stellen Ihnen über 400 kleine und große NGOs in Deutschland, Österreich, Luxemburg und der Schweiz vor. Die sperrige Abkürzung NGO steht für das englische Wort non-governmental organisation, auf deutsch Nichtregierungsorganisation. Dahinter verbirgt sich eine bunte und vielgestaltige Zahl von Menschen, die Behörden und Beamten Beine machen, Regierungen und Parlamente mit drängenden Problemen konfrontieren, unermüdlich auf rasches Handeln pochen und selbst zur Tat schreiten. Sie sind allesamt Mahner, Anwälte und Fürsprecher einer besseren Welt, engagieren sich für eine solidarische und friedliche Gesellschaft und einen respektvollen Umgang miteinander und mit der Natur.*

Sollten Sie also detaillierte und akribisch *recherchierte Informationen über diese Organisationen suchen, ihre Adressen, Absichten, Aktionen und Ansprechpartner – dann werden Sie auf den folgenden 500 Seiten fündig. Ein Stichwortregister und ein Personenverzeichnis helfen Ihnen beim Nachschlagen.*

Das Handbuch soll Sie, liebe Leserinnen *und Leser, aber auch ermuntern und anregen, selbst mitzumachen bei einer Organisation, deren Ziele Sie wichtig finden und die Ihnen sympathisch ist, die sich für eine Sache einsetzt, die Ihnen persönlich schon lange am Herzen liegt oder auf den Nägeln brennt. Denn Menschen, die entschlossen und kreativ ehrenamtlich zupacken, sind unerlässlich für den Erfolg der NGOs.*

Für den Demokratieforscher Birger Priddat *von der Zeppelin-Universität in Friedrichshafen sind NGOs „der Stachel im Fleisch der Politik". Er vergleicht das Politikgeschäft ein wenig martialisch mit einer Seeschlacht, bei der die etablierten Streiter die behäbigen Schlachtschiffe darstellen. Diese werden urplötzlich von kleinen Torpedobooten attackiert, die die Großen bisher gar nicht auf ihrem Radar hatten. Die Kleinen bringen dann die Großen auf Linie, lotsen sie zumindest auf den richtigen Weg. Priddat preist die Macht der mutigen Kleinen – ebenso wie unser Handbuch.*

Jochen Schildt
Chefredakteur
Greenpeace Magazin

Was Sie über das NGO-Handbuch wissen sollten

***Mit Ausnahme der Kurzbeschreibungen,** die aus unserer Feder stammen, kommen alle Daten in diesem Buch von den Organisationen selbst, entweder direkt übermittelt oder von der jeweiligen Internetseite – das gilt auch für die Rubrik „Erfolge". Manche Nichtregierungsorganisationen haben weder Geschäftsführung noch Mitglieder, weder Budget noch Postadresse, weil es sich um Kampagnen oder informelle Zusammenschlüsse handelt. Auch sonst ist der NGO-Sektor alles andere als gleichförmig: Hier gibt es einen Aufsichtsratvorsitzenden, dort eine Sprecherin, eine Obfrau oder einen Vorstand. In der Rubrik Aufsichtsrat/Vorstand sind jeweils nur die Vorsitzenden des jeweiligen Gremiums genannt. Unterstützt werden die Gruppierungen von Mitgliedern, Förderern, Spendern oder Gönnerinnen. Bei allen Organisationen, die in Deutschland und anderen Ländern vertreten sind, gelten alle Angaben beispielsweise über Mitgliederzahl oder Regionalgruppen nur für den jeweiligen deutschen Zweig.*

***Ein paar internationale Organisationen,** die gar nicht im deutschsprachigen Raum vertreten sind, haben wir berücksichtigt, wenn sie auf ihrem Themengebiet eine ganz besonders wichtige Rolle spielen. Ansonsten haben wir uns, damit das Handbuch überschaubar bleibt, in der Regel auf überregional arbeitende Organisationen konzentriert, die sich politisch einmischen. Diese NGOs sind, wie wir hoffen, umfassend und lückenlos hier vertreten. Wir haben sie in drei große Themenbereiche gegliedert: Den Auftakt machen Umwelt-, Natur- und Tierschutz, gefolgt von NGOs, die zu Menschenrechten, sozialen Themen und Gesundheitsfragen arbeiten, den Abschluss machen Friedensorganisationen. Dann folgt ein Stichwort- und Personenregister. Die vielen Tausend lokal oder regional arbeitenden Gruppen konnten wir leider nicht alle berücksichtigen, sie sind jedoch meist über Dachverbände oder überregionale Zusammenschlüsse vertreten, auf deren Internetseiten umfassende Informationen über Aktive vor Ort zu finden sind. Diese leisten unschätzbar wichtige Arbeit, ebenso wie die zahllosen Beratungsstellen, Hilfsorganisationen, Stiftungen, Pflegeeinrichtungen oder Selbsthilfegruppen. Sie alle hier aufzuführen, hätte jedoch den Rahmen des Buchprojekts gesprengt.*

***Das gilt im Übrigen auch für das Thema** Entwicklungshilfe, denn in diesem Bereich sind – erfreulicherweise – ungeheuer viele Organisationen aktiv. Mit www.paritaet.org/bengo gibt es aber eine exzellente Internetseite, die zumindest nahezu alle in Deutschland vertretenen Entwicklungshilfeorganisationen mit sämtlichen Daten, Fakten und Kennzahlen aufführt.*

***Dieses Handbuch soll regelmäßig aktua**lisiert werden. Deshalb freuen wir uns über jede Kritik, jede Anregung und Information zu Organisationen, die beim nächsten Mal unbedingt dabei sein sollten. Bitte schicken Sie Ihre Vorschläge per E-Mail an gpm@greenpeace-magazin.de, Stichwort „NGOs".*

***Unser Dank gilt allen, die dieses Buch erst** möglich gemacht haben, ganz besonders all den vielen Menschen in den NGOs, die sich die Mühe gemacht haben, unseren umfangreichen Fragebogen zu beantworten!*

Viel Spaß beim Blättern, Lesen, Nachschlagen!

Die Redaktion

Wie gründe ich eine NGO?

Am Anfang steht die Idee – sich für oder *gegen etwas einzusetzen, und das nicht nur als Privatmensch heimlich still und leise, sondern gemeinsam mit anderen Menschen, organisiert und öffentlich sichtbar.*

Der formale Teil einer Organisations- *gründung ist dabei viel simpler und unkomplizierter als oft gedacht. Nicht jede NGO muss sich zwangsläufig als Verein gründen – auch Stiftungen oder andere rechtliche Konstruktionen sind theoretisch möglich und im Einzelfall angebracht. In der Regel dürfte die Gründung eines eingetragenen Vereins jedoch die einfachste und beste Lösung sein.*

Ein Verein lässt sich mit minimalem *Aufwand gründen, der formale Teil ist in wenigen Stunden erledigt: Sie benötigen mindestens sieben Gründungsmitglieder und eine Satzung. Die Satzung muss gewissen rechtlichen Anforderungen genügen – dafür braucht es jedoch keinen Rechtsanwalt und keine wochenlangen Beratungen. Im Internet finden sich viele Mustersatzungen. Noch einfacher ist es, sich die Satzung von anderen NGOs anzuschauen und sie mit Blick auf das eigene Vereinsziel umzuschreiben. Bei einer Gründungsversammlung – das geht auch bei einer Tasse Kaffee – wird die Satzung verabschiedet und ein Vorstand gewählt.*

Dabei gilt es gewisse Regeln zu beachten, *aber auch Protokolle von solchen Versammlungen finden sich zuhauf im Internet. Es ist keine lange Prosa und schon gar keine Beschreibung einer inhaltlichen Diskussion gefragt. Wichtig ist einzig und allein die Einhaltung der formalen Regeln wie zum Beispiel die Bestimmung von Versammlungsleitung und Protokollführung oder die Wahl des Vorstandes. All das, was eine NGO am Ende wirklich ausmacht, die politischen Ziele, die gewählten Strategien und Kooperationspartner oder Finanzierungsfragen, spielen im formalen Vereinsgründungsprozess noch gar keine Rolle.*

Schließlich müssen die Vereinsgründung *und der Vorstand noch notariell beglaubigt und dann beim Amtsgericht für den Eintrag im Vereinsregister angemeldet werden.*

Selbst die Gemeinnützigkeit ist keine *besondere Hürde. Sie ist für viele Vereine deshalb wichtig, weil dann eventuelle Spender ihren Beitrag von der Steuer absetzen können – oft ein wichtiger Grund, überhaupt zu spenden. Auch viele Stiftungen, die NGOs finanziell unterstützen, können aus rechtlichen Gründen Gelder nur an gemeinnützige NGOs vergeben. Nicht jeder Verein kann gemeinnützig sein, allein der Wille, Gutes zu tun, reicht hier leider nicht aus. Der Gesetzgeber hat sehr genaue Vorgaben gemacht, welche Vereinsziele steuerlich gefördert werden können. Dazu zählen unter anderem die Förderung der Völkerverständigung, der Wissenschaft und Forschung, der Bildung oder des Landschaftsschutzes. Eine Friedensorganisation muss deshalb im Vereinsziel eindeutig festlegen, dass sie die Völkerverständigung fördern möchte – die Förderung des Friedens oder die Abschaffung aller Atomraketen allein reicht nicht aus, um später eine Gemeinnützigkeit anerkannt zu bekommen.*

Was sich kompliziert anhört, ist am Ende *jedoch ein recht schlichter Akt. Viele Finanzämter stehen gern mit Rat und Tat zur Seite, wenn es um die Frage geht, welche genaue Formulierung gewählt werden muss, damit die guten Absichten auch vom Finanzamt als solche anerkannt und steuerlich begünstigt werden. Das sollten Sie unbedingt vor der Gründungsversammlung und der Verabschiedung der Satzung tun,* *um danach gleich mit einer fertigen Satzung beim Finanzamt die Anerkennung auf Gemeinnützigkeit beantragen zu können.*

All das lässt sich mit wenigen Stunden *Arbeit und ein paar Telefonaten erledigen – das deutsche Vereins- und Steuerrecht sollte niemanden davon abhalten, eine eigene NGO zu gründen. Erst danach geht es richtig zur Sache: Wie erreiche ich eigentlich mein Ziel, und vor allem: Wie soll das alles finanziert werden?*

Dieses Handbuch liefert viele Beispiele *dafür, wie eine politische Organisation arbeiten kann: mit spektakulären Aktionen, durch ganz praktische Hilfe vor Ort, durch langwierige Recherchen und Enthüllungen oder mit Hilfe von direkten Kontakten zu politischen Entscheidungsträgern. Die wahrscheinlich schwierigste Frage, die sich für die meisten Organisationen nicht nur bei der Gründung, sondern immer wieder stellt, lautet: Auf welchem Wege kann ich meine Ziele am besten erreichen? Welche Strategie und welche Taktik versprechen im Einzelfall den größten Erfolg?*

Anders als beim formalen Akt der Vereins*gründung gibt es hier keine Patentrezepte, die aus dem Internet heruntergeladen werden können, und die Gründung eines Vereines ist wohl kaum sinnvoll, wenn man nicht ungefähre Vorstellungen davon hat, mit welchen Mitteln die Organisation arbeiten soll. Das Vereinsrecht fordert es nicht, aber die politischen Gesetze machen es unabdingbar, eine klare Strategie zu entwickeln und unter anderem Antworten auf die folgenden Fragen klar auszuformulieren:*

- *Was genau möchte ich erreichen, was schützen, wem helfen?*
- *Gibt es Gesetze oder politische Prozesse, die ich auf den Weg bringen oder beeinflussen kann, um dieses Ziel zu erreichen?*
- *Welche realistischen Möglichkeiten habe ich, mein Vorhaben umzusetzen? Kooperation mit anderen Organisationen, Medienaufmerksamkeit, praktische Hilfe oder Verhinderung vor Ort, Sensibilisierung der Öffentlichkeit oder gezieltes Lobbying in politischen Gremien – all das erfordert Erfahrung und viel Aufwand.*
- *Wie lässt sich die Arbeit finanzieren?*

Gerade die Finanzierung politischer Arbeit *ist schwierig. Es gibt zwar mehr und mehr Stiftungen in Deutschland, aber sie alle haben sich auf bestimmte Förderbereiche spezialisiert, so dass am Ende in der Regel nur einige wenige Stiftungen überhaupt in Frage kommen, um eine bestimme Organisation zu fördern. Hinzu kommt, dass Stiftungen in der Regel nur für kürzere Zeiträume projektbezogene Mittel vergeben – allgemeine Büro- oder Mitarbeiterkosten lassen sich damit kaum finanzieren.*

Eine andere Möglichkeit der Finanzierung *besteht darin, individuelle Spender und Spenderinnen persönlich anzusprechen. Auch dabei sollte man nicht übersehen, dass viele Menschen bereits für viele verschiedene Organisationen spenden und es keine einfache Aufgabe ist, Spenden für eine neue, noch unbekannte NGO einzuwerben.*

Dennoch lautet die Devise nach wie vor: *Es gibt nichts Gutes, außer man tut es – und wie man anhand der kurzen Beschreibungen in diesem Handbuch sieht, gedeiht die NGO-Szene allen Widrigkeiten zum Trotz ganz prächtig. Wer von seinem Ziel überzeugt ist, vielleicht ein paar aktive Mitstreiterinnen und Mitstreiter sowie viele gute Ideen hat, sollte sich durch nichts von der Gründung einer NGO abhalten lassen!*

0001-0161

0162-0358

0359-0421

Anhang

Umwelt
Natur
Tiere

Menschenrechte
Demokratie
Soziales
Gesundheit

Frieden
Abrüstung

Stichworte
Personen

Wir kämpfen erstens, weil uns jeder einzelne Teilerfolg wichtig ist. Wir kämpfen zweitens aus Verantwortung für die nachfolgenden Generationen. Wir kämpfen drittens aus dem elementaren Gefühl heraus, dass wir überhaupt nur durch unser Einschreiten gegen die zerstörerischen Kräfte unsere Würde wahren können. Jeder einzelne dieser drei Punkte wäre Grund genug, aktiv zu werden: wir also sind dreifach motiviert.

Harald Zindler, Gründer von Greenpeace Deutschland

Umwelt
Natur
Tiere

Actares – AktionärInnen für nachhaltiges Wirtschaften

Agenda X

AgrarBündnis e.V.

Agrarbündnis Österreich

AGRECOL e.V.

Aktionsgemeinschaft Artenschutz e.V.

AKTIONSKONFERENZ NORDSEE e.V.

Allgemeiner Deutscher Fahrrad-Club e.V.

Allianz pro Schiene

Alpen-Initiative

Animals' Angels e.V.

Antiatom Szene

Arbeitsgemeinschaft bäuerliche Landwirtschaft e.V.

Arbeitsgemeinschaft Natur- und Umweltbildung e.V.

Arbeitsgemeinschaft Regenwald und Artenschutz e. V.

ARCHE NOAH

Ärzte gegen Tierversuche e.V.

Atomopfer e.V.

Autofrei leben! e.V.

Basler Appell gegen Gentechnologie

Bäuerliche Notgemeinschaft

Bergwaldprojekt

BUKO Agrar Koordination e.V.

BUND – Bund für Umwelt und Naturschutz Deutschland e.V.

Bund der Energieverbraucher

Bund gegen Missbrauch der Tiere e.V.

Bund Ökologische Lebensmittelwirtschaft e.V.

Bundesdeutscher Arbeitskreis für Umweltbewusstes Management e.V.

Bundesverband Bürgerinitiativen Umweltschutz e.V.

Bundesverband Erneuerbare Energie e.V.

Bundesverband Tierschutz e.V.

Bundesvereinigung gegen Fluglärm e.V.

Bürgerinitiative Umweltschutz Lüchow-Dannenberg e.V.

Bürgerwelle e.V.

Campact e.V.

Climate Action Network

Coordination gegen BAYER-Gefahren e.V.

Dachverband der Kritischen Aktionärinnen und Aktionäre siehe [0217]

DANTE – Die Arbeitsgemeinschaft für nachhaltige Tourismus-Entwicklung

David gegen Goliath e.V.

DEEPWAVE e.V.

Deutsche Gesellschaft für Sonnenenergie e.V.

Deutsche Gesellschaft für Umwelterziehung

Deutsche Umwelthilfe e.V.

Deutscher Jugendbund für Naturbeobachtung

Deutscher Naturschutzring

Deutscher Tierschutzbund e.V.

Deutscher Verband für Landschaftspflege e.V.

Die Tierbefreier e.V.

Dreschflegel e.V.

EarthLink e.V. siehe [0230]

ECA-Watch

ETC-Group

Euro-Toques

Euronatur – Stiftung Europäisches Naturerbe

EUROSOLAR

Fachverband Fußverkehr Deutschland e.V.

fair-fish

Fans for nature e.V.

Faszination Regenwald e.V.

FIAN – FoodFirst Informations- und Aktions-Netzwerk siehe [0235]

Flower Label Program e.V.

Fonds für versuchstierfreie Forschung

foodwatch e.v.

Förderverein Ökologische Steuerreform

Forest Stewardship Council

Forum Umwelt & Entwicklung

Forum Wissenschaft & Umwelt

Friends of the Earth

Gen-Ethisches Netzwerk e.V.

Gendreck-weg!

GENET

Germanwatch e.V. siehe [0251]

Gesellschaft für ökologische Forschung

Gesellschaft zum Schutz der Meeressäugetiere e.V.

Gesellschaft zur Erhaltung alter und gefährdeter Haustierrassen e.V.

Gesellschaft zur Rettung der Delphine e.V.

Global 2000

Global Nature Fund

Green City e.V.

Greenpeace e.V.

GRÜNE LIGA e.V.

Hai-Stiftung

Heim-statt Tschernobyl e.V.

Heinz Sielmann Stiftung

Informationsdienst Gentechnik

Informationsdienst Umweltrecht e.V.

Institut für Umwelt – Friede – Entwicklung

Interdisziplinäre Gesellschaft für Umweltmedizin

Interessengemeinschaft FÜR gesunde Lebensmittel e.V.

International Fund for Animal Welfare

IPPNW – Internationale Ärzte zur Verhütung des Atomkrieges / Ärzte in sozialer Verantwortung siehe [0404]

KATE – Kontaktstelle für Umwelt und Entwicklung e.V.

Kein Patent auf Leben!

M.E.E.R. e.V.

Menschen für Tierrechte – Bundesverband der Tierversuchsgegner e.V.

Mobil ohne Fossil e.V.

Mouvement Ecologique

Mütter gegen Atomkraft e.V.

Naturschutzbund Deutschland e.V.

Naturschutzbund Österreich

OceanCare

Öko-Institut e.V.

ÖKOBÜRO Koordinationsstelle österreichischer Umweltorganisationen

Ökologischer Ärztebund e.V.

Ökolöwe – Umweltbund Leipzig e.V.

OroVerde – Die Tropenwaldstiftung

Österreichisches Ökologie-Institut

Pestizid Aktions-Netzwerk e.V.

PETA Deutschland e.V.

Plattform Mobilfunk-Initiativen

Praktischer Umweltschutz Schweiz

PRO BAHN e.V.

Pro Natura

Pro REGENWALD

PRO WILDLIFE e.V.

Project Blue Sea e.V.

ProSpecieRara

ProTier – Schweizer Gesellschaft für Tierschutz

PROVIEH – Verein gegen tierquälerische Massentierhaltung e.V.

Rainforest Action Network

Regenwald-Institut e.V.

Rettet den Regenwald e.V.

Robin Wood

S.O.F. Save Our Future Umweltstiftung

SAVE Foundation

Save our Seeds

Schumacher-Gesellschaft für Poltische Ökologie e.V.

Schutzstation Wattenmeer e.V.

Schweizer Liga gegen Vivisektion

Schweizerische Energie-Stiftung

Schweizerische Arbeitsgruppe Gentechnologie

Slow Food Deutschland e.V.

Solarenergie-Förderverein Deutschland

Studentische Arbeitsgruppe gegen Tiermissbrauch im Studium

Third World Network

TROPICA VERDE e.V.

UMKEHR e.V. – Informations- und Beratungsbüro für Verkehr und Umwelt

Umweltdachverband Österreich

Umweltinstitut München e.V.

Unabhängiges Institut für Umweltfragen e.V.

Union of Concerned Scientists

Urgewald e.V.

Verband Deutscher Naturparke

VERBRAUCHER INITIATIVE e.V.

Verbraucherzentrale Bundesverband e.V.

Verein für Umweltrecht

Verein gegen Tierfabriken

Verein Jordsand

Verein zur Erhaltung der Nutzpflanzenvielfalt e.V.

Vereinigung Deutscher Gewässerschutz e.V.

Verkehrs-Club der Schweiz

Verkehrsclub Deutschland e.V.

Via Campesina

VIER PFOTEN

Whale and Dolphin Conservation Society

Women and Life on Earth

Women in Europe for a Common Future

World Rainforest Movement

World Society for the Protection of Animals

Worldwatch Institute

WWF – World Wide Fund for Nature

yaqu pacha e.V.

Zoologische Gesellschaft für Arten- und Populationsschutz e.V.

Zukunftsstiftung Landwirtschaft

22september.ch

0001

Actares – AktionärInnen für nachhaltiges Wirtschaften

Ethisches Investment, Internationale Finanzmärkte, Unternehmen & soziale Verantwortung

ACTARES will das nachhaltige Wirtschaften in schweizerischen börsennotierten Unternehmen fördern und engagiert sich im direkten Dialog mit den Firmen auch für die Einführung sozialer und ökologischer Kriterien. Die Aktionärinnen und Aktionäre für nachhaltiges Wirtschaften aktivieren ungenutzte Aktienstimmen, nehmen an Generalversammlungen teil, sensibilisieren die Öffentlichkeit und stellen direkte Forderungen: So soll z.B. Credit Suisse ihre Umwelt- und Sozialstandards veröffentlichen, Nestlé die Beziehungen zu Gewerkschaften normalisieren, UBS Rechenschaft über die Finanzierung des Wahlkampfs in den USA ablegen und Novartis Chemiedeponien sanieren. Mitglied können auch Personen ohne Aktienbesitz werden.

Adresse	*Postfach, 3000 Bern 23, Schweiz*
Telefon	*0041 - 31 / 371 92-14*
Fax	*-15*
E-Mail	*info@actares.ch*
Internet	*www.actares.ch*
Geschäftsführung	*Roby Tschepp*
Aufsichtsrat/Vorstand	*Catherine Herold, Ruedi Meyer*
Gegründet	*2000*
Mitarbeiter	*2*
Arbeitsweise	*Aktivierung ungenutzter Aktienstimmen, Teilnahme an Generalversammlungen, Firmengespräche, Vernetzung*
Publikationen	*ACTARES-Info*

0002

Agenda X

Erneuerbare Energien, Fairer Handel, Lebensmittel & Ernährung, Solarenergie, Umweltbildung, Verbraucherschutz

Agenda X ist ein Netzwerk gesellschaftspolitisch aktiver junger Menschen. Angesprochen werden vor allem 18-35-Jährige, die sich für eine lebenswerte, auf Nachhaltigkeit bedachte Gesellschaft engagieren wollen. Interessierte können in verschiedenen Projektgruppen arbeiten: Einrichtung eines Biobauernmarkts an der Landwirtschafts-Uni Wien, fairer Handel, Solaranlagen an österreichischen Universitäten oder Fahrradreparaturwerkstatt. Agenda X erstellt einen Einkaufsführer, der sich an sozialen und ökologischen Richtlinien orientiert. Außerdem werden internationale Bildungsprojekte und Kampagnen zur Nachhaltigkeit unterstützt.

Adresse	*Das junge Zukunftsnetzwerk, Sobieskigasse 8, 1090 Wien, Österreich*
Telefon	*0043 - 1 / 968 83 32*
E-Mail	*agendax@agendax.at*
Internet	*www.agendax.at*
Arbeitsweise	*Projekte, Lobbyarbeit*

0003

AgrarBündnis e.V.

Agrarpolitik, Landwirtschaft

Der Umorientierung der Landwirtschaft hat sich das AgrarBündnis verschrieben. Der Zusammenschluss von 27 unabhängigen Organisationen aus Landwirtschaft, Tierschutz, Umwelt, Natur und Entwicklungspolitik widmet sich dem ökologischen Landbau, Fragen der Welternährung und der Nahrungsmittelqualität. Gegen die Industrialisierung der Landwirtschaft hat das Bündnis das NEULAND-Projekt gestartet. Aus der agrarpolitischen Debatte kaum noch wegzudenken ist der jährlich erscheinende „kritische Agrarbericht" des AgrarBündnisses – ein unverzichtbares Lesebuch für alle, die umfassend über aktuelle kritische Debatten in Landwirtschaft, Welthandel und Agrarkultur informiert sein wollen.

Adresse	*Königstor 28, 34117 Kassel*
Telefon	*0561 / 70 16 59-42*
Fax	*-40*
E-Mail	*info@agrarbuendnis.de*
Internet	*www.agrarbuendnis.de, www.kritischer-agrarbericht.de*
Vorstandssprecherin	*Dr. Heidrun Betz*
Vorstandssprecher	*Friedrich von Homeyer*
Ansprechpartner	*Dr. Frieder Thomas, 0561 / 70 16 59 42, info@agrarbuendnis.de*
Gegründet	*1987*
Mitglieder/Förderer	*27 Mitgliedsverbände*
Jahresetat	*50.000 €*
Arbeitsweise	*Herausgabe des kritischen Agrarberichts, Tagungen, Workshops*
Publikationen	*Der kritische Agrarbericht*
Möglichkeit zur Mitarbeit	*in Regionalgruppen der Mitgliedsverbände sowie durch Beiträge für den kritischen Agrarbericht*
Erfolge	*Ein ganz praktisches und inzwischen selbständiges Projekt ist NEULAND. Um einer Industrialisierung der Landwirtschaft entgegenzuwirken, wurde 1988 gemeinsam mit anderen Organisationen der Verein NEULAND gegründet. Die fünf Trägerverbände haben Richtlinien für eine tiergerechte und umweltschonende bäuerliche Schweine-, Rinder-, Schaf- und Geflügelhaltung erarbeitet, um speziell kleinen und mittelbäuerlichen Betrieben die Möglichkeit zu geben, ein ausreichendes Einkommen zu erwirtschaften.*

0004

Agrarbündnis Österreich

Agrarpolitik, Landwirtschaft, Saatgut

Das Agrarbündnis Österreich ist ein Zusammenschluss von Bauern und Verbrauchern, die sich für eine soziale und umweltverträgliche Landwirtschaft einsetzen. Ziel ist eine weltweite ökologische Landwirtschaft, die soziale Gerechtigkeit fördert, kulturelle Grundlagen achtet, Produzenten fair entlohnt und den Handel zwischen gleichberechtigten Partnern ermöglicht. Das Bündnis betreibt auf EU-Ebene Lobbyarbeit für eine veränderte Agrarpolitik, die eine regionale Wirtschaft unter ökologischen Gesichtspunkten stärken soll. Das Agrarbündnis bietet auch Analyse und Beratung für regionale Projekte in Nord- und Südamerika, Afrika, Asien und Europa an.

Adresse	*c/o Elisabeth Baumhöfer, Herbeckstraße 75/9/8, 1180 Wien, Österreich*
Telefon	*0043 - 699 / 11 09 08 37*
E-Mail	*info@agrarbuendnis.at*
Internet	*www.agrarbuendnis.at*
Aufsichtsrat/Vorstand	*Roman Liebhart*
Gegründet	*2001*
Mitglieder/Förderer	*18*
Arbeitsweise	*Vernetzung, Veranstaltungen, Tagungen, Aktionen, Lobbyarbeit*
Möglichkeit zur Mitarbeit	*Alle Aktivitäten werden ehrenamtlich durchgeführt, daher gibt es eine Vielzahl von Aktivitäten, die jeder Einzelne einbringen kann.*

0005

AGRECOL e.V.

Ökolandbau, Agrarpolitik, Landwirtschaft

Der Name AGRECOL verrät das Anliegen des Vereins: ökologisch sinnvolle Landnutzung in Afrika, Asien, Lateinamerika und Osteuropa. Vorrangig ist dabei das Prinzip der Selbsthilfe. Zweimal pro Jahr treffen sich Interessierte aus Entwicklungszusammenarbeit und Landwirtschaft, um sich Themen wie ökologischer Stadtentwicklung, Bienen- und mobiler Tierhaltung zu widmen. In Workshops, Veranstaltungen und Seminaren machen sie ihre Anliegen publik. Partnerorganisationen sind die Informationszentren AGRECOL-Afrique im Senegal und AGRECOL-Andes in Bolivien.

Adresse	*Rohnsweg 56, 37085 Göttingen*
Telefon	*0551 / 48 57 86*
Fax	*0551 / 47 948*
E-Mail	*info@agrecol.de*
Internet	*www.agrecol.de*
Internationale Büros	*In Bolivien und Senegal*
Vorstandsvorsitzende	*Ann Waters-Bayer*
Gegründet	*1982*
Mitglieder/Förderer	*50*
Arbeitsweise	*Vernetzung, Projekte, Fortbildungen/Trainings/ Workshops zu ökologischer Landwirtschaft*
Möglichkeit zur Mitarbeit	*z.B. als Praktikant oder Praktikantin in Senegal oder Bolivien*

0006

Aktionsgemeinschaft Artenschutz e.V.

Artenschutz

Die Aktionsgemeinschaft Artenschutz setzt sich für den Schutz wildlebender Tiere wie Kaimane, Elefanten, Jaguare und andere Pelztiere ein. Ein besonderer Schwerpunkt liegt im Einsatz für die weltweite Erhaltung der letzten Legestrände von Meeresschildkröten in der Türkei, Griechenland und Sri Lanka. Auch in Deutschland ist die AgA im Tierschutz aktiv, so beim Protest gegen ein geplantes Delfinarium auf Rügen.

Abkürzung	*AgA/ACES*
Adresse	*Tulpenstr. 1, 70825 Korntal-Münchingen*
Telefon	*07150 / 92 22-10*
Fax	*-11*
E-Mail	*buero@aga-international.de*
Internet	*www.aga-international.de*
Geschäftsführung	*Brigitte Peter*
Gegründet	*1986*
Mitarbeiter	*1*
Mitglieder/Förderer	*1200*
Jahresetat	*150.000 €*
Arbeitsweise	*Projekte, Lobbyarbeit*
Publikationen	*Rundschreiben*
Möglichkeit zur Mitarbeit	*Mitwirkung bei Projekten*
Auszeichnungen	*Internationaler DRV-Preis 1989*
Erfolge	• *Importverbot für alle Schildkrötenprodukte*

0007

AKTIONSKONFERENZ NORDSEE e.V.

Meere, Naturschutz

Die AKTIONSKONFERENZ NORDSEE setzt sich für eine ökologische Nordsee-Politik ein. Ziel ist die Entwicklung und Förderung umwelt- und sozialverträglicher Strukturen für das Ökosystem Nordsee und für die in die Nordsee mündenden Flüsse. Die AKN macht sich für nachhaltige Fischerei und die Erhaltung der Artenvielfalt in der Nordsee stark. Sie koordiniert die Nordsee-Aktivitäten verschiedener Initiativen und Organisationen. Die Sensibilisierung für Umweltthemen und eine entsprechende Bildungsarbeit, vor allem an Schulen, ist der AKN besonders wichtig.

Abkürzung	*AKN*
Adresse	*Kreuzstr. 61, 28203 Bremen*
Telefon	*0421 / 776 75*
Fax	*0421 / 789 31*
E-Mail	*info@aknev.org*
Internet	*www.aknev.org*
Internationale Büros	*AKN ist Mitglied der internationalen Organisation SEAS AT RISK (SAR), Boulevard de Waterloo 34, 1000 Brüssel.*
Gegründet	*1985*
Mitarbeiter	*3*
Arbeitsweise	*Lobbyarbeit, Gremienarbeit, Vernetzungen, Veranstaltungen*
Publikationen	*WATERKANT*
Möglichkeit zur Mitarbeit	*in Arbeitsgruppen, am Informationsstand*

0008

Allgemeiner Deutscher Fahrrad-Club e.V.

Verkehr

Der Allgemeine Deutsche Fahrrad-Club ist Verkehrsclub, Verbraucherschutzorganisation und Umweltfreund. Seine Devise: Den Fahrradverkehr fördern und das Auto immer stehen lassen, wenn es Alternativen gibt.

Abkürzung	*ADFC*
Adresse	*Postfach 10 77 47, 28077 Bremen*
Telefon	*0421 / 34 62-90*
Fax	*-950*
E-Mail	*kontakt@adfc.de*
Internet	*www.adfc.de*
Regionalbüros	*80*
Geschäftsführung	*Horst Hahn-Klöckner*
Aufsichtsrat/Vorstand	*Karsten Hübener*
Gegründet	*1979*
Mitarbeiter	*26*
Mitglieder/Förderer	*113.650*
Regionalgruppen	*400*
Jahresetat	*3.500.000 €*
Arbeitsweise	*Aktionen, Beratung, Kampagnen, Projekte, Tagungen*
Publikationen	*Radwelt*
Möglichkeit zur Mitarbeit	*Radtourenleitung, Mitarbeit in Regionalgruppen und Arbeitskreisen*
Auszeichnungen	*1999: Grüne Palme (GeoSaison), 2002: Umweltauszeichnung des Deutschen Reisebüroverbandes und zahlreiche lokale Auszeichnungen, wie z.B. der Klimapreis der Stadt Nordhorn*
Erfolge	*Einführung des nationalen Radverkehrsplans, Marketing von deutschland- und europaweitem Fahrradtourismus*

0009

Allianz pro Schiene

Verkehr

Bahn frei für die Schiene lautet das Motto der Allianz pro Schiene – des Bündnisses zur Förderung des umweltfreundlichen und sicheren Schienenverkehrs. Weil ein Autofahrer zehnmal mehr Platz als ein Bahnfahrer verbraucht, Verkehrsflächen für den Straßenverkehr wachsen und die Allgemeinheit die Milliardenkosten trägt, setzt das Bündnis auf die umweltbewusste und zukunftsfähige Alternative der Schiene. In Veranstaltungen, Lobby- und Medienarbeit demonstriert der gemeinnützige Verein, warum Straßen- und Luftverkehr auf dem falschen Gleis sind, und entwickelt nachhaltige und alternative Konzepte.

Adresse	*Reinhardtstraße 18, 10117 Berlin*
Telefon	*030 / 246 25 99-0*
Fax	*-29*
E-Mail	*info@allianz-pro-schiene.de*
Internet	*www.allianz-pro-schiene.de*
Geschäftsführung	*Dirk Flege*
Aufsichtsrat/Vorstand	*Vorstandsvorsitzender Norbert Hansen*
Gegründet	*2000*
Mitarbeiter	*5*
Mitglieder/Förderer	*88*
Jahresetat	*ca. 500.000 €*
Arbeitsweise	*Lobbyarbeit*
Publikationen	*E-Newsletter*
Möglichkeit zur Mitarbeit	*für (ehemalige) Führungskräfte aus Verkehrsbranche oder Politik im „Allianz pro Schiene-Freundeskreis“*

0010

Alpen-Initiative

Alpenschutz, Klima, Verkehr

Die Alpen-Initiative entstand aus einer Schweizer Volksinitiative. Sie richtet sich gegen den Schwerlastverkehr und tritt für eine Verlagerung des Gütertransits auf die Schiene ein. Jährlich verleiht sie den Teufelsstein für besonders unsinnige Transporte.

Adresse	*Herrengasse 2, 6460 Altdorf, Schweiz*
Telefon	*0041 - 41 / 870 97-81*
Fax	*-88*
E-Mail	*info@alpeninitiative.ch*
Internet	*www.alpeninitiative.ch*
Geschäftsführung	*Alf Arnold*
Aufsichtsrat/Vorstand	*Fabio Pedrina*
Gegründet	*1989*
Mitarbeiter	*10*
Mitglieder/Förderer	*20.000*
Jahresetat	*1.500.000 CHF*
Arbeitsweise	*Lobbyarbeit, Aktionen, Medienarbeit*
Publikationen	*Echo*
Möglichkeit zur Mitarbeit	*Leserbriefnetzwerk, Aktionen*
Auszeichnungen	*Binding-Preis für Natur- und Umweltschutz 1998, Prix Watt d'Or des Bundesamtes für Energie (BFE) für die Alpentransitbörse 2007*
Erfolge	*1994 stimmen 52 Prozent der Schweizerinnen und Schweizer dem Volksbegehren zum Schutz der Alpen und der Begrenzung des Schwerverkehrs zu. 2004 lehnen über 60 Prozent der Schweizer Stimmbevölkerung den Avanti-Gegenvorschlag ab. Mit der Alpentransitbörse hat die Initiative ein marktwirtschaftliches Instrument zur Lösung für den alpenquerenden Schwerverkehr entwickelt.*

0011

Animals' Angels e.V.

Tiertransporte

Animals' Angels ist eine Tierschutzorganisation, die sich gegen Langstrecken-Tiertransporte und Mängel in der Nutztierhaltung engagiert. Sie arbeitet international. Die Mitarbeiter ermitteln verletzte oder kranke Tiere auf Verkaufsmärkten, in Transportern oder in Ställen und setzen sich für eine medizinische Behandlung der Tiere ein. Aufgedeckte Verstöße in der Tierhaltung zeigen sie beim zuständigen Veterinäramt an. Animals' Angels führt Polizeitraining für Tiertransportkontrollen in Deutschland, Italien, Frankreich, Griechenland, Australien durch.

Adresse	*Rossertstraße 8, 60323 Frankfurt a. M.*
E-Mail	*info@animals-angels.de*
Internet	*www.animals-angels.de*
Internationale Büros	*Spanien, Portugal, Italien, Slowenien, USA, Griechenland, Australien, Niederlande, Frankreich, Belgien, Kanada*
Geschäftsführung	*Christa Blanke*
Aufsichtsrat/Vorstand	*Peter Jäger*
Gegründet	*Der Verein wurde 1998 von Christa Blanke und Michael Blanke gegründet.*
Mitarbeiter	*14*
Mitglieder/Förderer	*6.000*
Arbeitsweise	*Recherchen, Strafanzeigen, Infodienst, Zusammenarbeit mit Behörden*
Möglichkeit zur Mitarbeit	*auf Anfrage*
Auszeichnungen	*1999: Hessischer Tierschutzpreis, 2001: Lord Houghton Award, Franziskus-Preis und Hans-Rönn-Preis, 2004: Karl-Adolf-Laubscher-Preis*
Erfolge	*Schließung des Pferdemarktes Anderlecht in Brüssel. Verbesserung der Bedingungen der Tiermärkte in Belgien, Frankreich, Niederlande, Spanien, Portugal, Polen und Irland*

0012

Antiatom Szene

Atomkraft, Erneuerbare Energien

Die Antiatom Szene ist ein Netzwerk gegen Atomenergie und für die Durchsetzung erneuerbarer Energien. Durch Aufklärung und Information über die Gefahren der Nutzung von Kernenergie oder Projekte an Schulen wie den Antiatom-Schulwettbewerb setzen sich die Mitglieder für den Ausstieg Europas aus der Nutzung der Atomenergie ein.

Adresse	*Das Zukunftsnetzwerk gegen Atomenergie, Thurnerweg 3, 4061 Pasching, Österreich*
Telefon	*0043 - 6506 / 66 00 65*
E-Mail	*office@antiatomszene.info*
Internet	*www.antiatomszene.info*
Geschäftsführung	*Elvira Pöschko*
Gegründet	*2005*
Mitarbeiter	*1*
Arbeitsweise	*Antiatom Projekte im Jugend- und Schulbereich*

0013

Arbeitsgemeinschaft bäuerliche Landwirtschaft e.V.

Agrarpolitik, Gentechnik, Landwirtschaft

Frei nach dem Motto „Global denken und regional handeln" widmet sich die AbL als Zusammenschluss von Kleinbauern der nachhaltigen Landwirtschaft, setzt auf sozial- und umweltverträgliche Standards und entwickelt die dazugehörigen Rahmenbedingungen. Neben ökologisch wirtschaftenden Betrieben finden sich hier auch konventionelle Bauern und Personen aus den Bereichen Verbraucher-, Umwelt- oder Tierschutz und Entwicklungspolitik zusammen. Die AbL fordert außerdem mehr Transparenz im Bereich der Agrarsubventionen, z.B. an wen und wofür sie gezahlt werden, und setzt sich für eine gentechnikfreie Landwirtschaft und gentechnikfreie Regionen ein. Das NEULAND-Programm für artgerechte und umweltschonende Nutztierhaltung geht ebenfalls auf eine Initiative der AbL in Zusammenarbeit mit dem Tierschutzbund, dem Bund für Umwelt und Naturschutz, der Verbraucher Initiative sowie der BUKO Agrarkoordination zurück. Auch die Gründung der Interessengemeinschaft gegen Nachbaugebühren – der Zwang, jährlich neu für das Saatgut zu bezahlen, selbst wenn der Landwirt Saatgut aus eigener Ernte gewinnt – geht auf die AbL zurück.

Abkürzung	*AbL*
Adresse	*Bahnhofstr. 31, 59065 Hamm*
Telefon	*02381 / 90 53-170*
Fax	*02381 / 49 22 20*
E-Mail	*info@abl-ev.de*
Internet	*www.abl-ev.de*
Regionalbüros	*9 Landesverbände*
Geschäftsführung	*Georg Janßen*
Aufsichtsrat/Vorstand	*Maria Heubuch, Friedrich Wilhelm Graefe zu Baringdorf*
Gegründet	*1976*
Mitarbeiter	*3*
Mitglieder/Förderer	*5000*
Regionalgruppen	*einige Regionalgruppen*
Arbeitsweise	*Aktionen, Lobbyarbeit, Projekte, Tagungen, Vernetzung*
Publikationen	*Unabhängige Bauernstimme*
Möglichkeit zur Mitarbeit	*in Regionalgruppen und Arbeitskreisen sowie bei Aktionen*

0014

Arbeitsgemeinschaft Natur- und Umweltbildung e.V.

Umweltbildung

Die Arbeitsgemeinschaft Natur- und Umweltbildung ist der Verband der Umweltzentren und der Einzelpersonen in Deutschland, die sich mit Umweltbildung beschäftigen. Ihr Ziel ist ein besserer Informationsaustausch der Umweltbildungseinrichtungen in Deutschland. Die ANU unterstützt auch Neugründungen von Umwelteinrichtungen und betreibt Lobbyarbeit in Fragen der Umweltbildung. In der Materialiendatenbank der ANU sind zahlreiche Bücher, Spiele, Internetangebote und Broschüren zu Umweltthemen beschrieben.

Abkürzung	*ANU*
Adresse	*Philipp-August-Schleißner-Weg 2, 63452 Hanau*
Telefon	*06181 / 180 47 78*
Fax	*06181 / 304 91 52*
E-Mail	*bundesverband@anu.de*
Internet	*www.umweltbildung.de*
Regionalbüros	*12 Landesverbände*
Aufsichtsrat/Vorstand	*Annette Dieckmann*
Gegründet	*1989*
Mitarbeiter	*1*
Mitglieder/Förderer	*685*
Jahresetat	*80.000 €*
Arbeitsweise	*Vernetzung, Tagungen, Infodienst, Lobbyarbeit, Gremienvertretung*
Publikationen	*ökopädNEWS*
Möglichkeit zur Mitarbeit	*redaktionelle Arbeiten für die Internetseite, Recherche und Umfragen, Organisation von Workshops*

0015

Arbeitsgemeinschaft Regenwald und Artenschutz e.V.

Artenschutz, Regenwald, Schutzgebiete

Die Arbeitsgemeinschaft Regenwald und Artenschutz unterstützt vor allem indigene Gemeinschaften und lokale Initiativen in ihrem Bestreben, die Natur zu schützen und ihre traditionellen Landrechte zu sichern. Zu ihren Projekten zählen die Bekämpfung des illegalen Tierhandels in Kambodscha, der Aufbau eines indigenen Kultur- und Naturschutzzentrums im brasilianischen Bundesstaat Rondônia und die Unterstützung der indigenen Initiative gegen Ölbohrungen in der argentinischen Gemeinde Sarayaku.

Abkürzung	*ARA*
Adresse	*Postfach 100 466, 33504 Bielefeld*
Telefon	*0521 / 659 43*
Fax	*0521 / 649 75*
E-Mail	*ara@araonline.de*
Internet	*www.araonline.de*
Geschäftsführung	*Wolfgang Kuhlmann*
Aufsichtsrat/Vorstand	*Jürgen Wolters*
Gegründet	*1987*
Mitarbeiter	*4*
Mitglieder/Förderer	*160*
Jahresetat	*300.000 €*
Arbeitsweise	*Umweltbildung, Ausstellungen, pädagogische Konzepte, Lobbyarbeit*
Publikationen	*ARA-Magazin*
Möglichkeit zur Mitarbeit	*Praktikanten, Mitarbeit in Projekten*

0016

ARCHE NOAH

Agrarpolitik, Artenschutz, Gentechnik, Naturschutz, Saatgut, Sortenerhalt

Die ARCHE NOAH ist eine Gesellschaft für die Erhaltung der Vielfalt der Kulturpflanzen. Sie unterhält ein Archiv mit Datenbank für gefährdete Sorten und vom Markt genommene Handelssorten und entwickelt Samen in einem Vermehrungsgarten zur Beschreibung und Erforschung der Pflanzen. Es gibt Seminare und Lehrgänge für Gärtner zur Kreuzung bestimmter Gemüsesorten, einen Schaugarten und Führungen für Schulen. ARCHE NOAH hat ein Sortenhandbuch als Nachschlagewerk erstellt und bietet in Kooperation mit Bio-Betrieben verschiedene seltene Sorten zum Kauf an.

Adresse	*Obere Straße 40, 3553 Schloß Schiltern, Österreich*
Telefon	*0043 - 2734 / 86-26*
Fax	*-27*
E-Mail	*info@arche-noah.at*
Internet	*www.arche-noah.at*
Geschäftsführung	*Beate Koller*
Aufsichtsrat/Vorstand	*Peter Zipser*
Gegründet	*1989*
Mitarbeiter	*15*
Mitglieder/Förderer	*6.000*
Jahresetat	*600.000 €*
Arbeitsweise	*Sortenarchiv, Vermehrungsarbeiten, Beratung, Schaugarten, Infodienst, Öffentlichkeitsarbeit, Projekte, Recherche, Tagungen, Vernetzung*
Publikationen	*Sortenhandbuch, Arche Noah Magazin*
Möglichkeit zur Mitarbeit	*gefährdete Sorten im eigenen Garten/Betrieb erhalten, anbauen, vermarkten, entwickeln*
Auszeichnungen	*2004: Zukunftspreis des Landes Niederösterreich*

0017

Ärzte gegen Tierversuche e.V.

Tierversuche

Die Organisation lehnt Tierversuche nicht nur aus ethisch-moralischen Bedenken heraus ab, sondern stellt auch den wissenschaftlichen Nutzen der Forschung an Tieren in Frage. Um ihr Ziel, die Abschaffung aller Tierversuche, zu erreichen, stellt die Organisation umfangreiches Informationsmaterial zusammen, unter anderem eine im Internet verfügbare Datenbank, die Tausende von in Deutschland durchgeführten Tierversuchen dokumentiert. Darüber hinaus wird eine Ausstellung zum Thema angeboten, ein jährlicher Wissenschaftspreis zur tierversuchsfreien Krebsforschung verliehen und auch schon mal Strafanzeige wegen Verstoß gegen das Tierschutzgesetz gestellt.

Adresse	*Landsberger Str. 103, 80339 München*
Telefon	*089 / 359 93 49*
Fax	*089 / 35 65 21 27*
E-Mail	*info@aerzte-gegen-tierversuche.de*
Internet	*www.aerzte-gegen-tierversuche.de*
Geschäftsführung	*Gerhard Schwarz*
Aufsichtsrat/Vorstand	*Dr. med. Werner Autenrieth*
Gegründet	*1979*
Mitarbeiter	*2*
Mitglieder/Förderer	*500*
Arbeitsweise	*Öffentlichkeitsarbeit, Stellungnahmen, Recherchen, Diskussionsveranstaltungen in Schulen, Vergabe von Preisgeldern*
Publikationen	*E-Newsletter, Rundbrief*
Möglichkeit zur Mitarbeit	*Unterschriftenaktionen, Protestbriefe*

0018

Atomopfer e.V.

Atomkraft, Radioaktivität

Wie gesundheitsschädlich die Tätigkeiten bei der Gewinnung von radioaktiven Stoffen (Uran) oder ihrer Verarbeitung sein können, erfuhren ehemalige Arbeiter der Atomindustrie und des Uranbergbaus oft erst Jahre später. Viele von ihnen sind mittlerweile z.B. an Lungenkrebs erkrankt. Aber die gesetzlichen Unfallversicherungen lehnen ihre Ansprüche ab, ihre Krankheit wird nicht als berufsbedingt anerkannt. Um auf die Situation der Strahlenopfer aufmerksam zu machen, gründete sich 2001 die Selbsthilfe-Initiative Atomopfer. Der Verein will die Öffentlichkeit auf diesen Missstand hinweisen und organisiert gemeinsame Aktionen von geschädigten Wismut- und Atomindustriearbeitern.

Adresse	*c/o Michael Löffler, Schmidstrasse 2c, 10179 Berlin*
Telefon	*030 / 27 59 22 20*
E-Mail	*atomopfer@gmx.de*
Internet	*www.atomopfer.org*
Aufsichtsrat/Vorstand	*Michael Löffler*
Gegründet	*2001*
Regionalgruppen	*Wismut, Hanau*
Arbeitsweise	*Lobbyarbeit, Aktionen*

0019

Autofrei leben! e.V.

Verkehr

Autofrei und Spaß dabei – der Verein Autofrei leben! engagiert sich für eine PKW-freie Mobilität. Er appelliert an die freiwillige Selbstbeschränkung und die Abkehr vom Auto-zentrierten Verhalten. An Infoständen unterrichtet der Verein Interessierte über seine Arbeit und weist auf Alternativen zur Autobenutzung hin. Außerdem organisiert er Aktionstage zur Autofreiheit wie z.B. „Zu Fuß zur Schule".

Adresse	*Koppelplatz 12, 10115 Berlin*
Telefon	*030 / 27 59 42 44*
Fax	*01212 / 500 48 30 70*
E-Mail	*webmaster-nospam@autofrei.de*
Internet	*www.autofrei.de*
Geschäftsführung	*Markus Heller*
Aufsichtsrat/Vorstand	*Markus Heller*
Gegründet	*1998*
Regionalgruppen	*11*
Arbeitsweise	*Aktionen, Tagungen, Infomaterialien (z.B. Lesebuch „ÜberLeben ohne Auto")*
Publikationen	*E-Newsletter*
Möglichkeit zur Mitarbeit	*in lokalen Gruppen*

0020

Basler Appell gegen Gentechnologie

Behinderung, Bioethik/Humangenetik, Gentechnik, Gesundheitspolitik, Patente, Reproduktionsmedizin

Der Basler Appell gegen Gentechnologie setzt sich für die demokratische Kontrolle der Forschung in der Gen- und Reproduktionstechnologie ein. Er kämpft gegen die Patentierung von Lebewesen, gentechnische Eingriffe beim Tier und die genetische Auswahl und Genmanipulation beim Menschen. Kampagnen gegen Embryonenforschung und genetische Test-Untersuchungen von Heranwachsenden sowie Informationen zur Präimplantationsdiagnostik gehören zu seinem Programm.

Adresse	*Postfach 205, 4013 Basel, Schweiz*
Telefon	*0041 - 61 / 692 01 01*
Fax	*0041 - 61 / 693 20 11*
E-Mail	*info@baslerappell.ch*
Internet	*www.baslerappell.ch*
Geschäftsführung	*Pascale Steck*
Aufsichtsrat/Vorstand	*Pascale Steck*
Gegründet	*1988*
Mitarbeiter	*2*
Mitglieder/Förderer	*2.000*
Jahresetat	*179.000 CHF*
Gründungsanlass	*gentechnikkritischer Kongress*
Arbeitsweise	*Infodienst, Aktionen, Lobbyarbeit*
Publikationen	*AHA! Rundbrief für Mitglieder sowie vierteljährlich Pressespiegel Gentechnologie*
Möglichkeit zur Mitarbeit	*Infostände, Infomaterialverteilung, Unterschriftenaktionen*
Auszeichnungen	*2006: Winkelried Award beim Big Brother Award*

0021

Bäuerliche Notgemeinschaft

Atomkraft

„Wir kämpfen mit offenem Visier" lautet der Grundsatz der Bäuerlichen Notgemeinschaft, wenn sie den Castortransporten wieder auf ihren Treckern entgegenrollt. Seit 30 Jahren wehrt sich der lose Zusammenschluss von Landwirten aus dem Wendland mit Stunkparaden und Blockaden gegen die staatliche Atompolitik, die ihre bäuerliche Existenz bedroht. Von 1977 bis heute haben immer wieder Treckerdemonstrationen im Landkreis und über seine Grenzen hinaus stattgefunden. Etwa der legendäre Treck nach Hannover 1979 mit über 100.000 Teilnehmern, Konvois nach Magdeburg und Lüneburg oder die größte Schlepperdemonstration in der Geschichte der Bundesrepublik mit 650 Zugmaschinen und geschmückten Anhängern. Sie alle zeigten, wie stark und wie tief verwurzelt der Widerstand gegen die Atomanlagen in bäuerlichen Kreisen ist – bis weit hinein ins konservative Landvolk.

Gegründet	*1977*
Adresse Deutschland	*E-Mail: moni@baeuerliche-notgemeinschaft.de, www.baeuerliche-notgemeinschaft.de*
Gründungsanlass	*Damals erklärte die niedersächsische Landesregierung unter Ministerpräsident Ernst Albrecht Gorleben zum nationalen Atommüllendlager, schönfärberisch „Entsorgungspark" genannt.*
Arbeitsweise	*Proteste, Aktionen, Stunkparaden*

0022

Bergwaldprojekt

Naturschutz, Wald

Das Bergwaldprojekt entstand 1986 unter dem Eindruck der Diskussion um das Waldsterben. Nach dem Motto „alle reden vom Wald wir gehen hin" organisiert das Projekt praktische Arbeitseinsätze zum Schutz der Bergwälder in Deutschland, Österreich und der Schweiz.

Adresse	*Pickelstrasse 2, 97080 Würzburg*
Telefon	*0931 / 452 62-61*
Fax	*0931 / 30 41 90 68*
E-Mail	*info@bergwaldprojekt.de*
Internet	*www.bergwaldprojekt.de*
Regionalbüros	*Büro Kempten für Öffentlichkeitsarbeit*
Geschäftsführung	*Stephen Wehner*
Aufsichtsrat/Vorstand	*Lutz Rohland*
Gegründet	*1986 in der Schweiz gegründet*
Mitarbeiter	*11*
Mitglieder/Förderer	*665*
Jahresetat	*260.000 €*
Adresse Österreich	*Österreichischer Alpenverein, Wilhelm-Greil-Str. 15, 6010 Innsbruck, Tel.: 0043 - 512 / 595 47-47, www.alpenverein.at*
Adresse Schweiz	*Hauptstrasse 24, 7014 Trin, Tel.: 0041 - 81 / 630 41-45, Fax: -47, E-Mail: info@bergwaldprojekt.ch, www.bergwaldprojekt.ch*
Arbeitsweise	*Biotoppflege und -schutz*
Publikationen	*Newsletter*
Möglichkeit zur Mitarbeit	*persönliche Teilnahme an den Arbeitseinsätzen*

0023

BUKO Agrar Koordination e.V.

Agrarpolitik, Biopiraterie, Gentechnik, Landwirtschaft, Lebensmittel & Ernährung, Nord-Süd-Politik, Pestizide, Ressourcenschutz, Saatgut, Soziale Gerechtigkeit

„Freie Saat statt tote Ernte". Der Slogan macht deutlich, zu welchen Schwerpunkten die BUKO Agrar Koordination arbeitet: Landwirtschaft und Ernährung. Als Kampagne der „Bundeskoordination Internationalismus" skizziert sie seit 1981 die negativen Folgen, die eine neoliberale Agrar- und Handelspolitik für die Länder des Südens mit sich bringt. Gleichzeitig entwickelt sie Perspektiven, in denen sich die Interessen der Ausgeschlossenen stärker widerspiegeln. In Aktionen, Kampagnen, Konferenzen, Seminaren, Veranstaltungen, Publikationen und Ton-Dia-Serien setzt sich die BUKO Agrar Koordination mit Themen wie Biopiraterie, der „grünen" Gen- und Biotechnologie, Futtermittelimporten der EU, biologischer Vielfalt und Nahrungsmittelsicherheit auseinander. Mit ihrem aktuellen Projekt BIOPOLI soll ein Beitrag zum Erhalt der biologischen Vielfalt als Voraussetzung zur Ernährungssicherheit geleistet werden. Dazu gehören neben Studientagen und Publikationen auch Pflanzensamenbörsen und Vielfaltsessen. Bei der Agrar Koordination kann auch die Ausstellung „Genetische Vielfalt und Ernährungssicherheit" ausgeliehen werden.

Adresse	*Nernstweg 32, 22765 Hamburg*
Telefon	*040 / 39 25-26*
Fax	*040 / 39 90 06 29*
E-Mail	*info@bukoagrar.de*
Internet	*www.bukoagrar.de*
Internationale Büros	*Die Agrar-Koordination ist eine Aktion der Bundeskoordination Internationalismus (BUKO), siehe dort.*
Aufsichtsrat/Vorstand	*Andreas Riekeberg*
Gegründet	*1981*
Mitarbeiter	*2*
Arbeitsweise	*Öffentlichkeitsarbeit, Publikationen, Tagungen*
Publikationen	*BUKO Agrar Info, BUKO Agrar Dossiers*
Möglichkeit zur Mitarbeit	*in Arbeitskreisen, Teilnahme an Aktionen*
Auszeichnungen	*Das Bildungsprojekt BIOPOLI ist UN Dekadeprojekt für Lernen für nachhaltige Entwicklung 2006/2007.*

0024

BUND – Bund für Umwelt und Naturschutz Deutschland e.V.

Agrarpolitik, Artenschutz, Chemiepolitik, Energiepolitik, Gewässerschutz, Klima, Naturschutz, Umweltbildung, Verkehr

Der BUND ist einer der größten Umweltverbände Deutschlands. Neben dem praktischen Biotopschutz vor Ort – von der Pflege von Streuobstwiesen bis zum Gewässerschutz – mischt sich der BUND auch politisch ein, mit Aktionen zum Klimaschutz, für Lebens- und Futtermittel ohne Gentechnik oder für eine Reduzierung von giftigen Chemikalien im Alltag. Die Veröffentlichung der Studie „Zukunftsfähiges Deutschland" hat große Resonanz gefunden. In aktuellen Kampagnen arbeitet der BUND unter anderem gegen den Neubau von Kohlekraftwerken und für eine bessere Verkehrspolitik.

Adresse	*Am Köllnischen Park 1, 10179 Berlin*
Telefon	*030 / 27 58 64-0*
Fax	*-40*
E-Mail	*info@bund.net*
Internet	*www.bund.net*
Regionalbüros	*16 Landesverbände*
Internationale Büros	*in 70 Staaten als „Friends of the Earth" (siehe dort) vertreten.*
Geschäftsführung	*Dr. Gerhard Timm*
Bundesvorstands-vorsitzende	*Dr. Angelika Zahrnt*
Ansprechpartner	*Internationales: Antje von Broock, antje.vonbroock@bund.net* *Energie: Thorben Becker, thorben.becker@bund.net* *Tierhaltung/Regionalität: Reinhild Benning, reinhild.benning@bund.net* *Gentechnik/Agrar: Heike Moldenhauer, heike.moldenhauer@bund.net* *Verkehr: Werner Reh, werner.reh@bund.net*
Gegründet	*1975 als Bund für Natur- und Umweltschutz Deutschland*
Mitarbeiter	*45*
Mitglieder/Förderer	*über 390.000 Mitglieder und Förderer*
Regionalgruppen	*über 2.000 Kreis- und Ortsgruppen in ganz Deutschland*
Arbeitsweise	*Biotoppflege und -schutz, Aktionen, Öffentlichkeitsarbeit, Lobbyarbeit*
Publikationen	*Das BUNDmagazin*

0024

Möglichkeit zur Mitarbeit	*in Kreis- und Ortsverbänden, in Facharbeitskreisen, an Infoständen und in Projekten vor Ort*
Auszeichnungen	*Mitglieder des BUND wurden für ihr Engagement u.a. mit dem Bundesverdienstkreuz ausgezeichnet, BUND-Gruppen mit dem Preis für aktiven Naturschutz „muna".*
Erfolge	*Erhalt des ehemaligen innerdeutschen Grenzstreifens – des Grünen Bandes – als einmaliger Biotopverbund sowie die Novellierung des Bundesnaturschutzgesetzes, die maßgeblich auf die Arbeit des BUND zurückzuführen ist*

0025

Bund der Energieverbraucher

Energieeffizienz, Energiepolitik, Erneuerbare Energien

Der Bund der Energieverbraucher engagiert sich für eine umwelt- und verbraucherfreundliche Energiezukunft. Ob Heizen zu Hause, günstige Stromanbieter, sparsame Geräte im Büro, Informationen zu Biomasse oder Machtkartelle der Stromkonzerne in der Bundesrepublik: Die private Interessensorganisation von Energieverbrauchenden ist bundesweit im Energiebereich tätig. Neben umfassenden Hintergrundinformationen und Verbrauchertipps bietet der Bund Interessierten telefonische und rechtliche Beratungen an.

Adresse	*Grabenstr. 17, 53619 Rheinbreitbach*
Telefon	*02224 / 922 70*
Fax	*02224 / 103 21*
E-Mail	*service@energieverbraucher.de*
Internet	*www.energieverbraucher.de*
Aufsichtsrat/Vorstand	*Dr. Aribert Peters*
Gegründet	*1987*
Regionalgruppen	*17*
Arbeitsweise	*Infodienst, Beratung, Lobbyarbeit, Aktionen*
Publikationen	*Zeitschrift Energiedepesche*

0026

Bund gegen Missbrauch der Tiere e.V.

Tierversuche

Der Bund gegen Missbrauch der Tiere ist eine der ältesten Tierschutzorganisationen in Deutschland. Er unterhält acht Tierheime, ein Tierschutzzentrum und gibt eine Zeitschrift heraus. Der Verein betreibt verschiedene Kampagnen gegen Tierversuche, gegen das Töten von Singvögeln und für den Schutz von Delfinen. Der Bund stellt Unterrichtsmaterial für Grundschulen zum Thema Tierschutz zur Verfügung und beschäftigt sogenannte Tierschutzlehrer.

Adresse	*Viktor-Scheffel-Straße 15, 80803 München*
Telefon	*089 / 38 39 52-0*
Fax	*-23*
E-Mail	*info@bmt-tierschutz.de*
Internet	*www.bmt-tierschutz.de*
Regionalbüros	*11 Geschäftsstellen und 8 Tierheime*
Aufsichtsrat/Vorstand	*Dr. Jörg Styrie*
Gegründet	*1952*
Mitarbeiter	*100*
Mitglieder/Förderer	*15.000*
Jahresetat	*5.000.000 €*
Arbeitsweise	*Kampagnen, Lobbyarbeit, Projekte, praktische Tierschutzarbeit in den vereinseigenen acht Tierheimen*
Publikationen	*Das Recht der Tiere*
Möglichkeit zur Mitarbeit	*Mithilfe in den Tierheimen, als Leiter von Jugendgruppen etc.*
Auszeichnungen	*Hessischer Tierschutzpreis*
Erfolge	*Verbot der Käfighaltung, Aufnahme des Tierschutzes in die Verfassung*

0027

Bund Ökologische Lebensmittelwirtschaft e.V.

Agrarpolitik, Gentechnik, Landwirtschaft, Lebensmittel & Ernährung, Saatgut, Verbraucherschutz

Die Qualität ökologischer Lebensmittel zu überwachen, eine gentechnikfreie Landwirtschaft und gentechnikfreies Saatgut zu sichern sowie die EU-Ökoverordnung weiter zu entwickeln, das sind die Ziele des Bundes Ökologischer Lebensmittelwirtschaft. Der Dachverband vereint Erzeuger, Verarbeiter und Händler ökologischer Lebensmittel in Deutschland.

Abkürzung	*BÖLW*
Adresse	*Marienstr.19-20, 10117 Berlin*
Telefon	*030 / 284 82-300*
Fax	*-309*
E-Mail	*info@boelw.de*
Internet	*www.boelw.de*
Geschäftsführung	*Dr. Alexander Gerber*
Aufsichtsrat/Vorstand	*Dr. Felix Prinz zu Löwenstein*
Gegründet	*2002*
Mitarbeiter	*6*
Mitglieder/Förderer	*19*
Arbeitsweise	*Lobbyarbeit, Tagungen, Vernetzung, Dienstleistungen für Mitglieder*

0028

Bundesdeutscher Arbeitskreis für Umweltbewusstes Management e.V.

Erneuerbare Energien, nachhaltige Entwicklung, Umweltrecht, Unternehmen & soziale Verantwortung, Verkehr

„Unternehmen sichern Zukunft!" So lautet das Motto von B.A.U.M., dem Bundesdeutschen Arbeitskreis für Umweltbewusstes Management. Die erste überparteiliche Umweltinitiative der Wirtschaft, mit rund 450 Mitgliedern europaweit die größte ihrer Art, konzentriert sich in den Bereichen Umweltschutz und nachhaltige Entwicklung auf Dienstleistungen für Unternehmen, Kommunen und private Haushalte. Die Projekte des Vereins reichen von Solarpartnerschaften zwischen Unternehmen bis hin zu den Initiativen „Pro Recyclingpapier" und „Clever Pendeln." Neben eigenen Veranstaltungen und Veröffentlichungen wie dem großen Energiesparbuch für den Haushalt informiert die Website über wichtige Entwicklungen im Bereich Umweltmanagement und -recht.

Abkürzung	*B.A.U.M.*
Adresse	*Osterstraße 58, 20259 Hamburg*
Telefon	*040 / 49 07 11-00*
Fax	*-99*
E-Mail	*info@BAUMeV.de*
Internet	*www.BAUMeV.de*
Regionalbüros	*10*
Aufsichtsrat/Vorstand	*Prof. Dr. Maximilian Gege*
Gegründet	*1984*
Mitarbeiter	*10*
Arbeitsweise	*Projekte, Tagungen, Verleihung eines Umweltpreises*
Publikationen	*E-Newsletter*
Auszeichnungen	*1995: Deutscher Umweltpreis für Dr. Georg Winter*

0029

Bundesverband Bürgerinitiativen Umweltschutz e.V.

Atomkraft, Energieeffizienz, Erneuerbare Energien, Wasser, Verkehr, Umweltmanagementsysteme

Der Bundesverband Bürgerinitiativen Umweltschutz ist der Dachverband für ökologisch und sozial engagierte Gruppen und Einzelpersonen. Der BBU setzt sich für eine umweltfreundliche Energie- und Verkehrspolitik sowie eine nachhaltige Warenproduktion ein. Er wendet sich gegen den Einsatz von Gentechnik in der Nahrungsmittelherstellung. Der BBU hilft seinen Mitgliedern organisatorisch, rechtlich und wissenschaftlich in ökologischen und sozialen Brennpunkten. Durch Lobbyarbeit in der Politik, Aktionen und die Bereitstellung von Informationen engagiert sich der BBU für seine Ziele.

Abkürzung	*BBU*
Adresse	*Prinz-Albert-Str. 73, 53113 Bonn*
Telefon	*0228 / 21 40-32*
Fax	*-33*
E-Mail	*bbu-bonn@t-online.de*
Internet	*www.bbu-online.de*
Regionalbüros	*Dachverband*
Geschäftsführung	*Christine Ellermann*
Aufsichtsrat/Vorstand	*Udo Buchholz, Wolfgang Guhle, Karl-Jürgen Prull*
Gegründet	*1972*
Mitarbeiter	*2*
Mitglieder/Förderer	*120 Mitgliedsverbände*
Jahresetat	*100.000 €*
Arbeitsweise	*Beratung, Infodienst, Lobbyarbeit, Tagungen, Vernetzung*
Publikationen	*E-Newsletter*
Möglichkeit zur Mitarbeit	*vielfältig*
Erfolge	*Verhinderung einzelner Atom- und Verkehrsprojekte*

0030

Bundesverband Erneuerbare Energie e.V.

Energiepolitik, Erneuerbare Energien

Der Bundesverband Erneuerbare Energien ist der Dachverband für 20 Vereine aus den Bereichen Wasserkraft, Windenergie, Biomasse, Solarenergie und Geothermie. Er versteht sich als wichtiges Bindeglied zwischen den Verbänden und der Politik und betreibt Lobbyarbeit mit dem Ziel der Verbesserung der Rahmenbedingungen für erneuerbare Energien und die Durchsetzung der Chancengleichheit dieser Energien gegenüber anderen Sparten. Langfristiges Ziel des BEE ist die vollständige Umstellung auf erneuerbare Energien. Der Verband führt Fachberatungen durch, gibt Gutachten in Auftrag und nimmt Stellung zu Gesetzgebungsvorhaben.

Abkürzung	*BEE*
Adresse	*Teichweg 6, 33100 Paderborn*
Telefon	*05252 / 93 98 00*
Fax	*05252 / 529 45*
E-Mail	*info@bee-ev.de*
Internet	*www.bee-ev.de*
Regionalbüros	*Hauptstadtbüro, Marienstrasse 19-20, 10117 Berlin, Tel.: 030 / 20 18 01 80, Fax: 030 / 28 48 24 89*
Geschäftsführung	*Milan Nitzschke*
Präsident	*Johannes Lackmann*
Gegründet	*1991*
Mitarbeiter	*4*
Mitglieder/Förderer	*20 Mitgliedsverbände, 10 Fördermitglieder*
Arbeitsweise	*Informations-, Presse- und Lobbyarbeit*

0031

Bundesverband Tierschutz e.V.

Tierschutz, Tiertransporte, Tierversuche

Der Bundesverband Tierschutz will den Tierschutzgedanken verbreiten und setzt sich für eine auch rechtlich verbesserte Stellung von Tieren ein. Die zweitgrößte Tierschutzorganisation in Deutschland arbeitet in Gremien und Stiftungen zu Themen wie der Intensivhaltung von Nutztieren, Tierversuchen und Laienzoos. Aktuell setzt sich die Organisation für eine Abschaffung der Massentierhaltung ein. Aktiv werden können Interessierte, indem sie Ferientiere betreuen, Pferdepate werden oder in den Tierheimen der Mitgliederorganisationen mitarbeiten. Über weitere Aktivitäten plus Hintergrundinformationen berichtet das vierteljährliche Mitteilungsblatt TIERSCHUTZ.

Adresse	*Essenberger Straße 125, 47443 Moers*
Telefon	*02841 / 252 44*
Fax	*02841 / 262 36*
E-Mail	*bv-tierschutz@t-online.de*
Internet	*www.bv-tierschutz.de*
Regionalbüros	*Gütersloh, Köln*
Geschäftsführung	*Jutta Siebers*
Aufsichtsrat/Vorstand	*Prof. Dr. Astrid Funke*
Gegründet	*1961*
Mitarbeiter	*10*
Mitglieder/Förderer	*8.000*
Regionalgruppen	*100*
Arbeitsweise	*Demonstrationen, Informationsarbeit auf Messen, Mitglied in Tierschutzbeiräten, Gremienarbeit, zwei eigene Tierheime*
Publikationen	*TIERSCHUTZ*
Möglichkeit zur Mitarbeit	*in den Tierheimen der Mitgliedsorganisationen*
Auszeichnungen	*Bundesverdienstkreuz für die Gründerin des Bundesverbands Tierschutz Frau Anneliese zum Kolk*
Erfolge	*Einschränkung der Massentierhaltung durch die Verabschiedung der Hühnerhaltungsverordnung*

0032

Bundesvereinigung gegen Fluglärm e.V.

Lärm

Die Bundesvereinigung gegen Fluglärm setzt sich für die Reduzierung und die Beseitigung von Fluglärm ein, versucht auf politische Entscheidungen in Berlin Einfluss zu nehmen und unterstützt die Mitgliedsorganisationen vor Ort.

Adresse	*Grupellostr. 3, 40210 Düsseldorf*
Telefon	*0211 / 668 50-71*
Fax	*-73*
E-Mail	*bv-fluglaerm@arcor.de*
Internet	*www.fluglaerm.de*
Geschäftsführung	*Inke W. Schumacher*
Präsident	*Helmut Breidenbach*
Gegründet	*1967*
Mitarbeiter	*1*
Mitglieder/Förderer	*170*
Regionalgruppen	*Mitgliedsorganisationen in über 30 deutschen Städten*
Arbeitsweise	*Beratung, Gremienvertretung, Infodienst, Tagungen*
Möglichkeit zur Mitarbeit	*vor allem in den Fluglärminitiativen vor Ort*
Erfolge	*Verabschiedung eines Fluglärmgesetzes in Deutschland und dessen Novellierung*

0033

Bürgerinitiative Umweltschutz Lüchow-Dannenberg e.V.

Atomkraft, Bürgerrechte

Der Tag X ist, wenn der Castor rollt. Der Tag X ist Ausdruck des Widerstandes gegen die Castortransporte radioaktiver Abfälle in das Zwischen- und Abfalllager in Gorleben, gegen das damit verbundene massive Polizeiaufgebot und gegen die damit einhergehenden Einschränkungen der Grundrechte. Seit 1977 organisiert sich eine ganze Region in der Bürgerinitiative Umweltschutz Lüchow-Dannenberg. Mit Sternfahrten, Treckerblockaden und anderen kreativen Protestformen lehnen sich die Wendländer seit Jahrzehnten gegen die Atompolitik der Bundesregierung auf, informieren über und demonstrieren gegen deren gern verschwiegene Risiken und Nebenwirkungen.

Adresse	*Drawehner Straße 3, 29439 Lüchow*
Telefon	*05841 / 46 84*
Fax	*05841 / 319*
E-Mail	*BI-Luechow@t-online.de*
Internet	*www.bi-luechow-dannenberg.de*
Aufsichtsrat/Vorstand	*Kerstin Rudek, Lena Vollmer*
Gegründet	*1977*
Mitarbeiter	*2*
Mitglieder/Förderer	*860*
Jahresetat	*96.000 €*
Arbeitsweise	*Veranstaltungen, Aktionen, Demonstrationen, Vernetzung, Recherche*
Publikationen	*Gorleben-Rundschau*
Möglichkeit zur Mitarbeit	*in Arbeitskreisen, Teilnahme an Aktionen*

0034

Bürgerwelle e.V.

Elektrosmog

Bürgerwelle ist der Dachverband der Initiativen und Einzelpersonen zum Schutz vor Elektrosmog. Durch Unterschriftensammlungen und Briefaktionen setzt sich der Verein für die Aufklärung über die gesundheitlichen Folgen von Mobilfunk und schnurlosen Telefonen ein. Er sammelt Informationen von Betroffenen und analysiert diese auf mögliche Krankheitsfälle durch elektromagnetische Wellen, organisiert Versammlungen internationaler Mobilfunkkritiker und erstellt Flugblätter gegen die Belastung von Kindern durch die Mobilfunktechnik. Außerdem stellt er Strahlenmessgeräte sowie Infomaterial zur Verfügung.

Adresse	*Lindenweg 10, 95643 Tirschenreuth*
Telefon	*09631 / 79 57-36*
Fax	*-34*
E-Mail	*info@buergerwelle.de*
Internet	*www.buergerwelle.de*
Aufsichtsrat/Vorstand	*Siegfried Zwerenz*
Adresse Österreich	*Ingrid Grubauer, Alberstrasse 13, 8010 Graz, Tel.: 0043 - 316 / 42 24 96, Fax: 0043 - 316 / 42 24 96, www.buergerwelle.at*
Adresse Schweiz	*Peter Schlegel, Güeterstalstrasse 19, 8133 Esslingen, Tel.: 0041 - 44 / 984-00 39, Fax: -19 36, E-Mail: info@buergerwelle-schweiz.org, www.buergerwelle.ch*
Arbeitsweise	*Recherchen, Infodienst, Unterschriftenaktionen, Lobbyarbeit*

0035

Campact e.V.

Demokratie, Klima, Gentechnik, Patente, Erneuerbare Energien

Campact ist ein Online-Netzwerk für politisch aktive Menschen. Via Internet kann sich jeder Interessierte an aktuellen Debatten beteiligen und versuchen, auf politische Entscheidungen einzuwirken. Diverse E-Mail und Fax-Kampagnen haben bereits stattgefunden, z.B. für erneuerbare Energien, Transparenz über Abgeordneten-Nebeneinkünfte, für eine gentechnikfreie Landwirtschaft und gegen Softwarepatente auf EU-Ebene.

Adresse	*Artilleriestraße 6, 27283 Verden*
Telefon	*04231 / 95 74-40*
Fax	*-99*
E-Mail	*info@campact.de*
Internet	*www.campact.de*
Geschäftsführung	*Christoph Bautz, Günter Metzges*
Aufsichtsrat/Vorstand	*Christoph Bautz, Günter Metzges*
Gegründet	*2004*
Mitarbeiter	*6*
Mitglieder/Förderer	*150*
Jahresetat	*100.000 €*
Arbeitsweise	*Internet-Kampagnen, Aktionen, dezentrale Aktionswochen, Recherchen*
Publikationen	*E-Newsletter*
Möglichkeit zur Mitarbeit	*Teilnahme an Online- und anderen Aktionen.*

0036

Climate Action Network

Energieeffizienz, Energiepolitik, Erneuerbare Energien, Klima

„Mind the Gap – Save the planet". Mit dem Logo der Londoner U-Bahn wirbt das Climate Action Network für den Klimaschutz und die Eindämmung des Klimawandels auf ein umweltverträgliches Niveau. Um dieses Ziel zu erreichen, koordiniert das weltweite Netzwerk von 365 NGOs den Informationsaustausch und die Strategien seiner Mitglieder auf internationaler, nationaler und regionaler Ebene und treibt individuelle Aktivitäten und Handlungen auf Regierungsebene voran, damit sich die Erde möglichst um weniger als 2° C erwärmt.

Abkürzung	*CAN*
Adresse	*Charles-de-Gaulle Strasse 5, 53113 Bonn*
Telefon	*0228 / 926 86-86*
Fax	*-88*
E-Mail	*info@climatenetwork.org*
Internet	*www.climatenetwork.org*
Mitglieder/Förderer	*365 Mitgliedsorganisationen weltweit*
Arbeitsweise	*Vernetzung, Lobbyarbeit*

0037

Coordination gegen BAYER-Gefahren e.V.

Chemiepolitik, Pharmaindustrie

Die Coordination gegen BAYER-Gefahren setzt sich für eine transparente Politik des Bayer-Konzerns ein. Sie macht durch Flugblatt-Kampagnen auf Missstände in den einzelnen Werken aufmerksam und hilft Menschen, die von den Gefahren durch Produkte oder Produktionsweisen des Chemiekonzerns betroffen sind. Über Unterschriftenaktionen versucht die CBG, politische Entscheidungen zu beeinflussen. Gleichzeitig geht es der Coordination darum, in den Werken Menschenrechte, soziale Sicherheit und Umweltschutz durchzusetzen.

Adresse	*Postfach 150418, 40081 Düsseldorf*
Telefon	*0211 / 33 39-11*
Fax	*-40*
E-Mail	*CBGnetwork@aol.com*
Internet	*www.cbgnetwork.org*
Geschäftsführung	*Philipp Mimkes*
Aufsichtsrat/Vorstand	*Axel Köhler-Schnura, Hubert Ostendorf*
Gegründet	*1982*
Mitarbeiter	*2*
Mitglieder/Förderer	*1000*
Gründungsanlass	*Ein Störfall im Bayer-Werk Wuppertal führte 1978 zur Gründung der dortigen Initiative, aus der CBG hervorging.*
Arbeitsweise	*Aktionen, Recherchen mithilfe von rund 3.000 Kooperationspartnern in 40 Ländern*
Publikationen	*Stichwort BAYER, E-Newsletter*
Möglichkeit zur Mitarbeit	*Flugblätter verteilen, Mitarbeit zu einzelnen Themen (Recherche, Öffentlichkeitsarbeit, Schreiben von Artikeln)*
Auszeichnungen	*Preis des Kirchlichen Entwicklungsdienstes Oberhausen, Preis von Business Crime Control. Vorstandsmitglied Axel Köhler-Schnura erhielt für den Aufbau der CBG den „Preis für Zivilcourage“.*
Erfolge	*Eine Kooperation mit taiwanesischen Gruppen führte dazu, dass ein umstrittenes Chemiewerk von Bayer in Taiwan nicht gebaut wurde.*

0038

DANTE – Die Arbeitsgemeinschaft für nachhaltige Tourismus-Entwicklung

nachhaltige Entwicklung, nachhaltiger Lebensstil, Naturschutz, Nord-Süd-Politik, Tourismus

„Die besten Reisen, das steht fest, sind die oft, die man unterlässt", stellte schon Eugen Roth fest. Tatsächlich spielen Ökologie und Ethik bei vielen Reisen eher eine Nebenrolle. DANTE hingegen setzt auf einen Tourismus, der Einkommen schafft, der die Lebensbedingungen in den Zielländern nachhaltig gestaltet und Rücksicht nimmt: auf die Kultur und Lebensweise der Menschen vor Ort und auf die Natur. Mit der gleichberechtigten Teilhabe aller Beteiligten soll Tourismus so einen Beitrag zur nachhaltigen Entwicklung leisten. Dafür setzt sich das Netzwerk von 15 entwicklungs- und umweltpolitischen Initiativen und Organisationen aus Deutschland, Österreich und der Schweiz ein: auf internationaler und nationaler Ebene, mit Analysen, Informations- und Öffentlichkeitsarbeit sowie Bildungsmaßnahmen und Kampagnen.

Adresse	*c/o EED-Tourism Watch, Ulrich-von-Hassell-Str. 76, 53123 Bonn*
Telefon	*0228 - 81 01 23 03*
Fax	*0228 - 810 11 60*
E-Mail	*tourism-watch@eed.de*
Internet	*www.dante-tourismus.org*
Arbeitsweise	*Infodienst, Kampagnen, Lobbyarbeit, Recherchen*

0039

David gegen Goliath e.V.

Atomkraft, Energiepolitik, Verkehr

Der Verein David gegen Goliath setzt sich für den Atomausstieg ein. Entstanden nach dem Reaktorunglück in Tschernobyl, engagiert sich der Verein für die Abschaltung aller Kernkraftwerke in Europa und die Förderung der Sonnenenergie. Er unterstützt Widerstandsaktionen in Wackersdorf und Garching, Baumbesetzungen und Demonstrationen. Außerdem setzt er sich in Kampagnen für den Ausbau des Bahnverkehrs und gegen die Hochpreispolitik der Deutschen Bahn ein.

Abkürzung	*DaGG*
Adresse	*Neuhauser Straße 3, 80331 München*
Telefon	*089 / 23 66 20-50*
Fax	*-60*
E-Mail	*webmaster@davidgegengoliath.de*
Internet	*www.davidgegengoliath.de*
Geschäftsführung	*Maria Ernst*
Aufsichtsrat/Vorstand	*Bernhard Fricke*
Gegründet	*1986*
Mitarbeiter	*2*
Mitglieder/Förderer	*2500*
Arbeitsweise	*Aktionen, Kampagnen, Lobbyarbeit*
Publikationen	*E-Newsletter*
Möglichkeit zur Mitarbeit	*Infostände, Hilfe im Büro, Pressearbeit, Internetgestaltung, Praktikum Sonnen-Arche*

0040

DEEPWAVE e.V.

Meere, Wale & Delfine

DEEPWAVE hat es sich zum Ziel gesetzt, Menschen für die Erhaltung der Lebenswelten der Ozeane zu begeistern. Durch Aufklärung und Öffentlichkeitsarbeit soll ihnen bewusst gemacht werden, welch wichtige Rolle die Meere für das menschliche Leben spielen. DEEPWAVE zeigt Möglichkeiten, wie jeder Einzelne verantwortlich handeln und zum Schutz der Ozeane beitragen kann. Der Verein sammelt Spenden für verschiedene Projekte, z.B. den Schweinswalschutz in Nord- und Ostsee oder den Mangrovenschutz in Indien.

Adresse	*Hegestrasse 46d, 20251 Hamburg*
Telefon	*040 / 46 85 62-62*
Fax	*-63*
E-Mail	*info@deepwave.org*
Internet	*www.deepwave.org*
Aufsichtsrat/Vorstand	*Dr. Onno Groß, Herbert Hofmann*
Gegründet	*2003*
Mitglieder/Förderer	*115*
Regionalgruppen	*Köln, München*
Jahresetat	*35.000 €*
Arbeitsweise	*Veranstaltungen, finanzielle Hilfe, Infodienst, Recherchen*
Publikationen	*Deepwave Report*

0041

Deutsche Gesellschaft für Sonnenenergie e.V.

Energiepolitik, Erneuerbare Energien, Solarenergie

Die Deutsche Gesellschaft für Sonnenenergie will eine auf Nachhaltigkeit bedachte Energiewirtschaft durchsetzen, und zwar durch die breite Einführung erneuerbarer Energien. Ihre Mitarbeiter leisten Facharbeit in Bereichen der Sonnenenergienutzung, publizieren Informationsmaterial und Leitfäden zum Thema Sonnenenergie und wirken in diversen politischen Gremien auf Länder- und EU-Ebene mit. Die Gesellschaft versteht sich als Mittler zwischen Forschung und Industrie, Bauplanern und Ausführenden. Sie organisiert Tagungen und Vortragsreihen, außerdem stellt sie kostenfreies Material über erneuerbare Energien zur Verfügung.

Abkürzung	*DGS*
Adresse	*c/o Stadtwerke München, Emmy-Noether-Str. 2, 80992 München*
Telefon	*089 / 52 40 71*
Fax	*089 / 52 16 68*
E-Mail	*info@dgs.de*
Internet	*www.dgs.de*
Regionalbüros	*10*
Aufsichtsrat/Vorstand	*Dr. Jan Kai Dobelmann*
Gegründet	*1975*
Mitarbeiter	*9*
Mitglieder/Förderer	*3.000*
Jahresetat	*400.000 €*
Adresse Hauptsitz	*The International Solar Energy Society (ISES), Wiesentalstr. 50, 79115 Freiburg, Tel.: 0761 / 459 06-0, Fax: 0761 / 459 06-99, E-Mail: hq@ises.org, www.ises.org*
Arbeitsweise	*Projekte, Lobbyarbeit, Tagungen, Beratung*
Publikationen	*Sonnenenergie, E-Newsletter*
Möglichkeit zur Mitarbeit	*in den lokalen Gruppen*
Erfolge	*Aufbau des Netzwerkes der Solarschulen in Deutschland, Markteinführung der erneuerbaren Energien in Deutschland*

0042

Deutsche Gesellschaft für Umwelterziehung

Umweltbildung

Die Deutsche Gesellschaft für Umwelterziehung setzt sich für die Förderung der wissenschaftlichen und pädagogischen Auseinandersetzung mit Natur, Gesellschaft und der baulichen Umwelt ein. Durch Seminare, Tagungen und Infoveranstaltungen trägt sie zur Erziehung zum Umweltbewusstsein bei. Sie arbeitet für die Durchsetzung ihrer Ziele mit Kommunen, Behörden und Betrieben zusammen.

Abkürzung	*DGU*
Adresse	*Hagenower Straße 73, 19061 Schwerin*
Telefon	*0385 / 39 93 18-5*
Fax	*-4*
E-Mail	*umwelterziehung-schwerin@sn.imv.de*
Internet	*www.umwelterziehung.de*
Regionalbüros	*Erfurt und Berlin*
Geschäftsführung	*Annegret Gülker*
Aufsichtsrat/Vorstand	*Prof. Dr. Gerhard de Haan*
Mitarbeiter	*9*
Mitglieder/Förderer	*138*
Jahresetat	*248.000 €*
Gründungsanlass	*1983*
Arbeitsweise	*Tagungen, Fortbildungen, Gutachten, Vernetzung*
Publikationen	*E-Newsletter*
Auszeichnungen	*TUI Internationale Umwelt Auszeichnung*

0043

Deutsche Umwelthilfe e.V.

Abfall & Recycling, Atomkraft, Energieeffizienz, Klima, nachhaltige Entwicklung, Naturschutz, Umweltbildung

Die Deutsche Umwelthilfe fördert Naturschutzprojekte – wie z.B. den Kauf von Waldflächen auf Rügen oder die Renaturierung von Uferabschnitten an der Donau – und macht sich auch in eigenen Projekten für die Umwelt stark. Die Themen reichen von „Atomausstieg selber machen" und einer Klimaschutzkampagne bis hin zum Dosenpfand und Handy-Recycling. Zu all diesen Themen organisiert die Umwelthilfe Kampagnen, lokale Aktivitäten, aber auch eine intensive Lobbyarbeit bei Entscheidungsträgern in Berlin und anderswo. Auch die Umweltbildung wird bei der DUH groß geschrieben, sie bietet Informations- und Unterrichtsmaterialien zu unterschiedlichsten Themen an.

Abkürzung	*DUH*
Adresse	*Fritz-Reichle-Ring 4, 78315 Radolfzell*
Telefon	*07732 / 99 95-0*
Fax	*-77*
E-Mail	*info@duh.de*
Internet	*www.duh.de*
Regionalbüros	*Berlin, Hannover, Gorleben, Köthen*
Geschäftsführung	*Jürgen Resch, Rainer Baake*
Aufsichtsrat/Vorstand	*Prof. Dr. Harald Kächele*
Gegründet	*1975*
Mitarbeiter	*50*
Jahresetat	*3.200.000 €*
Arbeitsweise	*Lobbyarbeit, finanzielle Hilfe, Unterrichtsmaterialien, Infodienst*
Publikationen	*DUHwelt*

0044

Deutscher Jugendbund für Naturbeobachtung

Naturschutz

Der Deutsche Jugendbund für Naturbeobachtung setzt sich für den Naturschutz ein. Der Bund ist ein Zusammenschluss Jugendlicher und junger Erwachsener im Alter von 12 bis 25 Jahren mit dem Ziel, die Natur kennen zu lernen und Jugendliche für den Naturschutz zu begeistern. Die Organisation führt naturkundliche Exkursionen, Seminare und Sommerlager durch. Sie engagiert sich für ihre Ziele durch Demonstrationen und Kampagnen auch öffentlich und publiziert naturkundliche Bestimmungsbücher.

Abkürzung	*DJN*
Adresse	*Geiststraße 2, 37073 Göttingen*
E-Mail	*info@naturbeobachtung.de*
Internet	*www.naturbeobachtung.de*
Aufsichtsrat/Vorstand	*Martina Osterndorff*
Arbeitsweise	*Exkursionen, Kampagnen, Publikationen*

0045

Deutscher Naturschutzring

Naturschutz

Der Deutsche Naturschutzring ist der Dachverband der im Natur- und Umweltschutz tätigen Verbände in Deutschland. Er setzt sich für den Erhalt der biologischen Vielfalt und den Schutz von Natur und Umwelt ein. Der DNR engagiert sich für seine Ziele, indem er Lösungsmodelle für zukunftsfähige Wirtschaftsweisen vorstellt und sich für ihre Umsetzung stark macht. Er fordert nachhaltiges und umweltgerechtes Wirtschaften in allen privaten und öffentlichen Vorhaben. Zu seinen Projekten zählen z.B. die Finanzierung von Naturschutz und Windenergie.

Abkürzung	*DNR*
Adresse	*Am Michaelshof 8-10, 53177 Bonn*
Telefon	*0228 / 35 90-05*
Fax	*-96*
E-Mail	*info@dnr.de*
Internet	*www.dnr.de*
Regionalbüros	*Geschäftsstelle Berlin*
Geschäftsführung	*Dr. Helmut Röscheisen*
Aufsichtsrat/Vorstand	*Hubert Weinzierl*
Gegründet	*1950*
Mitarbeiter	*7*
Mitglieder/Förderer	*92 Mitgliedsverbände*
Jahresetat	*1.700.000 €*
Arbeitsweise	*Gremienvertretung, Infodienst, Kampagnen, Lobbyarbeit, Projekte, Tagungen, Vernetzung*
Publikationen	*Deutschland-Rundbrief, EU-Rundschreiben*
Möglichkeit zur Mitarbeit	*Mitarbeit DNR-AK Ehrenamt, Ausbildung Freiwilligen-Manager, Botschafter ökologischer Landbau, Mitarbeit in Mitgliedsverbänden*
Auszeichnungen	*Offizielles Projekt der UN-Weltdekade 2006/2007 – Bildung für nachhaltige Entwicklung*

0046

Deutscher Tierschutzbund e.V.

Tierschutz, Tiertransporte, Tierversuche

Der Deutsche Tierschutzbund ist die Dachorganisation der Tierschutzvereine und Tierheime in Deutschland, die Tiere aktiv vor Missbrauch schützen. Der Tierschutzbund unterhält eine Akademie für Tierschutz, in der Fachleute die Grundlagen der Vorgehensweise erarbeiten. Er betreibt Lobbyarbeit in der Politik und führt Kampagnen zu Themen wie z.B. Tierversuchen und Käfighaltung von Legehennen durch.

Abkürzung	*DTschB*
Adresse	*Baumschulallee 15, 53115 Bonn*
Telefon	*0228 / 604 96-25*
Fax	*-41*
Internet	*www.tierschutzbund.de*
Regionalbüros	*Akademie für Tierschutz in Neubiberg, Deutsches Haustierregister in Bonn sowie Zentren in Kappeln, Bonn und Sylt*
Geschäftsführung	*Thomas Schröder*
Aufsichtsrat/Vorstand	*Wolfgang Apel*
Ansprechpartner	*Akademie für Tierschutz: Dr. Brigitte Rusche, 089 / 60 02 91-0, rusche@tierschutzbund.de Geschäftsführer: Thomas Schröder, 0228 / 604 96-20, schroeder@tierschutzbund.de Pressestelle: Steffen Seckler, 0228 / 604 96-25, seckler@tierschutzbund.de*
Gegründet	*1881*
Mitarbeiter	*50*
Mitglieder/Förderer	*800.000*
Jahresetat	*4.700.000 €*
Arbeitsweise	*Aktiver Tierschutz, Aktionen, Kampagnen, Lobbyarbeit, Beratung, finanzielle Hilfe, Tagungen*
Publikationen	*du und das tier, E-Newsletter*
Möglichkeit zur Mitarbeit	*Mitarbeit in örtlichen Tierschutzvereinen, Unterschriftenlisten, Demonstrations- und Aktionsteilnahme*
Erfolge	*Verankerung des Tierschutzes im Grundgesetz, Tierversuchsverbot für Kosmetika in der EU, Abschaffung der EU-Subventionen für die Ausfuhr lebender Rinder zur Schlachtung in Drittländern, Reduzierung der Fahrtintervalle bei Tiertransporten auf acht Stunden*

0047

Deutscher Verband für Landschaftspflege e.V.

Biotopschutz, Landwirtschaft, nachwachsende Rohstoffe

Der Deutsche Verband für Landschaftspflege ist der Dachverband der Landschaftspflegeverbände, Biologischen Stationen und vergleichbarer Vereinigungen in Deutschland. Der DVL vertritt die Interessen der Landschaftspflegeverbände bundesweit, fördert den Erfahrungsaustausch und unterstützt Initiativen zur Gründung neuer Landschaftspflegeverbände. Er betreibt Projekte zu den Themen Artenschutz, nachwachsende Rohstoffe, Agrarpolitik und regionale Vermarktung.

Abkürzung	*DVL*
Adresse	*Feuchtwanger Straße 38, 91522 Ansbach*
Telefon	*0981 / 46 53 35-40*
Fax	*-50*
E-Mail	*info@lpv.de*
Internet	*www.lpv.de, www.reginet.de*
Regionalbüros	*140 regionale Landschaftspflegeverbände und vergleichbare Organisationen*
Geschäftsführung	*Wolfram Güthler*
Aufsichtsrat/Vorstand	*Josef Göppel*
Ansprechpartner	*Regionalvermarktung/Regionalentwicklung, Umsetzung Natura 2000: Liselotte Unseld, -3545, unseld@lpv.de Reginet – Informationsplattform der Regionalinitiativen: Gwendolin Dettweiler, -3549, dettweiler@lpv.de Nachwachsende Rohstoffe: Christof Thoss, -3546, thoss@lpv.de Landschaftselemente: Bernd Blümlein, -3544, bluemlein@lpv.de*
Gegründet	*1993*
Mitarbeiter	*12*
Mitglieder/Förderer	*148*
Jahresetat	*1.400.000 €*
Arbeitsweise	*Beratung, Lobbyarbeit, Projekte, Tagungen, Vernetzung*
Publikationen	*DVL-Rundbrief*

0048

Die Tierbefreier e.V.

Tierrechte, Veganismus, Pelz, Jagd/Angeln, Tierversuche, Zoo/Zirkus

Die Tierbefreier treten für ein uneingeschränktes Lebensrecht von allen Tieren ein und lehnen es ab, Tiere als Nahrungslieferanten oder als Rohstoff zur Kleidungsherstellung zu nutzen. Durch Sabotageaktionen z.B. auf einer Nerzfarm oder bei einer Treibjagd, Kampagnen gegen die Pelzindustrie oder Schlachthofblockaden engagieren sich die Tierbefreier für ihre Ziele.

Adresse	*Postfach 230207, 01112 Dresden*
Telefon	*040 / 23 55 32-16*
Fax	*040 / 380 17 85 46 12*
E-Mail	*info@die-tierbefreier.de*
Internet	*www.tierbefreier.de*
Gegründet	*1997*
Arbeitsweise	*Demonstrationen, Aktionen des zivilen Ungehorsams*

0049

Dreschflegel e.V.

Gentechnik, Landwirtschaft, Saatgut, Sortenerhalt

Die biologische Züchtung zu fördern und die Nutzpflanzenvielfalt zu erhalten ist das Ziel von Dreschflegel. In dem Verein versammeln sich gesellschaftspolitisch aktive Menschen mit ökologischem Interesse. In Saatgutseminaren und Veranstaltungen geht es darum, alte regionale und besonders für den Bioanbau geeignete Arten und Sorten zu erhalten, zu fördern und zu verbreiten oder neue Sorten für den biologischen Garten zu züchten. Außerdem setzt sich Dreschflegel für kleingärtnerische und kleinbäuerliche Strukturen und eine Landwirtschaft ohne Gentechnik ein.

Adresse	*In der Aue 31, 37213 Witzenhausen*
Telefon	*05542 / 50 51-48*
Fax	*-49*
E-Mail	*verein-dreschflegel@gmx.net*
Internet	*www.dreschflegel-verein.de*
Aufsichtsrat/Vorstand	*Ludwig Watschong*
Gegründet	*2000*
Mitarbeiter	*1*
Arbeitsweise	*Züchtung von alten Gemüsesorten, Aktionen wie z.B. Anbau von genfreiem Bantam-Mais, Stellungnahmen zu Gesetzesvorhaben, Postkartenaktionen, Seminare*
Möglichkeit zur Mitarbeit	*z.B. bei der Züchtung von Gemüse*
Erfolge	*Gründung der Interessengemeinschaft für gentechnikfreie Saatgutarbeit*

0050

ECA-Watch

Finanz- und Steuerpolitik, Nord-Süd-Politik, Staudämme

Hinter ECA-Watch verbirgt sich die internationale Kampagne namhafter österreichischer NGOs wie Greenpeace, WWF, der Gesellschaft für Bedrohte Völker und Global 2000 zur Beobachtung von Exportkreditagenturen. Großprojekte in Ländern des Südens wie der geplante Ilisu-Staudamm in der Türkei, der Drei-Schluchten-Damm in China oder Papierfabriken wie Indah Kiat in Indonesien werden zunehmend von staatlichen Exportkreditagenturen der Industrieländer (z.B. Österreichische Kontrollbank) finanziell abgesichert – ohne Rücksicht auf Umwelt-, Sozial- und Menschenrechtsstandards. Diese fordert ECA-Watch ein und engagiert sich für eine soziale Reform der österreichischen Exportförderung, die Einbindung von NGOs und mehr Transparenz bei der Vergabe von Exportkrediten und -garantien.

Adresse	*Hamburgerstraße 8/8, 1050 Wien, Österreich*
Telefon	*0043 - 1 / 586 39-12*
E-Mail	*eca-watch@gmx.at*
Internet	*www.eca-watch.at*
Geschäftsführung	*Nonno Breuss*
Arbeitsweise	*Infodienst, Kampagnen, Lobbyarbeit*
Publikationen	*E-Newsletter*

0051

ETC-Group

Nanotechnologie, Agrarpolitik, Bioethik/Humangenetik, Biopiraterie, Gentechnik, Lebensmittel & Ernährung, nachhaltige Entwicklung, Nord-Süd-Politik

Die Risiken und Nebenwirkungen neuer Technologien sind das zentrale Thema der ETC-Group: Nanotechnologie, Synthetische Biologie oder Humangenetik werden kritisch hinterfragt und auf mögliche Gefahren für Mensch und Umwelt durchleuchtet. So werden in Hintergrundberichten die möglichen Biowaffen-Gefahren künstlicher Mikroorganismen aufgezeigt, der „gierigste Biopirat" mit dem Captain-Hook-Preis bedacht (2006: Craig Venter) oder auch ein internationaler Design-Wettbewerb ausgeschrieben, um ein Gefahrensymbol für die Nanotechnologie zu entwerfen. Wer sich heute über die Probleme von morgen informieren möchte, ist auf der Webseite der Gruppe mit dem etwas kryptischen Namen (ETC steht für Erosion, Technology, Concentration) genau richtig. Das ursprüngliche Arbeitsfeld der ETC-Group, die bis vor einigen Jahren noch unter dem Namen Rural Advancement Foundation International agierte, ist und bleibt jedoch die nachhaltige Landwirtschaft weltweit. Biopiraten, gentechnisch veränderte Nutzpflanzen oder internationale Agrarforschungsinstitute – sie alle stehen im Mittelpunkt der ETC-Arbeit und werden, wo nötig, mit gezielten Kampagnen bedacht, um die Rechte von Kleinbauern und eine umwelt- wie sozialverträgliche kleinbäuerliche Landwirtschaft durchzusetzen.

Adresse	*ETC Headquarters, 431 Gilmour St, Second Floor, ON K2P 0R5 Ottawa, Kanada*
Telefon	*001 - 613 / 24 12-267*
Fax	*-506*
E-Mail	*etc@etcgroup.org*
Internet	*www.etcgroup.org*
Internationale Büros	*Canada, USA, Mexiko*
Geschäftsführung	*Pat Roy Mooney*
Gegründet	*1984 als RAFI – Rural Advancement Foundation International*
Mitarbeiter	*8*
Jahresetat	*950.000 US$*
Arbeitsweise	*Kampagnen, Recherchen, Tagungen, Veröffentlichungen, Technologiebewertung*
Erfolge	*Ende der 1990er Jahre deckte die Gruppe – damals noch unter dem Namen RAFI – Pläne von Monsanto auf, mit der sogenannten Terminator-Technologie gentechnisch verändertes Saatgut steril zu machen, um so die Bauern zu zwingen, jährlich neues Saatgut zu kaufen. Die RAFI-Kampagne konnte das Terminator-Saatgut vorerst stoppen.*

0052

Euro-Toques

Gentechnik, Lebensmittel & Ernährung, Verbraucherschutz

„Heute schon geschmeckt?" fragt Eurotoques provokant, um anschließend eine Geschmackserziehung anzubieten. Die Europa-Initiative der Spitzenköche setzt sich gegen Fast Food zur Wehr und will das Kochen, Essen und Genießen, ein Ernährungs-Qualitätsbewusstsein und einen gesunden und natürlichen Lebensstil verbreiten, fördern und erhalten. Gentechnik, Zusatzenzyme und Aromastoffe sind vom Teller verbannt, wenn es heißt, das kulinarische Erbe zu wahren. Kinderkochfestivals, Kochen mit Promis, Lobbyarbeit in Brüssel und Aufklärung über die Mythen der Lebensmittelindustrie sind nachhaltige Zutaten der Euro-Toques-Speisekarte.

Adresse	*Winnender Str. 12, 73667 Kaisersbach*
Telefon	*07184 / 29 18-107*
Fax	*-109*
E-Mail	*info@eurotoques.de*
Internet	*www.eurotoques.de*
Geschäftsführung	*Ernst-Ulrich Schassberger*
Aufsichtsrat/Vorstand	*Ernst-Ulrich Schassberger*
Gegründet	*international 1986, Deutschland 1996*
Mitarbeiter	*2*
Mitglieder/Förderer	*600*
Arbeitsweise	*Kochfestivals, Aktionen, Infodienst, Kampagnen, Lobbyarbeit*
Publikationen	*Euro-Toques-Magazin*
Möglichkeit zur Mitarbeit	*Infostände*

0053

Euronatur – Stiftung Europäisches Naturerbe

Artenschutz, Massentierhaltung, nachhaltige Regionalentwicklung, Schutzgebiete, Wald

Die Stiftung Euronatur ist ein Netzwerk zum Thema Naturschutz. Dort engagieren sich Wissenschaftler, Umweltexperten und aktive Naturschützer gemeinsam für den Erhalt unserer Lebensgrundlagen. Konkrete Artenschutzprojekte: Schutz von bedrohten Wildtieren wie Braunbär, Luchs und Fledermaus. Umweltbildung, Hilfe bei Planung und Umsetzung großer Schutzgebiete, Beratung zu nachhaltiger Landwirtschaft, Tourismus und Regionalentwicklung zählen ebenfalls zu den Arbeitsbereichen der Stiftung.

Adresse	*Konstanzer Straße 22, 78315 Radolfzell*
Telefon	*07732 / 92 72-0*
Fax	*-22*
E-Mail	*info@euronatur.org*
Internet	*www.euronatur.org*
Regionalbüros	*Umweltpolitisches Büro in Rheinbach bei Bonn, Euronatur-Geschäftsstelle Ludwigsburg (Regionale Projekte, Büro des Präsidenten) sowie Euronatur-Österreich in Graz*
Geschäftsführung	*Gabriel Schwaderer*
Aufsichtsrat/Vorstand	*Claus-Peter Hutter, Christel Schroeder*
Gegründet	*1987*
Mitarbeiter	*30*
Mitglieder/Förderer	*4000*
Jahresetat	*2.688.000 €*
Arbeitsweise	*Projekte, Beratung, Vernetzung, Lobbyarbeit, Gremienvertretung*
Publikationen	*Euronatur-Magazin, E-Newsletter*
Möglichkeit zur Mitarbeit	*Beteiligung an Unterschriftenaktionen, unter bestimmten Voraussetzungen ehrenamtliche Mitarbeit bei Projekten, Übersetzungen, Öffentlichkeitsarbeit u.a.*
Auszeichnungen	*Sierra Club (USA) Earth Care Award 2001*

0054

EUROSOLAR

Energieeffizienz, Erneuerbare Energien, Klima, Solarenergie

EUROSOLAR ist die gemeinnützige Europäische Vereinigung für erneuerbare Energien. Der Verein will atomare und fossile Energie komplett durch erneuerbare ersetzen und betrachtet die solare Energieversorgung als Grundvoraussetzung für den Erhalt natürlicher Lebensgrundlagen und nachhaltigen Wirtschaftens. Um politische Prioritäten von der lokalen bis zur internationalen Ebene zu verändern, versammelt EUROSOLAR Experten aus Politik, Wirtschaft, Wissenschaft und Kultur und bietet Einzelnen in Kampagnen die Möglichkeit, an einer soziokulturellen Bewegung für Sonnenenergie teilzunehmen. Markteinführungsstrategien, Vorschläge für steuerpolitische Förderungen und Solarenergieprojekte für Länder des Südens kennzeichnen die Handlungsentwürfe des Vereins. Die vierteljährlich erscheinende Zeitschrift Solarzeitalter gilt als wichtigste politische Programmzeitschrift für erneuerbare Energie.

Adresse	*Kaiser-Friedrich-Straße 11, 53113 Bonn*
Telefon	*0228 / 36 23 73*
Fax	*0228 / 36 12 79*
E-Mail	*info@eurosolar.org*
Internet	*www.eurosolar.org*
Internationale Büros	*Eurosolar-Sektionen in 14 Ländern*
Geschäftsführung	*Irm Pontenagel*
Aufsichtsrat/Vorstand	*Dr. Hermann Scheer*
Gegründet	*1988*
Adresse Österreich	*Arsenal Objekt 219 C, Faradaygasse 3, 1030 Wien, Tel.: 0043 - 1 / 79 92 88-8, Fax: -9, E-Mail: info@eurosolar.at, www.eurosolar.at*
Arbeitsweise	*Kampagnen, Projekte, Tagungen/internationale Konferenzen, Lobbyarbeit, Gremienarbeit*
Publikationen	*Solarzeitalter*
Auszeichnungen	*EUROSOLAR-Präsident Hermann Scheer ist u.a. Träger des Alternativen Nobelpreis (Right Livelihood Award) 1999, des Weltsolarpreises 1998, des Weltpreises für Bioenergie 2000 und des Weltpreises für Windenergie 2004.*
Erfolge	*Mitgestaltung der politischen Rahmenbedingungen für erneuerbare Energien, z.B. Stromeinspeisegesetz 1991 und 100.000-Dächer-Programm für Photovoltaik in Deutschland*

0055

Fachverband Fußverkehr Deutschland e.V.

Fußgänger, Verkehr

Der Fachverband Fußverkehr Deutschland setzt sich mit Aktionen wie dem „täglichen Fußgängerdreikampf: Warten – Sprinten – Seitensprung" für die Belange der Fußgänger und einen menschen- wie umweltgerechten Verkehr ein.

Abkürzung	*FUSS*
Adresse	*Exerzierstr. 20, 13357 Berlin*
Telefon	*030 / 49 27-473*
Fax	*-972*
E-Mail	*info@fuss-ev.de*
Internet	*www.fuss-ev.de*
Geschäftsführung	*Bernd Herzog-Schlagk*
Aufsichtsrat/Vorstand	*Arndt Schwab*
Gegründet	*1985*
Mitarbeiter	*3*
Regionalgruppen	*20 Regionalgruppen*
Arbeitsweise	*Kampagnen, Lobbyarbeit, Öffentlichkeitsarbeit*
Publikationen	*mobilogisch!*
Möglichkeit zur Mitarbeit	*in lokalen Gruppen, z.B. als „kritische/r Flaneurin oder Flaneur" in Berlin*

0056

fair-fish

Fische

„Wer die industrielle Fischproduktion vom Markt drängen will, muss fairer einkaufen". Fair-fish wurde von mehreren Schweizer Tierschutzorganisationen aus der Taufe gehoben, um den Fischfang fairer zu gestalten – fairer für die Umwelt wie für die Fischer. Dafür entwickelt die Organisation Kriterien für nachhaltigen Fischfang und fairen Handel und baut ein Label auf, mit dem entsprechend gefangene oder gezüchtete Fische gekennzeichnet werden können.

Adresse	*Grüzenstr. 22, 8400 Winterthur, Schweiz*
Telefon	*0041 - 52 / 30 14-435*
Fax	*-580*
E-Mail	*info@fair-fish.ch*
Internet	*www.fair-fish.ch*
Internationale Büros	*ein Büro im Senegal*
Geschäftsführung	*Heinzpeter Studer*
Gegründet	*2000*
Mitglieder/Förderer	*150*
Jahresetat	*172.000 CHF*
Arbeitsweise	*Projekte, Öffentlichkeitsarbeit, Lobbyarbeit*
Publikationen	*E-Newsletter*
Möglichkeit zur Mitarbeit	*Infostände, Leserbriefe, Übersetzungen, Adressverwaltung, Recherchen, Text, Gestaltung*
Erfolge	*Aufnahme zentraler Forderungen zum Schutz der Fische in die Richtlinien der Bio Suisse (2000) und in den Entwurf zur neuen Schweizer Tierschutzverordnung (2006), 2007: Fertigstellung von Richtlinien für die nachhaltige Fischerei – weltweit die ersten, die Tierschutz, Nachhaltigkeit und fairen Handel miteinander verbinden*

0057

Fans for nature e.V.

Naturschutz, Regenwald

Fans for nature ist eine Naturschutzorganisation. Sie engagiert sich insbesondere für die Erhaltung des tropischen Regenwaldes und bemüht sich um den Schutz von Orang Utans z.B. durch gezielten Flächenkauf und Bepflanzung sowie die Organisation von Reisen zu den Orang-Utan-Projekten.

Abkürzung	*ffn*
Adresse	*Bischof Otto Str. 14, 94501 Aldersbach*
Telefon	*0160 / 99 18 84 90*
E-Mail	*info@fansfornature.de*
Internet	*www.fansfornature.de*
Aufsichtsrat/Vorstand	*Helmut Huber, Karl-Heinz Freundorfer*
Gegründet	*1998*
Mitglieder/Förderer	*185*
Arbeitsweise	*praktische und finanzielle Unterstützung, Vorträge*
Publikationen	*jährliches Magazin*
Möglichkeit zur Mitarbeit	*Infostände in Zoos oder Tierparks*

0058

Faszination Regenwald e.V.

Naturschutz, Regenwald

Faszination Regenwald bemüht sich um den Erhalt des tropischen Regenwaldes. Er betreibt Projekte in Afrika, Asien und Südamerika, die den dort lebenden Menschen das Leben im Einklang mit der Natur ermöglichen soll, d.h. Entwicklungshilfe verbunden mit Regenwaldschutz. Finanzielle Unterstützung einer Rettungsstation für Wildtiere, Unterstützung der wissenschaftlichen Erforschung des Regenwaldes.

Adresse	*Von-Giebelsbergstraße 1, 89312 Günzburg*
Telefon	*08221 / 225 59*
E-Mail	*info@faszination-regenwald.de*
Internet	*www.faszination-regenwald.de*
Regionalbüros	*Ulm*
Aufsichtsrat/Vorstand	*Dr. Bernhard Lohr*
Gegründet	*2001*
Mitglieder/Förderer	*70*
Jahresetat	*10.000*
Arbeitsweise	*Projekte, Vorträge, finanzielle Hilfe*
Publikationen	*E-Newsletter*

0059

Flower Label Program e.V.

Blumen

Das Flower Label Program steht für die umwelt- und sozialverträgliche Zucht und den Vertrieb von Blumen. Blumenfarmen müssen entsprechende Standards erfüllen, um in das Programm aufgenommen zu werden, u.a. das Verbot bestimmter Pestizide und von Kinder- und Zwangsarbeit, Gewerkschaftsfreiheit und gerechte Löhne. FLP hat Projekte in Ostafrika und Ecuador und eine Kampagne für eine solidarische Welt mit fair produzierten Rosen. Auch die Lobbyarbeit in Deutschland trägt Früchte, so kaufen die Münchner Behörden für ihre Belange fair gezüchtete Blumen.

Abkürzung	*FLP*
Adresse	*Siegfriedstr. 1-3, 50678 Köln*
Telefon	*0221 / 340 66 45*
Fax	*0221 / 340 69 68*
E-Mail	*info@fairflowers.de*
Internet	*www.fairflowers.de*
Geschäftsführung	*Silke Peters*
Aufsichtsrat/Vorstand	*Dr. Enrique Hidrobo*
Gegründet	*1996 als Initiative, seit 2003 eingetragener Verein, seit 2005 als gemeinnützig anerkannt*
Mitarbeiter	*2 Deutschland und je 1 in Ecuador und Kenia*
Mitglieder/Förderer	*ca. 135*
Regionalgruppen	*keine weiteren Büros in Deutschland, aber zahlreiche ehrenamtlichen Gruppen von FIAN, Brof für die Welt und terre des hommes, die u.a. zum Thema Blumen arbeiten*
Jahresetat	*ca. 100.000 €*
Arbeitsweise	*Kampagnen, Öffentlichkeitsarbeit, Pressearbeit, Zertifizierung, Beratung über Strategien der Unternehmensverantwortung in der Blumenbranche*
Publikationen	*E-Newsletter*
Möglichkeit zur Mitarbeit	*Mitarbeit in lokalen Gruppen, Floristen ansprechen und auf das Programm hinweisen*
Auszeichnungen	*Solidar Silver Rose Award 2005*

0060

Fonds für versuchstierfreie Forschung

Tierversuche

Die Stiftung Fonds für versuchstierfreie Forschung (FFVFF) engagiert sich gegen Tierversuche in Wissenschaft und Industrie. Die Stiftung erforscht und publiziert alternative Methoden, z.B. für Hautverträglichkeitstests oder für Studien zur Medikamentenwirkung. Ihre Forschungsergebnisse finden mittlerweile Anwendung in Biotechfirmen und an Universitäten. Die Stiftung arbeitet in verschiedenen politischen Gremien in der Schweiz und in Deutschland.

Abkürzung	*FFVFF*
Adresse	*Hegarstrasse 9, 8032 Zürich, Schweiz*
Telefon	*0041 - 44 / 422-70 70*
Fax	*-80 10*
E-Mail	*info@ffvff.ch*
Internet	*www.ffvff.ch*
Geschäftsführung	*Felix Wirz*
Aufsichtsrat/Vorstand	*Peter Bossard*
Gegründet	*1976*
Mitglieder/Förderer	*20*
Arbeitsweise	*Projekte, Beratung, Gremienvertretung, Infodienst, Lobbyarbeit, Kampagnen*
Publikationen	*ALTEX*

0061

foodwatch e.v.

Lebensmittel & Ernährung, Verbraucherschutz und -rechte, Gentechnik, Agrarpolitik

Wenn es um die Wurst geht, ist foodwatch zur Stelle. Die Organisation (Motto: die Essensretter) recherchiert und informiert rund um unsere Lebensmittel. Ob es um Gift im Essen geht, um die Drahtzieher hinter Gammelfleischskandalen, Cumarin in Zimtsternen oder die Werbelügen von McDonald's – foodwatch sorgt dafür, dass Sie wissen, was Sie essen. Schon mehrere Skandale konnten die Rechercheure von foodwatch aufdecken, so zuletzt illegalen Tiermehlschmuggel und andere Vergehen der Tierfutterindustrie. In erfolgreichen Kampagnen wurden zum Beispiel Grenzwerte für Uran im Mineralwasser durchgesetzt.

Adresse	*Brunnenstr. 181, 10119 Berlin*
Telefon	*030 / 24 04 76-19*
Fax	*-26*
E-Mail	*info@foodwatch.de*
Internet	*www.foodwatch.de*
Geschäftsführung	*Dr. Thilo Bode, Matthias Wolfschmidt*
Aufsichtsrat/Vorstand	*Petra Thorbrietz*
Gegründet	*2002*
Mitarbeiter	*8*
Mitglieder/Förderer	*10.000*
Jahresetat	*840.000 €*
Arbeitsweise	*Kampagnen, Aktionen, Lobbyarbeit, Recherchen*
Publikationen	*E-Newsletter, Magazin foodwatch-Nachrichten*
Möglichkeit zur Mitarbeit	*diverse Mitmach-Aktionen, Hilfstätigkeiten wie zum Beispiel Datenbank-Pflege oder Grafikarbeiten*
Erfolge	*Aufdecken von Verbrauchertäuschung sowie Stärkung der Rechte der Bürger und Bürgerinnen durch das Verbraucherinformationsgesetz, Veröffentlichung von Risikosubstanzen in Lebensmitteln (z. B. Acrylamid, Cumarin, Dioxine, Alkopops).*

0062

Förderverein Ökologische Steuerreform

Finanz- und Steuerpolitik

Der Förderverein Ökologische Steuerreform steht für eine pragmatisch konzipierte ökologische Finanzreform, die dem nachhaltigen Wirtschaften Rechnung trägt. Er fordert den Abbau ökologisch kontraproduktiver Subventionen (Beispiel Flugverkehr) und die steuerliche Entlastung umweltfreundlicher Technologien bei der Stromerzeugung. Der Förderverein erarbeitet Vorschläge zu den entsprechenden Themen und erstellt Gutachten. Der Verein vergibt jährlich den Adam-Smith-Preis für marktwirtschaftlichen Umweltschutz. Bisherige Preisträger waren u.a. Prof. Binswanger und Jürgen Trittin.

Abkürzung	*FÖS*
Adresse	*Landsberger Str. 191, 80687 München*
Telefon	*089 / 52 01 13-13*
Fax	*-14*
E-Mail	*foes@foes.de*
Internet	*www.foes.de*
Geschäftsführung	*Andrea Sauer, Christian Meyer*
Aufsichtsrat/Vorstand	*Dr. Anselm Görres*
Gegründet	*1994*
Mitarbeiter	*2-3*
Mitglieder/Förderer	*200*
Jahresetat	*ca. 100.000 €*
Arbeitsweise	*Beratung, Lobbyarbeit, Seminare, Preisverleihung*
Publikationen	*E-Newsletter*
Möglichkeit zur Mitarbeit	*Mitarbeit an ÖkoSteuerNews*

0063

Forest Stewardship Council

Holz, Wald

Der Forest Stewardship Council steht für eine nachhaltige Entwicklung der Wälder. Durch strenge Regeln unterstützt der Verein eine verantwortungsvolle Waldwirtschaft und vermeidet so unkontrollierte Abholzung, Raubbau und Umweltbelastung. Auch die Einhaltung sozialer Standards und der Menschenrechte sind Kriterien für eine nachhaltige Forstwirtschaft. Der FSC zertifiziert Forstbetriebe, hergestelltes Holz und Holzprodukte – von Bleistiften bis hin zu Möbeln – und sorgt so für Transparenz in Erzeugung und Handel. Er hat Arbeitsgruppen in 35 Ländern und wird von diversen Umweltorganisationen, z.B. WWF, Greenpeace und NABU, sowie Sozialverbänden und Gewerkschaften und zahlreichen Unternehmen unterstützt.

Abkürzung	*FSC*
Adresse	*Guntramstr. 48, 79106 Freiburg*
Telefon	*0761 / 386 53-50*
Fax	*-79*
E-Mail	*info@fsc-deutschland.de*
Internet	*www.fsc-deutschland.de*
Geschäftsführung	*Dr. Uwe Sayer*
Vorstandsvorsitzender	*Hermann Graf Hatzfeldt*
Gegründet	*1997*
Mitarbeiter	*5*
Mitglieder/Förderer	*176, z. T. Firmen und NGOs*
Jahresetat	*250.000 €*
Arbeitsweise	*Zertifizierung, Gremienvertretung, Lobbyarbeit*
Publikationen	*E-Newsletter*
Möglichkeit zur Mitarbeit	*Mitarbeit in Arbeitsgremien, Watchdog-Funktion*
Auszeichnungen	*BAUM online award 2000, 2001*

0064

Forum Umwelt & Entwicklung

Agenda 21, Armut, Globalisierung, Klima, Landwirtschaft, Milleniumsziele, nachhaltige Entwicklung, Nord-Süd-Politik, Regenwald, Trinkwasser

Das Forum Umwelt und Entwicklung ist ein Zusammenschluss verschiedener Organisationen, die sich für die Armutsbekämpfung und den Umweltschutz weltweit einsetzen. In verschiedenen Arbeitsgruppen werden Themen wie Stadtentwicklung, Schutz der Artenvielfalt, Schutz der Wälder, fairer Handel, Ursachen und Folgen der Ausweitung von Wüsten und vieles andere mehr bearbeitet. Das Forum ist Sprachrohr und internationaler Ansprechpartner für die beteiligten Organisationen. Auf der Internetseite des Forums findet sich eine umfangreiche Liste der deutschen NGOs, die sich in den verschiedenen Arbeitsgruppen engagieren.

Adresse	*Am Michaelshof 8-10, 53177 Bonn*
Telefon	*0228 / 35 97 04*
Fax	*0228 / 92 39 93 56*
E-Mail	*info@forumue.de*
Internet	*www.forumue.de*
Geschäftsführung	*Jürgen Maier*
Aufsichtsrat/Vorstand	*Regine Günther, Michael Frein*
Gegründet	*1992*
Mitarbeiter	*4*
Mitglieder/Förderer	*40*
Jahresetat	*300.000 €*
Arbeitsweise	*Lobbyarbeit, Projekte, Veranstaltungen, Vernetzung*
Möglichkeit zur Mitarbeit	*bei den Mitgliedsorganisationen*

0065

Forum Wissenschaft & Umwelt

nachhaltige Entwicklung, Naturschutz, Umweltbildung

Das Forum österreichischer Wissenschaftler für Umweltschutz setzt sich für eine zukunftsverträgliche Entwicklung, die Bewahrung der Vielfalt des Lebens und eine ganzheitliche, unabhängige Wissenschaft ein. Umweltbezogene Konzepte, wissenschaftliche Gutachten und die Beratung von Entscheidungsträgern charakterisieren die Arbeit des Forums.

Adresse	*Mariahilfer Str. 77-79, 1060 Wien, Österreich*
Telefon	*0043 - 1 / 585 29-85*
Fax	*-86*
E-Mail	*umweltforum@utanet.at*
Internet	*www.fwu.at*
Präsidium	*Dr. Reinhold Christian, Prof. Dr. Fritz Schiemer, Dr. Peter Weish*
Gegründet	*1985*
Mitglieder/Förderer	*250*
Arbeitsweise	*Forschung, Veranstaltungen, Lobbyarbeit, Publikationen, Tagungen*
Publikationen	*Wissenschaft & Umwelt INTERDISZIPLINÄR*

0066

Friends of the Earth

Artenschutz, Atomkraft, Biopiraterie, Erneuerbare Energien, Gentechnik, Klima, Landwirtschaft, Lebensmittel & Ernährung, Meere, Naturschutz, Patente, Regenwald, Verkehr, Wald

Friends of the Earth ist wohl die größte internationale Graswurzelorganisation im Umweltschutzbereich. In Kooperation mit den Partnerorganisationen in 70 Ländern weltweit lässt FOE kaum ein Thema unbearbeitet: Von Atomausstieg und Klimaschutz über den Schutz der Wälder und Meere bis hin zu Landwirtschaft, Gentechnik und Globalisierungsfolgen sind die Freunde der Erde mit Aktionen und Protesten vor Ort dabei. Dazu gehört virtueller Widerstand in Form von E-Mail-Aktionen wie die Kampagne zum Klimaschutz „Seien Sie kein Fossil, bekämpfen Sie den Klimawandel" ebenso wie der Aufruf zur Veröffentlichung des IPPC-Klimaberichts, weltweit gleichzeitig das Licht auszuschalten, um dem Planeten fünf Minuten Atempause zu geben. FOE fordert das gegenwärtige Modell der Globalisierung in all seinen Facetten heraus und kämpft kreativ für nachhaltige, friedliche und sozial gerechtere Gesellschaften.

Abkürzung	*FOE*
Adresse	*PO Box 19199, 1000 GD Amsterdam, Niederlande*
Telefon	*0031 - 20 / 622 13 69*
Fax	*0031 - 20 / 639 21 81*
Internet	*www.foei.org*
Internationale Büros	*Friends of the Earth hat Mitgliedsorganisationen in 70 Ländern, darunter der BUND in Deutschland, Global 2000 in Österreich, Pro Natura in der Schweiz und das Mouvement Ecologique in Luxemburg (siehe jeweils dort).*
Geschäftsführung	*Marijke Torfs*
Aufsichtsrat/Vorstand	*Meena Raman*
Gegründet	*1971*
Arbeitsweise	*internationale Kampagnen, direkte Aktionen, Projekte, Vernetzung, praktischer Naturschutz, zahlreiche Publikationen, Infodienst*

0067

Gen-Ethisches Netzwerk e.V.

Bioethik/Humangenetik, Gentechnik

Das Gen-Ethische Netzwerk ist eine der wichtigsten Anlaufstellen für Fragen der Gentechnologie in Deutschland. Es arbeitet seit 20 Jahren kritisch zu allen Bereichen der Gentechnologie, ob auf dem Acker, in Lebensmitteln, in der Industrie oder im Bereich der Medizin/Humangenetik und Reproduktionsmedizin. Im Vordergrund steht die Sammlung und Verbreitung von Informationen über Tagungen, Materialiensammlungen, Medienarbeit und der regelmäßig erscheinende Gen-ethische Informationsdienst. Das GeN unterhält auch ein Archiv, das nach Anmeldung besucht werden kann.

Abkürzung	*GeN*
Adresse	*Brunnenstr. 4, 10119 Berlin*
Telefon	*030 / 685 70 73*
Fax	*030 / 684 11 83*
E-Mail	*gen@gen-ethisches-netzwerk.de*
Internet	*www.gen-ethisches-netzwerk.de*
Gegründet	*1986*
Mitarbeiter	*5*
Mitglieder/Förderer	*480*
Arbeitsweise	*Öffentlichkeitsarbeit, Veranstaltungen, Aktionen, Vernetzung*
Publikationen	*Gen-ethischer Informationsdienst (GID)*
Möglichkeit zur Mitarbeit	*Recherchen*

0068

Gendreck-weg!

Gentechnik

Gendreck-weg! ist ein Zusammenschluss von Bauern und Imkern, die sich gegen die gentechnische Verunreinigung ihrer Produkte wehren. Sie machen auf die Gefahren von genetisch veränderten Lebensmitteln aufmerksam und setzen sich für den Erhalt der biologischen Vielfalt ein. Bei sogenannten Feldbefreiungen reißen sie nach öffentlicher Ankündigung als Aktionen zivilen Ungehorsams Pflanzen auf Gentech-Feldern aus.

Adresse	*Maurenstr. 9, 38300 Wolfenbüttel*
E-Mail	*aktion@gendreck-weg.de*
Internet	*www.gendreck-weg.de*
Ansprechpartner	*Pressekontakt: Michael Grolm, 0175 / 866 67 69* *Pressekontakt: Jutta Sundermann, 0175 / 866 67 69* *Internationale Vernetzung: Jürgen Binder, 0170 / 184 74 24* *Rechtshilfe: Achim Schultheiß, 07632 / 82 81 59, rechtshilfe@gendreck-weg.de*
Gegründet	*2004*
Mitglieder/Förderer	*1.200*
Regionalgruppen	*Freiburg, Rhein-Ruhr*
Arbeitsweise	*Feldbefreiungen, Aktionen, Protestcamps, Vernetzung*
Publikationen	*E-Newsletter*
Möglichkeit zur Mitarbeit	*Teilnahme an Feldbefreiungen, Vorbereitung von Imker- bzw. Bienenkästen-Aktionen*

0069

GENET

Bioethik/Humangenetik, Gentechnik, Landwirtschaft

In GENET haben sich über 50 Organisationen aus Europa zusammengeschlossen, die zu den Risiken der Gentechnik arbeiten – von GeneWatch in England über Elkana in Georgien bis zu Grain in Spanien. Die wichtigste Aufgabe von GENET ist ein regelmäßiger Informationsdienst zu Gentechnologie, der es allen Mitgliedsorganisationen ermöglicht, ständig auf der Höhe der Zeit zu sein. Das Themenspektrum ist breit gesteckt, neben gentechnisch veränderten Pflanzen, Tieren und Lebensmitteln werden auch Informationen zur Gentechnik in der Medizin bzw. Humangenetik erfasst. Auf der Webseite von GENET sind alle Mitgliedsorganisationen aufgeführt – eine beeindruckende Liste des europaweiten Widerstandes gegen die Gentechnologie.

Adresse	*Blauenstr. 15, Basel - Muenchenstein, Schweiz*
E-Mail	*coordination@genet-info.org*
Internet	*www.genet-info.org*
Internationale Büros	*Basel und Amsterdam*
Aufsichtsrat/Vorstand	*Adrian Bebb, Benedikt Haerlin, Florianne Koechlin, Svetla Nicolova, Marion Selig*
Gegründet	*1995*
Mitarbeiter	*1*
Mitglieder/Förderer	*55 Mitgliedsorganisationen in ganz Europa*
Arbeitsweise	*Vernetzung, Infodienst*
Publikationen	*GENET-forum, E-Newsletter*

0070

Gesellschaft für ökologische Forschung

Gletscher, Klima

Das Markenzeichen der Gesellschaft für ökologische Forschung ist die Dokumentation von Umweltzerstörungen, die in Ausstellungen, Büchern und Diareihen – zum Beispiel zu den Themen „Alptraum Auto" oder „Gletscher im Treibhaus" – verbreitet werden. 1999 begann die Gesellschaft für ökologische Forschung eine Gletscherdokumentation, die den dramatischen Klimawandel in den Alpen eindrucksvoll dokumentiert. Als Grundlage dafür wurde ein Archiv mit mehreren tausend historischen Gletscheraufnahmen angelegt. Jeweils vom gleichen Standort wie bei dem historischen Bild werden jetzt regelmäßig aktuelle Vergleichsfotos geschossen und so der stetige Rückgang der Gletschermassen sichtbar gemacht.

Adresse	*Frohschammerstr. 14, 80807 München*
Telefon	*089 / 359 85 86*
Fax	*089 / 359 66 22*
E-Mail	*info@oekologische-forschung.de*
Internet	*www.oekologische-forschung.de*
Aufsichtsrat/Vorstand	*Sylvia Hamberger*
Gegründet	*1977*
Arbeitsweise	*Recherchen, Dokumentation, Ausstellungen, Publikationen*

0071

Gesellschaft zum Schutz der Meeressäugetiere e.V.

Robben, Wale & Delfine

Die Gesellschaft zum Schutz der Meeressäugetiere setzt sich für den Schutz von Walen, Delfinen, Robben und anderen Meeressäugern ein. Sie veröffentlicht Karten mit Informationen über die Sichtung von Schweinswalen in Nord- und Ostsee, betreibt Aufklärungsarbeit über das Leben von Walen und die Bedrohung durch den Menschen. Aktiver Naturschutz, Spendensammlungen für Robbenrettungsstationen sowie Einsatz gegen durch Fischerei bedrohte Meerestiere zählen ebenfalls zu den Aktivitäten der GSM.

Abkürzung	*GSM*
Adresse	*Kieler Strasse 2, 25451 Quickborn*
Telefon	*04106 / 62 06 01*
Fax	*04106 / 62 09 07*
E-Mail	*info@gsm-ev.de*
Internet	*www.gsm-ev.de*
Geschäftsführung	*Hans-Jürgen Schütte*
Aufsichtsrat/Vorstand	*Petra Deimer, Hans-Jürgen Schütte, Walter Karpf*
Gegründet	*1978*
Mitarbeiter	*1*
Jahresetat	*25.000 €*
Arbeitsweise	*Beratung, Lobbyarbeit, Teilnahme an Konferenzen, Projekte*
Auszeichnungen	*1993: Konrad-Lorenz-Medaille und andere für Petra Deimer, 2001: Orden der Goldenen Arche*

0072

Gesellschaft zur Erhaltung alter und gefährdeter Haustierrassen e.V.

Landwirtschaft, Schutz der Kulturlandschaft, Sortenerhalt, Tiere und Pflanzen

Die Gesellschaft zur Erhaltung alter und gefährdeter Haustierrassen versucht das Überleben traditioneller Nutztierrassen zu sichern. Das Vereinsziel gründet auf der Erkenntnis, dass die alten Rassen als Ergebnis eines langen Züchtungsprozesses ihr Verbreitungsgebiet prägen und daher ein zu schützendes Kulturgut darstellen. Mitglieder sind vor allem Landwirte, Züchter und Tierhalter. Die GEH publiziert eine Rote Liste mit gefährdeten Rassen in Deutschland.

Abkürzung	*GEH*
Adresse	*Eschenbornrasen 11, 37213 Witzenhausen*
Telefon	*05542 / 18 64*
Fax	*05442 / 725 60*
E-Mail	*info@g-e-h.de*
Internet	*www.g-e-h.de*
Geschäftsführung	*Antje Feldmann*
Aufsichtsrat/Vorstand	*Mathias Vogt*
Gegründet	*1981*
Mitarbeiter	*2*
Mitglieder/Förderer	*2100*
Regionalgruppen	*insgesamt 13 Regionalgruppen, die alle ehrenamtlich arbeiten und aus dem Engagement einzelner Mitglieder entstehen*
Jahresetat	*160.000 €*
Arbeitsweise	*Beratung, Workshops, Gremienvertretung, Messen, Tierschauen, Weiterbildung*
Publikationen	*Arche Nova*
Möglichkeit zur Mitarbeit	*Regionalgruppen, Teilnahme an Messen und Ausstellungen, Rassebetreuer*
Erfolge	*Seit Bestehen der GEH ist in Deutschland keine Nutztierrasse mehr ausgestorben.*

0073

Gesellschaft zur Rettung der Delphine e.V.

Meere, Wale & Delfine

Als gemeinnützige und international tätige Naturschutzorganisation setzt sich die Gesellschaft zur Rettung der Delphine für den Schutz wild lebender Delphine und den Erhalt ihrer Lebensräume ein. Dazu zählen sowohl der Kampf gegen für die Meeressäuger tödliche Fischereimethoden und die Delfinjagd als auch der Einsatz für Delfinschutzgebiete und die Einführung von Schutzgesetzen. Sanfte Walbeobachtung auf La Gomera, die Rettung der letzten 220 Adria-Delphine in Kroatien, ein Schutzprojekt für Schweinswale an der Weser-Mündung oder eine Online-Petition gegen den Bau einer Thunfischfarm in Costa Rica: Die Projekte der GDR gestalten sich vielfältig.

Abkürzung	*GRD*
Adresse	*Kornwegerstr. 37, 81375 München*
Telefon	*089 / 741 60 41-0*
Fax	*-1*
E-Mail	*info@delphinschutz.org*
Internet	*www.delphinschutz.org*
Aufsichtsrat/Vorstand	*Rollo Gebhard*
Gegründet	*1991*
Mitarbeiter	*4*
Mitglieder/Förderer	*1600*
Jahresetat	*200.000 €*
Gründungsanlass	*Rollo Gebhard blieb mit seinem Boot bei seiner letzten Weltumsegelung in einem Treibnetz hängen. Seine Nachforschungen ergaben, dass zu dieser Zeit Millionen Delfine beim Thunfischfang mit Treib- und Ringwadennetzen als Beifang getötet wurden. Er gründete die GRD, machte die Problematik publik und brachte die Thunfischindustrie in Deutschland durch einen spektakulären Boykottaufruf an den Verhandlungstisch. Seitdem haben sich über 95 Prozent der deutschen Thunfischimporteure in einem internationalen Kontrollprogramm verpflichtet, keinen mit Treibnetzen oder durch Umkreisen von Delfinen gefangenen Thunfisch anzubieten.*
Arbeitsweise	*Schutzprojekte, Lobbyarbeit, Infodienst, Kampagnen.*
Publikationen	*Delphinpost*
Möglichkeit zur Mitarbeit	*Infostände auf Messen, Recherche, Verteilen von Informationsmaterial*

0074

Global 2000

Agrarpolitik, Atomkraft, Energieeffizienz, Erneuerbare Energien, Gentechnik, Klima, Landwirtschaft, Lebensmittel & Ernährung, Regenwald, Trinkwasser, Verkehr

Umweltskandale an die Öffentlichkeit zu bringen, Druck auf Wirtschaft und Politik auszuüben und alternative ökologische Lösungen zu erarbeiten: Das hat sich Global 2000 auf die Fahnen geschrieben. Global 2000 ist eine der einflussreichsten Umweltorganisationen in Österreich und der dortige Arm von Friends of the Earth (siehe dort). In aktuellen Stellungnahmen werden Gentechnik-Entscheidungen im EU-Ministerrat kritisiert, der Pestizid-Mix in spanischer Paprika aufgedeckt oder Klimastrategien entwickelt. Mit Protest-E-Mails und Petitionen geht Global 2000 gegen die Donau-Brücke, AKW-Neubauten und Zerstörungen des Regenwalds vor.

Adresse	*Neustiftgasse 36, 1070 Wien, Österreich*
Telefon	*0043 - 1 / 81 257-30*
Fax	*-28*
E-Mail	*office@global2000.at*
Internet	*www.global2000.at*
Internationale Büros	*in 70 Staaten als Friends of the Earth (siehe dort) vertreten*
Geschäftsführung	*Dr. Klaus Kastenhofer, Rene Fischer*
Aufsichtsrat/Vorstand	*Andreas Baur, Bettina Bosin, Karin Kuna, Barbara Studeny*
Gegründet	*1982*
Mitarbeiter	*30*
Publikationen	*Global News*
Möglichkeit zur Mitarbeit	*im Aktivisten-Netzwerk, Infostände*
Erfolge	*Gentechnik-Volksbegehren*

0075

Global Nature Fund

Artenschutz, Gewässerschutz, Naturschutz, Schutz der Kulturlandschaft, Schutzgebiete, Tierschutz, Trinkwasser, Vogelschutz, Wald, Wildtierschutz

Den Natur-, Umwelt und Tierschutz zu fördern, ist das erklärte Ziel des Global Nature Fund. Die internationale, unabhängige Stiftung entwickelt Modellprojekte für nachhaltiges Wirtschaften, fördert internationale Konventionen zum Tier- und Artenschutz, ruft Natur- und Umweltschutzprojekte ins Leben und setzt sie um. Dazu gehört das internationale Seennetzwerk Living Lakes zum weltweiten Schutz von Seen und Feuchtgebieten. Weitere Projekte sind Baumpatenschaften für den Aufbau von Schutzwäldern in Sri Lanka, Vogel- und Naturbeobachtungsprojekte am Bodensee und der Schutz und die umweltverträgliche Entwicklung alter Kulturlandschaften.

Abkürzung	*GNF*
Adresse	*Internationale Stiftung für Umwelt und Natur, Fritz-Reichle-Ring 4, 78315 Radolfzell*
Telefon	*07732 / 99 95-80 oder -85*
Fax	*-88*
E-Mail	*info@globalnature.org*
Internet	*www.globalnature.org*
Regionalbüros	*Bonn und Berlin*
Geschäftsführung	*Udo Gattenlöhner*
Aufsichtsrat/Vorstand	*Marion Hammerl*
Gegründet	*1998*
Mitarbeiter	*9*
Jahresetat	*675.130 €*
Arbeitsweise	*Schutzgebiete, finanzielle Hilfe, Kampagnen, Tagungen*
Publikationen	*GNF Newsletter*
Möglichkeit zur Mitarbeit	*Teilnahme an Summer Nature Camps*
Erfolge	*Stopp des Titanabbaus am St. Lucia-See in Südafrika, Etablierung des weltweiten Seennetzwerks Living Lakes mit über 50 Partnerorganisationen*

0076

Green City e.V.

Energiepolitik, Klima, Lärm, Verkehr

Green City setzt sich in München und von München aus mit den Themen Klimaschutz, nachhaltiger Mobilität und Stadtgestaltung auseinander. Ziel der Aktivitäten ist die ökologische Stadtgestaltung und die Verbesserung der Lebensqualität in München. Die Vereinsmitglieder organisieren, koordinieren und unterstützen eine Vielzahl von Projekten und setzen so die lokale Agenda 21 mit Schwerpunkt auf den Themen nachhaltiger Mobilität und Klimaschutz um: mit Kampagnen zum Flughafenausbau und Feinstaubbelastung durch den Straßenverkehr, Aufzeigen von Alternativen zur Autobenutzung oder der Aktion „Wanderbaumallee", um die Straßenbegrünung anzuregen.

Adresse	*Goethestr. 34, 80336 München*
Telefon	*089 / 89 06 68-0*
Fax	*-66*
E-Mail	*buero@greencity.de*
Internet	*www.greencity.de*
Geschäftsführung	*Max Leuprecht*
Ansprechpartner	*Mobilität: Dr. Stefan Taschner, -11, stefan.taschner@greencity.de Klima: Martin Betzold, -55, martin.betzold@greencity.de Stadtplanung, Umweltbildung: Max Leuprecht, -51, max.leuprecht@greencity.de*
Gegründet	*1990*
Mitarbeiter	*10*
Mitglieder/Förderer	*450*
Jahresetat	*340.000*
Arbeitsweise	*Projekte, Kampagnen, Tagungen, Festivals, Bildungsmaterialien, Lobbyarbeit, Gremienarbeit*
Publikationen	*E-Newsletter*
Möglichkeit zur Mitarbeit	*wöchentliche Aktivenrunde, Unterstützung bei Öko-Events*
Erfolge	*die Münchner Blade Night – Skate for your rights für die Rückeroberung des Straßenraums*

0077

Greenpeace e.V.

Atomkraft, Klima, Wale, Meere, Gentechnik, Landwirtschaft, Pestizide, Regenwald, Wald, Verkehr

Greenpeace ist eine der größten unabhängigen Umweltorganisationen der Welt. Sie lehnt grundsätzlich Spenden von Industrie, Parteien und Regierungen (auch von EU und UNO) ab und bewahrt sich damit die größtmögliche Unabhängigkeit. Das gehört ebenso zu den Grundprinzipien der Arbeit wie Gewaltfreiheit und „bearing witness". Das heißt „Zeugnis ablegen", also dort zu protestieren, wo Umweltverbrechen geschehen. Greenpeace setzt sich weltweit für den Schutz von Lebensräumen ein. Direkte, konfrontative Aktionen sind das besondere Markenzeichen der Organisation. Gewaltfreiheit ist dabei das oberste Prinzip. Greenpeace setzt sich für einen klimafreundlichen Energiemix ohne Kohle, Öl und Atom ein, kämpft für Schutzgebiete in den Ozeanen und für den Erhalt der letzten Urwälder, Schatzkammern der Artenvielfalt. Weitere Themen sind Gentechnik, nachhaltige Landwirtschaft und Chemie sowie Globalisierung. Auch lösungsorientierte, nachhaltige Projekte sind ein wesentlicher Bestandteil der Greenpeace-Kampagnen, ob nun FCKW-freie Kühlschränke, Ökostrom von Greenpeace energy, ein 3-Liter-Auto (SmILE) oder Ansätze für eine nachhaltige Landwirtschaft weltweit. Dabei arbeiten die 42 Länderbüros von Greenpeace eng zusammen, um gemeinsame Ziele effektiver durchsetzen zu können. Alleinstellungsmerkmal der Organisation sind vier Aktionsschiffe, die Beluga II, die Esperanza, die Arctic Sunrise und die Rainbow Warrior II, deren Einsatz in Amsterdam koordiniert wird, dem internationalen Sitz von Greenpeace.

Adresse	*Große Elbstraße 39, 22767 Hamburg*
Telefon	*040 / 306 18-0*
Fax	*-100*
E-Mail	*mail@greenpeace.de*
Internet	*www.greenpeace.de*
Regionalbüros	*Büro Berlin, Marienstraße 19-20, 10117 Berlin* *Tel.: 030 / 30 88 99-0, Fax: -30*
Internationale Büros	*42*
Geschäftsführung	*Brigitte Behrens*
Aufsichtsrat/Vorstand	*Claudia Maiwald*
Gegründet	*1971 international, 1980 in Deutschland,* *1983 Österreich, 1984 Schweiz, 1985 Luxemburg*
Mitarbeiter	*217*
Mitglieder/Förderer	*554.000*
Regionalgruppen	*90 in ganz Deutschland*
Jahresetat	*40.800.000 €*

0077

Adresse Österreich	*Siebenbrunnengasse 44, 1050 Wien, Tel.: 0043 - 1 / 545 45 80, Fax: 0043 - 1 / 545 45 80 98, E-Mail: service@greenpeace.at, www.greenpeace.at*
Adresse Schweiz	*Heinrichstrasse 147, 8031 Zürich, Tel.: 0041 - 44 / 447 41-41, Fax: -99, E-Mail: gp@greenpeace.ch, www.greenpeace.ch*
Adresse Luxemburg	*b.p. 229, 4003 Esch/Alzette, Tel.: 00352 - 54 62 52-1, Fax: 00352 - 54 54 05, E-Mail: greenpeace@pt.lu, www.greenpeace.lu*
Adresse Hauptsitz	*Greenpeace International, Ottho Heldringstraat 5, 1066 AZ Amsterdam, Niederlande, Tel.: 0031 - 20 / 718 20-00, Fax: 0031 - 20 / 51 48 151, E-Mail: supporter.services@int.greenpeace.org, www.greenpeace.org*
Gründungsanlass	*Es begann mit einer kleinen Gruppe von Friedensaktivisten in Kanada, die sich „Don't Make a Wave Committee" nannten. Im September 1971 machten sie sich mit einem Boot auf den Weg zu den Aleuten-Inseln. Vor der Küste Alaskas wollten sie einen US-amerikanischen Atomtest verhindern. Für die Aktion fanden sie einen Namen, der ihr Ziel verdeutlichte: Green + Peace = Greenpeace. Finanziert wurde die Fahrt aus Spenden und durch ein Solidaritätskonzert mit Joni Mitchell und James Taylor.*
Arbeitsweise	*Aktionen, Kampagnen, Lobbyarbeit, Öffentlichkeitsarbeit, Projekte, Recherche*
Publikationen	*Greenpeace Nachrichten, Greenpeace Magazin*
Auszeichnungen	*Bundesverdienstkreuz für Thilo Bode, früherer Geschäftsführer von Greenpeace Deutschland und International*
Möglichkeit zur Mitarbeit	*Unterschriften, Protestbriefe und -mails, Mitarbeit in Regionalgruppen, Greenteams (Kinder), Jags (Jugendliche), Team50plus (ältere Umweltschützer).*
Erfolge	*Antarktis-Schutzgebiet, FCKW-freier Kühlschrank, Verhinderung der Versenkung von Ölbohrplattformen in der Nordsee; dass in Europa und großen Teilen der Welt die meisten Lebensmittel nach wie vor gentechnikfrei sind, geht maßgeblich auf die Aktivitäten von Greenpeace zurück.*

0078

GRÜNE LIGA e.V.

Erneuerbare Energien, Gentechnik, Gewässerschutz, Klima, Verkehr, Wald

Die GRÜNE LIGA ist eine Umweltschutzorganisation, die ihren Ursprung in der ostdeutschen Bürgerrechtsbewegung hat. Organisiert in verschiedenen ökologisch engagierten Gruppen, setzten sich die Gründer für die Reinhaltung von Wasser, Boden und Luft ein. Mittlerweile kämpft die GRÜNE LIGA gegen die Pestizidbelastung von Obst und Gemüse, indem sie schärfere Kontrollen und eine bessere Informationspolitik fordert, setzt sich per Eilantrag gegen den Braunkohletagebau in der Region zur Wehr und betreibt aktive Lobbyarbeit und Kampagnen auf EU-Ebene. Für den Umweltschutz und eine veränderte Energiepolitik legt sich die GRÜNE LIGA auch schon mal mit der Gewerkschaft ver.di an.

Adresse	*Haus der Demokratie und Menschenrechte, Greifswalder Str. 4, 10405 Berlin*
Telefon	*030 / 20 44-745*
Fax	*-468*
E-Mail	*bundesverband@grueneliga.de*
Internet	*www.grueneliga.de*
Regionalbüros	*ca. 20*
Geschäftsführung	*Katrin Kusche*
Aufsichtsrat/Vorstand	*Klaus Schlüter*
Gegründet	*1990*
Mitglieder/Förderer	*ca. 30 Einzelmitglieder und Gruppen*
Arbeitsweise	*Vernetzung, Aktonen, Beratung, Gremienvertretung, Kampagnen, Lobbyarbeit, Öffentlichkeitsarbeit, Projekte, Tagungen*
Publikationen	*Alligator*

0079

Hai-Stiftung

Artenschutz, Fische, Haie

In jeder Sekunde sterben drei Haie. Die Schweizer Hai-Stiftung will dem entgegentreten, sie engagiert sich seit zehn Jahren für den Schutz und die Erforschung der Haie. Dazu gehören die Erhaltung ihrer Lebensräume ebenso wie der Kampf gegen grausame Fischereitechniken und das Töten der Tiere für medizinische und kosmetische Zwecke. Die Stiftung hat eine Hai-Schutzzone errichtet, Forschungsarbeit zum Leben und Verhalten der Haie betrieben, Ausstellungen gezeigt sowie eine Datenbank zur Hai-Forschung angelegt.

Adresse	*Blütenstrasse 4, 8057 Zürich, Schweiz*
Telefon	*0041 - 44 / 311 67 10*
Fax	*-22*
E-Mail	*hai@hai.ch*
Internet	*www.hai.ch*
Geschäftsführung	*Dr. Alexander J. Godknecht*
Aufsichtsrat/Vorstand	*Dr. Alexander J. Godknecht*
Gegründet	*1997*
Arbeitsweise	*Forschung, Kampagnen, Infodienst, Schutzzonen, Ausstellungen*
Möglichkeit zur Mitarbeit	*in lokalen Gruppen, Briefe schreiben, Infostände, demnächst Anti-Finning-Kampagne*

0080

Heim-statt Tschernobyl e.V.

Atomkraft, Tschernobyl

Angeregt durch die breite Unterstützung für die Opfer des Reaktorunfalls in Tschernobyl hat der Verein Heim-statt Tschernobyl beschlossen, die Hilfe auf besondere Art weiterzuführen: Seine Mitglieder bauen Häuser für Menschen in der betroffenen Region und ermöglichen ihnen so einen Neuanfang. In diesem Zusammenhang ist auch das erste Windkraftwerk in Weißrussland entstanden, das nun die neuen Siedlungen versorgt. Ebenfalls gebaut wurde ein ökologisches Modellhaus als Ambulanz zur medizinischen Versorgung. Neben dem Hausbau bietet Heim-statt Erholungsmöglichkeiten für Kinder und Jugendliche an und hilft durch berufsbildende Kurse bei der Schaffung von Arbeitsplätzen. Ganz nebenbei – angeregt durch Funde bei den Bauarbeiten – entstand eine Arbeitsgemeinschaft zur historischen Aufarbeitung der deutsch-weißrussischen Geschichte in den letzten Weltkriegen.

Adresse	*Bodelschwinghstraße 118, 32257 Bünde*
Telefon	*05223 / 96 05 60*
Fax	*05223 / 96 04 77*
E-Mail	*heim-statt-tschernobyl@t-online.de*
Internet	*www.heimstatt-tschernobyl.com*
Regionalbüros	*Außenstelle Baden-Württemberg in Holzgerlingen*
Geschäftsführung	*Dietrich von Bodelschwingh*
Gegründet	*1992*
Mitarbeiter	*2*
Mitglieder/Förderer	*130 Mitglieder und 1.500 Förderer*
Jahresetat	*400.000 €*
Arbeitsweise	*praktische Hilfe zur Umsiedlung von Tschernobyl-Familien durch Häuserbau, Pilotprojekte zur Energiegewinnung und Energieeffizienz.*
Publikationen	*Rundbrief*
Möglichkeit zur Mitarbeit	*bei Workcamps, Projektbegleitung in Belarus*
Auszeichnungen	*2003: Marion-Dönhoff-Förderpreis*

0081

Heinz Sielmann Stiftung

Naturschutz, Artenschutz, Umweltbildung, Naturerbe

Die Heinz Sielmann Stiftung wurde von dem Tierfilmer Prof. Heinz Sielmann zusammen mit seiner Frau Inge Sielmann unter dem Leitsatz „Naturschutz als positive Lebensphilosophie" gegründet. Ihr Ziel ist es, Naturlandschaften für den Erhalt der Artenvielfalt zu sichern und nachfolgende Generationen für den Schutz der Lebensräume zu gewinnen. Die Stiftung erwirbt großflächige, unzerschnittene und ökologisch wertvolle Gebiete, die unter fachkundiger Betreuung einen Schutz bedrohter Arten und innovative Ansätze für nachhaltige Landnutzung und sanften Tourismus ermöglichen. Natur-Erlebniszentren vor Ort flankieren dies mit Ausstellungen, Exkursionen und einem umfangreichen Umweltbildungsprogramm für alle Altersgruppen. Daneben unterstützt die Stiftung auch Artenschutzvorhaben von lokalen Initiativen.

Adresse	Gut Herbigshagen, 37115 Duderstadt
Telefon	05527 / 914-0
Fax	-100
E-Mail	info@sielmann-stiftung.de
Internet	www.sielmann-stiftung.de
Regionalbüros	Repräsentanz Berlin, Sielmanns Naturlandschaft Wanninchen (Görlsdorf) Sielmanns Naturlandschaft Groß Schauener Seen (Storkow), Sielmanns Naturlandschaft Döberitzer Heide (Wustermark/Elstal)
Vorstand	Karl Heine, Walter Stelte
Vorsitzende des Stiftungsrates	Inge Sielmann
Ansprechpartner	Natur- und Artenschutz: Uli Simmat, 05527 / 914-118, u.simmat@sielmann-stiftung.de Umweltbildung: Susanne Eich, 05527 / 914-116, s.eich@sielmann-stiftung.de Pressestelle: Boris Preckwitz, 030 / 26 39 39-015, b.preckwitz@sielmann-stiftung.de
Gegründet	1994
Mitarbeiter	32
Jahresetat	7.500.000 €
Gründungsanlass	Ein Grund für die Stiftungsgründung war, dass Heinz Sielmann während seiner Arbeit als Tierfilmer überall auf der Welt die Zerstörung natürlicher Lebensräume aus nächster Nähe erlebt hatte und

	daraufhin beschloss, Refugien für bedrohte Tier- und Pflanzenarten zu schaffen.
Arbeitsweise	*Biotoppflege und -schutz, Erwerb/Einrichtung von Schutzgebieten*
Möglichkeit zur Mitarbeit	*Besonders Kinder und Jugendliche können die Arbeit der „Sielmanns Natur-Ranger Deutschland e.V." unterstützen und an Artenschutzprojekten mitarbeiten. Es gibt rund 25 regionale Gruppen in ganz Deutschland. Weitere Informationen unter: www.natur-ranger.de*
Auszeichnungen	*2004: B.A.U.M. Umweltpreis,* *2005: Deutscher Umweltpreis und viele andere Ehrungen für Heinz und Inge Sielmann.*

0082

Informationsdienst Gentechnik

Gentechnik

Der Informationsdienst Gentechnik kämpft gegen den Einsatz von Gentechnik in der Landwirtschaft und in der Nahrungsmittelherstellung. Er setzt sich für den Einsatz von gentechnikfreiem Saatgut ein und unterstützt Bauern bei ihrem Widerstand gegen den Anbau gentechnisch veränderter Pflanzen. Ein Newsletter informiert über Gentechnik, ihren Einsatz und Gesetzesentwicklungen zum Thema.

Adresse	*c/o Zukunftsstiftung Landwirtschaft, Marienstr. 19-20, 10117 Berlin*
Telefon	*030 / 28 48 23-04*
Fax	*-09*
E-Mail	*info@keine-gentechnik.de*
Internet	*www.keine-gentechnik.de*
Geschäftsführung	*Simone Knorr*
Gegründet	*2004*
Mitarbeiter	*2*
Mitglieder/Förderer	*17 Förderer*
Jahresetat	*40.000 €*
Arbeitsweise	*Infodienst, Recherchen, Vernetzung, Koordination*
Publikationen	*E-Newsletter*
Möglichkeit zur Mitarbeit	*Informationsdienst weiterempfehlen, Verlinkung auf Website des Informationsdienstes*
Erfolge	*Zentrales Infoportal zur Änderung des Gentechnikgesetzes*

0083

Informationsdienst Umweltrecht e.V.

Naturschutz, Umweltrecht

Der Informationsdienst Umweltrecht bietet seinen Mitgliedern – Naturschutzverbänden wie z.B. BUND und NABU – in allen Fragen des Umweltrechts Beratung an. Für diese Beratung arbeiten ehrenamtlich mehrere Juristen. Ihr Ziel ist es, Natur- und Umweltschützer bei ihrem Einsatz für die Lebensgrundlagen juristisch zu unterstützen. IDUR bietet Seminare und Weiterbildung für Naturschutzverbände und Informationen zu entsprechenden Themen in Vereinspublikationen an.

Abkürzung	*IDUR*
Adresse	*Niddastraße 74, 60329 Frankfurt a. M.*
Telefon	*069 / 25 24 77*
Fax	*069 / 25 27 48*
E-Mail	*info@idur.de*
Internet	*www.idur.de*
Geschäftsführung	*Tobias Kroll*
Aufsichtsrat/Vorstand	*Ursula Philipp-Gerlach*
Gegründet	*1990*
Mitglieder/Förderer	*100*
Jahresetat	*20.000 €*
Arbeitsweise	*Beratung, Tagungen, Publikationen*
Publikationen	*Recht der Natur-Schnellbrief*
Möglichkeit zur Mitarbeit	*Beantwortung von (rechtlichen) Anfragen, Beiträge für den RdN-Schnellbrief, Publikationserstellung, Seminarleitung*

0084

Institut für Umwelt – Friede – Entwicklung

Nachhaltigkeit

Zukunftsfähigkeit und Verantwortungsethik in einer Welt will das Institut für Umwelt-Friede-Entwicklung mitgestalten. Ziel des Engagements sind sowohl veränderte internationale wirtschaftliche und politische Rahmenbedingungen als auch ein verändertes Bewusstsein jeder einzelnen Person hin zu mehr Ganzheitlichkeit. Wissen und Werte einer gelebten Nachhaltigkeit vermitteln Seminare, Workshops und Bildungsreisen, die angewandte Forschung dient der Beratung, das Netzwerk mit anderen Institutionen der Umsetzung dieser Ideen.

Abkürzung	*IUFE*
Adresse	*Tivoligasse 73, 1120 Wien, Österreich*
Telefon	*0043 - 1 / 814 20-25*
Fax	*-85*
E-Mail	*office@iufe.at*
Internet	*www.iufe.at*
Geschäftsführung	*Dr. Petra C. Gruber*
Aufsichtsrat/Vorstand	*Franz Glaser*
Gegründet	*1998*
Arbeitsweise	*Bildungsarbeit, Forschung, Beratung, Publikationen*

0085

Interdisziplinäre Gesellschaft für Umweltmedizin

Elektrosmog, Gentechnik, Lebensmittel & Ernährung, Umweltmedizin

Die Interdisziplinäre Gesellschaft für Umweltmedizin ist ein Zusammenschluss von Ärzten, Wissenschaftlern und Ingenieuren. Ihr Anliegen ist die Suche nach ganzheitlichen, fachübergreifenden Lösungen für Problemstellungen in der Umweltmedizin. Die Gesellschaft erstellt Gutachten und Studien zu bestimmten Themen, z.B. Schadstoffbelastung in Wohnräumen, Folgen der Massentierhaltung, Risiken des Einsatzes von Amalgam in der Medizin, Auswirkungen von Elektrosmog und vieles mehr. Sie leistet auch Hilfe für Betroffene, koordiniert Verbände und Gruppen mit ähnlichem Anliegen und formuliert Resolutionen zur Gentechnik und zum Mobilfunk.

Abkürzung	*IGUMED*
Adresse	*Frielinger Str. 31, 28215 Bremen*
Telefon	*0421 / 498 42-51*
Fax	*-52*
E-Mail	*info@igumed.de*
Internet	*www.igumed.de*
Geschäftsführung	*Erik Petersen*
Aufsichtsrat/Vorstand	*Dr. Frank Bartram, Gabriele Bartram, Dr. Eckart Schnakenberg, Dr. Margarete Griesz-Brisson, Cornelia van Rinsum*
Gegründet	*1992*
Mitglieder/Förderer	*210*
Jahresetat	*30.000 €*
Arbeitsweise	*Beratung, Tagungen, Publikationen*
Publikationen	*umwelt medizin gesellschaft, IGUMED-Bulletin*

0086

Interessengemeinschaft FÜR gesunde Lebensmittel e.V.

Gentechnik, Landwirtschaft, Lebensmittel & Ernährung

Lebensmittel sind „Mittel zum Leben" und sollen es bleiben. Dafür setzt sich die Interessengemeinschaft FÜR gesunde Lebensmittel ein und erteilt Agro-und Genmanipulationen eine Absage. Abstimmen mit dem Einkaufswagen ist dabei ihr Motto. Akteure im Lebensmitteleinzelhandel haben 1997 die IG FÜR gegründet, zu der mittlerweile auch Ehrenmitglieder aus den Bereichen Politik, Kultur, Sport und Wirtschaft zählen.

Adresse	*Gerloser Weg 72, 36039 Fulda*
Telefon	*0661 / 104 60-0*
Fax	*0661 / 104 990 600*
E-Mail	*sedlmaier_ge@fuer-gesunde-lebensmittel.de*
Internet	*www.fuer-gesunde-lebensmittel.de*
Geschäftsführung	*Georg Sedlmaier*
Aufsichtsrat/Vorstand	*Georg Sedlmaier*
Gegründet	*1997*
Mitglieder/Förderer	*410*
Jahresetat	*25.000 €*
Arbeitsweise	*Beratung, Tagungen, Projekte, Unterschriften-aktionen*
Publikationen	*E-Newsletter*
Möglichkeit zur Mitarbeit	*Teilnahme an Aktionen, an Infoständen und Tagungen*
Auszeichnungen	*Landesehrenbrief Land Hessen*

0087

International Fund for Animal Welfare

Artenschutz, Robben, Wale & Delfine

Auslöser für die Gründung des Internationalen Tierschutzfonds war der Kampf gegen die Jagd auf Robben und Robbenbabys in Kanada. Mittlerweile ist der Fonds eine weltweit agierende Tierschutzorganisation, die sich für den Schutz von Orang Utans, Walen und Elefanten und vielen anderen Lebewesen engagiert. Die Mitarbeiter setzen sich ebenso für den Schutz von Haustieren ein und kämpfen gegen den Handel mit Wildtieren. IFAW führt Aktionen und Kampagnen gegen kommerziellen Walfang durch.

Abkürzung	*IFAW*
Adresse	*Kattrepelsbrücke 1, 20095 Hamburg*
Telefon	*040 / 86 65 00-0*
Fax	*-22*
E-Mail	*info-de@ifaw.org*
Internet	*www.ifaw.de*
Geschäftsführung	*Azzedine T. Downes*
Aufsichtsrat/Vorstand	*Thomas Ramey*
Ansprechpartner	*Presse: Andreas Dinkelmeyer, -15, adinkelmeyer@ifaw.org Kampagnen: Robert Kless, -28, rkless@ifaw.org Fördererbetreuung: Thomas Martens, -13*
Gegründet	*1969, in Deutschland seit 1985*
Mitarbeiter	*19 in Deutschland, weltweit ca. 250*
Mitglieder/Förderer	*200 000 in Deutschland*
Jahresetat	*Deutschland: 14.000.000 €*
Adresse Hauptsitz	*411 Main Street, P.O. Box 193, MA 02675 Yarmouth Port, USA, Tel.: 001 - 508 / 744 20-00, Fax: -09, E-Mail: info@ifaw.org, www.ifaw.org*
Arbeitsweise	*Lobbyarbeit, Kampagnen, internationale Gremien, finanzielle Unterstützung*
Publikationen	*Eine Welt für Alle; E-Newsletter*
Möglichkeit zur Mitarbeit	*Protestpostkarten und E-Mails*
Erfolge	*EU stoppte 1983 die Einfuhr von Fellen ganz junger Robben, sogenannter Whitecoats*

0088

KATE – Kontaktstelle für Umwelt und Entwicklung e.V.

Globalisierung, nachhaltige Entwicklung, Nord-Süd-Politik, Tourismus, Umweltbildung

KATE, die Kontaktstelle für Umwelt und Entwicklung, verfolgt eine ganzheitlich nachhaltige Politik. Das heißt, sie will der Ökonomisierung der Gesellschaft eine Ökologisierung und Demokratisierung entgegensetzen. Projekte und Initiativen sollen das Problembewusstsein in der Bevölkerung fördern und die Menschen zum Handeln anregen. Zur Arbeit von KATE gehören Beratungen zu Umwelt-, Nachhaltigkeits- und Energiemanagement, und zum fairen Tourismus sowie die Förderung von Hilfsprojekten in Entwicklungsländern.

Adresse	*Blumenstrasse 19, 70182 Stuttgart*
Telefon	*0711 / 24 83 97-0*
Fax	*-22*
E-Mail	*info@kate-stuttgart.org*
Internet	*www.kate-stuttgart.org*
Geschäftsführung	*Günter Koschwitz*
Aufsichtsrat/Vorstand	*Angela Giraldo, Carlos Zarate, Georg Hille*
Gegründet	*1997*
Mitarbeiter	*6*
Arbeitsweise	*Projektkoordination, Beratung, Vernetzung, Weiterbildung*

0089

Kein Patent auf Leben!

Gentechnik, Patente

„Kein Patent auf Leben" kämpft gegen die Patentierung von Lebewesen. Das in München, dem Sitz des europäischen Patentamtes, angesiedelte Büro ist Anlaufstelle für über 100 Organisationen, die sich an der Kampagne beteiligen. Ein Großteil der Arbeit besteht aus Lobby-Aktivitäten auf EU- und nationaler Ebene. Die Initiative hält Veranstaltungen und Vorträge ab und gibt Veröffentlichungen zu Themen wie Gentechnologie und Patentierung heraus.

Adresse	*Dr. Ruth Tippe, Frohschammer Str. 14, 80807 München*
Telefon	*0172 / 89 63 858*
Fax	*089 / 358 66 22*
E-Mail	*rtippe@keinpatent.de*
Internet	*www.keinpatent.de*
Geschäftsführung	*Dr. Ruth Tippe*
Gegründet	*1992*
Jahresetat	*ca. 2000 €*
Gründungsanlass	*Erteilung des Krebsmauspatents*
Arbeitsweise	*Lobbyarbeit, Recherchen, Aktionen*

0090

M.E.E.R. e.V.

Meere, Wale & Delfine

M.E.E.R. steht für Mammals Encounters Education Research (Säugetiere, Begegnung, Bildung, Erforschung). Der Verein kämpft für den Schutz der Wale und Delfine und ihres natürlichen Lebensraums. Ob Meeresschutz-Touren auf La Gomera, virtuelle Delfinbeobachtungen in Potsdam oder Unterschriftenaktionen zur Schnellfährenproblematik: Die Aktionsvorschläge des Vereins sind zahlreich. Wissenswertes zu den anmutigen Säugetieren, Walbeobachtungstourismus und Schutz der Meere findet sich auf der Website von M.E.E.R.

Adresse	*Bundesallee 123, 12161 Berlin*
Telefon	*030 / 85 07 87 55*
Fax	*030 / 85 07 87 55*
E-Mail	*info@m-e-e-r.de*
Internet	*www.m-e-e-r.de*
Geschäftsführung	*Fabian Ritter*
Aufsichtsrat/Vorstand	*Fabian Ritter, Susanne Braack*
Gegründet	*1998*
Mitarbeiter	*1*
Mitglieder/Förderer	*500*
Jahresetat	*50.000 €*
Arbeitsweise	*Kampagnen, Aktionen, wissenschaftliche Forschung, Tagungen*
Publikationen	*meerblick, E-Newsletter*
Möglichkeit zur Mitarbeit	*Praktikum im Büro, projektbezogener Einsatz z.B. bei Aktionen/Kampagnen, Durchführung von Studien (v.a. Studenten)*
Auszeichnungen	*2001: Internationaler Umweltpreis „Tourismus und Umwelt“ des DRV*

0091

Menschen für Tierrechte – Bundesverband der Tierversuchsgegner e.V.

Tierschutz, Tierversuche

„Tiere haben Rechte – Wir fordern sie ein", lautet das Motto des Bundesverbandes Menschen für Tierrechte. In Arbeitsgruppen zu Themen wie Gentechnik, Pelz, Tierversuchen oder Zoo und Zirkus können sich Interessierte für die Anerkennung und Umsetzung von Tierrechten engagieren. Der praktische Einsatz reicht von Normenkontrollklagen gegen die Legehennenverordnung bis hin zu Aktionstagen zum Verbot von Affenversuchen. Hintergrundmaterial liefern die vier jährlichen Ausgaben des Magazins Tierrechte.

Adresse	*Roermonder Str. 4a, 52072 Aachen*
Telefon	*0241 / 15 72 14*
Fax	*0241 / 15 56 42*
E-Mail	*info@tierrechte.de*
Internet	*www.tierrechte.de*
Vorsitzender	*Dr. Kurt W. Simons*
Gegründet	*1982*
Mitarbeiter	*5*
Arbeitsweise	*Lobbyarbeit, Gremienvertretung, Kampagnen und Aktionen*
Publikationen	*Magazin Tierrechte, E-Newsletter*
Möglichkeit zur Mitarbeit	*Beteiligung an Online-Aktionen, Briefe schreiben, Unterschriftenlisten*
Auszeichnungen	*Der ehemalige Vorsitzende Dr. Eisenhart von Loeper erhielt 2005 das Bundesverdienstkreuz.*
Erfolge	*Aufnahme des Tierschutzes in das Grundgesetz und in den Entwurf der EU-Verfassung. Dass seit 2004 die Giftigkeit von Abwässern nicht mehr an Fischen getestet wird, geht auch maßgeblich auf eine Kampagne der Menschen für Tierrechte zurück.*

0092

Mobil ohne Fossil e.V.

Biokraftstoffe, nachwachsende Rohstoffe

Mobil ohne Fossil setzt sich für die Nutzung von nachwachsenden Rohstoffen als Treibstoff ein und bietet auf seiner Website Informationen rund um Biokraftstoffe, Flexi-Fuel-Autos, Bioethanol-Tankstellen und Pflanzenöl-Anbieter.

Adresse	*Marcus Reichenberg, Kaltenmoserstraße 10, 82362 Weilheim*
Telefon	*0881 / 924 53 33 30*
Fax	*0881 / 66 24*
E-Mail	*energy@glodis.com*
Internet	*www.mobilohnefossil.org; www.ethanol-statt-benzin.de*
Regionalbüros	*München, Hochschwarzwald*
Aufsichtsrat/Vorstand	*Marcus Reichenberg*
Gegründet	*2004*
Mitarbeiter	*1*
Mitglieder/Förderer	*215*
Jahresetat	*7.000 €*
Arbeitsweise	*Recherche, Öffentlichkeitsarbeit, Biokraftstoffberatung*

0093

Mouvement Ecologique

Klima, Landwirtschaft, nachhaltige Entwicklung, Naturschutz, Nord-Süd-Politik, Verkehr

Jugendliche haben 1968 die Umweltschutzorganisation Mouvement Ecologique gegründet, die sich seitdem für vielfältige Ziele einsetzt: von nachhaltiger Entwicklung und mehr Gerechtigkeit zwischen den Ländern des Nordens und des Südens über die Verknüpfung von Ökologie und Sozialem bis hin zu alternativen Energien.

Adresse	*OekoZenter Lëtzebuerg, 6 rue Vauban, 2663 Luxemburg/Pfaffenthal, Luxemburg*
Telefon	*0352 / 43 90 30-1*
Fax	*-43*
E-Mail	*meco@oeko.lu*
Internet	*www.oeko.lu*
Internationale Büros	*in 70 Staaten als „Friends of the Earth" (siehe dort) vertreten*
Gegründet	*1968*
Mitglieder/Förderer	*3000*
Arbeitsweise	*Aktionen, Veranstaltungen, Publikationen*

0094

Mütter gegen Atomkraft e.V.

Atomkraft, Energiepolitik, Erneuerbare Energien, Kindergesundheit, Radioaktivität, Tschernobyl

Gegründet als Reaktion auf die Katastrophe von Tschernobyl, setzten sich Mütter gegen Atomkraft vor allem für den Ausstieg aus der Kernenergie ein. In Arbeitsgruppen untersuchen die Mitglieder Themen wie die Folgen des Uranabbaus, die Zukunft regenerativer Energien und das schnellstmögliche Erreichen des Atomausstiegs in Deutschland. Täglich messen sie die Radioaktivität im Raum Starnberg. Der Verein unterstützt Kinder aus Tschernobyl, betreibt Lobbyarbeit in der Politik, Aktionen zur internationalen Atompolitik, zu Katastrophenschutz und Zwischenlagern für Atommüll und Kampagnen für den Wechsel zu Ökostromanbietern.

Adresse	*Frohschammer Str. 14, 80807 München*
Telefon	*089 / 35 56 53*
Fax	*089 / 35 56 53*
E-Mail	*kontakt@muettergegenatomkraft.de*
Internet	*www.muettergegenatomkraft.de*
Gegründet	*1986*
Mitarbeiter	*1*
Mitglieder/Förderer	*1100*
Regionalgruppen	*Bielefeld, Nürnberg, Unterschleissheim, Mangfalltal, Fürth*
Arbeitsweise	*Infodienst, Aktionen*
Publikationen	*MÜTTER COURAGE*

0095

Naturschutzbund Deutschland e.V.

Artenschutz, Atomkraft, Erneuerbare Energien, Gentechnik, Gewässerschutz, Klima, Landwirtschaft, Massentierhaltung, Naturschutz, Umweltbildung, Vogelschutz, Wald

Erhaltung des Lebensraumes und der Artenvielfalt, nachhaltige Land- und Forstwirtschaft und eine Stärkung des Stellenwertes des Naturschutzes in der Gesellschaft – das sind die vorrangigen Themen des Naturschutzbundes Deutschland. Mit seinen über 1.500 Ortsgruppen und Kreisverbänden, die in vielen lokalen und regionalen Naturschutzprojekten aktiv mitarbeiten, ist der NABU aus dem praktischen Naturschutz in Deutschland heute kaum noch wegzudenken. Projekte reichen von regionalen Initiativen wie z.B. der Renaturierung der Havel oder der Wiederansiedlung von Wölfen bis hin zu internationalen Aktionen zur Rettung des Schneeleoparden oder der alljährlichen Nacht der Fledermäuse. Agrarwende und Atomausstieg gehören ebenso zu den Themen des NABU wie der Klimaschutz. Jährlich wird eine Vogelart zum Vogel des Jahres gewählt. Der NABU unterhält auch zwei wissenschaftliche Forschungsinstitute in Bergenhusen und Eberswalde sowie ein Umweltbildungszentrum in der Schorfheide bei Berlin. Die Jugendorganisation des NABU, die Naturschutzjugend (NAJU), engagiert sich mit 60.000 Mitgliedern in rund 1.500 Kinder- und Jugendgruppen im Natur- und Umweltschutz.

Abkürzung	*NABU*
Adresse	*Herbert-Rabius-Straße 26, 53225 Bonn*
Telefon	*0228 / 40 36-0*
Fax	*-200*
E-Mail	*nabu@nabu.de*
Internet	*www.nabu.de*
Regionalbüros	*Bundesgeschäftsstelle Berlin (Invalidenstraße 112, 10115 Berlin, Tel.: 030-28 49 84-0, Fax -84, E-Mail: BGS.Berlin@NABU.de) sowie viele regionale Büros*
Internationale Büros	*Der NABU ist deutscher Partner von BirdLife International*
Aufsichtsrat/Vorstand	*Olaf Tschimpke*
Gegründet	*1899*
Mitglieder/Förderer	*400.000*
Regionalgruppen	*Der NABU hat 15 Landesverbände mit über 1.500 Ortgruppen und Kreisverbänden in ganz Deutschland. Eine Deutschlandkarte mit der NABU-Gruppe ganz in Ihrer Nähe finden sie auf der Internetseite des NABU.*

0095

Jahresetat	*17.800.000 €*
Arbeitsweise	*praktische Naturschutzarbeit, Projekte, Kampagnen, Lobbyarbeit*
Publikationen	*Naturschutz heute*
Möglichkeit zur Mitarbeit	*bei Naturschutzprojekten und anderen Aktivitäten der lokalen Gruppen*

0096

Naturschutzbund Österreich

Agrarpolitik, Alpenschutz, Erneuerbare Energien, Naturschutz, Tourismus, Trinkwasser, Umweltbildung, Wald

Der österreichische Naturschutzbund setzt sich auf vielerlei Weise für den Erhalt von Arten und Ressourcen ein: einerseits ganz praktisch, indem z.B. Flächen gekauft werden, auf denen dann die Sicherung wertvoller Lebensräume möglich ist, und andererseits durch Kampagnen und Aktionen zum Thema Artenschutz, die das Interesse der breiten Öffentlichkeit wecken sollen. Der Verein engagiert sich besonders in der Jugendarbeit, um den Nachwuchs an die Natur heranzuführen und durch Zeltlager, Mitarbeit in Naturschutzaktionen wie Nistkastenbau, Feuchtbiotop anlegen etc. für den Erhalt seiner natürlichen Umwelt zu begeistern. Seine Aktionen und Kampagnen haben z.B. den Energiepflanzenanbau sowie den Kunstschnee und seine Folgen für die Natur zum Thema.

Adresse	*Museumsplatz 2, 5020 Salzburg, Österreich*
Telefon	*0043 - 662 / 64 29 09*
Fax	*0043 - 662 / 643 73 44*
Internet	*www.naturschutzbund.at*
Geschäftsführung	*Birgit Mair-Markart*
Publikationen	*Natur und Land*

0097

OceanCare

Meere, Robben, Tierschutz, Wale & Delfine

Ob Walfang, Delfin- oder Robbenjagd, OceanCare setzt sich für den Schutz der Meeressäuger und ihres Lebensraumes ein. Der gemeinnützige Verein ist auf internationalen Konferenzen wie der Jahrestagung der IWC (International Whaling Commission) vertreten, tauscht sich mit nationalen und internationalen Regierungsvertretern und Wissenschaftlern aus und begleitet kritisch die Entwicklung von Delfinarien. Mit Protestaktionen macht der Verein gegen das Aufweichen von Schutzbestimmungen mobil und betreibt auch Aufklärungs- und Öffentlichkeitsarbeit zur Industriefischerei und Umweltgefahren.

Adresse	*Postfach 30, Oberdorfstrasse 16, 8820 Wädenswil, Schweiz*
Telefon	*0041 - 44 / 780 66 88*
Fax	*0041 - 44 / 780 68 08*
E-Mail	*info@oceancare.org*
Internet	*www.oceancare.org*
Aufsichtsrat/Vorstand	*Sigrid Lüber*
Gegründet	*1989*
Mitarbeiter	*6*
Mitglieder/Förderer	*32.000*
Jahresetat	*825.000 CHF*
Arbeitsweise	*Forschung, Aktionen, Kampagnen, Lobbyarbeit*
Publikationen	*OceanCare News, E-Newsletter*
Möglichkeit zur Mitarbeit	*Unterstützung bei Events und Aktionen, Büroarbeit, Teilnahme an Walforschung*
Auszeichnungen	*1992 Dow President Environmental Care Award für Sigrid Lüber. 1997 hat das Verkehrshaus der Schweiz in Anerkennung der Arbeit zum Schutz der Meeressäuger OceanCare die Skulptur einer lebensgroßen Buckelwalfluke übergeben, die bis 2006 im Zürichsee verankert war. 1998 Tierschutzpreis der Elisabeth Rentschler-Stiftung für Noëlle Delaquis*
Erfolge	*Beteiligung an der Ausarbeitung einer erfolgreichen EU-Resolution für ein Moratorium der Militärsonare*

0098

Öko-Institut e.V.

Agrarpolitik, Atomkraft, Chemiepolitik, Energieeffizienz, Erneuerbare Energien, Ethisches Investment, Gentechnik, Klima, Lebensmittel & Ernährung, nachhaltige Entwicklung, Verkehr

Das Öko-Institut ist die wohl wichtigste umweltpolitische Forschungseinrichtung in Deutschland. Seine Forschungsergebnisse sind aus der deutschen Umweltdebatte kaum noch wegzudenken. Begonnen hat alles mit dem Widerstand gegen das AKW Wyhl, aus dem das Institut 1977 entstand – gut 20 Jahre später wurden Mitarbeiter dann von der rot-grünen Koalition in die Reaktorsicherheitskommission und die Strahlenschutzkommission berufen. Zu den Forschungsgebieten des Instituts zählen heute u.a. die Risiken der Gentechnik, ökologisches Investment oder die Entwicklung langfristiger umweltpolitischer Strategien.

Adresse	*Postfach 50 02 40, 79028 Freiburg*
Telefon	*0761 / 452 95-0*
Fax	*-88*
E-Mail	*info@oeko.de*
Internet	*www.oeko.de*
Regionalbüros	*Büros in Darmstadt und Berlin*
Geschäftsführung	*Dr. Joachim Lohse*
Vorstandssprecher	*Helmfried Meinel*
Ansprechpartner	*Forschungsbereich Energie- & Klimaschutz: Christof Timpe, 0761 / 452 95-25, c.timpe@oeko.de Forschungsbereich Nukleartechnik & Anlagensicherheit: Michael Sailer, 06151 / 81 91-10, m.sailer@oeko.de Forschungsbereich Infrastruktur & Unternehmen: Matthias Buchert, 06151 / 81 91-11, m.buchert@oeko.de Forschungsbereich Produkte & Stoffströme: Carl-Otto Gensch, 0761 / 452 95-31, c.gensch@oeko.de Forschungsbereich Umweltrecht & Governance: Regine Barth, 06151 / 81 91-31, r.barth@oeko.de*
Gegründet	*1977*
Mitarbeiter	*100*
Mitglieder/Förderer	*3000*
Jahresetat	*7.500.000 €*
Arbeitsweise	*Forschung und Recherche, Politikberatung, Öffentlichkeitsarbeit, Tagungen*
Publikationen	*E-Newsletter*
Erfolge	*das weltweit erste Umweltkonzept „Green Goal" für eine Fußballweltmeisterschaft*

0099

ÖKOBÜRO Koordinationsstelle österreichischer Umweltorganisationen

Umweltrecht

Derzeit sind es 15 Umwelt-, Natur- und Tierschutzorganisationen aus Österreich, die sich im ÖKOBÜRO zusammengeschlossen haben, darunter auch der WWF, Greenpeace und Global 2000 (s. dort). Das ÖKOBÜRO arbeitet weniger öffentlich, sondern vor allem intern für die Vernetzung der Mitgliedsorganisation und die Vertretung der Organisationen in Gremien. Ein besonderer Schwerpunkt ist auch der Umweltrechts-Service für NGOs und Bürgerinitiativen.

Adresse	*Volksgartenstraße 1, 1010 Wien, Österreich*
Telefon	*0043 - 1 / 524 93-77*
Fax	*-20*
E-Mail	*office@oekobuero.at*
Internet	*www.oekobuero.at*
Geschäftsführung	*Markus Piringer*
Aufsichtsrat/Vorstand	*Dr. Peter Weish*
Gegründet	*1993*
Mitarbeiter	*4*
Mitglieder/Förderer	*15 Mitgliedsorganisationen*
Jahresetat	*230.000 €*
Arbeitsweise	*Gremienvertretung, Vernetzung, Mitgliederservice, Weiterbildungsangebote*
Publikationen	*E-Newsletter*

0100

Ökologischer Ärztebund e.V.

Gentechnik, Umweltmedizin

Der Ausbau der Fachrichtung Umweltmedizin ist ein zentrales Anliegen des Ökologischen Ärztebundes, der in diesem Bereich Fortbildungen und Seminare anbietet. Darüber hinaus setzt der Verband sich seit Jahren unermüdlich für eine gentechnikfreie Landwirtschaft und Ernährung ein, organisiert Einwendungen gegen Freilandversuche gentechnisch veränderter Pflanzen und veröffentlicht dazu Bücher sowie den Ökologischen Ärztebrief Agrogentechnik.

Abkürzung	*ÖÄB*
Adresse	*Bundesgeschäftsstelle, Frielinger Str. 31, 28215 Bremen*
Telefon	*0421 / 498 42-51*
Fax	*-52*
E-Mail	*oekologischer.aerztebund@t-online.de*
Internet	*www.oekologischer-aerztebund.de*
Internationale Büros	*Der Ökologische Ärztebund (Deutschland), die ÄrztInnen für eine gesunde Umwelt (Österreich, siehe dort) sowie die Ärztinnen und Ärzte für Umweltschutz (Schweiz) sind jeweils eigenständige Organisationen, die alle Mitglied im internationalen Dachverband ISDE (International Society of Doctors for the Environment) sind.*
Geschäftsführung	*Erik Petersen*
Aufsichtsrat/Vorstand	*Angela von Beesten, Dr. med. Wolfgang Stück, Günther Stahl*
Gegründet	*1987*
Mitglieder/Förderer	*230*
Jahresetat	*35.000 €*
Adresse Österreich	*Ärztinnen und Ärzte für eine gesunde Umwelt, Große Mohrengasse 39/6, 1020 Wien, Tel.: 0043 - 1 / 216 34 22, Fax: 0043 - 1 / 216 34 22-15, E-Mail: info@aegu.net, www.aegu.net*
Adresse Schweiz	*Ärztinnen und Ärzte für Umweltschutz, Murbacherstrasse 34, 4013 Basel, Tel.: 0041 - 61 / 322 49-49, Fax: 0041 - 61 / 383 80 49, E-Mail: info@aefu.ch, www.aefu.ch*
Adresse Hauptsitz	*International Society of Doctors for the Environment (ISDE), P.O. Box 111, 4013 Basel, www.isde.org*

0100

Arbeitsweise	*Beratung, Gremienvertretung, Tagungen, Vernetzung*
Publikationen	*umwelt medizin gesellschaft*
Möglichkeit zur Mitarbeit	*lokale/regionale Aktivitäten, Vorträge, Veröffentlichungen, Netzwerkarbeit*

0101

Ökolöwe – Umweltbund Leipzig e.V.

Gentechnik, Landwirtschaft, nachhaltige Entwicklung, Naturschutz, Schutz der Kulturlandschaft, Umweltbildung, Verkehr

Der Ökolöwe mischt sich in vielen Umweltfragen in Sachsen aktiv auf regionaler Ebene ein. Er beteiligt sich mit Gutachten an Plan- und Bauverfahren, setzt sich für eine gentechnikfreie und ökologische Landwirtschaft ein, arbeitet für einen naturverträglichen Kanutourismus und betreibt die Umweltbibliothek Leipzig sowie einen ökologischen Schaugarten.

Adresse	*im Haus der Demokratie Leipzig, B-Göring-Str. 152, 04277 Leipzig*
Telefon	*0341 / 30 65-185*
Fax	*-179*
E-Mail	*info@oekoloewe.de*
Internet	*www.oekoloewe.de*
Geschäftsführung	*Philipp Steuer*
Gegründet	*1989*
Mitarbeiter	*15*
Mitglieder/Förderer	*200*
Jahresetat	*500.000 €*
Gründungsanlass	*sofort nach der Zulassung von Vereinen in der DDR mit der Gründung des Neuen Forums*
Arbeitsweise	*Gutachten, Öffentlichkeitsarbeit, Lobbyarbeit, Biotoppflege, Beratung*
Publikationen	*Das Löwenmaul*
Möglichkeit zur Mitarbeit	*in verschiedenen Arbeitsgruppen sowie im Stadtgarten, in der Umweltbibliothek, im Naturschutz, Infostände*
Auszeichnungen	*1996 Umweltpreis der Kulturstiftung Leipzig. Mehrfach Agendapreis der Stadt Leipzig. Die Umweltbibliothek ist offizielles Projekt der UNESCO-Weltdekade Bildung für nachhaltige Entwicklung.*
Erfolge	*Rettung des Leipziger Auwalds, Rückgang der Anbauflächen für gentechnisch veränderten Mais in Sachsen, Verhinderung des Neubaus der S46 durch die Weinteichsenke*

0102

OroVerde – Die Tropenwaldstiftung

Regenwald, Umweltbildung, Wald

OroVerde bedeutet übersetzt Grünes Gold. Ein selten werdender Schatz, dessen Bewahrung sich die Tropenwaldstiftung zum Ziel gesetzt hat. Das geschieht mit der Konzeption und finanziellen Förderung von Schutzprojekten, die sich auf Wiederaufforstung, Umweltbildung, waldschonende Wirtschaftsweisen und die Einrichtung von Schutzgebieten konzentrieren. In Ländern wie Guatemala, Surinam und Indonesien soll dabei jedes Projekt Hilfe zur Selbsthilfe bieten. In der Bundesrepublik informiert die Stiftung über Tropenwälder und setzt sich aktiv für deren Schutz ein.

Adresse	*Kaiserstraße 185-197, 53113 Bonn*
Telefon	*0228 / 242 90-0*
Fax	*-55*
E-Mail	*info@oroverde.de*
Internet	*www.oroverde.de*
Geschäftsführung	*Dr. Volkhard Wille*
Aufsichtsrat/Vorstand	*Prof. Dr. Manfred Niekisch, Prof. Dr. Harald Kächele*
Gegründet	*1989*
Mitarbeiter	*4*
Mitglieder/Förderer	*550*
Jahresetat	*500.000 €*
Arbeitsweise	*Einrichtung von Schutzgebieten, finanzielle Hilfe, Bildungsangebote*
Publikationen	*OroVerde-Magazin*
Möglichkeit zur Mitarbeit	*Wettbewerb „Schüler schützen Regenwälder", Praktika*
Erfolge	*Einrichtung von Schutzgebieten, zum Beispiel Ausweisung des Alexander-von-Humboldt-Nationalparks auf Kuba und seine Anerkennung als Weltnaturerbe durch die UNESCO*

0103

Österreichisches Ökologie-Institut

Agenda 21, Agrarpolitik, Atomkraft, Energieeffizienz, Klima, Landwirtschaft, Naturparks

Seit über 20 Jahren forscht und berät das Institut in allen Umweltfragen. Die soliden wissenschaftlichen Beiträge sind aus der umweltpolitischen Debatte in Österreich und weit darüber hinaus kaum noch wegzudenken. In aktuellen Projekten werden z.B. Bewertungsmaßstäbe für die Energieeffizienz von Gebäuden entwickelt oder die Auswirkungen des globalen Klimawandels auf drei kleine österreichische Gemeinden untersucht. Einen besonderen Service bietet die „No Nukes Info Source“. Diese Datenbank des Ökologie-Instituts liefert umfassende Informationen zu Störfällen in Atomanlagen weltweit.

Adresse	*Hauptbüro, Seidengasse 13, 1070 Wien, Österreich*
Telefon	*0043 - 1 / 523 61 05-0*
Fax	*0043 - 1 / 523 58 43*
E-Mail	*oekoinstitut@ecology.at*
Internet	*www.ecology.at*
Geschäftsführung	*Robert Lechner, Antonia Wenisch*
Gegründet	*1987*
Arbeitsweise	*Forschung, Beratung, Veröffentlichungen*

0104

Pestizid Aktions-Netzwerk e.V.

Chemiepolitik, Kleidung, Pestizide, Verbraucherschutz

Mit ihrem Buch „Stummer Frühling“ löste die US-amerikanische Autorin Rachel Carson 1961 internationales Entsetzen aus. Ihre drastischen Schilderungen des Pestizideinsatzes und seiner negativen Folgen trugen aber auch zur Verabschiedung von Pestizidgesetzen in den Industrieländern bei. Trotz eines mittlerweile internationalen Regelwerks zum Umgang mit Pestiziden bringt deren Einsatz immer noch Nebenwirkungen mit sich. Deutschland trägt eine große Mitverantwortung für die weltweiten Auswirkungen der Pestizidexporte. Deswegen gründete sich 1984 das Pestizid Aktions-Netzwerk (PAN-Germany). Seitdem informiert PAN über die Folgen des Pestizideinsatzes, unterstützt Verbraucherinteressen, betreibt kritische Öffentlichkeitsarbeit in Politik und Industrie und fördert Alternativen und Projekte wie nachhaltige Produktion, Verarbeitung und Konsum von Baumwolle oder nichtchemischen Pflanzenschutz in den Tropen.

Abkürzung	*PAN*
Adresse	*Nernstweg 32, 22765 Hamburg*
Telefon	*040 / 399 19 10-0*
Fax	*040 / 390 75 20*
E-Mail	*info@pan-germany.org*
Internet	*www.pan-germany.org*
Internationale Büros	*Im Pesticide Action Network arbeiten 600 Organisationen in über 90 Ländern weltweit zusammen. Auf eine internationale Zentrale wurde zu Gunsten von regionalen Zentren verzichtet.*
Geschäftsführung	*Carina Weber, Gerhard Meyer-Klaeden*
Aufsichtsrat/Vorstand	*Dr. Wolfgang Bödeker, Dr. Rolf Altenburger*
Gegründet	*1984 in Deutschland, 1982 international*
Mitarbeiter	*8*
Mitglieder/Förderer	*67*
Jahresetat	*500.000 €*
Internet Hauptsitz	*www.pan-international.org*
Arbeitsweise	*Recherche, Lobbyarbeit, Kampagnen*
Publikationen	*Pestizid-Brief*
Erfolge	*Verbesserung der internationalen Regelungen für Pestizide, z.B. FAO-Kodex, Rotterdam-Konvention, Stockholm-Konvention; europäisches und deutsches Pestizid-Reduktionsprogramm*

0105

PETA Deutschland e.V.

Tierschutz, Tiertransporte, Tierversuche

„Lieber nackt als in Pelz" verkünden Models und Prominente und posieren entblößt auf Werbetafeln. Das ist nur eine von PETAs (People for the Ethical Treatment of Animals / Menschen für den ethischen Umgang mit Tieren) spektakulären Kampagnen, mit der die größte Tierrechtsorganisation der Welt sich für die Rechte von Tieren und gegen Tierquälerei einsetzt. Kampagnen gegen die Verwendung von Echtpelz in Burberry-Artikeln, Demonstrationen gegen Fast-Food-Ketten wie Kentucky Fried Chicken oder Wohltätigkeitskonzerte wie „Rock against Fur" sind Markenzeichen der Organisation. Mit einem einfachen Eintrag beim Aktivisten-Netzwerk werden Sie regelmäßig über aktuelle Aktionen informiert.

Adresse	*Dieselstr. 21, 70839 Gerlingen*
Telefon	*07156 / 178 28-0*
Fax	*-10*
E-Mail	*info@peta.de*
Internet	*www.peta.de*
Internationale Büros	*PETA hat Büros in den USA, Großbritannien, den Niederlanden, Deutschland, Indien und Hongkong.*
Geschäftsführung	*Harald Ullmann*
Aufsichtsrat/Vorstand	*Ingrid Newkirk*
Ansprechpartner	*Tierversuche: Dr. Edmund Haferbeck, -28, EdmundH@peta.de* *Fische: Dr. Tanja Breining, -30, TanjaB@peta.de* *Vegetarismus: Jürgen Faulmann, -29, JuergenF@peta.de* *PETAKids: Ulrike Müller-Kiefer, -23, info@petakids.de*
Gegründet	*1980 USA, 1994 Deutschland*
Mitarbeiter	*12*
Mitglieder/Förderer	*25.000*
Jahresetat	*1.162.948 €*
Adresse Hauptsitz	*PETA, 501 Front Street, VA, 23510 Norfolk, USA, Tel.: 001 757 / 622-73 82, Fax: -0457, E-Mail: Info@peta.org, www.peta.org*
Gründungsanlass	*PETA-Mitbegründer Alex Pachecho machte 1980 ein Praktikum in einem Tierversuchslabor in Silver Spring, Maryland, USA. Er war von den Zuständen dort so entsetzt, dass er daraufhin mit Ingrid Newkirk zusammen PETA gründete.*

0105

Arbeitsweise	*Recherchen, Kampagnen, Demonstrationen*
Publikationen	*Animal Times*
Möglichkeit zur Mitarbeit	*Ehrenamtliche Mitarbeiter können bei Aktionen mitmachen, im Büro mithelfen, Infostände im Namen von PETA durchführen (nach vorheriger Absprache), bei Recherchen mithelfen.*
Erfolge	*PETA veröffentlichte ein 70 Stunden langes Video, das die ungeheuer grausame Behandlung von Affen in der Abteilung für Kopfverletzungen der Universitätsklinik von Pennsylvania dokumentierte. Dem Labor wurde daraufhin die finanzielle Unterstützung entzogen. Ralph Lauren stoppte den Pelzverkauf, nachdem PETA den Konzern mit einem Video über die Verhältnisse auf chinesischen Pelztierfarmen aufgeklärt hatte. Nach den Treffen sandte die Polo Ralph Lauren Corporation PETA eine Erklärung, in der das Unternehmen seine Absicht bestätigte, jegliche Werbung für Pelz zurückzuziehen, alle noch ausstehenden Bestellungen für Pelzprodukte zu stornieren und beginnend mit der Winterkollektion 2006 keinerlei Pelzprodukte mehr zu verkaufen.*

0106

Plattform Mobilfunk-Initiativen

Elektrosmog

Die Plattform Mobilfunk-Initiativen setzt sich für eine umwelt- und menschenverträgliche Errichtung des Mobilfunkes ein, unter anderem mit Petitionen für niedrige Grenzwerte für elektromagnetische Felder oder mit der Forderung nach einem Ausbau der Mobilfunksender nur im Konsens mit betroffenen Gemeinden und Bürgern. In der PMI-Zeitung wird über Entwicklungen und Proteste in verschiedenen europäischen Ländern berichtet. PMI ist Mitglied des österreichischen Umweltdachverbandes.

Abkürzung	*PMI*
Adresse	*Lenaugasse 36, 3400 Klosterneuburg-Kierling, Österreich*
Telefon	*0043 - 2243 / 873-66*
Fax	*0043 - 2243 / 873 66*
E-Mail	*eva.marsalek@utanet.at*
Internet	*www.plattform-mobilfunk-initiativen.at*
Arbeitsweise	*Infodienst, Beratung, Petitionen, Lobbyarbeit*
Publikationen	*PMI-Zeitung*

0107

Praktischer Umweltschutz Schweiz

Abfall & Recycling, Umweltbildung, Verbraucherschutz

Pusch steht für Praktischer Umweltschutz Schweiz und besteht aus einer Stiftung und einem Förderverein. Beide engagieren sich für eine gesunde und lebenswerte Umwelt, die nachhaltige Nutzung von Ressourcen, den Erhalt natürlicher Lebensräume und bieten Handlungshilfen für den Umweltschutz. Ob Kurse für öffentliche Unternehmen oder Umwelt- und Abfallunterricht in Schulen: Pusch unterstützt öffentliche und private Stellen bei der Lösung von Umweltproblemen und in Fragen der nachhaltigen Entwicklung.
Ein besonderer Service ist die Internetseite www.labelinfo.ch, auf der alle Umwelt- und FairTrade-Label beschrieben sind, die auf dem Schweizer Markt anzutreffen sind. Außerdem lanciert Pusch Kampagnen wie „Trash ist Kultur" zu aktuellen Umweltfragen. Mit einem von Pusch organisierten Umweltunterricht an schweizerischen Schulen werden jährlich 50.000 Kinder und Jugendliche erreicht.

Abkürzung	*Pusch*
Adresse	*Postfach 211, Hottingerstrasse 4, 8024 Zürich, Schweiz*
Telefon	*0041 - 44 / 267 44-11*
Fax	*-14*
E-Mail	*mail@umweltschutz.ch*
Internet	*www.umweltschutz.ch*
Geschäftsführung	*Ion Karagounis*
Aufsichtsrat/Vorstand	*Christian Stamm*
Ansprechpartner	*Schulunterricht: Nadine Ramer, -76, nr@umweltschutz.ch* *Kampagnen: Esther Habermacher, -15, eh@umweltschutz.ch* *Publikationen: Marianne Stünzi, -70, mst@umweltschutz.ch* *Labelinfo.ch: Christoph Meier, -16, cm@umweltschutz.ch*
Gegründet	*1949*
Mitarbeiter	*14*
Mitglieder/Förderer	*700*
Jahresetat	*2.100.000 CHF*
Arbeitsweise	*Schulungs- und Ausbildungsangebote, Infodienst*
Publikationen	*Thema Umwelt, E-Newsletter*
Auszeichnungen	*E.H. Moppert-Preis für nachhaltige Entwicklung 2006*

0108

PRO BAHN e.V.

Verkehr

Schülerinnenferientickets, Fahrplanauskünfte, Autoreisezüge, Fahrgastrechte, Inter-Rail oder Fahrpreisentwicklung: Grundsätzliche Informationen über Angebote im öffentlichen Verkehr haben hier freie Bahn. Außerdem setzt sich der Verein PRO BAHN für neue Angebote wie Spät- und Wochenendverkehre ein, veranstaltet Seminare, bietet Fahrgastsprechstunden an, entwickelt Konzepte, berät Politikerinnen und Politiker, hat den Erhalt von Bahnlinien gefördert und will Verkehrspolitik aktiv mitgestalten.

Adresse	*Friedrichstraße 95, 10117 Berlin*
Telefon	*030 / 20 18 17 42*
Fax	*030 / 20 96 25 86*
E-Mail	*info@pro-bahn.de*
Internet	*www.pro-bahn.de*
Aufsichtsrat/Vorstand	*Karl-Peter Naumann*
Gegründet	*1981*
Mitglieder/Förderer	*ca. 5000*
Arbeitsweise	*Infodienst, Lobbyarbeit, Beratung*
Publikationen	*der Fahrgast*

0109

Pro Natura

Energiepolitik, Globalisierung, Klima, Landwirtschaft, Naturschutz, Schutzgebiete, Umweltbildung, Verkehr

Pro Natura ist eine der größten Naturschutzorganisationen in der Schweiz. Mit Hilfe vieler tausender ehrenamtlicher Mitglieder engagiert sie sich im praktischen Umweltschutz und für die Einrichtung von Schutzgebieten und Nationalparks in der Schweiz. Zudem arbeitet sie politisch zu Fragen des Welthandels, des Klimawandels und für eine nachhaltige Landwirtschaft.

Adresse	*Schweizerischer Bund für Naturschutz, Dornacherstrasse 192, 4018 Basel, Schweiz*
Telefon	*0041 - 61 / 31 79-191*
Fax	*-266*
E-Mail	*mailbox@pronatura.ch*
Internet	*www.pronatura.ch*
Regionalbüros	*23 Kantonal-Sektionen*
Internationale Büros	*in 70 Staaten als „Friends of the Earth" (siehe dort) vertreten.*
Geschäftsführung	*Dr. Otto Sieber*
Aufsichtsrat/Vorstand	*Silva Semadeni*
Gegründet	*1909*
Mitarbeiter	*61*
Mitglieder/Förderer	*102.125 Mitglieder, 26.212 Gönner*
Jahresetat	*17.000.000 CHF*
Gründungsanlass	*Pro Natura wurde seinerzeit gegründet, um die Gründung des ersten (und bisher einzigen) Nationalparks der Schweiz zu ermöglichen.*
Arbeitsweise	*Lobbyarbeit, Öffentlichkeitsarbeit, Projekte, praktischer Naturschutz*
Publikationen	*Pro Natura Magazin, Steini*
Möglichkeit zur Mitarbeit	*praktische Einsätze (z.B. in Schutzgebieten), Unterschriftenaktionen, Schreiben von Protestmails oder -briefen.*
Erfolge	*1914: Gründung des Schweizerischen Nationalparks*

0110

Pro REGENWALD

Regenwald, Wald

Wälder in ihrer natürlichen Vielfalt zu schützen und zu bewahren, insbesondere in den Tropen – aber auch in anderen Regionen – das ist das Anliegen von Pro REGENWALD, die mit den Menschen vor Ort zusammenarbeitet. Die Organisation ist Ansprechpartnerin für Organisationen aus dem Ausland, berät Verbraucher und Projektpartner, organisiert Spendenaufrufe, entwickelt Kampagnen, informiert die Öffentlichkeit und ist in der Bildungsarbeit tätig. Mit der Landrechtskampagne unterstützt Pro REGENWALD indigene Völker in Brasilien und Malaysia bei dem Kampf um ihre Lebensräume. Die „Stoppt-Raubbau" Kampagne wendet sich gegen die Ausbeutung von Wäldern z.B. in den Tropen.

Adresse	*Frohschammerstraße 14, 80807 München*
Telefon	*089 / 359 86 50*
Fax	*089 / 359 66 22*
E-Mail	*info@pro-regenwald.de*
Internet	*www.pro-regenwald.org*
Geschäftsführung	*Hermann Edelmann*
Gegründet	*1989*
Mitarbeiter	*2*
Mitglieder/Förderer	*400*
Jahresetat	*200.000 €*
Arbeitsweise	*Aktionen, Beratung, Gremienvertretung, Lobbyarbeit, Projekte, Workshops, thematische Arbeitsgruppen*
Publikationen	*Newsletter*
Möglichkeit zur Mitarbeit	*Praktika, Mitarbeit in den thematischen Arbeitsgruppen, Diavorträge an Schulen*

0111

PRO WILDLIFE e.V.

Artenschutz

Der Schutz von Wildtieren und ihren Lebensräumen ist erklärtes Ziel von PRO WILDLIFE. Die gemeinnützige Tier- und Artenschutzorganisation macht sich für Tierarten stark, deren Lebensräume zerstört werden, die kommerzielle Jäger beinahe ausgerottet haben und die gefangen und als Waren gehandelt werden. Einsatzmittel sind öffentliche Aktionen, Druck auf politischer Ebene und Schutzprojekte vor Ort. Ob Kritik am Abschuss von Braunbären in Slowenien, der Schutz von Elefanten in Sri Lanka oder Affenpatenschaften in Lateinamerika: PRO WILDLIFE will die Artenvielfalt erhalten – besonders in Ländern des Südens – und fordert die europäische Artenschutzpolitik zum Handeln auf.

Adresse	*Gräfelfinger Straße 65, 81375 München*
Telefon	*089 / 812 99-507*
Fax	*-706*
E-Mail	*mail@prowildlife.de*
Internet	*www.prowildlife.de*
Aufsichtsrat/Vorstand	*Dr. Christoph Schmidt*
Arbeitsweise	*Aktionen, Lobbyarbeit, Schutzprojekte*

0112

Project Blue Sea e.V.

Gewässerschutz, Meere, Robben, Wale & Delfine

Bei Ölkatastrophen leistet der Verein Blue Sea praktische Hilfe für ölverklebte Wildtiere. Darüber hinaus setzt er sich für den Schutz der Weltmeere und ihrer Bewohner ein, z.B. mit politischen Kampagnen gegen die Waljagd auf den Färöer-Inseln oder gegen die kanadische Robbenjagd.

Adresse	*In dem Breil 1, 44623 Herne*
Telefon	*02323 / 96 40 96-0*
Fax	*-1*
E-Mail	*office@projectbluesea.de*
Internet	*www.projectbluesea.de*
Aufsichtsrat/Vorstand	*Sascha Regmann*
Gegründet	*1999*
Mitarbeiter	*1*
Arbeitsweise	*Recherche, Aktionen, Lobbyarbeit, praktische Hilfe*
Publikationen	*Wild Ocean Report*

0113

ProSpecieRara

Erhaltung von Tierrassen und Pflanzensorten, Biodiversität, Landwirtschaft

ProSpecieRara erhält gefährdete Nutztierrassen und Kulturpflanzen, um sie vor dem Aussterben zu bewahren. Dazu gehören nicht nur die klassischen Haustiere Appenzeller Spitzenhaubenhuhn, Pfauenziege oder Hinterwälder Rind – sondern auch die kleine aber feine Biene: Honigbienenrassen vermischen sich zunehmend, die Bienen werden aggressiver und es gibt weniger Honig zu ernten. ProSpecieRara hat deshalb ein Schutzgebiet eingerichtet, um die in der Schweiz heimische dunkle Biene zu erhalten. ProSpecieRara ist eine Dachorganisation, die mit vielen lokalen Zuchtvereinen und Anbauern zusammenarbeitet. Arche-Höfe und ProSpecieRara-Tierparks sind in der ganzen Schweiz zu finden und bieten die einmalige Gelegenheit, die etwas anderen Haustierrassen im landwirtschaftlichen Alltag zu besichtigen.

Adresse	*Pfrundweg 14, 5000 Aarau, Schweiz*
Telefon	*0041 - 62 / 832 08-20*
Fax	*-25*
E-Mail	*info@prospecierara.ch*
Internet	*www.ProSpecieRara.ch*
Geschäftsführung	*Béla Bartha*
Gegründet	*1982*
Mitglieder/Förderer	*2000*
Arbeitsweise	*Erhaltungszucht und Vermarktungsförderung alter Rassen und Sorten, Kurse für Züchter und Saatguterzeuger*
Möglichkeit zur Mitarbeit	*in Sortengärten, beim Saatgutversand oder beim alljährlichen Dreschtag*

0114

ProTier – Schweizer Gesellschaft für Tierschutz

Tierschutz

Unbestechlich engagiert sich die Schweizer Tierschutzorganisation ProTier für ein würdiges Leben aller Tiere und gegen jegliche Not in der Tierwelt. Zu den Tätigkeiten der Organisation zählen Patenschaften für Tiere aus dem Tierheim, finanzielle Unterstützungen zur Kastration von Bauernhofkatzen und Kampagnen gegen Tanzbären. Auf der Website finden sich Informationen zu aktuellen Themen im Tierschutzbereich und Wissenswertes über Haus- und Wildtiere. In Kürze soll dort ebenfalls ein Online-Tierfriedhof entstehen.

Adresse	*Alfred-Escher-Straße 76, 8002 Zürich, Schweiz*
Telefon	*0041 - 44 / 201 25 03*
Fax	*0041 - 44 / 201 26 23*
E-Mail	*tierschutz@protier.ch*
Internet	*www.protier.ch*
Geschäftsführung	*Rita Dubois*
Aufsichtsrat/Vorstand	*Felix Reinhold*
Gegründet	*1949*
Mitarbeiter	*3*
Mitglieder/Förderer	*9.900*
Jahresetat	*1.169.000 CHF*
Arbeitsweise	*Aktionen, Beratung, finanzielle Hilfe, Gremienvertretung, Recherche*
Publikationen	*ProTier*
Möglichkeit zur Mitarbeit	*Mithilfe bei Standaktionen*

0115

PROVIEH – Verein gegen tierquälerische Massentierhaltung e.V.

Landwirtschaft, Tierschutz

PROVIEH tritt für die art- und umweltgerechte Haltung von Nutztieren ein. Die Organisation wendet sich gegen das Schächten. Sie fordert mehr Transparenz bei der Vergabe von EU-Agrarsubventionen. Durch Lobbyaktivitäten, Mitarbeit in politischen Gremien, Erarbeitung von Beiträgen zu Gesetzesentwürfen, Einkaufsratgeber sowie Unterschriftenaktionen engagiert sich PROVIEH für seine Ziele.

Adresse	*Teichtor 10, 24226 Heikendorf*
Telefon	*0431 / 248 28-0*
Fax	*-29*
E-Mail	*info@provieh.de*
Internet	*www.provieh.de*
Regionalbüros	*Bremen, Frankfurt a. M., München, Nürnberg, Ostwestfalen*
Internationale Büros	*Brüssel, 1*
Geschäftsführung	*Sven Garber*
Vorsitzende	*Sandra Gulla*
Gegründet	*1973*
Mitarbeiter	*6*
Mitglieder/Förderer	*10.000*
Regionalgruppen	*Hamburg, Frankfurt und Nürnberg*
Jahresetat	*350.000 €*
Arbeitsweise	*Verbraucherinformation, politische Lobbyarbeit, Vernetzung, wissenschaftliche Stellungnahmen, Projektunterstützung*
Publikationen	*PROVIEH-Magazin*
Möglichkeit zur Mitarbeit	*Betreuung von Infoständen, Verteilung von Informationsmaterial, Demonstrations- und Aktionsbeteiligung, Mitarbeit in Regionalgruppen*
Auszeichnungen	*Umweltpreis des Landes Schleswig-Holstein 1992 als Auszeichnung für vorbildliche Arbeit in den Bereichen Natur und Umwelt, Tierschutzpreis des Landes Schleswig-Holstein 2002 für das Vorstandsmitglied Mechthild Oertel, Verdienstkreuz am Band des Verdienstordens für die Vereinsgründerinnen Margarete und Olga Bartling*

Erfolge

Die Auslistung von Käfigeiern durch ALDI Nord bereits vor dem (zwischenzeitlich wieder aufgehobenen) Verbot der Käfighaltung von Legehennen ist auf intensive Gespräche der Initiative Handeln mit Gewissen, in der PROVIEH engagiert ist, zurückzuführen. Der Stopp der BSE-Tötungsverordnung geht maßgeblich auf den Einsatz von ProVieh-Vorstandsmitglied Mechthild Oertel und ihrem „Aktionsbündnis gegen die Tötungsverordnung" zurück. Die Rinderzüchter erstritten mit einstweiligen Verfügungen und im Hauptsacheverfahren vor dem Bundesverwaltungsgericht, dass ihre BSE-freien Rinder nicht „vorsorglich" getötet werden durften.

0116

Rainforest Action Network

Biokraftstoffe, Energieeffizienz, Erdöl, Klima, Regenwald, Umweltbildung, Wald

Das Rainforest Action Network ist eine der einflussreichsten Umweltorganisationen weltweit, die sich den Schutz der Urwälder auf die Banner geschrieben haben – Letzteres ist wörtlich zu nehmen, denn RAN ist eine Aktivistenorganisation, die mit Aufsehen erregenden direkten Aktionen Firmen angreift, die von der Urwaldzerstörung profitieren. Sie nennen sich selbst bescheiden „Markt-Aktivisten" und drücken damit das Grundprinzip ihrer Arbeit aus: Firmen sollen davon überzeugt werden, umweltfreundlich einzukaufen oder zu produzieren. Wer durch Argumente nicht zu überzeugen ist, wird öffentlich bloßgestellt. Aktuell arbeitet RAN auch gegen den globalen Klimawandel: Mit einer Zero-Emission-Kampagne (Symbol: Die Freiheitsstatue mit Gasmaske) sollen große Automobilhersteller bewegt werden, effizientere Autos zu produzieren. RAN sorgt mit dem Programm „Rainforest in the classroom" auch für Nachwuchs und unterstützt indigene Gruppen in gefährdeten Regenwaldgebieten finanziell (Projekt „Protect an Acre").

Abkürzung	*RAN*
Adresse	*221 Pine Street, 5th Floor, CA 94104 San Francisco, USA*
Telefon	*001 / 415 - 398 44 04*
Fax	*001 / 415 - 398 27 32*
E-Mail	*answers@ran.org*
Internet	*http://ran.org*
Internationale Büros	*San Francisco und Tokio*
Geschäftsführung	*Mike Brun*
Aufsichtsrat/Vorstand	*James D. Gollin*
Arbeitsweise	*Kampagnen, Aktionen, Öffentlichkeitsarbeit, Lobbyarbeit*

0117

Regenwald-Institut e.V.

Biopiraterie, Regenwald

Das Regenwald-Institut verbindet wissenschaftliche Forschung mit konkreten Projekten und politischen Kampagnen, um die Ursachen der Regenwaldvernichtung zu bekämpfen. Im Projekt „Rosenholz“ arbeitet das Institut beispielsweise mit Frauenkooperativen im Amazonasgebiet zusammen: Aufgrund der intensiven Nutzung für Parfums (z.B. „Chanel No. 5“) ist der Rosenholzbaum mittlerweile eine bedrohte Art. Mit dem Ziel einer nachhaltigen Nutzung hat die Organisation mitten im Regenwald tausende neue Bäume gepflanzt, von denen die Kooperativen künftig nur Blätter und Zweige ernten werden, aus denen das begehrte Öl destilliert werden kann.

Adresse	*Postfach 1742, 79017 Freiburg*
Telefon	*0761 / 55 613-19*
E-Mail	*info@regenwald-institut.de*
Internet	*www.regenwald-institut.de*
Geschäftsführung	*Dr. Susann Reiner*
Aufsichtsrat/Vorstand	*Dr. Rainer Putz*
Gegründet	*1998*
Mitarbeiter	*1*
Mitglieder/Förderer	*50*
Jahresetat	*34.000 €*
Arbeitsweise	*Projekte, finanzielle Hilfe, Aktionen, Forschung*
Publikationen	*Regenwaldnachrichten*
Möglichkeit zur Mitarbeit	*Unterstützung durch Infostände und bei Aktionen. Mithilfe bei der Projektarbeit, bei Recherchen und im Archiv*
Erfolge	*Kampf gegen Biopiraterie: Ablehnung des Antrags auf Markenrecht und des Patents auf die kakaoähnliche Frucht Cupuaçu der japanischen Firma Asahi*

0118

Rettet den Regenwald e.V.

Indigene, Menschenrechte, Regenwald, Schutzgebiete, Wald

Wer sich für den Regenwald, seine Bewohner und soziale Reformen einsetzt, wird von Holz- und Ölkonzernen, westlichen Banken und korrupten Politikern vor Ort als störend empfunden. Und genau das will Rettet den Regenwald: die Zerstörungsmaschinerie stören und Kämpfer für den Regenwald unterstützen. In seiner Lobby- und Informationsarbeit informiert der Verein über Ursachen der Regenwaldzerstörung, nennt die Verantwortlichen beim Namen und appelliert an Verbraucherinnen und Verbraucher, mit bewusstem Konsum zum Schutz der Regenwälder beizutragen. Hintergrundmaterial liefern der viermal jährlich erscheinende Regenwald-Report und Infobroschüren. Außerdem setzt sich der Verein vor Ort und mit Lobbybesuchen in Deutschland für die Rechte der Betroffenen, den Schutz der Wälder und eine nachhaltige Entwicklung ein.

Adresse	*Friedhofsweg 28, 22337 Hamburg*
Telefon	*040 / 410 38 04*
E-Mail	*info@regenwald.org*
Internet	*www.regenwald.org*
Aufsichtsrat/Vorstand	*Reinhard Behrend*
Gegründet	*1986*
Mitarbeiter	*4*
Mitglieder/Förderer	*5.000*
Jahresetat	*400.000 €*
Arbeitsweise	*Kampagnen, Recherchen, finanzielle Unterstützung*
Publikationen	*Regenwald Report*
Möglichkeit zur Mitarbeit	*Kampagnenunterstützung, z.B. Briefe schreiben*
Erfolge	*Als eine der ersten deutschen Organisationen, die sich für den Regenwald einsetzt, hat sie maßgeblich dazu beigetragen, den Boykott von Tropenholz in Gang zu bringen. Einige Großprojekte in Regenwaldgebieten – zum Beispiel ein Staudamm in Brasilien – konnten gestoppt werden.*

0119

Robin Wood

Atomkraft, Energiepolitik, Erneuerbare Energien, Klima, Regenwald, Verkehr, Wald

Seit 1982 machen sich die „Rächer der Entlaubten" mit ebenso gewaltfreien wie spektakulären Aktionen für die Umwelt stark. Castortransporte wurden mit mutigem Einsatz ebenso blockiert wie z.B. ein Tempo-Werk – weil die Mutter aller Papiertaschentücher mit Zellstoff produziert wird, für den die Umwelt zerstört und Ureinwohner vertrieben wurden. Andere aktuelle Kampagnen gelten unter anderem den Themen Verkehr und Energie/Klimaschutz. Robin Wood ist basisdemokratisch organisiert: Delegierte Gewählte treffen sich drei- bis viermal im Jahr und entscheiden über alle Kampagnen, Strategien und größeren Ausgaben.

Adresse	*Langemarckstr. 210, 28199 Bremen*
Telefon	*0421 / 598 28-8*
Fax	*-72*
E-Mail	*geschaeftsstelle@robinwood.de*
Internet	*www.robinwood.de*
Regionalbüros	*Hamburg (Pressestelle) und Schwedt (Redaktion des ROBIN WOOD-Magazins)*
Geschäftsführung	*Djoeke Lueken*
Ansprechpartner	*Energie: Bettina Dannheim, 040 / 38 08 92-21, energie@robinwood.de Wald: Rudolf Fenner, 040 / 38 08 92-21, wald@robinwood.de Verkehr: Monika Lege, 040 / 38 08 92-12, verkehr@robinwood.de Tropenwald: Peter Gerhardt, 040 / 38 08 92-18, tropenwald@robinwood.de Presse: Ute Bertrand, 040 / 38 08 92-22, presse@robinwood.de*
Gegründet	*1982*
Mitarbeiter	*11*
Mitglieder/Förderer	*10.000 (Förder-)Mitglieder*
Regionalgruppen	*in 14 Städten*
Jahresetat	*925.000 €*
Arbeitsweise	*gewaltfreie, direkte Aktionen, Lobbyarbeit*
Publikationen	*ROBIN WOOD-Magazin*
Möglichkeit zur Mitarbeit	*in Regionalgruppen und themenspezifischen Fachgruppen sowie bei Aktionen: vom Online-Protest über den Infostand bis zur Kletteraktion*

0120

S.O.F. Save Our Future Umweltstiftung

Umweltbildung

Ein Schwerpunkt von Save our Future sind Umweltbildungsangebote für Kinder im Vorschulalter. Mit der chinesischen Organisation „Friends of Nature“ kooperiert SOF in der Umweltbildung und organisiert Reisen chinesischer Umweltdelegationen nach Deutschland.

Adresse	*Bahnhof Klein Flottbek, Jürgensallee 51 - 53, 22609 Hamburg*
Telefon	*040 / 24 06 00*
Fax	*040 / 24 06 40*
E-Mail	*info@save-our-future.de*
Internet	*www.save-our-future.de*
Geschäftsführung	*Ralf Thielebein-Pohl*
Aufsichtsrat/Vorstand	*Jürgen Oppermann*
Gegründet	*1989*
Mitarbeiter	*4*
Jahresetat	*180.000 €*
Arbeitsweise	*finanzielle Hilfe, Projekte*

0121

SAVE Foundation

Erhalt von Nutzpflanzensorten und Tierrassen, Agrarpolitik, Artenschutz, Landwirtschaft, Umweltbildung

Wussten Sie, dass es auch schwarze, gelbe und getigerte Tomaten gibt? Die SAVE Foundation ist Garant dafür, dass es auch so bleibt. SAVE steht für „Sicherung der landwirtschaftlichen Arten Vielfalt in Europa". Zahlreiche Arten und Sorten sind längst verloren gegangen. Deswegen tritt die europäische Dachorganisation für eine Sicherung der landwirtschaftlichen Artenvielfalt und besonders für die Lebenderhaltung vom Aussterben bedrohter Nutztierrassen und Kulturpflanzensorten ein und informiert, koordiniert und fördert nationale Aktivitäten. Ob Prespa-Rinder im griechisch-albanischen Grenzgebiet oder die Kartoffelvariante Rote Foula auf den Shetlands und Äußeren Hebriden: Bei ihren Suchaktionen nach Restbeständen verschollener Arten und Sorten entdeckt SAVE immer wieder Seltenheiten und setzt sich länderübergreifend für deren Erhalt ein.

Adresse	*Paradiesstraße 13, 78462 Konstanz*
Telefon	*0041 - 71 / 222 74-10*
Fax	*-40*
E-Mail	*office@save-foundation.net*
Internet	*www.save-foundation.net*
Internationale Büros	*Die SAVE Foundation ist als Dachorganisation europaweit tätig. Im Vordergrund stehen Bemühungen in Ost- und Südeuropa.*
Geschäftsführung	*Hans-Peter Grünenfelder, Elli Broxham Stahl*
Aufsichtsrat/Vorstand	*Staf van den Bergh, Prof. Dr. Riccardo Fortina*
Gegründet	*1992*
Mitarbeiter	*5*
Adresse Schweiz	*Schneebergstraße 17, 9000 St. Gallen, Tel.: 0041 - 71 / 222 74-10, Fax: -40*
Arbeitsweise	*Recherche, gezielte Nachsuche und bei Bedarf Aufbau von Überlebens-Populationen, Lobbyarbeit*
Publikationen	*E-Newsletter*
Möglichkeit zur Mitarbeit	*Recherche, Suchtouren nach verschollenen Nutztierrassen und Kulturpflanzen (insbes. in Ost- und Südeuropa)*
Erfolge	*Auffinden und Erhaltung mancher Nutztierrassen und Kulturpflanzen, die schon längst als ausgestorben galten*

0122

Save our Seeds

Gentechnik, Landwirtschaft, Saatgut

Save our Seeds wurde 2002 von der Zukunftsstiftung Landwirtschaft (siehe dort) gegründet, als die EU den Plan verfolgte, eine Verunreinigung von konventionellem Saatgut mit gentechnisch veränderten Sorten grundsätzlich zuzulassen. Seitdem haben 350 Organisationen und über 200.000 Privatpersonen eine Petition unterschrieben, die – bislang erfolgreich – für 100 Prozent gentechnikfreies Saatgut eintritt. Eine besondere Mitmachaktion wurde 2006 gestartet: Tausende von Menschen in Deutschland bauen eine alte Maissorte, den Bantam-Mais, auf ihren Balkonen, Feldern und Gartenbeeten an. Damit steht ihnen ein Auskunftsrecht über gentechnisch veränderten Maisanbau in der näheren Umgebung zu.

Abkürzung	*SOS*
Adresse	*c/o Zukunftsstiftung Landwirtschaft, Marienstr.19-20, 10117 Berlin*
Telefon	*030 / 27 59 03-09*
Fax	*-12*
E-Mail	*info@saveourseeds.org*
Internet	*www.saveourseeds.org*
Geschäftsführung	*Benedikt Haerlin*
Gegründet	*2002*
Mitarbeiter	*2*
Jahresetat	*100.000 €*
Arbeitsweise	*Öffentlichkeitsarbeit, Lobbyarbeit, Unterschriftenaktion*
Möglichkeit zur Mitarbeit	*Briefe schreiben, Recherchen, Mais anpflanzen*
Erfolge	*Bis heute gilt für Saatgut in der EU eine Null-Toleranzgrenze für gentechnisch veränderte Organismen.*

0123

Schumacher-Gesellschaft für Poltische Ökologie e.V.

nachhaltige Entwicklung, Nord-Süd-Politik

Die E.F.-Schumacher-Gesellschaft für Politische Ökologie engagiert sich für eine sozial gerechte und ökologisch nachhaltige Wirtschaftsweise. Sie setzt sich – im Geiste des Wirtschaftsphilosophen Schumacher – mit Themen wie Armutsbekämpfung und verantwortlichem Wirtschaften auseinander und sucht nach Modellen, Natur und Ökonomie in Einklang zu bringen. Konkrete Projekte betreffen z.B. die Förderung von Solarkochern in Afrika oder ökologische Bildungsreisen.

Adresse	*Situlistraße 75, 80939 München*
Telefon	*089 / 32 46 29-51*
Fax	*089 / 90 46 90 05*
Internet	*www.e-f-schumacher-gesellschaft.de*
Aufsichtsrat/Vorstand	*Ulrich Diekmeyer*
Gegründet	*1980*
Arbeitsweise	*Lobbyarbeit, Bildungsangebote*

0124

Schutzstation Wattenmeer e.V.

Umweltbildung, Wattenmeer

Neben dem praktischen Naturschutz und wissenschaftlicher Forschung ist eine wichtige Aufgabe der Schutzstation Wattenmeer die Umweltbildung. Mit Ausstellungen, Wattwanderungen und Naturschulen werden das Ökosystem Wattenmeer und sein Schutzbedarf Kindern wie Erwachsenen näher gebracht.

Adresse	*Grafenstraße 23, 24768 Rendsburg*
Telefon	*04331 / 236 22*
Fax	*04331 / 252 46*
E-Mail	*info@schutzstation-wattenmeer.de*
Internet	*www.schutzstation-wattenmeer.de*
Regionalbüros	*17 Stationen und Infozentren entlang der Nordseeküste.*
Aufsichtsrat/Vorstand	*Gert Oetken*
Gegründet	*1963*
Arbeitsweise	*Biotoppflege und -schutz, Ausstellungen, Beratung, Forschung, Öffentlichkeitsarbeit*
Publikationen	*Wattreport*
Möglichkeit zur Mitarbeit	*praktische Hilfe z.B. beim Monitoring der Brut- und Rastvögel im Watt, technische und juristische Hilfe*
Auszeichnungen	*1988 Landesumweltpreis der Bausparkassen, 1999 Bundesverdienstkreuz für den Vorsitzenden Gert Oetken, 2002 Bruno-H.-Schubert-Preis*
Erfolge	*Eine Klage der Schutzstation Wattenmeer verhinderte eine große Stromkabelverlegung durch den National-park.*

0125

Schweizer Liga gegen Vivisektion

Tierversuche

Die Schweizer Liga gegen Vivisektion kämpft für die Abschaffung aller Tierversuche mit Unterschrifts- oder Plakataktionen, Dokumentationen und Informationsmaterial sowie durch die Unterstützung von Forschung an Alternativen zu Tierversuchen.

Abkürzung	*SLGV*
Adresse	*Chemin des Arcs-en-Ciel 3, 1226 Thônex/Genf, Schweiz*
Telefon	*0041 - 22 / 349 73-37*
Fax	*0041 - 22 / 349 19 54*
E-Mail	*admin@lscv.ch*
Internet	*www.lscv.ch*
Aufsichtsrat/Vorstand	*Max Moret*
Gegründet	*1883*
Publikationen	*Info-Magazin*

0126

Schweizerische Energie-Stiftung

Atomkraft, Energieeffizienz, Energiepolitik, Erneuerbare Energien, Klima

Die Schweizerische Energiestiftung engagiert sich für eine nachhaltige Energiepolitik und den Ausstieg aus der Atomenergie. Sie setzt sich für die sparsame Verwendung von Energie und eine dezentrale Energieversorgung ein, gibt Publikationen zum Thema Klimaschutz und Verbraucher-Informationen zur Energieeffizienz heraus. Unterschriftensammlungen und Fachtagungen machen auf das Thema Energiepolitik aufmerksam.

Abkürzung	*SES*
Adresse	*Sihlquai 67, 8005 Zürich, Schweiz*
Telefon	*0041 - 44 / 271 54 64*
Fax	*0041 - 44 / 273 03 69*
E-Mail	*info@energiestiftung.ch*
Internet	*www.energiestiftung.ch*
Geschäftsführung	*Jürg Buri*
Aufsichtsrat/Vorstand	*Geri Müller*
Gegründet	*1976*
Mitarbeiter	*4*
Mitglieder/Förderer	*Fördermitglieder: 4.000, Spenderinnen und Spender: 5.500*
Arbeitsweise	*Information, Lobbyarbeit, Recherchen, Aktionen*
Publikationen	*Energie & Umwelt*
Möglichkeit zur Mitarbeit	*Leserbriefe schreiben, Protestpostkarten verschicken*

0127

Schweizerische Arbeitsgruppe Gentechnologie

Bioethik/Humangenetik, Gentechnik, Lebensmittel & Ernährung

Der Verein Schweizerische Arbeitsgruppe Gentechnologie versteht sich als kritisches Forum zu Fragen der Gentechnologie. Er ist ein Dachverband von über 20 Schweizer Verbänden aus den Bereichen Umwelt, Naturschutz, Tierschutz, Medizin und Konsumentenschutz. Der SAG bietet eine Plattform für Diskussion, Information und Aktion für Organisationen und Einzelmitglieder, die der Gentechnologie kritisch gegenüberstehen. Seine Aktionen: z.B. eine umfassende Gentechfrei-Initiative und der Einsatz für die Kennzeichnungspflicht gentechnisch veränderter Lebensmittel. Er gibt Informationen über Futtermittel, gentechnisch veränderte Nutztiere und Humangenetik heraus.

Abkürzung	*SAG*
Adresse	*Postfach 1168, 8032 Zürich, Schweiz*
Telefon	*0041 - 44 / 262 25-63*
Fax	*-70*
E-Mail	*info@gentechnologie.ch*
Internet	*www.gentechnologie.ch*
Geschäftsführung	*Daniel Ammann*
Aufsichtsrat/Vorstand	*Maya Graf*
Gegründet	*1990*
Mitarbeiter	*2*
Mitglieder/Förderer	*2000*
Arbeitsweise	*Beratung, Infodienst, Lobbyarbeit, Vernetzung*
Publikationen	*Genschutzzeitung*
Erfolge	*2005: erfolgreiche Abstimmung zur eidgenössischen Volksinitiative Gentechfrei-Initiative*

0128

Slow Food Deutschland e.V.

Lebensmittel & Ernährung, Fische

Essen im Zeichen der Schnecke: Slow Food ist das Gegenteil von Fast Food und mittlerweile eine weltweite Bewegung, die Essen und Politik genussvoll verbindet. Slow Food nennt sich selbst eine „weltweite Vereinigung von bewussten Genießern und mündigen Konsumenten". Ihr geht es nicht nur um gutes Essen und Trinken, sondern auch um eine ökologisch und sozial gerechte Produktion der Lebensmittel: artgerechte Viehzucht, verantwortliche Landwirtschaft und Fischerei, Bewahrung der regionalen Vielfalt.
Die Aktivitäten von Slow Food reichen von regionalen Genuss-Seminaren (Schokoladenseminar in Berlin, Slowbier in Franken, Teeverkostung in Bielefeld) bis zu Informationen über umweltgerechten Fischfang und die Messe Slow Fish.

Adresse	*Hasseler Weg 3, 27232 Sulingen*
Telefon	*04271 / 95 11-65*
Fax	*-66*
E-Mail	*info@slowfood.de*
Internet	*www.slowfood.de*
Internationale Büros	*Slow Food hat Büros in 7 Ländern und Mitglieder in fast jedem Land der Welt.*
Aufsichtsrat/Vorstand	*Otto Geisel*
Gegründet	*1989 international, 1995 in Deutschland*
Regionalgruppen	*61 regionale Slow-Food-Gruppen (im internen Sprachgebrauch Convivien genannt, zu deutsch: Tafelrunden)*
Arbeitsweise	*gut kochen, gut essen, Veranstaltungen, Infodienst, Beratung*
Publikationen	*Slow Food Magazin*

0129

Solarenergie-Förderverein Deutschland

Erneuerbare Energien, Klima, Solarenergie

Der Solarenergie-Förderverein Deutschland macht keine halben Sachen: Hundertprozentig will er die Energieversorgung auf erneuerbare Energien umstellen und dabei die Umwelt und das soziale Gefüge schonen. Außerdem beschäftigt sich der Verein mit dem Zusammenspiel unterschiedlicher Energietechniken wie Wind- und Solaranlagen, der Wirkkraft von Markteinführungsverfahren und Energiesteuern. Auf der Website finden sich Informationen zu weiteren Themen wie Emissionshandel, Biodiesel, Atomkraft und Klimawandel.

Abkürzung	*SFV*
Adresse	*Herzogstraße 6, 52070 Aachen*
Telefon	*0241 / 51 16 16*
Fax	*0241 / 53 57 86*
E-Mail	*zentrale@sfv.de*
Internet	*www.sfv.de*
Regionalbüros	*Infostellen in Amberg, Düsseldorf, Heidenheim, Rheine und Würzburg*
Geschäftsführung	*Wolf von Fabeck*
Aufsichtsrat/Vorstand	*Prof. Dr. Adolf Müller-Hellmann*
Gegründet	*1986*
Mitarbeiter	*4*
Mitglieder/Förderer	*2.500*
Arbeitsweise	*Lobbyarbeit, Vorträge, Beratung*
Publikationen	*Solarbrief, Energie & Zukunft, E-Newsletter*
Möglichkeit zur Mitarbeit	*Leserbriefe schreiben, Studien erarbeiten*
Auszeichnungen	*1994, 2005: Eurosolar Solarpreis, 2003: Euregio Umweltpreis*
Erfolge	*kostendeckende Einspeisevergütung für Strom aus Erneuerbaren Energien über das Erneuerbare-Energien-Gesetz*

0130

Studentische Arbeitsgruppe gegen Tiermissbrauch im Studium

Tierversuche

Schon der Name Studentische Arbeitsgruppe gegen Tiermissbrauch im Studium spricht eine deutliche Sprache: Denn satis kommt aus dem Lateinischen und bedeutet „genug". Das Forum von Studierenden zahlreicher Hochschulen kritisiert den „Tierverbrauch" in den Fachbereichen Medizin, Tiermedizin und Biologie und weigert sich, an Tierversuchen und Übungen, bei denen Tiere getötet werden, teilzunehmen. Stattdessen verlangt SATIS Lehrmethoden, die ohne Tiermissbrauch auskommen und von einem respektvollen Umgang mit Lebewesen geprägt sind.

Abkürzung	*SATIS*
Adresse	*Roermonder Str. 4a, 52072 Aachen*
Telefon	*0241 / 15 72 14*
Fax	*0241 / 15 56 42*
E-Mail	*satis@tierrechte.de*
Internet	*www.satis-tierrechte.de*
Gegründet	*1988*
Arbeitsweise	*Informationsaustausch, Förderung tiermissbrauchsfreier Methoden, gerichtliche Auseinandersetzungen*

0131

Third World Network

Agrarpolitik, Armut, Biopiraterie, Entwicklungshilfe, Globalisierung, Nord-Süd-Politik, Ressourcenschutz, Saatgut, Schuldenerlass, Soziale Gerechtigkeit, Tourismus, Trinkwasser

Das Third World Network gilt als die wohl wichtigste NGO des Südens. Sie ist heute kaum noch wegzudenken aus internationalen Foren, die sich mit Umwelt- und sozialen Fragen befassen. Ob WTO-Verhandlungen, UN-Reformprozess, Privatisierung von Wasser, Urheberrechte oder Biodiversität: Das TWN ist immer dabei und hat sich durch eine ausgezeichnete Expertise in vielen Fachgebieten Respekt bei Diplomaten aus aller Welt verschafft. Die Experten des TWN recherchieren intensiv, geben ihr Wissen in Publikationen, Büchern und Seminaren weiter und haben für viele kleinere Länder eine beratende Funktion, wenn es um – im wahrsten Sinne des Wortes – weltbewegende Entscheidungen geht. Die zahlreichen Themen des TWN können hier nur stichwortartig aufgezählt werden: WTO, Patente, Freihandelsabkommen, Biotechnologie, Frauen- und Menschenrechte, Tourismus, Friedensprozesse, Klimawandel, internationale Konzerne – all das sind für TWN keine Schlagworte, sondern entscheidende Themenfelder, um den Völkern des Südens zu ihrem Recht zu verhelfen.

Abkürzung	*TWN*
Adresse	*SUNS - South-North Development Monitor, 8-14 Av de la Paix, Room C-504, 1211 Genf 10, Schweiz*
E-Mail	*raghavan@iprolink.ch*
Internationale Büros	*Delhi, Montevideo, Genf und Accra.*
Aufsichtsrat/Vorstand	*Martin Khor*
Adresse Hauptsitz	*131, Jalan Macalister, 10400 Penang, Malaysia, Tel.: 0060 - 4 / 226 67 28, Fax: 0060 - 4 / 226 45 05, E-Mail: twnet@po.jaring.my, www.twnside.org.sg*
Arbeitsweise	*Recherchen, Infodienst, Beratung, Lobbyarbeit*

0132

TROPICA VERDE e.V.

Artenschutz, Naturschutz, Regenwald, Schutzgebiete, Vogelschutz, Wald

„Helfen statt Jammern“: Das Motto ist seit zehn Jahren Programm des Frankfurter Vereins zum Schutz tropischer Lebensräume. Gemeinsam mit Partnern in Costa Rica sollen dort Primär- und Sekundärwälder geschützt und erhalten werden. Außerdem setzt sich TROPICA VERDE in Costa Rica für die Renaturierung abgeholzter Flächen, ein Schildkrötenschutzprojekt und die Brutplätze der letzten Grünen Aras ein.

Adresse	*Informationsbüro im Palmengarten, Siesmayerstraße 61, 60323 Frankfurt a. M.*
Telefon	*069 / 75 15 50*
Fax	*069 / 75 21 82*
E-Mail	*mail@tropica-verde.de*
Internet	*www.tropica-verde.de*
Aufsichtsrat/Vorstand	*Dr. Stefan Rother*
Gegründet	*1989*
Mitarbeiter	*2*
Mitglieder/Förderer	*365*
Jahresetat	*95.000 €*
Gründungsanlass	*Costa Rica, ein Land mit extrem hohem Artenreichtum, gehörte in den 1990er Jahren zu den Ländern mit der höchsten Abholzungsrate von Regenwald.*
Arbeitsweise	*praktische Hilfe, Beratung*
Publikationen	*Tukan*
Möglichkeit zur Mitarbeit	*in Kampagnen, durch persönliche Teilnahme an den Arbeitseinsätzen, Vereinsarbeit*

0133

UMKEHR e.V. – Informations- und Beratungsbüro für Verkehr und Umwelt

Verkehr

UMKEHR setzt sich für eine menschen- und umweltgerechte Verkehrspolitik ein. Der Verein unterstützt Bürgerinitiativen, Ortsgruppen und Betroffene bei ihren Bemühungen zum Schutz von Radfahrern, Fußgängern und der Reduzierung des Autoverkehrs. Verschiedene Publikationen informieren über die Ziele. Die Aktivitäten des UMKEHR beinhalten einen bundesweiten Umwelt- und Verkehrskongress, Informationen zu Gesundheits- und Umweltthemen und die Veröffentlichung von Stadtplänen für Fußgänger.

Adresse	*Exerzierstraße 20, 13357 Berlin-Wedding*
Telefon	*030 / 492 74 73*
Fax	*030 / 492 79 72*
E-Mail	*info@umkehr.de*
Internet	*www.umkehr.de*
Geschäftsführung	*Stefan Lieb*
Aufsichtsrat/Vorstand	*Bernd Herzog-Schlagk*
Gegründet	*1979*
Mitarbeiter	*3*
Arbeitsweise	*Beratung, Gremienvertretung, Infodienst, Kampagnen, Lobbyarbeit, Projekte, Recherche, Tagungen*
Publikationen	*mobilogisch!*
Möglichkeit zur Mitarbeit	*Mithilfe im Büro, Recherche, Artikel schreiben, Infostände*

0134

Umweltdachverband Österreich

Alpenschutz, Klima, Nationalparks, Biodiversität, Verkehr, Ländliche Entwicklung, Umweltbildung

Im österreichischen Umweltdachverband sind 34 im Umwelt- und Naturschutz tätige Vereine (z.B. Alpenverein, BirdLife) zusammengeschlossen. Der Dachverband organisiert die Öffentlichkeitsarbeit sowie verschiedene Projekte wie die Überwachung der österreichischen Naturparks oder Aktivitäten zur Umsetzung der europäischen Wasserrichtlinie. Außerdem führt der Verband Kampagnen zum Klimaschutz und zur Förderung erneuerbarer Energien durch.

Adresse	*Alser Straße 21, 1080 Wien, Österreich*
Telefon	*0043 - 1 / 401 13*
Fax	*0043 - 1 / 401 13-50*
E-Mail	*office@umweltdachverband.at*
Internet	*www.umweltdachverband.at*
Geschäftsführung	*Franz Maier*
Aufsichtsrat/Vorstand	*Dr. Gerhard Heilingbrunner*
Gegründet	*1973*
Mitarbeiter	*7*
Mitglieder/Förderer	*34*
Arbeitsweise	*Vernetzung, Projekte, Lobbyarbeit, Konferenzen und Symposien*
Publikationen	*fact.um – Zeitschrift des Umweltdachverbandes sowie fact.s Newsletter des Umweltdachverbandes*

0135

Umweltinstitut München e.V.

Agenda 21, Atomkraft, Elektrosmog, Innenraumschadstoffe, Ökolandbau, Gentechnik, Verbraucherschutz

Als einer der größten Umweltverbände in Bayern engagiert sich das Umweltinstitut in vielen Bereichen, vom Widerstand gegen die Gentechnik auf dem Acker und neue Atomprojekte über regionalen Naturschutz in Bayern bis hin zur Aufklärung über Radioaktivität und Gifte in Lebensmitteln. Von der Internetseite des Instituts können umfangreiche Hintergrundinformationen und Broschüren zu diesen Themenfeldern heruntergeladen werden.

Adresse	*Landwehrstr. 64a, 80336 München*
Telefon	*089 / 30 77 49-0*
Fax	*-20*
E-Mail	*info@umweltinstitut.org*
Internet	*www.umweltinstitut.org*
Geschäftsführung	*Harald Nestler*
Gegründet	*1986*
Mitarbeiter	*10*
Mitglieder/Förderer	*2000*
Jahresetat	*350.000 €*
Gründungsanlass	*Reaktorunfall von Tschernobyl*
Arbeitsweise	*Recherchen, Öffentlichkeitsarbeit, Aktionen*
Publikationen	*Münchner Stadtgespräche*
Möglichkeit zur Mitarbeit	*Unterschriftenaktionen und Einwendungen z.B. gegen gentechnisch veränderte Pflanzen.*

0136

Unabhängiges Institut für Umweltfragen e.V.

Gewässerschutz, Klima, Lärm, Nanotechnologie, Naturschutz, Umweltrecht

Das Unabhängige Institut für Umweltfragen ist sowohl politische Organisation als auch wissenschaftliches Institut. Gegründet wurde es direkt nach der Wende mit dem Ziel, die umweltpolitische Entwicklung in (Ost-)Deutschland zu befördern. In vier Fachgebieten (Klima, Umweltrecht, Lärmschutz und Landschaftsökologie) werden wissenschaftliche Forschung und politische Umsetzung vereint, so zum Beispiel im Klimabereich das „Kleine Handbuch für Klimaretter" für Grundschulen oder die Aktion „Fifty-Fifty" an Berliner Schulen, die Klimaschutz im Unterricht verankert und nebenbei dem Berliner Haushalt noch 500.000 € im Jahr an Energiekosten spart. Andere Projekte in jüngerer Zeit reichten von einem Verbrauchervotum zur Nanotechnologie über ein Altlastenkataster in Vietnam und Effizienzkontrollen von Ausgleichsmaßnahmen im Naturschutz bis hin zur Erstellung eines Videos über Hören und Lärmschäden.

Abkürzung	*UfU*
Adresse	*Greifswalder Straße 4, 10405 Berlin*
Telefon	*030 / 42 84 99 30*
Fax	*030 / 42 80 04 85*
E-Mail	*mail@ufu.de*
Internet	*www.ufu.de*
Regionalbüros	*Halle*
Aufsichtsrat/Vorstand	*Michael Zschiesche, Malte Schmidthals*
Ansprechpartner	*Büroleiterin: Verena Gaida, 030 / 42 84 99 30, buero@ufu.de*
Gegründet	*1990*
Mitarbeiter	*10*
Mitglieder/Förderer	*200 Förderer*
Jahresetat	*500.000 €*
Arbeitsweise	*Aktionen, Beratung, Lobbyarbeit, Öffentlichkeitsarbeit, Projekte, Tagungen, Vernetzung*
Publikationen	*UfU-Zeitschrift*

0137

Union of Concerned Scientists

Atomkraft, Atomwaffen, Energieeffizienz, Erneuerbare Energien, Gentechnik, Klima, Verkehr, Weltraumwaffen

Die Union of Concerned Scientists ist eine der einflussreichsten NGOs in den USA – weniger ihrer Größe wegen, sondern aufgrund ihres anerkannten wissenschaftlichen Sachverstandes. Ursprünglich von kritischen Studentinnen und Studenten der Eliteuniversität MIT gegründet, hat sich UCS zu einer landesweiten Organisation entwickelt, die auf der Basis solider wissenschaftlicher Recherchen und mit der Unterstützung vieler renommierter Wissenschaftler Einfluss auf die Politik in Washington nimmt. Die Arbeit der UCS zielt vor allem darauf ab, mit harten Fakten – unterstützt z.B. von einem Aktivistennetzwerk und diversen Nobelpreisträgern – den Kongress bzw. die Parlamente in den einzelnen Bundesstaaten zu beeinflussen Die Themen der „Besorgten Wissenschaftler“ reichen vom Klimawandel über Atomwaffen bis hin zu sauberen Autos und gentechnisch veränderten Nutzpflanzen. In all diesen Bereichen gilt die UCS auch international als verlässliche, kompetente Organisation, die sich kompromisslos für Umwelt und Gesellschaft einsetzt.

Abkürzung	*UCS*
Adresse	*2 Brattle Square, MA 02238-9105 Cambridge, USA*
Telefon	*001 - 617 / 547 55 52*
Fax	*001 - 617 / 864 94 05*
E-Mail	*ucs@ucsusa.org*
Internet	*www.ucsusa.org*
Regionalbüros	*Washington, Berkeley*
Geschäftsführung	*Kathy Rest*
Aufsichtsrat/Vorstand	*Kevin Knobloch*
Gegründet	*1969*
Arbeitsweise	*Forschung, Publikationen, Infodienst, Lobbyarbeit, Briefaktionen*
Publikationen	*Catalyst, Earthwise, Greentips*

0138

Urgewald e.V.

Atomkraft, Banken & internationale Konzerne, Bergbau, Menschenrechte, Regenwald, Staudämme, Wald

„Money makes the world go round" (Geld regiert die Welt) – genau da setzt urgewald mit seiner Bankenkampagne an. Deutsche Banken oder staatliche Hermesbürgschaften sind an vielen Umweltzerstörungen und Menschenrechtsverletzungen weltweit beteiligt. Urgewald deckt dies auf und setzt die Verantwortlichen mit beachtlichem Erfolg unter Druck. Die Organisation versteht sich als Anwältin von Menschen, die unter den Folgen globaler Umweltzerstörung leiden, ob dies nun Kleinbauern in Brasilien sind, deren Land von Zellstoffplantagen besetzt wird, oder Dorfgemeinschaften in Indien, die sich gegen ihre Vertreibung für große Staudämme zur Wehr setzen. Aktuelle Kampagnenthemen sind neben Wald/Papier und Staudämmen auch die Atomkraft und Öl/Gas/Bergbau.

Adresse	*Von Galen Str. 4, 48336 Sassenberg*
Telefon	*02583 / 10 31*
Fax	*02583 / 42 20*
E-Mail	*Über die Website*
Internet	*www.urgewald.de*
Regionalbüros	*Berlin*
Geschäftsführung	*Heffa Schücking*
Aufsichtsrat/Vorstand	*Hedwig Tarner*
Gegründet	*1992*
Mitarbeiter	*7*
Mitglieder/Förderer	*40*
Jahresetat	*430.000 €*
Arbeitsweise	*Verbraucher- und Öffentlichkeitskampagnen, Recherche u. Lobbyarbeit, Aktionen und Protest.*
Publikationen	*E-Newsletter*
Möglichkeit zur Mitarbeit	*Unterstützung bei Aktionen, z.B. Hauptversammlungen von Banken und Firmen, Protest- und Infoaktionen, Verbreitung von Unterschriftenlisten, Briefeschreiben*
Auszeichnungen	*Heffa Schücking: Goldman-Prize 1994*
Erfolge	*2000: Urgewald verhinderte die Finanzierung des indischen Maheshwar-Staudammes durch die HypoVereinsbank. In der Folge verloren andere ausländische Banken das Interesse an dem Mammutprojekt, für das 60.000 Menschen umgesiedelt*

bzw. vertrieben worden wären. 2002: Beim zweiten Anlauf einer rot-grünen Regierung wird für die Vergabe von Hermesbürgschaften endlich das Ausschlusskriterium Atom festgeschrieben: keine Förderung von Atomprojekten durch deutsches öffentliches Geld. 2006: Die Deutsche Bank und die HypoVereinsbank bzw. ihr neuer Eigentümer UniCredit verkünden nach einer sechsmonatigen Öffentlichkeits- und Protestkampagne, dass sie sich nicht an der Finanzierung des bulgarischen Atomreaktors Belene beteiligen werden. Die Commerzbank und die Bayerische Landesbank waren bereits früher aufgrund der Proteste aus der Finanzierung ausgestiegen.

0139

Verband Deutscher Naturparke

Naturparks

Der VDN ist der Dachverband der Naturparke in Deutschland und vertritt ihre Interessen auf politischer Ebene wie z.B. bei Änderungen des Bundesnaturschutzgesetzes. Auf der Webseite des VDN findet sich eine Karte mit allen Naturparks Deutschlands.

Abkürzung	*VDN*
Adresse	*Görresstr. 15, 53113 Bonn*
Telefon	*0228 / 92 12 86-0*
Fax	*-9*
E-Mail	*info@naturparke.de*
Internet	*www.naturparke.de*
Regionalbüros	*Die 97 Naturparke in Deutschland haben vor Ort ihre Geschäftsstellen und Infozentren.*
Geschäftsführung	*Ulrich Köster*
Präsident	*Dr. Michael Arndt*
Gegründet	*1963*
Mitarbeiter	*2*
Arbeitsweise	*Interessenvertretung für Naturparke, Tagungen, Vernetzung*
Publikationen	*E-Newsletter*
Möglichkeit zur Mitarbeit	*Zertifizierte Natur- und Landschaftsführer oder auch andere Ehrenamtliche können die 97 Naturparke vor Ort unterstützen.*

0140

VERBRAUCHER INITIATIVE e.V.

Agrarpolitik, Fairer Handel, Gentechnik, Landwirtschaft, Lebensmittel & Ernährung, Verbraucherschutz

Information ist Macht und vor allem Macht am Markt. Darauf setzt die VERBRAUCHER INITIATIVE und widmet sich dem ökologischen, gesundheitlichen und sozialen Verbraucherschutz. Als Bundesverband kritischer Verbraucherinnen und Verbraucher engagiert sich die Lobby-Organisation für eine ökologisch und sozial verträgliche Produktion von Waren. Informationen über Hintergründe der Produktion und Marktmechanismen sind dafür die Grundvoraussetzung. Ob Umweltanalysen, sparsame Haushaltsgeräte, Klimaschutz-Tipps oder nachhaltiger Konsum: Hier kommen Verbraucher umweltgerecht auf ihre Kosten.

Adresse	*Elsenstraße 106, 12435 Berlin*
Telefon	*030 / 53 60 73-3*
Fax	*-45*
E-Mail	*mail@verbraucher.org*
Internet	*www.verbraucher.org*
Geschäftsführung	*Georg Abel*
Aufsichtsrat/Vorstand	*Dieter Kublitz*
Gegründet	*1985*
Mitarbeiter	*9*
Mitglieder/Förderer	*7.000*
Jahresetat	*1.500.000 €*
Arbeitsweise	*Lobbyarbeit, Informationskampagnen, Broschüren, Internetseiten*
Publikationen	*Verbraucher Konkret*
Möglichkeit zur Mitarbeit	*ehrenamtliche Helfer für Kampagnen*

0141

Verbraucherzentrale Bundesverband e.V.

Verbraucherschutz

Der Verbraucherzentrale Bundesverband ist die Dachorganisation der Verbraucherverbände in Deutschland. Sie tritt für die Interessen der Konsumenten gegenüber Politik, Wirtschaft und Öffentlichkeit ein und streitet für das Recht auf sichere und gesundheitlich unbedenkliche Produkte und Dienstleistungen. Ihre Ziele sind der Schutz vor materieller Übervorteilung, eine umfassende Information, echte Wahlfreiheit und ein nachhaltiger Konsum. Der vzbc bietet Verbraucherberatung und Rechtsdurchsetzung von Verbraucherrechten und betreibt politisches Lobbying und Beratung in Gremien z.B. zur Forderung nach transparenten Märkten.

Abkürzung	*vzbv*
Adresse	*Markgrafenstraße 66, 10969 Berlin*
Telefon	*030 / 258 00-0*
Fax	*-218*
E-Mail	*info@vzbv.de*
Internet	*www.vzbv.de*
Regionalbüros	*Der vzbv ist der Dachverband der 16 Verbraucherzentralen der Länder und 25 weiterer verbraucherpolitisch engagierter Verbände. Sein Sitz ist Berlin. Die Verbraucherzentralen der Länder sind in allen Bundesländern mit insgesamt rund 150 Beratungsstellen vertreten.*
Aufsichtsrat/Vorstand	*Bis 31.7.2007: Prof. Dr. Edda Müller, Ab 1.8. 2007: Gerd Billen*
Ansprechpartner	*Finanzdienstleistungen: Manfred Westphal, -303, westphal@vzbv.de Bauen, Energie, Umwelt: Dr. Holger Krawinkel, -312, krawinkel@vzbv.de Gesundheit, Ernährung: Thomas Isenberg, -431, isenberg@vzbv.de Wirtschaftsfragen: Patrick von Braunmühl, -121, braunmuehl@vzbv.de EU-Angelegenheiten: Anne-Lore Köhne, -429, koehne@vzbv.de*
Gegründet	*1953 als Arbeitsgemeinschaft der Verbraucherverbände e.V.*
Mitarbeiter	*103*
Jahresetat	*14.477.000 €*

Arbeitsweise	*Lobbyarbeit, Informationsportale (www.verbraucherbildung.de, www.kinderkampagne.de, www.verbraucher-gegen-spam.de, www.verbraucherzentrale-engergieberatung.de), Kampagnen, Tagungen, Studien, Gremienvertretung*
Publikationen	*vpk – Verbraucherpolitische Korrespondenz, Schriftenreihe des Verbraucherzentrale Bundesverbandes zur Verbraucherpolitik, Ratgeberbücher, E-Newsletter*
Möglichkeit zur Mitarbeit	*in den Verbraucherzentralen vor Ort, deren Arbeit häufig ehrenamtlich von Fördervereinen unterstützt wird.*

0142

Verein für Umweltrecht

Umweltrecht

Der Verein für Umweltrecht möchte der Umwelt im juristischen Wortsinne zu ihrem Recht verhelfen. In dem Verein haben sich Juristen, Umweltschützer und Naturwissenschaftler zusammengeschlossen, um im Rahmen von Tagungen und regelmäßigen Publikationen die Diskussion um umweltrechtliche Themen weiterzuentwickeln.

Abkürzung	*VUR*
Adresse	*Langenstraße 34, 28195 Bremen*
Telefon	*0421 / 566 47-46*
Fax	*-45*
E-Mail	*vur-bremen@t-online.de*
Internet	*www.vur.de*
Internationale Büros	
Aufsichtsrat/Vorstand	*Joachim Garbe-Emden*
Gegründet	*1988*
Mitarbeiter	*1*
Mitglieder/Förderer	*131*
Arbeitsweise	*Publikationen, Tagungen, Beratung*
Publikationen	*Zeitschrift für Umweltrecht, Schriftenreihe*

0143

Verein gegen Tierfabriken

Tierschutz, Tierversuche

Der Verein gegen Tierfabriken ist nicht zimperlich, wenn es um die Rechte der Tiere geht. Mit Kunstblut und Parolen wie „Keine Schonzeit für Jäger" geht es all denen an den (Pelz-)Kragen, die Tiere ausbeuten und missbrauchen. Zentrale Themen sind Pelz, Massentierhaltung in der Landwirtschaft und Tierversuche, die Organisation geht aber auch gegen Singvogelfang oder Wildtiere in Wanderzirkussen vor. Neben direkten Aktionen und Demonstrationen stehen auch intensive Recherchen, so finden sich auf der Webseite der VGT Fotodokumentationen z.B. von Pelztierfarmen in Skandinavien oder von österreichischen Legebatterien.

Adresse	*Waidhausenstraße 13/1, 1140 Wien, Österreich*
Telefon	*0043 - 1 / 929 14 98-0*
Fax	*-2*
E-Mail	*vgt@vgt.at*
Internet	*www.vgt.at*
Geschäftsführung	*Harald Balluch*
Gegründet	*1992*
Mitarbeiter	*8*
Mitglieder/Förderer	*18.000*
Regionalgruppen	*Wien, Linz, Graz, Innsbruck und Salzburg*
Jahresetat	*691.000 €*
Arbeitsweise	*Direkte Aktionen, Kampagnen, Infostände, Vorträge, Lobbyarbeit*
Publikationen	*Tierschutz Konsequent, E-Newsletter*
Erfolge	*Verbot von Pelztierfarmen (2005), Wildtieren in Zirkussen (2005), Versuchen an Menschenaffen (2006) und der Käfighaltung (ab 2009), Einrichtung von Tierombudschaften in den einzelnen Bundesländern (2005), Gründung der Kontrollstelle für artgemäße Nutztierhaltung, die nun praktisch alle Freiland- und Bodenhaltungseier in Österreich kontrolliert und vieles mehr*

0144

Verein Jordsand

Artenschutz, Naturschutz, Schutzgebiete, Umweltbildung, Vogelschutz

Das erste Schutzgebiet, die Hallig Jordsand, gab dem Verein Jordsand zum Schutze der Seevögel und der Natur seinen Namen. Seit 1907 richtet der Verein Schutzgebiete auf wissenschaftlicher Grundlage ein, überwacht und betreut sie. Mittlerweile verwaltet er 23 Reservate im gesamten deutschen Küstenbereich, in denen sich seltene Arten aus Flora und Fauna wie Zwergseeschwalben, Austernfischer und Mittelsäger oder Klippen-Kohl und Wilde Rübe tummeln. Neben Vogelbestimmungstouren und Uferschutzarbeiten ergänzen Öffentlichkeits-, Informations-, Bildungs- und internationale Jugendarbeit die Angebote des Vereins.

Adresse	*Haus der Natur, Bornkampsweg 35, 22926 Ahrensburg*
Telefon	*04102 / 32 656*
Fax	*04102 / 31 983*
E-Mail	*info@jordsand.de*
Internet	*www.jordsand.de*
Aufsichtsrat/Vorstand	*Uwe Schneider*
Gegründet	*1907*
Mitarbeiter	*6*
Mitglieder/Förderer	*3.000*
Jahresetat	*900.000 €*
Arbeitsweise	*Schaffen und Betreuen von Schutzgebieten, Bildungsangebote, Beratung, Gremienvertretung, Tagungen*
Publikationen	*Seevögel*
Möglichkeit zur Mitarbeit	*ehrenamtliche Betreuung von Naturschutzgebieten, Biotoppflege, Arbeitseinsätze, Workcamps*
Auszeichnungen	*Die Naturschutzjugend Jordsand erhielt für ihren engagierten Einsatz auf der Greifswalder Oie einen Preis der Bruno H. Schubert-Stiftung.*

0145

Verein zur Erhaltung der Nutzpflanzenvielfalt e.V.

Landwirtschaft, Saatgut, Sortenerhalt, Tiere und Pflanzen

Der Verein zur Erhaltung der Nutzpflanzenvielfalt engagiert sich für die Bewahrung und Mehrung des Kulturpflanzenspektrums. So wendet er sich gegen die Züchtung von Hybridsorten, die Monopolisierung auf dem Saatgutmarkt und eine restriktive Gesetzgebung zum Thema Saatgut. Er erforscht alte Sorten und Arten und entwickelt züchterisch vernachlässigte Gemüsesorten weiter. Sogenannte Sortenpfleger erhalten auf kleinen Flächen alte Pflanzenarten. Auf Saatgut-Seminaren gibt der VEN sein Wissen an Interessenten weiter.

Abkürzung	*VEN*
Adresse	*Sandbachstr. 5, 38162 Schandelah*
Telefon	*05306 / 14 02*
Fax	*05306 / 93 29 46*
E-Mail	*ven.nutz@gmx.de*
Internet	*www.nutzpflanzenvielfalt.de*
Geschäftsführung	*Ursula Reinhard*
Aufsichtsrat/Vorstand	*Ursula Reinhard*
Gegründet	*1986*
Mitglieder/Förderer	*500*
Jahresetat	*10.000 €*
Arbeitsweise	*wissenschaftliche Recherchen, praktische Erhaltungsarbeit, Vorträge*
Publikationen	*Samensurium, Samenliste*

0146

Vereinigung Deutscher Gewässerschutz e.V.

Gewässerschutz, Naturschutz, Trinkwasser, Umweltbildung

Die Vereinigung Deutscher Gewässerschutz setzt sich für die Reinhaltung und Pflege von Seen, Bächen und Flüssen ein. Der Lebensraum Wasser und die naturnahe Erhaltung der Gewässer stehen dabei im Mittelpunkt. Der VDG tritt für einen vorsorgenden und flächendeckenden Grundwasserschutz ein. Durch Ausstellungen, die Vergabe von Infomaterial an Schulen und Lehrer, Wasserversorgungszentren und Umweltgruppen engagiert sich der Verein für seine Ziele.

Abkürzung	*VDG*
Adresse	*Königswinterer Straße 829, 53227 Bonn*
Telefon	*0228 / 37 50 07*
Fax	*0228 / 37 55 15*
E-Mail	*berg@vdg-online.de*
Internet	*www.vdg-online.de*
Geschäftsführung	*Rainer Berg*
Vorsitzender	*Dr.-Ing. Frieder Haakh*
Gegründet	*1951*
Mitarbeiter	*4*
Mitglieder/Förderer	*600*
Jahresetat	*320.000 €*
Arbeitsweise	*Ausstellungen, Infodienst, Projekte*
Publikationen	*Gewässerschutz aktuell, Schriftenreihe*
Möglichkeit zur Mitarbeit	*lokale Aktivitäten, insbesondere auch Umweltbildung, Infostände*

0147

Verkehrs-Club der Schweiz

Klima, Verkehr

Unter dem Motto „Wir bewegen Menschen" tritt der Verkehrs-Club der Schweiz für eine nachhaltige Mobilität ein und betreibt Lobbyarbeit für einen menschen-, umwelt- und klimagerechten Verkehr. Dafür will der zweitgrößte Verkehrsverband der Schweiz verschiedene Transportträger wie Bahn, Bus, Auto und Fahrrad miteinander kombinieren. Der VCS unterstützt auch die Einführung der CO_2-Abgabe auf Treibstoffe. Mitglieder können Dienstleistungen wie Pannenhilfe, Rechtsschutz- und Fahrradversicherungen in Anspruch nehmen.

Abkürzung	*VCS*
Adresse	*Postfach 8676, Aarbergergasse 61, 3000 Bern 2, Schweiz*
Telefon	*0041 - 848 / 611-611*
Fax	*-612*
E-Mail	*service@verkehrsclub.ch*
Internet	*www.verkehrsclub.ch*
Regionalbüros	*22 Sektionen*
Geschäftsführung	*Peter Saxenhofer*
Aufsichtsrat/Vorstand	*Franziska Teuscher*
Ansprechpartner	*Politik, Kommunikation: Adrian Schmid, adrian.schmid@verkehrsclub.ch Pressesprecherin: Noelle Petitdemange, noelle.petitdemange@verkehrsclub.ch Sektionsverantwortliche: Madeleine Lechman, madeleine.lechmann@verkehrsclub.ch*
Gegründet	*1979*
Mitarbeiter	*75*
Mitglieder/Förderer	*120.000*
Jahresetat	*30.000.000 CHF*
Arbeitsweise	*Aktionen, Beratung, Gremienvertretung, Kampagnen, Lobbyarbeit, Tagungen*
Publikationen	*Leonardo*
Möglichkeit zur Mitarbeit	*in Regionalgruppen und den kantonalen Verbänden,*
Erfolge	*Einführung der Schwerverkehrsabgabe in der Schweiz, Tempo-30 und Begegnungszonen, Ablehnung des massiven Ausbaus des Straßennetzes in der Volksabstimmung 2004 (Avanti-Nein).*

0148

Verkehrsclub Deutschland e.V.

Verkehr

Zukunftsfähig soll die Mobilität sein, umwelt- und verbraucherfreundlich. Das ist ein Ziel des Verkehrsclubs Deutschland. Als ökologische Alternative zum ADAC und ökologisches Korrektiv zur Verkehrspolitik der Regierung engagiert sich der gemeinnützige Verein seit mehr als 20 Jahren für eine Mobilität der Nachhaltigkeit.

Abkürzung	*VCD*
Adresse	*Bundesgeschäftsstelle, Kochstr. 27, 10969 Berlin*
Telefon	*030 / 28 03 51-0*
Fax	*-10*
E-Mail	*mail@vcd.org*
Internet	*www.vcd.org*
Regionalbüros	*12*
Geschäftsführung	*René Waßmer*
Aufsichtsrat/Vorstand	*Michael Gehrmann*
Ansprechpartner	*Verkehrspolitischer Sprecher/ Emissionen, Gesundheit, Klima, Auto: Gerd Lottsiepen Verkehr: Heidi Tischmann Presse: Daniel Kluge*
Gegründet	*1986*
Mitarbeiter	*39*
Mitglieder/Förderer	*63.000*
Jahresetat	*2.830.000 €*
Gründungsanlass	*Man wollte den Automobilclubs und der Betonpolitik der schwarz-gelben Bundesregierung eine ökologische Alternative entgegensetzen.*
Arbeitsweise	*Lobbyarbeit, Aktionen, Publikationen*
Publikationen	*fairkehr*
Möglichkeit zur Mitarbeit	*vor allem in den Kreis- und Ortsverbänden, Teilnahme an Aktionen, persöhnliche Teilnahme an Arbeitseinsätzen*
Auszeichnungen	*Preis der IKEA-Stiftung 1990*

0149

Via Campesina

Agrarpolitik, Arbeitsbedingungen weltweit, Landwirtschaft, Lebensmittel & Ernährung, nachhaltige Entwicklung, Nord-Süd-Politik, Ressourcenschutz, Saatgut

Wer wissen möchte, warum Kleinbauern aus Brasilien für ihre Rechte auf die Äcker gehen, wie die Tortilla-Krise in Mexiko entstand oder wie es zu der globalen Kampagne für eine Agrarreform in Afrika kam, ist bei Via Campesina an der richtigen Adresse. Als internationale Bewegung koordiniert sie Organisationen von Kleinbauern, Landwirtschaftsarbeitern, Frauen in ländlichen Gebieten und indigenen Gemeinschaften aus Asien, Amerika und Europa. Sie analysiert für Kleinproduzenten wichtige Themen wie Ernährungssouveränität, Kredite und neue Technologien – mit einem Ziel: Solidarität und Einheit in der Vielfalt von kleinen Bauernorganisationen zu entwickeln. So kämpft Via Campesina für gleichberechtigte und sozial gerechte ökonomische Beziehungen, den Erhalt von Land, Ernährungssouveränität und eine nachhaltige Agrarproduktion.

Adresse	*Jl. Mampang Prapatan XIV No. 5, 12790 DKI Jakarta, Indonesien*
Telefon	*0062 - 21 / 799 18 90*
Fax	*0062 - 21 / 799 34 26*
Internet	*http://viacampesina.org*
Arbeitsweise	*Recherchen, Vernetzung, Kampagnen, Lobbyarbeit*

0150

VIER PFOTEN

Massentierhaltung, Pelz, Tierschutz, Tiertransporte, Tierversuche

Die Arbeit der VIER PFOTEN ist geprägt von der Überzeugung, dass jedes Lebewesen ein Recht auf respektvolle Behandlung und auf ein seinen Bedürfnissen entsprechendes Dasein hat. Mit Aktionen und Plakatkampagnen (z.B. das „Huhn im Schließfach") fordert VIER PFOTEN beispielsweise eine artgerechte Haltung von Nutztieren oder einen besseren Schutz von Wildtieren, kämpft gegen Tierversuche und Pelzverarbeitung und protestiert gegen das Bundesurteil zum Schächten. VIER PFOTEN betreibt mit dem Schulprojekt „tierisch engagiert" auch Kinder- und Jugendarbeit.

Adresse	*Stiftung für Tierschutz, Dorotheenstr. 48, 22301 Hamburg*
Telefon	*040 / 39 92 49-0*
Fax	*-99*
E-Mail	*office@vier-pfoten.de*
Internet	*www.vier-pfoten.de*
Regionalbüros	*Berlin*
Geschäftsführung	*Dr. Marlene Wartenberg*
Aufsichtsrat/Vorstand	*Helmut Dungler*
Gegründet	*1994*
Mitarbeiter	*17*
Mitglieder/Förderer	*135.000*
Regionalgruppen	*14 in ganz Deutschland*
Adresse Österreich	*Johnstraße 4 - 6/ Top 7, 1150 Wien, Tel.: 0043 - 1 / 895 02 02-0, Fax: -99, E-Mail: office@vier-pfoten.at, www.vierpfoten.at*
Adresse Schweiz	*Badenerstrasse 816, 8048 Zürich, Tel.: 0041 - 43 / 311 80-90, Fax: -99, E-Mail: office@vier-pfoten.ch, www.vier-pfoten.ch*
Adresse Hauptsitz	*FOUR PAWS - International, Schoenbrunner Strasse 131, 1050 Wien, Österreich, Tel.: 0043 - 1 / 545 50 20-0, Fax: -99, E-Mail: office@vier-pfoten.org, www.vierpfoten.org*
Arbeitsweise	*Kampagnen, Projekte, Lobbyarbeit*
Publikationen	*E-Newsletter*
Möglichkeit zur Mitarbeit	*in den Regionalgruppen, die Infotische organisieren, Themen recherchieren und aktiv die VIER PFOTEN-Kampagnen und -Projekte unterstützen*

0151

Whale and Dolphin Conservation Society

Artenschutz, Meere, Wale & Delfine

Die Whale and Dolphin Conservation Society sieht sich als globale Stimme für den Schutz von Walen und Delfinen und deren Lebensraum. Die Arbeit der internationalen Organisation fußt auf drei miteinander vernetzten Bereichen: Kampagnen, um auf die Situation der Meeressäuger aufmerksam zu machen, Projekten für den konkreten Arterhalt und wissenschaftlichen Forschungen als Vorraussetzung für den erfolgreichen Schutz.

Abkürzung	*WDCS*
Adresse	*Altostraße 43, 81245 München*
Telefon	*089 / 61 00 23-93*
Fax	*-94*
E-Mail	*kontakt@wdcs.org*
Internet	*www.wdcs-de.org*
Geschäftsführung	*Nicolas Entrup*
Gegründet	*1987 international, 1999 in Deutschland*
Adresse Hauptsitz	*Brookfield House, 38 St Paul Street, SN15 1LJ Chippenham, Wiltshire, United Kingdom, Tel.: 0044 - 1249 / 44 95 -0, Fax: -01, E-Mail: info@wdcs.org, www.wdcs.org*
Arbeitsweise	*Forschung, Kampagnen, praktische Hilfe*

0152

Women and Life on Earth

Frauen

Women and Life on Earth hat seine Wurzeln in der amerikanischen Frauen-, Ökologie- und Friedensbewegung der 1980er Jahre, seit 2003 gibt es auch in Deutschland ein Büro. Schwerpunkt ist ein mehrsprachiges Internetportal sowie Newsletter, in denen aus Frauenperspektive über aktuelle politische Entwicklungen und Aktivitäten berichtet wird, unter anderem zu den Themen Frieden, Umwelt, Globalisierung und soziale Gerechtigkeit.

Abkürzung	*WLOE*
Adresse	*Marienstr. 19/20, 10117 Berlin*
Telefon	*030 / 28 48 21 70*
E-Mail	*info@wloe.org*
Internet	*www.wloe.org*
Regionalbüros	*Büro in Bonn*
Geschäftsführung	*Anna Gyorgy*
Gegründet	*2003*
Arbeitsweise	*Öffentlichkeitsarbeit*
Publikationen	*E-Newsletter*
Möglichkeit zur Mitarbeit	*lokale Gruppen in Berlin und Bonn*

0153

Women in Europe for a Common Future

Chemiepolitik, Informationsfreiheit, Klima, Trinkwasser

Women in Europe for a Common Future ist ein Netzwerk von Organisationen mit dem Schwerpunkt Osteuropa und die Nachfolgestaaten der Sowjetunion: NGOs aus Albanien, Weißrussland oder Georgien sind ebenso dabei wie aus Usbekistan, Kirgistan oder Kazachstan. In vielen Kleinprojekten vor Ort arbeitet WECF daran, ein gesünderes und nachhaltigeres Lebensumfeld zu schaffen, sei es durch private Abwasserprojekte oder durch Grundlagenforschung zur Giftbelastung der Aralsee-Anwohner. Lobbyprojekte des WECF betreffen unter anderem die EU-Chemikalienverordnung REACH oder auch europaweite Gesetze zur Informationsfreiheit (Aarhus Konvention).

Abkürzung	*WECF*
Adresse	*Blumenstraße 28, 80331 München*
Telefon	*089 / 202 32 39-0*
Fax	*-1*
E-Mail	*wecf@wecf.org*
Internet	*www.wecf.org*
Internationale Büros	*ein weiteres Büro in den Niederlanden und Mitgliedsorganisationen in über 20 Ländern*
Geschäftsführung	*Sascha Gabizon, Sonja Haider*
Gegründet	*1993*
Mitarbeiter	*10*
Arbeitsweise	*Beratung, Lobbyarbeit, Öffentlichkeitsarbeit, Projekte, Fortbildungen, Tagungen, Vernetzung*
Möglichkeit zur Mitarbeit	*Mitarbeit bei konkreten Projekten, Übersetzungs- und Recherchearbeiten*

0154

World Rainforest Movement

Indigene, Nord-Süd-Politik, Regenwald

Das World Rainforest Movement ist ein internationales Netzwerk verschiedener NGOs aus dem Norden und Süden, das sich global für den Schutz der Regenwälder einsetzt. Die Bewegung verteidigt und unterstützt die Regenwaldbewohner gegen kommerzielle Abholzungen, Dämme, Minen, Plantagen, Shrimp-Farmen, Kolonisierungen und andere Vorhaben, die deren Ländereien und Existenzgrundlage gefährden. Kampagnen gegen Monokulturen, die Teilnahme an Weltsozialforen und eine kritische Öffentlichkeitsarbeit charakterisieren die Tätigkeiten des WRM.

Abkürzung	*WRM*
Adresse	*Movimiento Mundial por los Bosques Tropicales, Maldonado 1858, 11200 Montevideo, Uruguay*
Telefon	*00598 - 2 / 413 29 89*
Fax	*00598 - 2 / 41 09 85*
E-Mail	*wrm@wrm.org.uy*
Internet	*www.wrm.org.uy*
Gegründet	*1986*
Arbeitsweise	*praktische Unterstützung, Kampagnen, Projekte*
Publikationen	*E-Newsletter*

0155

World Society for the Protection of Animals

Tierschutz

Ob Seehundjagd, Stierkämpfe in Frankreich, Bärenfarmen in China, Buschfleisch oder Gänsestopfleber: Die Welttierschutzgesellschaft WSPA fördert die Zusammenarbeit von Tierschützern und vernetzt Tierschutzorganisationen weltweit. Charakteristisch für die WSPA sind länderübergreifende Tierschutzaktionen, Informationskampagnen und die enge Kooperation mit der UNO, Weltgesundheits- und Welternährungsorganisation. Bei der UNO in Genf und im Europarat hat die Gesellschaft als einzige Tierschutzorganisation Beobachterstatus. Mit der aktuellen weltweiten Kampagne „Tiere sind mir wichtig" setzt sie sich für eine UN-Deklaration zum Tierschutz ein.

Abkürzung	*WSPA*
Adresse	*Kaiserstraße 22, 53113 Bonn*
Telefon	*0228 / 956 34-55*
Fax	*-54*
E-Mail	*info@wspa.de*
Internet	*www.wspa.de*
Gegründet	*1981*
Arbeitsweise	*Vernetzung, Infodienst, Lobbyarbeit, Kampagnen*

0156

Worldwatch Institute

Biokraftstoffe, Energiepolitik, Ethisches Investment, Finanz- und Steuerpolitik, nachhaltige Entwicklung, Nord-Süd-Politik, Unternehmen & soziale Verantwortung, Verbraucherschutz

Das Worldwatch Institute ist eine unabhängige Forschungseinrichtung. Die angeschlossenen Wissenschaftler analysieren Umwelt- und Sozialthemen und informieren so über die Zusammenhänge und Möglichkeiten einer nachhaltigen Gesellschaft. Am Ende sollen praktikable Lösungen stehen, die den individuellen Lebensstil beeinflussen und zu einer veränderten Politik und Wirtschaftsweise führen. Die Arbeit des Worldwatch Institute umfasst u.a. Produktanalysen und Hintergrundberichterstattung für Verbraucher und Veröffentlichungen z.B. über Biokraftstoffe oder jährliche weltweite Entwicklungstrends.

Adresse	*1776 Massachusetts Ave., N.W., 20036-1904 Washington, D.C.,*
Telefon	*001 - 202 / 452 19 99*
Fax	*001 - 202 / 296 73 65*
E-Mail	*worldwatch@worldwatch.org*
Internet	*www.worldwatch.org*
Geschäftsführung	*Christopher Flavin*
Aufsichtsrat/Vorstand	*Oystein Dahle*
Arbeitsweise	*Forschung, Publikationen, Infodienst, Online-Diskussionen, Lobbyarbeit*
Publikationen	*World Watch Magazine, State of the World*

0157

WWF - World Wide Fund for Nature

Artenschutz, Fische, Gewässerschutz, Kaffee, Klima, Landwirtschaft, Meere, Naturschutz, Regenwald, Schutz der Kulturlandschaft, Tourismus, Trinkwasser, Vogelschutz, Wald, Wattenmeer

Der WWF ist eine der größten und einflussreichsten Umweltorganisationen der Welt. Begonnen hat die Organisation vor über 40 Jahren vor allem mit dem Ziel, Geld für einen umfassenden Naturschutz zu sammeln. Die Organisation war angetreten, „die ganz Reichen dazu zu bringen, für den Naturschutz tief in die Tasche zu greifen", so formulierte es Victor Stolan, einer der WWF-Gründerväter. Mittlerweile werden jährlich über 200 Millionen Euro weltweit in den Schutz von Wäldern, Meeren und Feuchtgebieten auf allen Kontinenten investiert. Dabei setzt der WWF stark auf Kooperation statt Konfrontation – in Zusammenarbeit mit großen Firmen sollen die Natur- und Artenschutzziele erreicht werden. Eine wichtige Methode ist die Schaffung und dauerhafte Finanzierung von Schutzgebieten, um einzelne Arten oder Biotope vor einem weiteren Raubbau zu schützen. Aber auch die Finanzmärkte sind ein Ansatzpunkt; so werden Banken und Firmen dazu bewegt, keine Produkte einzukaufen, die den Regenwald zerstören (z.B. Palmöl).

Adresse	*Rebstöcker Str. 55, 60326 Frankfurt a. M.*
Telefon	*069 / 79 14 40*
Fax	*069 / 61 72 21*
E-Mail	*info@wwf.de*
Internet	*www.wwf.de*
Regionalbüros	*WWF Vertretung Berlin, Hackescher Markt, Große Präsidentenstraße 10, 10178 Berlin, Tel.: 030 / 308742-0, Fax: -50, sowie fünf weitere Büros in Deutschland*
Internationale Büros	*Der WWF hat Sektionen in 59 Ländern weltweit.*
Geschäftsführung	*Eberhard Brandes*
Aufsichtsrat/Vorstand	*Dr. Michael Otto*
Ansprechpartner	*Presse: Jörn Ehlers, 030 / 30 87 42-12, ehlers@wwf.de Wald: Michael Evers, 069 / 791 44-169, evers@wwf.de Meere und Küsten: Alfred Schumm, 040 / 53 02 00-130, schumm@wwf.de Klimaschutz und Energiepolitik: Regine Günther, 030 / 30 87 42-18, regine.guenther@wwf.de*
Gegründet	*1963*
Mitglieder/Förderer	*307.000 Förderer*
Regionalgruppen	*12 WWF-Gruppen in Deutschland.*
Adresse Österreich	*Ottakringer Straße 114 - 116, 1160 Wien, Tel.: 0043 - 1 / 488 17-0, Fax: -29, E-Mail: wwf@wwf.at, www.wwf.at*

0157

Adresse Schweiz	*Hohlstrasse 110, 8010 Zürich, Tel.: 0041 - 44 / 297 21-21, Fax: -00, E-Mail: service@wwf.ch, www.wwf.ch*
Adresse Hauptsitz	*Av. du Mont-Blanc, 1196 Gland, Schweiz, Tel.: 0041 - 22 / 364 91-11, Fax: -36, www.panda.org*
Arbeitsweise	*Kampagnen, Events, Lobbyarbeit, Öffentlichkeitsarbeit*
Publikationen	*WWF Magazin*
Möglichkeit zur Mitarbeit	*WWF-Gruppen*
Erfolge	*Deutschland: Der WWF hat Seeadler und Kranich vor dem Aussterben bewahrt. Beide Arten kommen heute wieder in größeren Beständen vor. International: Durch das Engagement in der Amur-Region im russischen Fernen Osten wurden mehr als 6,2 Millionen Hektar (entspricht der anderthalbfachen Fläche der Schweiz) unter Schutz gestellt und damit das Überleben des Amurtigers gesichert.*

0158

yaqu pacha e.V.

Artenschutz, Meere, Robben, Umweltbildung, Wale & Delfine

Der Name „yaqu pacha" kommt aus der indigenen Sprache Quichua und bedeutet Wasserwelt. Seit 1992 widmet sich der Verein dem Schutz der wasserlebenden Säugetiere Lateinamerikas und dem Erhalt ihrer Lebensräume. Denn Treibnetze und Umweltverschmutzung bedrohen Buckelwale, Delfine, Robben, Riesenotter und Seekühe. Die Zusammenarbeit mit der Bevölkerung vor Ort spielt in den Projekten des Vereins wie dem Chiloé-Delfinprojekt eine große Rolle. Dort resultieren die gewonnenen Erkenntnisse in konkreten Empfehlungen für das Küstenmanagement und die Einrichtung mariner Schutzgebiete. Gezielte Aufklärungsarbeit und Umweltpädagogik in örtlichen Fischergemeinden, Schulen und Kommunen sollen das Umweltbewusstsein der Öffentlichkeit stärken.

Adresse	*Am Tiergarten 30, 90480 Nürnberg*
Telefon	*0911 / 545 48-34*
Fax	*-02*
E-Mail	*vonfersen@yaqupacha.de*
Internet	*www.yaqupacha.de*
Gegründet	*1992*
Arbeitsweise	*Schutzgebiete, praktische Hilfe, Beratung, Projekte*

0159

Zoologische Gesellschaft für Arten- und Populationsschutz e.V.

Artenschutz, Naturschutz, Schutzgebiete, Wildtierschutz

Ob Korallenschnabel-Hornvogel, Panda-Langur oder Prinz-Alfred-Hirsch: Die Zoologische Gesellschaft für Arten- und Populationsschutz setzt sich für den Erhalt und Schutz unbekannter, vom Aussterben bedrohter Arten und ihres Lebensraumes ein. Denn mangels Wissen starben in den letzten Jahren viele Arten aus – unbeachtet von der Öffentlichkeit. Bei Forschungsprojekten zum katzengroßen Borkenkletterer auf den Philippinen, einer Zucht- und Auffangstation für Primaten aus illegaler Haltung in Vietnam oder in Schutzprojekten für die Sichuan-Buschwachtel in China arbeitet die ZGAP eng mit Biologen und Biologiestudenten vor Ort zusammen und legt auf die Nachhaltigkeit der Vorhaben Wert.

Abkürzung	*ZGAP*
Adresse	*Franz-Senn-Straße 14, 81377 München*
Telefon	*089 / 714 29-97*
Fax	*089 / 719 33-27*
E-Mail	*j-u.heckel@zgap.de*
Internet	*www.zgap.de*
Aufsichtsrat/Vorstand	*Roland Wirth*
Gegründet	*1982*
Arbeitsweise	*Forschungs- und Schutzprojekte*

0160

Zukunftsstiftung Landwirtschaft

Ökologische Landwirtschaft, Saatgut, Schutz der Kulturlandschaft

Die Zukunftsstiftung Landwirtschaft fördert Projekte der ökologisch und sozial nachhaltigen Landbewirtschaftung. Sie engagiert sich außerdem in der öffentlichen Diskussion mit dem Ziel, die biologische Landwirtschaft als Leitbild künftiger Agrarpolitik zu etablieren. Dabei betreibt die Stiftung sowohl interdisziplinäre Forschung zum Thema als auch biologische Saatgutentwicklung und Tierzucht. Sie organisiert Fachtagungen und Projekte, z.B. zum Verbraucherschutz und zum Thema erlebte Landwirtschaft für Kinder, oft in Kooperation mit Schulen. Auch die Initiative Save our Seeds (SoS, siehe dort) wurde von der Zukunftsstiftung Landwirtschaft initiiert und getragen.

Adresse	*Postfach 10 08 29, 44708 Bochum*
Telefon	*0234 / 57 97-141*
Fax	*-188*
E-Mail	*bochum@zs-l.de*
Internet	*www.zs-l.de*
Geschäftsführung	*Dr. Katharina Reuter*
Arbeitsweise	*Forschung, Tagungen, Kampagnen*

0161

22september.ch

Verkehr

In die Stadt ohne Auto – das ist das erklärte Ziel des schweizerischen Vereins 22september.ch. Angefangen als lockeres Bündnis aus verschiedenen Sozial- und Umweltgruppen ist der Verein mittlerweile ein kompetentes Netzwerk, das den 22. September als autofreien Aktionstag nutzt, um die Vorteile öffentlicher Verkehrsmittel in der Stadt darzustellen und gleichzeitig die Verwendung des Automobils in der Stadt zu reduzieren. Mittlerweile hat sich auch die EU der Aktion angeschlossen und veranstaltet zu diesem Datum eine Europäische Mobilitätswoche.

Adresse	*Saatlenstrasse 102, 8050 Zürich, Schweiz*
Telefon	*0041 - 43 / 321 64 41*
E-Mail	*info@22september.ch*
Internet	*www.22september.ch*
Arbeitsweise	*Aktionstag, Lobbyarbeit*

Als die ersten 200 Briefe kamen, gaben die Wachen mir meine Kleider zurück. Dann kamen die nächsten 200 Briefe, und der Gefängnisdirektor wollte mich sehen. Als der nächste Stoß Briefe eintraf, setzte sich der Direktor mit seinem Vorgesetzten in Verbindung. Es gingen immer mehr Briefe ein: 3.000. Der Präsident wurde informiert. Als noch mehr Briefe kamen, rief er im Gefängnis an und sagte, sie sollten mich gehen lassen.

Julio de Pena Valdez, politischer Gefangener, freigelassen dank amnesty international

Menschen-
rechte
Demokratie
Soziales
Gesundheit

Action Medeor e.V.

ADEFRA e.V. – Schwarze Frauen in Deutschland

Aids-Hilfe Schweiz

Aktion der Christen für die Abschaffung der Folter e.V.

Aktion Finanzplatz Schweiz

Aktion Kinder des Holocaust

Aktion Mensch

Aktion Weißes Friedensband siehe [0360]

AKTIONCOURAGE e.V.

Aktionsbündnis gegen AIDS

Aktionsbündnis gegen Frauenhandel

Aktionsgruppe Babynahrung

Aktionsgruppe Indianer & Menschenrechte e.V

Akzept e.V.

Alliance Sud

Amadeu Antonio Stiftung

AMICA e.V.

Amnesty for Women

amnesty international

Antirassistisch-Interkulturelles Informationszentrum Berlin e.V.

Anwälte gegen Rechts

Arbeiter-Samariter-Bund Deutschland e.V.

Arbeiterwohlfahrt Bundesverband e.V.

Arbeitsgemeinschaft Abschiebehaft

Arbeitsgemeinschaft Ausländer und Asylrecht des DAV

Arbeitsgemeinschaft der Eine-Welt-Landesnetzwerke

Arbeitsgemeinschaft Entwicklungszusammenarbeit

Arbeitskreis Frauengesundheit

Arbeitskreis Tourismus & Entwicklung

Armut und Gesundheit in Deutschland e.V.

Armutskonferenz Österreich

Ärzte der Welt e.V.

Ärzte für die Dritte Welt e.V.

Ärzte ohne Grenzen e.V. / Médecins Sans Frontières

ÄrztInnen für eine gesunde Umwelt

Ärztinnen und Ärzte für Tierschutz

Association for the Prevention of Torture

Asyl in der Kirche e.V. – Ökumenische Bundesarbeitsgemeinschaft

Asylkoordination

Attac

Augenauf

Bildungs- und Solidaritätswerk Anna Seghers e.V.

BioSkop – Forum zur Beobachtung der Biowissenschaften e.V.

Blick nach Rechts

Brot für die Welt

Bruno-Manser-Fonds

BUKO – Bundeskoordination Internationalismus

BUKO Pharma-Kampagne

Bundesarbeitsgemeinschaft Selbsthilfe von Menschen mit Behinderung und chronischer Erkrankung

Bundesfachverband Unbegleitete Minderjährige Flüchtlinge e.V.

Bundesverband Frauenberatungsstellen und Frauennotrufe

Bundesweite Arbeitsgemeinschaft der Psychosozialen Zentren für Flüchtlinge und Folteropfer

Cap Anamur

Christliche Initiative Romero e.V.

Christoffel-Blindenmission Deutschland e.V.

CorpWatch

Dachverband der Kritischen Aktionärinnen und Aktionäre

Deserteurs- und Flüchtlingsberatung

Deutsche AIDS-Hilfe

Deutsche Aids-Stiftung

Deutsche Gesellschaft für die Vereinten Nationen e.V.

Deutsche UNESCO-Kommission

Deutsche Vereinigung für Datenschutz e.V.

Deutsche Welthungerhilfe e.V.

Deutscher Caritasverband e.V.

Deutscher Frauenrat

Deutsches Rotes Kreuz

Diakonisches Werk der EKD

Dritte Welt Journalisten Netz e.V.

EarthLink e.V.

Erklärung von Bern

erlassjahr.de e.V.

Euromayday

EXIT Deutschland

FIAN – FoodFirst Informations- und Aktions-Netzwerk

FIM – Frauenrecht ist Menschenrecht

FIZ Fraueninformationszentrum

Flüchtlingsrat Berlin

FoeBuD

Forum InformatikerInnen für Frieden und gesellschaftliche Verantwortung e.V.

Forum selbstbestimmter Assistenz behinderter Menschen e.V.

Forward Germany e.V.

Frauen in Naturwissenschaft und Technik

Frauen ohne Grenzen

FrauenRechtsBüro gegen sexuelle Folter e.V.

Frauensolidarität

Freunde der Naturvölker e.V.

Gegen-missbrauch e.V.

Gerechtigkeit für Unschuldige – Justice for the innocent e.V.

Gerechtigkeit jetzt! Die Welthandelskampagne

Germanwatch e.V.

Gesellschaft Demokratische Kultur gGmbH

Gesellschaft für bedrohte Völker

Gesellschaft für solidarische Entwicklungszusammenarbeit e.V.

Gesellschaft zum Schutz von Bürgerrecht und Menschenwürde e.V.

Gipfelsoli Infogruppe

Globale Bildungskampagne

Glocalist Medien

Grüne Hilfe Netzwerk e.V.

Gustav-Heinemann-Initiative e.V.

human rights server

Human Rights Watch

Humanistische Union e.V.

humanrights.ch

i.d.a. – Dachverband deutschsprachiger Frauen/Lesbenarchive

Incomindios Schweiz

Informations- und Dokumentationszentrum für Antirassismusarbeit e.V.

Informationsstelle Kurdistan e.V.

Informationsstelle Lateinamerika

Informationsverbund Asyl

Initiative gegen das Chipkartensystem

Initiative gegen die Todesstrafe

Initiative Schwarze Menschen in Deutschland

INKOTA-Netzwerk e.V.

InteressenGemeinschaften Kritische Bioethik

Interkultureller Rat

Internationale Aktion gegen die Beschneidung von Mädchen und Frauen

Internationale Gesellschaft für Menschenrechte

Internationale Liga für Menschenrechte

Internationaler Versöhnungsbund – Deutscher Zweig

Interportal.ch

Iz3w – informationszentrum 3. welt

Kampagne für saubere Kleidung

Karawane – Für die Rechte der Flüchtlinge und MigrantInnen

kein mensch ist illegal

Kindernothilfe

Kölner Appell gegen Rassismus e.V.

Komitee für Grundrechte und Demokratie e.V.

Koordinierungskreis gegen Frauenhandel und Gewalt an Frauen im Migrationsprozess e.V.

Lebenshilfe – Bundesvereinigung Lebenshilfe für Menschen mit geistiger Behinderung e.V.

Lesben- und Schwulenverband in Deutschland e.V.

LIFE e.V.

Martin-Luther-King-Zentrum für Gewaltfreiheit und Zivilcourage

Mediathek gegen Rassismus

medica mondiale

Medico international e.V.

Medicus Mundi Schweiz

Mehr Demokratie

Misereor – Bischöfliches Hilfswerk

Nationale Armutskonferenz

Netzwerk Kindergesundheit und Umwelt – Bündnis für eine enkeltaugliche Zukunft e.V.

Netzwerk Migration

Netzwerk plus

Netzwerk Recherche e.V.

Nürnberger Menschenrechtszentrum

Österreichische Liga für Menschenrechte

Oxfam Deutschland e.V.

Pax Christi – internat. katholische Friedensbewegung, deutsche Sektion
siehe [0412]

Pazifik-Informationsstelle

peace brigades international

PRO ASYL e.V.

pro familia

proFRAU – Plattform für Frauenrechte gegen Diskriminierung

Projekte gegen Antisemitismus

quintessenz

RAV-Polizeirecht

Rechtskomitee Lambda

Regionale Arbeitsstellen für Bildung, Integration und Demokratie e.V.

Reporter ohne Grenzen e.V.

ReproKult

Schüler Helfen Leben

Schweizerische Flüchtlingshilfe

Selbstbestimmt Leben in Deutschland e.V.

Selbsthilfegruppe Umwelterkrankter

Social Watch Deutschland

SOL Menschen für Solidarität, Ökologie und Lebensstil

Solidaritätsdienst International e.V.

Solidarité sans frontières

Solifonds

SOLWODI Deutschland e.V.

SOS Mitmensch

Sozialverband VdK Deutschland

Statewatch

Stiftung für Konsumentenschutz

Stopp GATS

Studienkreis für Tourismus und Entwicklung

SÜDWIND

Südwind Agentur

TERRE DES FEMMES – Menschenrechte für die Frau e.V.

terre des hommes – Hilfe für Kinder in Not

The VOICE Refugee Forum Germany

Transparency International Deutschland

TRIAL, track impunity always

Urgewald e.V. siehe [0138]

Vamos e.V.

Verband Entwicklungspolitik deutscher Nichtregierungs-organisationen e.V.

Verband für Interkulturelle Arbeit

Verein für Drogenpolitik

Verein für Konsumenteninformation

Vereinigung der Verfolgten des Naziregimes – Bund der Antifaschistinnen und Antifaschisten e.V.

WEED – Weltwirtschaft, Ökologie & Entwicklung e.V.

Weltladen Dachverband e.V.

Werkstatt Ökonomie e.V.

Women's Global Network for Reproductive Rights

World Organisation Against Torture

Xpedient.org

Yes Men

ZARA

Zebra

Zentrum für Selbstbestimmtes Leben

0162

Action Medeor e.V.

Gesundheitsversorgung international, HIV/AIDS, Medikamente, medizinische Nothilfe & Versorgung

Das Deutsche Medikamentenhilfswerk Medeor versorgt bedürftige Menschen in Entwicklungsländern mit Basismedikamenten und medizinischer Ausstattung. Medeor versendet Arzneimittel gegen Erstattung der Selbstkosten oder als Spende im Auftrag von Hilfswerken, Initiativen und Privatpersonen. Es beliefert kleine Gesundheitsstationen in den Ländern und unterstützt verschiedene Projekte. Medeor setzt sich in Kampagnen für den Kampf gegen AIDS ein.

Adresse	*St. Töniser Str. 21, 47918 Tönisvorst*
Telefon	*02156 / 97 88-0*
Fax	*-88*
E-Mail	*info@medeor.org*
Internet	*www.medeor.org*
Regionalbüros	*Ein Landesbüro in Magdeburg und eine Außenstelle in Würzburg*
Geschäftsführung	*Bernd Pastors*
Aufsichtsrat/Vorstand	*Heinz-Josef Vogt*
Ansprechpartner	*Humanitäre Hilfe: Dirk Angemeer, -38, Dirk.Angemeer@medeor.org Projekte: Christoph Bonsmann, -93, Christoph.Bonsmann@medeor.org Öffentlichkeitsarbeit: Karina Janotta-Zach, -62, Janotta.Zach@medeor.org*
Gegründet	*1964*
Mitarbeiter	*46*
Mitglieder/Förderer	*51 Mitglieder*
Jahresetat	*2005 wurden Medikamente und Ausrüstung im Wert von 9.640.000 € versendet*
Arbeitsweise	*Medikamentenlieferungen, Kampagnen, Beratung, Nothilfe*
Publikationen	*Im Team, Dankeschön*
Möglichkeit zur Mitarbeit	*Infostände, pharmazeutische Fachberatung*

0163

ADEFRA e.V. – Schwarze Frauen in Deutschland

Frauen

ADEFRA versteht sich als Forum schwarzer Frauen in Deutschland, in dessen Rahmen sich Frauen schwarzer Hautfarbe über Themen wie Politik, Bildung, Gesundheit und Lebensart austauschen können. Der Verein ist bundesweit tätig. Er betreibt verschiedene Projekte, u.a. zur Stärkung des Selbstbewusstseins schwarzer Frauen in Europa oder zur Erforschung afro-europäischer Geschichte. ADEFRA berät Flüchtlinge, unterstützt Netzwerke zur Berufsorientierung, hält Tagungen ab und gibt Publikationen heraus.

Abkürzung	*ADEFRA*
Adresse	*c/o E. Ani, Hauptstr. 30, 10827 Berlin*
Telefon	*030 / 216 36 96*
E-Mail	*info@adefra.com*
Internet	*www.adefra.de*
Vorstand	*Ekpeyong Ani, Katja Kinder, Peggy Piesche, Jasmin Eding*
Gegründet	*1986*
Mitglieder/Förderer	*25*
Regionalgruppen	*München*
Jahresetat	*2.000 €*
Arbeitsweise	*Aktionen, Infodienst, Tagungen, Lobbyarbeit*
Möglichkeit zur Mitarbeit	*Projektarbeit, Organisation von Tagungen, Übersetzung*

0164

Aids-Hilfe Schweiz

HIV/AIDS

Die AIDS-Hilfe Schweiz ist der Dachverband der kantonalen und regionalen AIDS-Hilfen und ähnlicher Organisationen in der Schweiz. Ganz oben auf der Agenda steht der Kampf gegen Neuinfektionen mit dem HI-Virus, aber die AIDS-Hilfe ist ebenso engagiert bei der Unterstützung Betroffener und ihrer Familien. Sie unterhält diverse Präventionsprojekte, besonders für Risikogruppen, bietet Infizierten rechtlichen und medizinischen Rat und hält Seminare und Kurse zum Thema AIDS ab. Sie koordiniert die verschiedenen Gruppen und macht Lobbyarbeit. Auf der Homepage der Aids-Hilfe finden sich Links zu vielen lokalen Einrichtungen in der Schweiz.

Adresse	*Konradstrasse 20, 8005 Zürich, Schweiz*
Telefon	*0041 - 444 47 11-11*
Fax	*-12*
E-Mail	*aids@aids.ch*
Internet	*www.aids.ch*
Geschäftsführung	*Franz Walter*
Aufsichtsrat/Vorstand	*Daniel Gredig*
Arbeitsweise	*Vernetzung, Lobbyarbeit, praktische Hilfe, Beratung*
Publikationen	*E-Newsletter*

0165

Aktion der Christen für die Abschaffung der Folter e.V.

Flüchtlinge & Migration, Folter, Menschenrechte, Todesstrafe

ACAT – Aktion der Christen für die Abschaffung der Folter (Torture) – entstand 1974 in Paris als Antwort auf die Forderung von amnesty international, Kirchen sollten sich stärker für den Schutz der Menschenrechte einsetzen. Seitdem engagieren sich in ACAT Christen konfessionsübergreifend für die Abschaffung von Folter und Todesstrafe, für Menschenrechte und Flüchtlinge. Ob verfolgte Gewerkschafter in Kolumbien, gefolterte Menschen in Russland oder inhaftierte iranische Oppositionelle: ACAT initiiert Briefaktionen und entwirft Fürbittegebete für die Betroffenen. Bei drohenden Vollstreckungen der Todesstrafe und im Fall von Menschenrechtsverletzungen interveniert die Organisation direkt bei den verantwortlichen Stellen.

Abkürzung	*ACAT*
Adresse	*Postfach 1114, 59331 Lüdinghausen*
Telefon	*02591 / 75 33*
Fax	*02591 / 705 27*
E-Mail	*acat.eV@t-online.de*
Internet	*www.acat-deutschland.de*
Internationale Büros	*In 30 Ländern*
Geschäftsführung	*Wolfgang Bentrup*
Aufsichtsrat/Vorstand	*August Rößner*
Gegründet	*1984 in Deutschland, 1974 in Frankreich*
Mitglieder/Förderer	*600*
Adresse Schweiz	*ACAT-Schweiz, Zentralsekretariat, Speichergasse 29; Postfach 5011, 3001 Bern, Tel.: 0041 - 31 / 312 20 44, Fax: 0041 - 31 / 312 58 11, E-Mail: info@acat.ch, www.acat.ch*
Adresse Luxemburg	*ACAT-Luxemburg, 23, avenue Gaston Diderich, 1420 Luxemburg, Tel.: 00352 / 25 04 57, Fax: 00352 / 44 97 11 25, E-Mail: acat.luxembourg@internet.lu*
Adresse Hauptsitz	*FIACAT, 27 rue de Maubeuge, 75009 Paris, Frankreich, Tel.: 0033 - 1 / 42 80 01 60, Fax: 0033 - 1 / 42 80 20 89, E-Mail: fiacat@fiacat.org, www.fiacat.org*
Arbeitsweise	*Recherchen, Information, Lobbyarbeit, Bildungsarbeit*
Möglichkeit zur Mitarbeit	*lokale Gruppen, Briefeschreiben, Infostände*

0166

Aktion Finanzplatz Schweiz

Banken & internationale Konzerne, Internationale Finanzmärkte

Welcher Diktator lagert sein Geld auf einem Schweizer Bankkonto? Woher kommen die Schmiergelder und wohin gehen sie? Für derartige Transaktionen interessiert sich die Aktion Finanzplatz Schweiz. Die Mitarbeiter recherchieren und analysieren zum Thema Geld. Neben der Aufdeckungsarbeit unterstützt die Aktion Entschädigungsklagen von Apartheid-Opfern, untersucht die Auswirkungen des internationalen Finanzsystems auf die Länder des Südens und sucht nach Auswegen aus der Schuldenkrise. Sie führt Kampagnen gegen Steuerflucht und für die Rückführung von Dikatorengeldern durch.

Abkürzung	*AFP*
Adresse	*Drahtzugstrasse 28, 4057 Basel, Schweiz*
Telefon	*0041 - 61 / 693 17 00*
Fax	*0041 - 61 / 683 98 96*
E-Mail	*afp@aktionfinanzplatz.ch*
Internet	*www.aktionfinanzplatz.ch*
Geschäftsführung	*André Rothenbühler*
Aufsichtsrat/Vorstand	*Peter Stirnimann*
Gegründet	*1978*
Mitarbeiter	*2*
Mitglieder/Förderer	*2.000*
Jahresetat	*178.900 CHF*
Arbeitsweise	*Kampagnen, Lobbyarbeit, Recherche, Tagungen*
Publikationen	*Finanzplatz-Informationen*

0167

Aktion Kinder des Holocaust

Antisemitismus, Holocaust, Kriegsdienst, Rassismus, Rechtsextremismus & Antifaschismus

Die Aktion Kinder des Holocaust ist ein internationaler Zusammenschluss von Nachkommen und Überlebenden der nationalsozialistischen Judenverfolgung und des antifaschistischen Widerstandes. Der Verein setzt sich gegen Antisemitismus, Rassismus und politischen Extremismus zur Wehr. Er ermittelt Websites mit rechtsextremem und antisemitischem Inhalt, leitet eine Melde- und Beratungsstelle für antisemitische Vorfälle in der deutschsprachigen Schweiz und betreibt ein Internetportal zur Information über die Judenverfolgung im Dritten Reich. Aktuelles politisches Engagement: Lobbying und Kampagnen für eine friedliche Lösung des Israel-Palästina-Konfliktes, für Kriegsdienstverweigerung in der israelischen Armee und gegen die israelische Siedlungspolitik. Der Verein erforscht die Strategien von Holocaust-Leugnern und setzt sich damit öffentlich auseinander.

Abkürzung	*akdh*
Telefon	*0041 - 61 / 413 80 78*
Fax	*0041 - 86 / 07 86 19 33 33*
Internet	*www.akdh.ch*
Gegründet	*1991*
Arbeitsweise	*Recherche, Infodienst, Aktionen, Kampagnen*

0168

Aktion Mensch

Armut, Behinderung, Bioethik/Humangenetik, Gesundheitspolitik, Soziale Gerechtigkeit

Aktion Mensch – früher Aktion Sorgenkind – konzentriert sich in der Arbeit auf zwei wesentliche Schwerpunkte: einmal die konkrete, projektbezogene Förderung von Behinderten, Kindern und Jugendlichen und zweitens die öffentliche Aufklärung. Letzteres soll zu einem offenen und positiven gesellschaftlichen Klima für diese Themen beitragen. Aktion Mensch formuliert Ziele für eine lebenswerte Gesellschaft, deren Mitglieder solidarisch und engagiert, informiert und nachdenklich sind. Durch Kampagnen und Ratgeberveranstaltungen, Workshops und Vorträge bringt sie ihre Themen an die Öffentlichkeit.

Adresse	*Heinemannstr. 36, 53175 Bonn*
Telefon	*0228 / 20 92-200*
Fax	*-7777*
E-Mail	*presse@aktion-mensch.de*
Internet	*www.aktion-mensch.de*
Geschäftsführung	*Dieter Gutschick*
Gegründet	*1964*
Gründungsanlass	*Am 9. Oktober 1964 startete im ZDF die Unterhaltungssendung „Vergißmeinnicht" ein monatlich ausgestrahltes „Ratespiel mit Lotteriecharakter", moderiert von Peter Frankenfeld. Die Lotterie wurde mit dem neu eingeführten Postleitzahlensystem der Deutschen Bundespost verknüpft. Direkt im Anschluss wurde auch erstmals die Sendung „Aktion Sorgenkind" ausgestrahlt, die mit eindringlichen Bildern über die Lebenssituation von Menschen mit Behinderung aufklärte. Hans Mohl, der Redaktionsleiter, rief zu Spenden auf. Die Erträge sollten zusammen mit den Lotterieerlösen der Behindertenhilfe zugute kommen.*
Arbeitsweise	*finanzielle Förderung, Aufklärungskampagnen, Veranstaltungen*

0169

AKTIONCOURAGE e.V.

Flüchtlinge & Migration, Rassismus

Die AKTIONCOURAGE wurde 1992 als Antwort auf den gewalttätigen Rassismus in Mölln, Solingen, Hoyerswerda und Rostock gegründet. Sie setzt sich gegen gewalttätigen und offenen Rassismus ebenso ein wie gegen den alltäglichen Rassismus im Betrieb, in Schulen, in der Politik und in den Medien. Mit Unterstützung vieler Prominenter betreibt die AKTIONCOURAGE eine Reihe von Initiativen, darunter die „Schule ohne Rassismus" (www.schule-ohne-rassismus.org), ein Projekt von und für Schülerinnen und Schüler, die selbst aktiv gegen Rassismus vorgehen wollen.
Die AKTIONCOURAGE bietet umfassendes Informationsmaterial an, von Dokumentationen über Polizeiübergriffe auf Ausländerinnen und Ausländern in Deutschland bis hin zu einem Leitfaden für Betriebsvereinbarungen als Mittel gegen Diskriminierung.

Adresse	*Kaiserstr. 201, 53111 Bonn*
Telefon	*0228 / 21 30 61*
E-Mail	*info@aktioncourage.org*
Internet	*www.aktioncourage.org*
Geschäftsführung	*Dr. Gerd Pflaumer*
Aufsichtsrat/Vorstand	*Bernhard von Grünberg*
Gegründet	*1992*
Mitglieder/Förderer	*130*
Arbeitsweise	*Projekte, Aktionen, Lobbyarbeit, Öffentlichkeitsarbeit*
Auszeichnungen	*Botschafter der Toleranz, Civis-Preis, Aachener Friedenspreis, Heinrich Bußmann-Preis, Buber-Rosenzweig-Medaille*

0170

Aktionsbündnis gegen AIDS

HIV/AIDS

Das Aktionsbündnis gegen Aids (Deutschland) sowie das Österreichische Aktionsbündnis gegen HIV/Aids fordern ein größeres Engagement im globalen Kampf gegen HIV/Aids. Das Bündnis will sich nicht damit abfinden, dass Millionen von Menschen in den ärmsten Ländern an Aids sterben und täglich Tausende neu infiziert werden. Eine zentrale Forderung ist der verbesserte Zugang zu Medikamenten für HIV-Infizierte auch in den Ländern des Südens. So hat die Organisation 280.000 Unterschriften auf Medikamentenschachteln gesammelt, um Preissenkungen für HIV/Aids-Medikamente einzufordern.

Adresse	*Paul-Lechler-Str. 24, 72076 Tübingen*
Telefon	*07071 / 206-504*
Fax	*-510*
E-Mail	*info@aids-kampagne.de*
Internet	*www.aids-kampagne.de*
Regionalbüros	*10 in ganz Deutschland*
Internationale Büros	*Das Aktionsbündnis gegen Aids ist Mitglied in der internationalen Ecumenical Advocacy Alliance, in der sich 90 Kirchen weltweit zusammengeschlossen haben, sowie in der World AIDS Campaign, die aus über 30 internationalen Aids-Kampagnen und Bündnissen besteht.*
Geschäftsführung	*Rainer Seybold*
Gegründet	*2002 in Deutschland, 2004 in Österreich*
Mitarbeiter	*3*
Mitglieder/Förderer	*285 Basisgruppen und 102 Trägerorganisationen*
Jahresetat	*250.000 €*
Adresse Österreich	*c/o EAWM, Postfach 132, 1096 Wien, Tel.: 0043 - 1 / 408 80 73, Fax: 0043 - 1 / 405 76 31, E-Mail: aidskampagne@gmx.at, www.aidskampagne.at*
Arbeitsweise	*Aktionen und Kampagnen, Lobbyarbeit in Politik und Pharmaindustrie, Bildungsangebote, Vernetzung*
Publikationen	*E-Newsletter*
Möglichkeit zur Mitarbeit	*Beteiligung an Unterschriften- oder Faxaktionen*
Erfolge	*z.B. Erhöhung der Mittel für die globale Aidsbekämpfung durch die Bundesregierung 2004-2006*

0171

Aktionsbündnis gegen Frauenhandel

Frauen, Frauenhandel

Im Aktionsbündnis gegen Fauenhandel haben sich rund 20 Organisationen und Verbände aus dem bayerischen Raum zusammengeschlossen. Diese Organisationen haben einen vorwiegend kirchlichen Hintergrund. Das Aktionsbündnis richtet sich vor allem gegen den Handel mit osteuropäischen Frauen – nicht zuletzt wegen der geografischen Nähe zu Tschechien – und bietet Betroffenen Beratung und Hilfe an. In süd- und osteuropäischen Ländern betreibt das Aktionsbündnis verschiedene Aufklärungskampagnen, die Frauen und Mädchen vor Ort über die kriminellen Machenschaften und Methoden von Menschenhändlern informieren. Während der Fußball-WM machte das Bündnis durch Flyer und Plakate auf Zwangsprostitution in Deutschland aufmerksam.

Adresse	*c/o Solidaritätsaktion Renovabis, Kardinal-Döpfner-Haus, Domberg 27, 85354 Freising*
Telefon	*08161 / 53 09-0*
Fax	*-44*
E-Mail	*ha@renovabis.de*
Internet	*www.gegen-frauenhandel.de*
Gegründet	*2000*
Mitglieder/Förderer	*21 Mitgliedsorganisationen*
Arbeitsweise	*Aktionen, Kampagnen, Lobbyarbeit, Öffentlichkeitsarbeit, Tagungen, Vernetzung*
Möglichkeit zur Mitarbeit	*in den Mitgliedsorganisationen*

0172

Aktionsgruppe Babynahrung

Babynahrung, Kindergesundheit

Seit über 25 Jahren setzt sich die Aktionsgruppe Babynahrung für die Gesundheit von Säuglingen ein. Das beinhaltet etwa die Förderung und den Schutz des Stillens; dazu macht die AGB aggressive Marketingstrategien der Babynahrungsindustrie öffentlich. Die AGB will das Recht auf eine verbesserte Ernährung und Gesundheit von Säuglingen stärken. Als deutsche Sektion des globalen Netzwerkes IBFAN (International Baby Food Action Network) arbeitet sie auf der Grundlage des Internationalen Kodex für die Vermarktung von Muttermilchersatzprodukten und den entsprechenden Resolutionen der Weltgesundheitsversammlung. Außer Öffentlichkeitsarbeit betreibt die AGB Lobby- und Bildungsarbeit und macht sich z.B. in ihrem Nestlé-Boykott für den Verbraucherinnenschutz stark.

Abkürzung	*AGB*
Adresse	*Untere-Masch-Str. 21, 37073 Göttingen*
Telefon	*0551 / 53 10 34*
E-Mail	*info@babynahrung.org*
Internet	*www.babynahrung.org*
Internationale Büros	*Die Aktionsgruppe Babynahrung in Deutschland sowie die GIFA in der Schweiz sind Teil des International Baby Food Action Network (IBFAN), das Regionalbüros in acht Ländern auf allen Kontinenten unterhält. 200 Organisationen in über 100 Ländern haben sich IBFAN angeschlossen (mehr unter www.ibfan.org).*
Aufsichtsrat/Vorstand	*Dr. Thomas Koch, Marina Weidenbach*
Gegründet	*1981*
Adresse Schweiz	*GIFA – Geneva Infant Feeding Association, Avenue de la Paix 11, 1202 Genf, Tel.: 0041 - 22 / 798 91 64, Fax: 0041 - 22 / 798 44 43, E-Mail: info@gifa.org, www.gifa.org*
Arbeitsweise	*Lobbyarbeit, Verbraucherschutz, Bildungsarbeit, Recherchen*
Auszeichnungen	*1998: Right Livelihood Award für IBFAN*

0173

Aktionsgruppe Indianer & Menschenrechte e.V.

Indigene

Die Aktionsgruppe Indianer & Menschenrechte engagiert sich für die Unterstützung indianischer Völker in Nordamerika. Sie hilft diesen Völkern bei ihrem Kampf um Selbstbestimmung und Anerkennung als souveräne Nationen. Die Themenpalette des Vereins reicht von Projekten zur Büffelzucht über Aktivitäten gegen Zwangsumsiedelung bis zu Protestaktionen gegen Atombombenversuche auf Indianerland und Mahnwachen, flankiert von politischer Lobbyarbeit bei Staatsregierungen und den Vereinten Nationen sowie Öffentlichkeitsarbeit.

Abkürzung	*AGIM*
Adresse	*Frohschammerstr. 14, 80807 München*
Telefon	*089 / 35 65 18-36*
Fax	*-37*
E-Mail	*post@aktionsgruppe.de*
Internet	*www.aktionsgruppe.de*
Gegründet	*1986*
Arbeitsweise	*Aktionen, Lobbyarbeit, kulturelle Unterstützung*

0174

Akzept e.V.

Drogenpolitik

Akzept setzt sich für die Belange von Drogensüchtigen ein. Der Verein kämpft gegen die soziale Ausgrenzung von Drogenkonsumenten und fordert eine staatliche Drogenpolitik, die Süchtige bewusst in die Gesellschaft einbezieht. Er steht für akzeptierende Drogenarbeit, die Drogenkonsum als bewusste Konsumentscheidung zum Zwecke des Genusses oder der Selbstmedikation betrachtet, als Lebensstiläußerung oder auch als Krankheit, für die es angemessene, d.h. bedürfnisorientierte Hilfen und Therapien geben muss. Die Selbstbestimmung des Einzelnen steht im Vordergrund. Der Verein betreibt Aufklärungsarbeit auf lokaler, dezentraler Ebene, um Drogenkonsumenten effektiv zu helfen.

Adresse	*Südwestkurve 14, 12161 Berlin*
Telefon	*030 / 822 28 02*
E-Mail	*buero@akzept.org*
Internet	*www.akzept.org*
Geschäftsführung	*Christine Kluge-Haberkorn*
Gegründet	*1991*
Regionalgruppen	*NRW, Bremen, Tübingen, Thüringen*
Arbeitsweise	*Infodienst, Lobbyarbeit, Recherche, Tagungen*
Publikationen	*AKZEPTANZ, E-Newsletter*

0175

Alliance Sud

Entwicklungshilfe, Fairer Handel, Globalisierung, Internationale Finanzmärkte, nachhaltige Entwicklung, Nord-Süd-Politik, Schuldenerlass

Alliance Sud ist die gemeinsame entwicklungspolitische Lobbyorganisation der sechs großen Schweizer Hilfswerke. Der Verband will die Politik der Schweiz zugunsten der armen und entrechteten Menschen dieser Welt beeinflussen. Er setzt sich für eine gerechte Steuerpolitik, fairen Handel und die Förderung einer nachhaltigen Entwicklung ein. Aktuelle Kampagnen betreffen unter anderem die Entschuldung der ärmsten Länder, fairen Handel sowie internationale Finanzmärkte.

Adresse	*Postfach 6735, 3001 Bern, Schweiz*
Telefon	*0041 - 31 / 390 93-30*
Fax	*-31*
E-Mail	*mail@alliancesud.ch*
Internet	*www.alliancesud.ch*
Geschäftsführung	*Peter Niggli*
Aufsichtsrat/Vorstand	*Jürg Krummenacher*
Mitarbeiter	*20*
Arbeitsweise	*Lobbyarbeit, Kampagnen, Recherchen, Dokumentationszentrum, Unterrichtsmaterialien*
Publikationen	*Global+ sowie verschiedenen Publikationsreihen*

0176

Amadeu Antonio Stiftung

Abschiebung, Antisemitismus, Asyl, Diskriminierung, Flüchtlinge & Migration, Menschenrechte, Minderheiten, Rassismus, Rechtsextremismus & Antifaschismus

Im Herbst 1998 gründete sich die Amadeu Antonio Stiftung, um einer rechtsextremen Alltagskultur, die sich besonders auffällig in den neuen Bundesländern etabliert hat, entgegenzutreten. Seitdem ermutigt, berät, fördert und vernetzt die Stiftung Projekte, die sich gegen einen erstarkenden Rechtsextremismus im Alltag engagieren. Dazu gehören z.B. die Anlaufstelle für Opfer rechtsextremer Gewalt e.V. in Brandenburg, die Antirassistische Initiative (ARI) in Berlin oder die Jugendzeitschrift Blite von schwarzen Jugendlichen aus Berlin.

Abkürzung	*AAS*
Adresse	*Linienstr. 139, 10115 Berlin*
Telefon	*030 / 24 08 86-10*
Fax	*-22*
E-Mail	*info@Amadeu-Antonio-Stiftung.de*
Internet	*www.amadeu-antonio-stiftung.de*
Regionalbüros	*Berlin, Heidelberg*
Geschäftsführung	*Timo Reinfrank*
Aufsichtsrat/Vorstand	*Anetta Kahane, Rupert Graf Strachwitz*
Gegründet	*1998*
Mitarbeiter	*5*
Mitglieder/Förderer	*40 Mitglieder des Förderkreises*
Gründungsanlass	*Die Stiftung wurde nach dem Angolaner Amadeu Antonio Kiowa benannt, der im November 1990 von Skinheads ermordet wurde. Er war eines der ersten Todesopfer rassistischer Gewalt nach der deutschen Wiedervereinigung. Die jugendlichen Täter wurden zu Bewährungs- und maximal vierjährigen Haftstrafen verurteilt; wer die tödlichen Schläge führte, war nicht nachzuweisen.*
Arbeitsweise	*Finanzielle Unterstützung, Infodienst, Aktionen, Vernetzung*
Publikationen	*Themenreihe für demokratische Kultur, E-Newsletter*
Möglichkeit zur Mitarbeit	*in lokalen Förderkreisen*
Auszeichnungen	*Theodor-Heuss-Medaille, Moses-Mendelssohn-Medaille des Landes Berlin*

0177

AMICA e.V.

Bildung & Schule, Frauengesundheit/gynäkologische Versorgung, Kriegsopfer, Traumaarbeit

Freundin sein – das ist das Ziel des Vereins AMICA, der Frauen und Kindern in Südosteuropa, Palästina und Tschetschenien neue Perspektiven in einem Leben eröffnen will, das bisher wenig Perspektive versprach. Das Modellprojekt für psychosoziale Arbeit in Kriegs- und Krisensituationen entstand 1993 in Tuzla, Bosnien-Herzegowina. Die Schwerpunkte der AMICA-Projekte sind sowohl die psychologische Betreuung von traumatisierten Frauen und Kindern und die rechtliche und medizinische Beratung als auch Weiterbildungsprogramme.

Adresse	*Habsburgerstraße 9, 79104 Freiburg*
Telefon	*0761 / 556 92-51*
Fax	*-52*
E-Mail	*info@amica-ev.org*
Internet	*www.amica-ev.org*
Geschäftsführung	*Kathrin Hillig*
Aufsichtsrat/Vorstand	*Kathrin Hillig*
Gegründet	*1993*
Mitarbeiter	*3*
Mitglieder/Förderer	*60*
Arbeitsweise	*Projekte, praktische Hilfe*
Publikationen	*AMICA Aktuell*

0178

Amnesty for Women e.V.

Flüchtlinge & Migration, Frauen, Frauenhandel, Gewalt gegen Frauen, HIV/AIDS, Zwangsprostitution

Hilfe zur Selbsthilfe bietet Amnesty for Women den Migrantinnen, die sich in Deutschland einer Zwangslage ausgesetzt sehen oder zur Sexarbeit gezwungen werden. Die Gruppe kämpft gegen unterschiedliche Formen von Gewalt und Unterdrückung, die diese Frauen erleben. Beratungen zu psychosozialen Fragen, Betreuungen, Begleitungen und Weiterbildungsangebote sowie eine kritische Öffentlichkeitsarbeit charakterisieren die Arbeit des Vereins. So soll die soziale und rechtliche Situation von Migrantinnen gestärkt werden.

Adresse	*Große Bergstraße 231, 22767 Hamburg*
Telefon	*040 / 38 47 53*
Fax	*040 / 38 57 58*
E-Mail	*info@amnestyforwomen.de*
Internet	*www.amnestyforwomen.de*
Aufsichtsrat/Vorstand	*Veronica Munk, Katja Habermann*
Gegründet	*1987*
Mitarbeiter	*3*
Mitglieder/Förderer	*20 Förderer*
Jahresetat	*120.000 €*
Arbeitsweise	*Rechtliche Beratung, psychologische Unterstützung, Projekte (z.B. Frauenhandel, Aidsprävention)*
Publikationen	*Rundbrief, Jahresbericht*
Möglichkeit zur Mitarbeit	*Begleitung von Frauen, Deutschkurse, Büroorganisation, Fundraising*

0179

amnesty international

Todesstrafe, Gefangene, Folter, Pressefreiheit, Menschenrechte, Gewalt gegen Frauen, Kleinwaffen, Kindersoldaten, Diamanten

Amnesty international ist eine weltweit agierende Menschenrechtsorganisation. Ein wichtiges Element ihrer Arbeit sind die Eilaktionen: Immer wenn ai von willkürlichen Festnahmen, Morddrohungen, „Verschwinden-lassen", Folterungen oder Hinrichtungen erfährt, schreiben Zehntausende von UnterstützerInnen Protestbriefe an die jeweilige Regierung. Amnesty erstellt auch Berichte über Menschenrechtsverletzungen und arbeitet kontinuierlich gegen jegliche Art von Folter, gegen die Todesstrafe, für den Schutz von Asylsuchenden, für faire Gerichtsverfahren und für die Freilassung von gewaltlosen politischen Gefangenen. In aktuellen Kampagnen arbeitet amnesty unter anderem gegen Kleinwaffen und den internationalen Waffenhandel, für die Schließung des US-Gefangenenlagers in Guantanamo, gegen Abschiebe- oder Gefangenenflüge in Folterländer und gegen Gewalt gegen Frauen.

Abkürzung	*ai*
Adresse	*Sektion der Bundesrepublik Deutschland, 53108 Bonn*
Telefon	*0228 / 983 73-0*
Fax	*0228 / 63 00 36*
E-Mail	*info@amnesty.de*
Internet	*www.amnesty.de*
Regionalbüros	*43 Bezirksbüros*
Internationale Büros	*91 Länderbüros weltweit*
Geschäftsführung	*Barbara Lochbihler*
Aufsichtsrat/Vorstand	*Stefan Kessler*
Gegründet	*1961*
Mitarbeiter	*60*
Mitglieder/Förderer	*90.000 Förderer/Spenderinnen, 1.800.000 Mitglieder und Unterstützerinnen weltweit*
Jahresetat	*9.954.000 €*
Adresse Österreich	*Moeringgasse 10, 1150 Wien, Tel.: 0043 - 1 / 780 08, Fax: 0043 - 1 / 780 08-44, E-Mail: info@amnesty.at, www.amnesty.at*
Adresse Schweiz	*Postfach, 3001 Bern, Tel.: 0041 - 31 / 307 22 22, E-Mail: service@amnesty.ch, www.amnesty.ch*
Adresse Luxemburg	*B.P. 1914, 1019 Luxemburg, Tel.: 00352 - 48 16 87, Fax: 00352 - 48 36 80, E-Mail: e-mail@amnesty.lu, www.amnesty.lu*

0179

Adresse Hauptsitz	*Amnesty International International Secretariat, 1 Easton Street, WC1X 0DW London, Großbritannien, Tel.: 0044 - 20 / 74 13 55 00, Fax: 0044 - 20 / 79 56 11 57, E-Mail: amnestyis@amnesty.org, www.amnesty.org*
Gründungsanlass	*Im Jahr 1961 erfuhr der britische Rechtsanwalt Peter Benenson von der Verhaftung zweier portugiesischer Studenten, die in einem Lokal deutlich hörbar auf die Freiheit angestoßen hatten, aus der Zeitung. Empört über die Tatsache, dass Menschen aufgrund ihrer Gesinnung verhaftet werden, veröffentlichte er am 28. Mai 1961 den Artikel „The Forgotten Prisoners" im Observer. Aus seinem Aufruf, die Leserschaft möge sich mit Briefen an die portugiesische Regierung wenden, entstand der Grundgedanke von amnesty international.*
Arbeitsweise	*Recherchen, Aktionen, Kampagnen, Lobbyarbeit*
Publikationen	*amnesty journal, amnesty news, amnesty action, E-Newsletter*
Möglichkeit zur Mitarbeit	*Unterstützung einer Eilaktion (urgent action), mit der in Fällen von willkürlichen Festnahmen, „Verschwindenlassen", Morddrohungen oder drohenden Folterungen oder Hinrichtungen weltweit an die verantwortlichen Regierungen appelliert wird, um drohende Menschenrechstverletzngen zu verhindern. Möglich ist auch ein Engagement in einer lokalen Hochschul- oder Expertengruppe, die inhaltlich zu bestimmten Ländern oder Themengebieten arbeitet.*
Auszeichnungen	*1977: Friedensnobelpreis*
Erfolge	*Amnesty war in vielen Einzelfällen erfolgreich. Die Errichtung des Internationalen Strafgerichtshofs und die Abschaffung der Todesstrafe in immer mehr Staaten geht nicht zuletzt auch auf die unermüdliche Arbeit von amnesty zurück.*

0180

Antirassistisch-Interkulturelles Informationszentrum Berlin e.V.

Flüchtlinge & Migration, Rassismus, Diskriminierung, Antifaschismus

Das Antirassistisch-Interkulturelle Informationszentrum Berlin informiert und berät zu Themen wie Rassismus, Fremdenfeindlichkeit und Antidiskriminierung und engagiert sich für eine bundesweite Vernetzung antirassistischer und interkultureller Organisationen. Der Verein unterstützt engagierte Initiativen und Einzelpersonen in ihrer Arbeit gegen Rassismus und bietet Betroffenen Rat und Hilfe. ARIC ist Mitglied in verschiedenen europäischen Netzwerken zum Thema Rassismus und Ausländerarbeit. Der Verein führt Trainingsseminare durch – auch an Schulen – und gibt konkrete Anweisungen im Umgang mit rassistischen Auftritten.

Abkürzung	*ARIC*
Adresse	*ARIC Berlin e.V., Chausseestr. 29, 10115 Berlin*
Telefon	*030 / 30 87 99-0*
Fax	*-12*
E-Mail	*aric@aric.de*
Internet	*www.aric.de, www.aric-nrw.de*
Regionalbüros	*In Deutschland gibt es zwei ARIC-Zentren, die kooperieren und ähnliche Arbeit leisten, deshalb haben wir hier beide Organisationen in einem Eintrag zusammengeführt. ARIC NRW: Friedensstraße 11, 47053 Duisburg, Tel.: 0203 / 28 48 73, info@aric-nrw.de, www.aric-nrw.de.*
Geschäftsführung	*Simone Wiegratz, Marcus Osei, Hartmut Reiners*
Aufsichtsrat/Vorstand	*Karin Hopfmann, Sabine Brauer*
Gegründet	*1993*
Mitarbeiter	*1 in Berlin, 3 in Duisburg*
Jahresetat	*100.000 € (ARIC Berlin)*
Arbeitsweise	*Infodienst, Beratung, Vernetzung*
Auszeichnungen	*2002: ARIC-NRW: Preisträger im Wettbewerb „Aktiv für Demokratie und Toleranz" des Bündnisses für Demokratie und Toleranz*

0181

Anwälte gegen Rechts

Rechtsextremismus & Antifaschismus

Anwälte gegen Rechts ist eine Initiative von Juristinnen und Juristen, die sich im Kampf gegen Rechtsradikalismus engagiert. Sie bieten Zeugen und Opfern von rechter Gewalt die Möglichkeit, Anzeige zu erstatten, ohne zur Polizei gehen zu müssen. Die Anwälte der Initiative sorgen für die rechtliche Verfolgung rechtsextremistischer Straftaten, ohne den Opfern Kosten für die juristische Arbeit zu berechnen. Der Verein sammelt Unterschriften gegen Rechtsradikalismus und betreibt Öffentlichkeitsarbeit.

Adresse	*Groß-Zimmerner-Straße 36a, 64807 Dieburg*
Telefon	*06071 / 82 37 81*
Fax	*01212 / 533 75 39 87*
E-Mail	*rgt-stiftung@web.de*
Internet	*www.anwaelte-gegen-rechts.de*
Arbeitsweise	*Opferhilfe, Beratung, Aktionen*

0182

Arbeiter-Samariter-Bund Deutschland e.V.

Behinderung, Gesundheitspolitik, medizinische Nothilfe & Versorgung, Wohlfahrt

Der Arbeiter-Samariter-Bund ist eine politisch und konfessionell unabhängige Wohlfahrtsorganisation. Er engagiert sich sowohl im Rettungsdienst – von Notfallrettung bis Katastrophenschutz – als auch in der Pflege älterer und hilfsbedürftiger Menschen. Zu gesellschaftspolitischen Fragen, die den Einsatzbereich des ASB betreffen, gibt der Bund öffentliche Stellungnahmen ab und setzt sich beispielsweise für eine sozialverträgliche Gesundheitsreform ein. Der ASB ist auch im Ausland tätig.

Abkürzung	*ASB*
Adresse	*Sülzburgstraße 140, 50937 Köln*
Telefon	*0221 / 476 05-0*
Fax	*-288*
E-Mail	*asb-bv@asb.de*
Internet	*www.asb.de*
Regionalbüros	*Neben der Bundesgeschäftsstelle in Köln gibt es 16 ASB-Landesverbände mit bundesweit derzeit 228 Regional-, Kreis- und Ortsverbänden und 113 ASB-Gesellschaften.*
Geschäftsführung	*Wilhelm Müller*
Aufsichtsrat/Vorstand	*Dr. Friedhelm Bartels*
Ansprechpartner	*Pressestelle: Dorothee Mennicken, 0221 / 476 05-296, d.mennicken@asb.de* *Soziale Dienste: Gabriele Osing, 0221 / 476 05-265, g.osing@asb.de* *Auslandshilfe: Edith Wallmeier, 0221 / 476 05-323, e.wallmeier@asb.de* *Freiwilligenarbeit: Doris Siebold, 0221 / 476 05-374, d.siebolds@asb.de*
Gegründet	*1888*
Mitarbeiter	*18.414*
Mitglieder/Förderer	*1.150 000*
Jahresetat	*829.900.000 €*
Gründungsanlass	*1888 wurde die erste Arbeiter-Samariter-Kolonne in Berlin von sechs Zimmerleuten gegründet. Grund dafür waren die menschenunwürdigen Lebens- und Arbeitsbedingungen zu dieser Zeit. In den Betrieben und an den Arbeitsstellen gab es keinen Unfallschutz. Damit die Arbeiter sich selbst und anderen in*

0182

	Notfällen helfen konnten, organisierten die Samariter gemeinsam mit Ärzten eine Erste-Hilfe-Ausbildung. Aus diesen ersten Ansätzen entwickelte sich ein Wohlfahrtsverband mit zahlreichen Diensten.
Arbeitsweise	*praktische Hilfe, Beratung, Lobbyarbeit*
Publikationen	*ASB magazin*
Möglichkeit zur Mitarbeit	*vor allem in den Verbänden vor Ort, z.B. im Rettungsdienst und Katastrophenschutz, in der Breitenausbildung und in den sozialen Aufgabenfeldern*

0183

Arbeiterwohlfahrt Bundesverband e.V.

Armut, Behinderung, Gesundheitspolitik, Gleichberechtigung, Soziale Gerechtigkeit

Die Arbeiterwohlfahrt ist ein sozialer Dienstleister, der über Lobbyarbeit auch politisch Einfluss nimmt. Sie unterhält verschiedene Einrichtungen, z.B. Familienferienheime, ist in der Altenpflege tätig und betreibt diverse Beratungsstellen, z.B. Sucht- und Schwangerenberatung. Darüber hinaus engagiert sich die AWO für eine sozial gerechte Gesellschaft. Dieses Ziel verfolgt sie durch Lobbying und Mitarbeit in politischen Gremien. Sie versteht sich als Teil der Arbeiterbewegung, deren Werten – Solidarität, Gerechtigkeit, Toleranz und Freiheit – sie sich verpflichtet fühlt.

Abkürzung	*AWO*
Adresse	*Blücherstraße 62/63, 10961 Berlin*
Telefon	*030 / 263 09-1*
Fax	*-401*
E-Mail	*info@awobu.awo.org*
Internet	*www.awo.org*
Regionalbüros	*29 Landes- und Bezirksverbände und zehn kooperative Mitglieder.*
Geschäftsführung	*Rainer Brückers*
Bundesvorsitzender	*Wilhelm Schmidt*
Gegründet	*1919*
Mitarbeiter	*160.000*
Mitglieder/Förderer	*440.000*
Jahresetat	*41.000.000 €*
Arbeitsweise	*Beratung über Fachdienste, Projektarbeit und -förderung, Tagungen und Konferenzen, Vernetzung vor Ort, Lobbyarbeit, Gremienarbeit*
Publikationen	*AWOmagazin, Theorie und Praxis, AWO-Wissen*
Möglichkeit zur Mitarbeit	*Es bestehen zahlreiche und vielfältige Möglichkeiten, sich in der Organisation und den sozialen Diensten zu engagieren.*

0184

Arbeitsgemeinschaft Abschiebehaft

Abschiebung, Asyl

Die Arbeitsgemeinschaft Abschiebehaft Mannheim wurde hier stellvertretend aufgenommen für die vielen lokalen Gruppen in Deutschland, die für eine Abschaffung der Abschiebehaft arbeiten. Die Gruppen sind zwar vernetzt, es gibt jedoch keinen bundesweiten Dachverband, nur eine gemeinsame Internetseite unter www.abschiebehaft.de. Die AG Abschiebehaft betreut Menschen, die in der Abschiebehaftanstalt Mannheim inhaftiert sind. Ihre Mitarbeiter nehmen Kontakt zu den Angehörigen auf, helfen, Dokumente und Kleidung zu beschaffen und klären die Inhaftierten über ihre rechtliche Situation auf. In Presseerklärungen, auf Infoveranstaltungen und durch Lobbyarbeit in der Politik macht die AG auf die Lage der Menschen in Abschiebehaft aufmerksam. Erklärtes politisches Ziel ist die Abschaffung der Abschiebehaft.

Adresse	*Augustaanlage 53, 68165 Mannheim*
Telefon	*0621 / 41 25 56*
Fax	*0621 / 41 25 56*
E-Mail	*info@ag-abschiebehaft.de*
Internet	*www.ag-abschiebehaft.de*
Gegründet	*1994*
Regionalgruppen	*Über 40 lokale Gruppen in ganz Deutschland setzen sich für Flüchtlinge in Abschiebehaft ein. Eine Gesamtliste ist unter www.abschiebehaft.de zu finden.*
Möglichkeit zur Mitarbeit	*in der Betreuung von Gefangenen und ihrer Angehörigen*

0185

Arbeitsgemeinschaft Ausländer und Asylrecht des DAV

Asyl, Flüchtlinge & Migration

Die Arbeitsgemeinschaft Ausländer und Asylrecht ist eine Arbeitsgemeinschaft innerhalb des Deutschen Anwaltvereins. Sie hat sich zum Ziel gesetzt, ein modernes Fremdenrecht mitzugestalten, das den neu entstandenen humanitären und wirtschaftlichen Anforderungen gerecht wird. Veranstaltungen und Veröffentlichungen sollen dazu beitragen, dieses Ziel durchzusetzen. Innerhalb der Arbeitsgemeinschaft können sich Anwältinnen und Anwälte über ihre Arbeit austauschen.

Abkürzung	*AAA*
Adresse	*Deutscher Anwaltverein e.V., Littenstraße 11, 10179 Berlin*
Telefon	*030 / 72 61 52-0*
Fax	*-190*
E-Mail	*dav@anwaltverein.de*
Internet	*http://auslaender-asyl.dav.de*
Geschäftsführung	*Philipp Wendt*
Aufsichtsrat/Vorstand	*Susanne Schröder*
Gegründet	*2000*
Jahresetat	*25.000 €*
Arbeitsweise	*Lobbyarbeit, Tagungen*
Publikationen	*Anwaltsnachrichten Ausländer- und Asylrecht (ANA-ZAR)*

0186

Arbeitsgemeinschaft der Eine-Welt-Landesnetzwerke

Nord-Süd-Politik

Die agl ist der Dachverband der Eine-Welt- Landesnetzwerke, die es in allen 16 Bundesländern gibt. Ca. 2000 Eine-Welt-Gruppen und -Initiativen sind hier zusammengeschlossen. Eine-Welt-Netzwerke verstehen sich als Forum für entwicklungspolitische Diskussionen, leisten entwicklungspolitische Öffentlichkeits- und Bildungsarbeit und führen Kampagnen, Projekte und Aktionen durch. Sie unterstützen Projekte der Entwicklungszusammenarbeit sowie Emanzipations- und Menschenrechtsbewegungen mit Partnerorganisationen in Ländern des Südens.

Für weitere Informationen und zur Kontaktaufnahme vor Ort wenden Sie sich bitte an das jeweilige Landesnetzwerk, die Adressen sind über die agl-Website zu finden.

Abkürzung	*agl*
Adresse	*Umweltzentrum, Hausmannstr. 9-10, 30159 Hannover*
Telefon	*0511 / 123 19 83*
Fax	*0511 / 39 16 75*
E-Mail	*info@agl-einewelt.de*
Internet	*www.agl-einewelt.de*
Ansprechpartner	*Koordinatorin: Petra Leber, 0511 / 123 19 83, petra.leber@agl-einewelt.de*
Gegründet	*1998*
Mitarbeiter	*1*
Regionalgruppen	*Rund 2.000 Eine-Welt-Initiativen sind in 16 Landesnetzwerken zusammengeschlossen.*
Arbeitsweise	*Vernetzung, Aktionen, Kampagnen, Bildungsarbeit, Lobbyarbeit*
Möglichkeit zur Mitarbeit	*vor allem in den Mitgliedsorganisationen vor Ort*

0187

Arbeitsgemeinschaft Entwicklungszusammenarbeit

Entwicklungshilfe, Globalisierung, nachhaltiger Lebensstil, Nord-Süd-Politik

Die Arbeitsgemeinschaft Entwicklungszusammenarbeit ist der Dachverband von 33 entwicklungspolitischen NGOs in Österreich, der für die beteiligten Organisationen eine gemeinsame Stimme nach außen zu Themen wie gerechter Welthandel, Entschuldung und Entwicklungsfinanzierung liefert. Themenspezifische Arbeitsgruppen der AGEZ arbeiten unter anderem zum EU-Zuckermarkt, zu Migration und Entwicklung oder zur sozialen Verantwortung von Unternehmen. Die AGEZ mischt sich mit Stellungnahmen und Hintergrundpapieren in die aktuelle entwicklungspolitische Diskussion in Österreich, Europa und weltweit ein. Auf der Webseite der AGEZ finden sich die Kontaktadressen aller Mitgliedsorganisationen.

Abkürzung	*AGEZ*
Adresse	*Berggasse 7, 1090 Wien, Österreich*
Telefon	*0043 - 1 / 317 40 16*
Fax	*0043 - 1 / 317 40 16*
E-Mail	*office@agez.at*
Internet	*www.agez.at*
Geschäftsführung	*Elfriede Schachner*
Vorstandsvorsitzender	*Heribert Steinbauer*
Gegründet	*1988*
Mitarbeiter	*2*
Mitglieder/Förderer	*33*
Regionalgruppen	*Graz, Linz, Innsbruck und Dornbirn*
Jahresetat	*96.000 €*
Arbeitsweise	*Vernetzung, Lobbyarbeit*
Publikationen	*E-Newsletter*

0188

Arbeitskreis Frauengesundheit

Frauen, Frauengesundheit/gynäkologische Versorgung, Gesundheitspolitik, Medikamente

Frauengesundheit, Selbsthilfe und Beratung sind die drei Säulen, auf denen die Tätigkeiten des Arbeitskreises Frauengesundheit in Medizin, Psychotherapie und Gesellschaft fußen. In dem bundesweit tätigen Verein haben sich Hebammen und Ärztinnen, Verbände und Frauenberatungsstellen zusammengeschlossen, die Frauen besser über ihren Körper, mögliche Erkrankungen sowie seelisch und sozial krankmachende Faktoren informieren wollen, um eigene Fähigkeiten im Umgang damit zu stärken. Zusätzlich sammelt der AKF aktuelle Forschungsergebnisse, setzt sich kritisch mit momentanen Entwicklungen im Bereich der Frauengesundheit auseinander, weist auf frauenrelevante Fehlentwicklungen in Medizin, Psychotherapie und Gesellschaft hin und engagiert sich für Fraueninteressen und eine frauengerechte Gesundheitsversorgung.

Abkürzung	*AKF*
Adresse	*Sigmaringer Str. 1, 10713 Berlin*
Telefon	*030 / 863 93-316*
Fax	*-473*
E-Mail	*buero@akf-info.de*
Internet	*www.akf-info.de*
Aufsichtsrat/Vorstand	*Dr. Ursula Sottong*
Gegründet	*1993*
Mitarbeiter	*1*
Regionalgruppen	*Bremen, Berlin, Kassel, Braunschweig*
Arbeitsweise	*Infodienst, Tagungen, Arbeitstreffen, Vorträge und Publikationen, Vernetzung*
Publikationen	*AKF-Info*

0189

Arbeitskreis Tourismus & Entwicklung

Tourismus

Akte, der Arbeitskreis für Tourismus und Entwicklung, ist eine schweizerische Organisation. Akte will die Menschen in der Schweiz über die Probleme der Tourismusentwicklung, insbesondere in den Ländern des Südens, informieren. Dabei werden die vielschichtigen Auswirkungen des Tourismus aus entwicklungspolitischer Sicht kritisch hinterfragt. Die Organisation setzt sich für faire, gleichberechtigte Beziehungen zwischen den Menschen verschiedener Länder und Kulturen ein. Sie steht im kritischen Dialog mit Touristikunternehmen und -verantwortlichen, um negative Auswirkungen des Tourismus zu verhindern und eine nachhaltige Entwicklung zu ermöglichen.

Abkürzung	*Akte*
Adresse	*Missionsstr. 21, 4003 Basel, Schweiz*
Telefon	*0041 - 61 / 261 47-42*
Fax	*-21*
E-Mail	*info@akte.ch*
Internet	*www.akte.ch, www.fairunterwegs.org*
Geschäftsführung	*Christine Plüss*
Aufsichtsrat/Vorstand	*Mark Schmid*
Gegründet	*1977*
Mitarbeiter	*3*
Mitglieder/Förderer	*126 Mitglieder, davon ca. die Hälfte Institutionen*
Jahresetat	*419.500 CHF*
Arbeitsweise	*Kampagnen, Lobbyarbeit, Recherchen*
Publikationen	*E-Newsletter*
Auszeichnungen	*2004: European Gold Stars Award der Europäischen Vereinigung der Reisejournalisten*

0190

Armut und Gesundheit in Deutschland e.V.

Armut, Gesundheitspolitik, medizinische Nothilfe & Versorgung, Gesundheitsförderung

Armut und Gesundheit setzt sich für die bessere medizinische Versorgung armer Menschen in Deutschland ein. Der Verein macht auf die desolate Lage armer Menschen hinsichtlich ihrer Gesundheitssituation aufmerksam. Er sorgt für die medizinische Versorgung Wohnungsloser, indem er ein sogenanntes Arztmobil unterhält, das eine kostenlose ambulante Behandlung Obdachloser vornimmt. Auch politisch setzt sich der Verein für die Rechte der Armen dieser Gesellschaft ein, z.B. mit der Forderung an Politiker, auf die Belange armer Menschen zu achten und dementsprechende Gesundheitspolitik zu machen. Darüber hinaus engagiert er sich für Kinder an Krebs erkrankter Eltern.

Adresse	*Barbarossastr. 4, 55118 Mainz*
Telefon	*06131 / 62 79-071*
Fax	*-182*
E-Mail	*info@armut-gesundheit.de*
Internet	*www.armut-gesundheit.de*
Geschäftsführung	*Gisela Bill*
Vereinsvorsitzender	*Prof. Dr. med. Gerhard Trabert*
Gegründet	*1997*
Mitarbeiter	*1*
Mitglieder/Förderer	*50*
Arbeitsweise	*Gremienvertetung, Lobbyarbeit, Kampagnen, praktische Hilfe*
Auszeichnungen	*2002: Good Practice Project, WHO*

0191

Armutskonferenz Österreich

Armut, Flüchtlinge & Migration, Soziale Gerechtigkeit, Wohlfahrt

„Die im Dunkeln sieht man nicht“ sang schon Mackie Messer und lieferte damit das Motto für viele heutige Bettlermärsche. Armut und soziale Ausgrenzung erfreuen sich aber keiner besonderen Popularität. Deswegen hat sich die Armutskonferenz gegründet. Als Netzwerk verschiedener österreichischer Organisationen setzt sie sich aktiv ein: für Erwerblose, Zugewanderte, Alleinerziehende und Sozialhilfeempfänger, die von Armut und sozialer Ausgrenzung betroffen sind.

Adresse	*Gumpendorferstraße 83, 1060 Wien, Österreich*
Telefon	*0043 - 1 / 402 69 44-11*
Fax	*-19*
E-Mail	*office@armutskonferenz.at*
Internet	*www.armutskonferenz.at*
Geschäftsführung	*Eugen Bierling-Wagner*
Aufsichtsrat/Vorstand	*Michaela Moser*
Gegründet	*1995*
Mitarbeiter	*3*
Mitglieder/Förderer	*27 Mitgliedsorganisationen*
Jahresetat	*200.000 €*
Publikationen	*Newsletter*

0192

Ärzte der Welt e.V.

Flüchtlinge & Migration, Gesundheitsversorgung international, medizinische Nothilfe & Versorgung

„Wir bekämpfen alle Krankheiten – auch die Ungerechtigkeit", so das Motto der Ärzte der Welt. In akuten Kriegs- und Krisensituationen – jüngst beispielsweise im Libanon und in Darfur – hilft die Organisation mit medizinischer Nothilfe vor Ort und beim Wiederaubau der Gesundheitsversorgung. Aber auch in reicheren Ländern engagiert sich die Organisation für eine bessere medizinische Betreuung benachteiligter Menschen. In 32 Begegnungsstätten in Europa und den USA unterstützt sie Minderheiten, HIV/AIDS- Patienten, Drogenabhängige, Obdachlose und Straßenkinder. Politisch setzt sie sich u.a. für ein Bleiberecht von schwerkranken Flüchtlingen ein.

Adresse	*Thalkirchner Str. 81 / KH I, 81371 München*
Telefon	*089 / 62 42 09 55*
Fax	*089 / 65 30 99 72*
E-Mail	*info@aerztederwelt.org*
Internet	*www.aerztederwelt.org*
Internationale Büros	*12 Länderdelegationen und 4 Länderbüros*
Geschäftsführung	*Dr. Monika Kleck*
Aufsichtsrat/Vorstand	*Prof. Dr. Wilfried Schilli*
Gegründet	*1980 in Frankreich, 1999 in Deutschland.*
Mitarbeiter	*5*
Mitglieder/Förderer	*3.000*
Jahresetat	*448.000 €*
Adresse Schweiz	*Médecins du Monde-Switzerland, Rue de l´Ancien Hôtel-de-Ville 7, 2000 Neuchâtel, Tel.: 0041 - 32 / 725 36 16, Fax: 0041 - 32 / 721 34 80, E-Mail: administration@medecinsdumonde.ch, www.medecinsdumonde.ch*
Adresse Hauptsitz	*Médecins du Monde, 62 Rue Marcadet, 75018 Paris, Frankreich, Tel.: 0033 - 1 / 44 92 15 15, www.medecinsdumonde.org*
Gründungsanlass	*1980 ging eine Gruppe von Ärzten, Intellektuellen und Journalisten unter der Führung von Bernard Kouchner an Bord des Hospitalschiffs „Ile de Lumière", um den „Boat-People" im chinesischen Meer Hilfe zu bringen. Neben der*

	medizinischen Notversorgung vor Ort war ein Hauptziel der Aktion, die Öffentlichkeit über die Situation der vietnamesischen Flüchtlinge zu informieren und die westliche Welt um deren Aufnahme zu bitten.
Arbeitsweise	*praktische Hilfe, Lobbyarbeit*
Publikationen	*Newsletter, Jahresbericht*
Möglichkeit zur Mitarbeit	*Übersetzungen, Unterstützung bei Büroarbeiten sowie eine Mitarbeit im Projekt „Zugang zur Gesundheitsversorgung für Menschen ohne Krankenversicherung" in München*
Auszeichnungen	*Prix Cristal in Frankreich*

0193

Ärzte für die Dritte Welt e.V.

Gesundheitsversorgung, humanitäre Hilfe

Jedes Jahr nutzen rund 300 Ärztinnen und Ärzte ihren Jahresurlaub, um unentgeltlich in armen Ländern medizinische Hilfe zu leisten. Das Komitee Ärzte für die Dritte Welt hat im Laufe seines Bestehens über 4.000 solcher Einsätze durchgeführt. Das Komitee betreibt neun Projekte, unter anderem auf den Philippinen, in Bangladesh und Kenia.

Adresse	*Offenbacher Landstraße 224, 60599 Frankfurt a. M.*
Telefon	*069 / 70 79 97-0*
Fax	*-20*
E-Mail	*aerzte3welt@aerzte3welt.de*
Internet	*www.aerzte3welt.de*
Internationale Büros	*Kenia, Indien, Bangladesh, Nicaragua, Philippinen*
Geschäftsführung	*Dr. Harald Kischlat*
Aufsichtsrat/Vorstand	*Dr. Wolfgang Schafnitzl*
Gegründet	*1983 in Deutschland*
Mitarbeiter	*10*
Jahresetat	*13.000.000 €*
Arbeitsweise	*praktische und finanzielle Hilfe*
Publikationen	*Rundbrief*
Auszeichnungen	*1993: Nehru-Preis, 1996: Helmut-Stickl-Preis, 1998: „Bambi for Charity“*

0194

Ärzte ohne Grenzen e.V. / Médecins Sans Frontières

Flüchtlinge & Migration, Gesundheitsversorgung, humanitäre Hilfe, medizinische Nothilfe & Versorgung, Menschenrechte

Ärzte ohne Grenzen, die private medizinische Nothilfeorganisation, hilft Opfern in Krisengebieten oder nach Naturkatastrophen. Herkunft, Religion oder politische Überzeugung spielen keine Rolle. Die Aktivitäten der Organisation erstrecken sich vom Wiederaufbau von Krankenhäusern über die medizinische Versorgung in Flüchtlingslagern und den Aufbau von Ernährungszentren bis hin zur Gesundheitsversorgung von extrem gefährdeten Gruppen wie Straßenkindern. In allen Projekten findet eine Zusammenarbeit mit und Fort- und Weiterbildung von nationalem Personal statt. Die Organisation hat mehrfach öffentlich gegen Menschenrechtsverletzungen und Verstöße gegen das humanitäre Völkerrecht protestiert.

Abkürzung	*MSF*
Adresse	*Am Köllnischen Park 1, 10179 Berlin*
Telefon	*030 / 22 33 77-00*
Fax	*-88*
E-Mail	*office@berlin.msf.org*
Internet	*www.aerzte-ohne-grenzen.de*
Geschäftsführung	*Adrio Bacchetta*
Vorstandsvorsitzender	*Dr. Stefan Krieger*
Gegründet	*1971 (in Frankreich), deutsche Sektion gegründet 1993*
Jahresetat	*70.100.000 €*
Adresse Österreich	*Taborstraße 10, 1020 Wien, Tel.: 0043 - 1 / 409 72 76-0, Fax: -40, E-Mail: office@aerzte-ohne-grenzen.at, www.aerzte-ohne-grenzen.at*
Adresse Schweiz	*Streulistrasse 28, 8032 Zürich, Tel.: 0041 - 44 / 385 94-44, Fax: -45, E-Mail: office-zuh@geneva.msf.org, www.msf.ch*
Adresse Luxemburg	*68 rue de Gasperich, 1617, Tel.: 00352 - 33 / 25-15, Fax: 00352 - 33 / 51 33, E-Mail: info@msf.lu, www.msf.lu*
Internationales Büro	*Case Postale 116, 1211 Genf 21, Schweiz, Tel.: 0041 - 22 / 849 84-00, Fax: -04, E-Mail: office-gva@geneva.msf.org, www.msf.org*
Arbeitsweise	*medizinische und humanitäre Nothilfe, Kampagnen, Lobbyarbeit*
Auszeichnungen	*1999: Friedensnobelpreis*

0195

ÄrztInnen für eine gesunde Umwelt

Chemiepolitik, Elektrosmog, Gesundheitspolitik, Medikamente

Ärztinnen und Ärzte für eine gesunde Umwelt engagieren sich für eine „ökologische" Medizin: für eine über Umweltzusammenhänge aufklärende Behandlung von Patienten, für die Erforschung der Arzneimittelwirkung nicht nur auf den Behandelten, sondern auch auf die Umwelt als Produktions- und Entsorgungsort und letztlich auch für eine veränderte Gesundheitspolitik. Die Organisation widmet sich folgenden Problembereichen: Schadstoffen in Innenräumen, Massentierhaltung, Kindern und Umweltbelastung, aber auch ökologischen Richtlinien für Krankenhäuser und der ökologischen Verantwortung von Medizinern. Sie erstellt Studien und beteiligt sich an Expertenbefragungen zu entsprechenden Themen. Sie betreibt Lobbyarbeit auf Landes- und EU-Ebene z.B. für eine bessere Chemikalienpolitik.

Adresse	*Große Mohrengasse 39/6, 1020 Wien, Österreich*
Telefon	*0043 - 1 / 216 34 22*
Fax	*0043 - 1 / 216 34 22-15*
E-Mail	*info@aegu.net*
Internet	*www.aegu.net*
Aufsichtsrat/Vorstand	*Dr. Hans-Peter Hutter, Dr. Hanns Moshammer*
Gegründet	*1989*
Arbeitsweise	*Recherchen, Infodienst, Tagungen, Lobbyarbeit*
Publikationen	*Ökobiotikum, Innenraum-Newsletter*

0196

Ärztinnen und Ärzte für Tierschutz

Tierversuche

Den Tierschutz zu verwirklichen, besonders im Bereich der Tierversuche, ist erklärtes Ziel der Ärztinnen und Ärzte für Tierschutz in der Medizin. Über 200 Ärztinnen und Ärzte der Human-, Veterinär- und Zahnmedizin gehören der Tierschutzorganisation mit Sitz in der Schweiz an. Ob Schwindel- oder Depressionsforschung mit Affen oder Knietransplantationen bei Hunden, die Organisation bewertet den Nutzen und die Belastung eines Tierversuchs, deckt Missstände bei der Haltung von Versuchstieren und der Bewilligung und Durchführung von Tierversuchen auf und setzt sich für deren Beendigung ein.

Abkürzung	*ATM*
Adresse	*Postfach 2011, 8032 Zürich, Schweiz*
Telefon	*0041 - 1 / 380 08-31*
Fax	*0041 - 1 / 422 80 10*
Internet	*www.aerztefuertierschutz.ch*

0197

Association for the Prevention of Torture

Folter, Traumaarbeit

Die Association for the Prevention of Torture kämpft gegen Folter und Menschenrechtsverletzungen weltweit. Die Gesellschaft mit Sitz in der Schweiz setzt sich für die Offenlegung von Praktiken in Gefängnissen und die Einrichtung von gültigen Standards und Normen zum Schutz vor Folter ein. Sie leitet Ausbildungen für Bürgerrechtsorganisationen, die sich in der Betreuungsarbeit von Folteropfern in Afrika und Südamerika engagieren. Sie hält Polizeitrainings in Europa und Workshops zur Vorbeugung von Folter in Krisenregionen ab.

Abkürzung	*APT*
Adresse	*Route de Ferney 10, 1211 Genf 2, Schweiz*
Telefon	*0041 - 22 / 919 21 70*
Fax	*-80*
E-Mail	*apt@apt.ch*
Internet	*www.apt.ch*
Geschäftsführung	*Mark Thomson*
Aufsichtsrat/Vorstand	*Martine Brunschwig Graf*
Gegründet	*1977*
Mitarbeiter	*18*
Jahresetat	*ca. 1.000.000 €*
Arbeitsweise	*Lobbyarbeit, Beratung*

0198

Asyl in der Kirche e.V. – Ökumenische Bundesarbeitsgemeinschaft

Abschiebung, Asyl, Flüchtlinge & Migration

Kirchenasyl bedeutet, insbesondere Flüchtlinge ohne legalen Aufenthaltsstatus zeitlich befristet aufzunehmen, denen bei einer Abschiebung in ihr Herkunftsland Folter und Tod oder andere inhumane Härten drohen würden. Die Netzwerke aller evangelischen, katholischen und freikirchlichen Kirchengemeinden, die bereit sind, Flüchtlinge vor einer Abschiebung zu schützen, haben sich als Kirchenasylbewegung in Deutschland zusammengeschlossen. Die jeweilige Gemeinde stellt den Raum zum Wohnen und Kochen sowie Nahrung und Kleidung bereit. In dieser Zeit können Entscheidungen von Behörden erneut überprüft und Grundlagen für ein neues, erfolgsversprechendes Asylverfahren geschaffen werden, um eine Abschiebung zu verhindern. Mit Hilfe von Öffentlichkeits- und Lobbyarbeit, Publikationen, Tagungen und der Beratung von Gemeinden tritt die Bundesarbeitsgemeinschaft sowohl für Flüchtlinge als auch für deren Unterstützer und Unterstützerinnen ein.

Adresse	*Lindenstr. 85, 10969 Berlin*
Telefon	*030 / 25 89-88 91*
Fax	*-8964*
E-Mail	*info@kirchenasyl.de*
Internet	*www.kirchenasyl.de*
Geschäftsführung	*Verena Mittermaier*
Bundesvorsitzende	*Fanny Dethloff*
Gegründet	*1994*
Mitarbeiter	*2*
Mitglieder/Förderer	*ca. 130*
Regionalgruppen	*Viele Kirchenasylgemeinden, Asylarbeitsgruppen vor Ort und Netzwerke in Bundesländern.*
Jahresetat	*36.000 €*
Arbeitsweise	*Beratung, Lobbyarbeit, Veranstaltungen, Öffentlichkeitsarbeit, Publikationen*
Publikationen	*Nachrichten aus der Kirchenasylbewegung*
Möglichkeit zur Mitarbeit	*in lokalen Gruppen*
Auszeichnungen	*1998: Dietrich-Bonhoeffer-Preis, 2001: Carl-von-Ossietzky-Medaille der Internationalen Liga für Menschenrechte*
Erfolge	*Durch Kirchenasyl konnten bislang mehrere hundert Menschen vor der Abschiebung bewahrt werden, denen im Herkunftsland Folter oder Tod drohte.*

0199

Asylkoordination

Asyl, Flüchtlinge & Migration

Eine zunehmende Abschottung gegenüber „Fremden", die rassistische Berichterstattung der Boulevardpresse und die Stimmungsmache mit dem „Ausländerthema" in Wahlzeiten haben 1991 zur Gründung der Asylkoordination Österreich geführt. Seitdem verfolgt der Verein von Ausländerinnen und Ausländern, Flüchtlingshilfsorganisationen und Flüchtlingsbetreuenden ein Ziel: Organisationen und Einzelpersonen zu unterstützen, die Flüchtlinge beraten. Zu den Tätigkeiten der Asylkoordination zählen Seminare und Veranstaltungen, Projekte wie Anti-Rassismus-Workshops, die Kampagne für minderjährige unbegleitete Flüchtlinge sowie die Öffentlichkeitsarbeit zu Asyl- und Migrationsthemen, um so den politischen Druck auf die Verantwortlichen zu erhöhen.

Adresse	*Laudongasse 52/9, 1080 Wien, Österreich*
Telefon	*0043 - 1 / 53 21 29-1*
Fax	*-20*
E-Mail	*asylkoordination@asyl.at*
Internet	*www.asyl.at*
Gegründet	*1991*
Arbeitsweise	*Veranstaltungen, Kampagnen*

0200

Attac

Agrarpolitik, Arbeitsbedingungen weltweit, Biopiraterie, Demokratie, Finanz- und Steuerpolitik, Globalisierung, Internationale Finanzmärkte, Rassismus, Schuldenerlass, Soziale Gerechtigkeit

Die Wurzeln von attac liegen in Frankreich, in einer „Vereinigung zur Besteuerung von Finanztransaktionen im Interesse der Bürgerinnen und Bürger", französisch abgekürzt attac. Innerhalb weniger Jahre ist daraus ein internationales Netzwerk mit Zweigen in über 40 Ländern geworden. Zentrales Thema ist die Globalisierung mit all ihren negativen sozialen und ökologischen Folgen und der immer größeren Kluft zwischen Arm und Reich. „Globalisierung ist kein Schicksal – eine andere Welt ist möglich" – unter diesem zentralen Motto arbeitet attac zu so unterschiedlichen Themen wie Mindestlohn, Gesundheitsreform, Rassismus, WTO, internationalen Finanzmärkten oder Patenten. Im Mittelpunkt der Arbeit stehen die lokalen attac-Gruppen. Sie machen kreative Aktionen, arbeiten inhaltlich zu den verschiedenen Themen und organisieren Informationsveranstaltungen. Organisatorisch liegt attac irgendwo zwischen Netzwerk, NGO und sozialer Bewegung – es gibt ein Netz aus Arbeitsgruppen, Organisationen, attac-Gruppen und Einzelpersonen, die grundlegende Entscheidungen im gemeinsamen Ratschlag treffen und vom hauptamtlichen Bundesbüro unterstützt werden. In Deutschland reicht das Spektrum der Unterstützer von Gewerkschaften über den BUND und Pax Christi bis hin zu kapitalismuskritischen Gruppen.

Adresse	*Münchener Straße 48, 60329 Frankfurt a. M.*
Telefon	*069 / 90 02 81-10*
Fax	*-99*
E-Mail	*info@attac.de*
Internet	*www.attac.de*
Geschäftsführung	*Sabine Leidig*
Gegründet	*1998 in Frankreich, 2000 in Deutschland*
Mitarbeiter	*12*
Mitglieder/Förderer	*16.800*
Jahresetat	*1.300.000 €*
Gründungsanlass	*Im stark politisierten Frankreich der späten 1990er Jahre schrieb Ignacio Ramonet, der Chefredakteur der Zeitung Le monde diplomatique, einen Artikel mit dem Titel „Die Märkte entwaffnen!" Darin erwähnte er, dass es eine „Association pour une taxation des transactions financières pour l'aide aux citoyens et citoyennes" (ATTAC) geben müsste, also eine „Vereinigung zur Besteuerung von Finanztransaktionen zum Wohle der Bürgerinnen und Bürger". 1998 lud die Zeitung zu einer Gründungsversammlung von*

0200

	Attac nach Paris ein. Zwei Jahre später gründete sich in Deutschland das „Netzwerk zur demokratischen Kontrolle der Finanzmärkte“, das sich wenige Monate später in Attac umbenannte.
Arbeitsweise	*Kampagnen, Aktionen, Öffentlichkeitsarbeit, Information, Bildungsveranstaltungen*
Publikationen	*Rundbrief, d-info, E-Newsletter*
Möglichkeit zur Mitarbeit	*Es gibt rund 150 Attac-Ortsgruppen in Deutschland, bei denen sich Mitglieder und Nichtmitglieder engagieren können. Die Ortsgruppen sind autonom. Zudem gibt es mehrere bundesweite Arbeitsgruppen, die zu bestimmten Themen (z.B. Internationale Steuern, Welthandel, Privatisierung oder Globalisierung und Ökologie) arbeiten.*
Auszeichnungen	*Carl und Irene Scherrer Frankfurter Umweltpreis, Alternativer Medienpreis für die von Attac mitgetragene fairsharing-Kampagne, Golden Award of Change 2005*
Erfolge	*Es ist maßgeblich Attac zu verdanken, dass eine kritische Betrachtung der neoliberalen Globalisierung mittlerweile breit in der Bevölkerung verankert ist.*

0201

augenauf

Bürgerrechte, Gefangene, Rassismus, Soziale Gerechtigkeit

Der schweizerische Verein augenauf ist eine Menschrechtsorganisation im weitesten Sinne: Er kämpft für den Erhalt des öffentlichen Raumes für alle, gegen Ausgrenzung und Diskriminierung, alltägliche Willkür und Rassismus seitens der staatlichen Institutionen und für die Einhaltung von Datenschutz und Personenrechten in Gefängnissen – um nur einiges zu nennen. Zu diesem Zweck unterhält augenauf eine Kontaktstelle für Betroffene, berät Opfer, vermittelt medizinische und juristische Hilfe und sammelt Informationen zum Thema. Außerdem führt augenauf eine Kampagne gegen Entsolidarisierung und „Prekarisierung" der Gesellschaft durch.

Adresse	*Postfach 2411, 8026 Zürich, Schweiz*
Telefon	*0041 - 44 / 241 11 77*
E-Mail	*zuerich@augenauf.ch*
Internet	*www.augenauf.ch*
Regionalbüros	*Basel, Bern*
Ansprechpartner	*Presse: Rolf Zopfi, zuerich@aufenauf.ch Lilo Koenig, lilo.koenig@hispeed.ch*
Gegründet	*1995*
Mitglieder/Förderer	*8*
Jahresetat	*6.000 CHF*
Arbeitsweise	*Aktionen, Beratung, Infodienst, Kampagnen, Öffentlichkeitsarbeit, Recherche, Vernetzung*
Publikationen	*augenauf-Bulletin*
Möglichkeit zur Mitarbeit	*Lokale Gruppen, Briefeschreiben, Infostände*
Auszeichnungen	*2005: Big Brother Award*
Erfolge	*Aufklärung und Anklage der Todesfälle während der Zwangsausweisungen und während der Inhaftierung im Ausschaffungsgefängnis von Khaled Abuzarifah, Samso Chuckwu, Hamid Bakiri*

0202

Bildungs- und Solidaritätswerk Anna Seghers e.V.

Rechtsextremismus & Antifaschismus

Das Bildungs- und Solidaritätswerk Anna Seghers setzt sich für den Kampf gegen Rechtsradikalismus ein. Ziel ist die politische und humanistische Fundierung des Antifaschismus. Es betreibt ein Archiv, in dem Informationen zur rechtsradikalen Szene und ihren Publikationen gesammelt werden. Damit soll das reale Ausmaß der Bedrohung durch den Neofaschismus verdeutlicht werden. Es stellt Hintergrundwissen zu Faschismus und Antifaschismus für Interessierte bereit und organisiert Vorträge und Seminare.

Adresse	*Walramstr. 16a, 65183 Wiesbaden*
Telefon	*0611 / 940 60-96*
Fax	*-98*
E-Mail	*info@bildungswerk-seghers.de*
Internet	*www.bildungswerk-seghers.de*
Gegründet	*1990*
Arbeitsweise	*Archiv, Vorträge*

0203

BioSkop-Forum zur Beobachtung der Biowissenschaften e.V.

Bioethik/Humangenetik, Reproduktionsmedizin

BioSkop ist eine Organisation, die sich für die Kontrolle und eine ethische Bewertung der Biowissenschaften und der Biotechnologie einsetzt. Sie kritisiert die ungehemmte Forschung, die sich jenseits bestehender ethischer Normen zu Themen wie Tod und Leben bewegt, d.h. Sterbehilfe, Patientenverfügung, Embryonenforschung, Transplantation und Stammzellforschung. Durch wissenschaftliche Publikationen bringt der Verein sich in die Debatte ein und unterstützt Wissenschaftler, die sich mit diesen Themen auseinander setzen. BioSkop richtet Appelle an den Bundestag zum Verbot der aktiven Sterbehilfe und führt Aktionen gegen Genomforschung und Biobanken durch.

Adresse	*Bochumer Landstr. 144a, 45276 Essen*
Telefon	*0201 / 53 66 70-6*
Fax	*-5*
E-Mail	*info@bioskop-forum.de*
Internet	*www.bioskop-forum.de*
Geschäftsführung	*Erika Feyerabend*
Aufsichtsrat/Vorstand	*Christian Winter*
Gegründet	*1996*
Mitarbeiter	*1*
Mitglieder/Förderer	*500*
Regionalgruppen	*Regionalgruppen in Hamburg und Ruhrgebiet*
Jahresetat	*40.000 €*
Arbeitsweise	*Recherchen, Tagungen, Kampagnen, Beratung, Infodienst*
Publikationen	*BioSkop-Zeitschrift*
Möglichkeit zur Mitarbeit	*Mitarbeit bei den genannten Aktivitäten, Informationsbeschaffung*
Erfolge	*Die Verwendung von Forschungsergebnissen ohne Einwilligung der behinderten oder im Koma liegenden Patienten wurde von BioSkop aufgedeckt.*

0204

Blick nach Rechts

Rechtsextremismus & Antifaschismus

Der Blick nach Rechts, ist ein Informationsdienst, der sich im Kampf gegen Rechtsradikalismus engagiert. Mit Meldungen und Berichten informiert bnr über die rechte Szene, deren Tätigkeiten und Organisationen. Bnr macht auf Aktionen gegen Rechts aufmerksam und verweist auf beteiligte Initiativen. Ebenfalls erwähnt werden Projekte aus anderen EU-Mitgliedsstaaten, die sich gegen Rechtsradikalismus einsetzen.

Abkürzung	*bnr*
Adresse	*Stresemannstr. 30, 10963 Berlin*
Fax	*030 / 25 59 44 99*
E-Mail	*info@bnr.de*
Internet	*www.bnr.de*
Gegründet	*1984*
Mitarbeiter	*2*
Arbeitsweise	*Öffentlichkeitsarbeit, Recherche*
Publikationen	*Blick nach Rechts, E-Newsletter*

0205

Brot für die Welt

Armut, Entwicklungshilfe, Fairer Handel, HIV/AIDS, Landwirtschaft, Lebensmittel & Ernährung, Nord-Süd-Politik, Ressourcenschutz, Soziale Gerechtigkeit, Trinkwasser, Unternehmen & soziale Verantwortung

Das evangelische Hilfswerk Brot für die Welt bietet sowohl praktische Unterstützung für die Ärmsten der Armen weltweit als auch politische Unterstützung für die Interessen des Südens. Das Motto der Organisation ist die Hilfe zur Selbsthilfe, sie engagiert sich gemeinsam mit einheimischen Kirchen und Partnerorganisationen in mehr als 1.000 Projekten in Afrika, Asien, Lateinamerika und Osteuropa. Hinzu kommen politische Kampagnen zu vielfältigen Themen: für die Ernährungssicherheit in Entwicklungsländern, für den Zugang zu sauberem Wasser für alle, für fair produzierte und gehandelte Blumen, Bananen, Teppiche oder Kaffeeprodukte und gegen Landminen oder Kinderprostitution. Brot für die Welt setzt sich auch dafür ein, dass das Geld aus der Erdölwirtschaft den Menschen in den ölfördernden Ländern zugute kommt und appelliert bei weltpolitischen Anlässen wie dem G8-Gipfel für mehr Gerechtigkeit, Umweltschutz und Menschenrechte.

Adresse	*Stafflenbergstraße 76, 70184 Stuttgart*
Telefon	*0711 / 21 59-0*
Fax	*-110*
E-Mail	*info@brot-fuer-die-welt.de*
Internet	*www.brot-fuer-die-welt.de*
Geschäftsführung	*Cornelia Füllkrug-Weitzel*
Gegründet	*1959*
Jahresetat	*64.250.000 €*
Publikationen	*E-Newsletter*

0206

Bruno-Manser-Fonds

Indigene, Regenwald, Landrechte

Bedrohte tropische Regenwälder und ihre Artenvielfalt zu erhalten und die Rechte der Bevölkerung in den Gebieten zu stärken, dafür tritt der Bruno-Manser-Fonds in der Schweiz ein. Das Hauptaugenmerk des Fonds richtet sich auf die Penan im malaysischen Bundesstaat Sarawak auf Borneo und die dortigen Wälder. Denn dort lebte der Gründer und Präsident Bruno Manser mehrere Jahre. Zu anderen Projekten in Malaysia zählt z.B. die Gesundheitsstation im Urwald von Borneo. In der Schweiz setzt sich der Fonds für einen Stopp des Raubbaus an den letzten Urwäldern ein, indem z.B. Recyclingpapier oder nachhaltig produziertes Holz bei öffentlichen Bauten verwendet werden.

Adresse	*Heuberg 25, 4051 Basel, Schweiz*
Telefon	*0041 - 61 / 261 94-74*
Fax	*-73*
E-Mail	*info@bmf.ch*
Internet	*www.bmf.ch*
Geschäftsführung	*Dr. Lukas Straumann*
Präsident	*Dominik Bucheli*
Gegründet	*1991*
Mitarbeiter	*7*
Mitglieder/Förderer	*2.600*
Jahresetat	*416.647 CHF*
Arbeitsweise	*Informationen und Auskünfte, Recherchen, Kampagnen, Rechtshilfe*
Publikationen	*Tong Tana (deutsch, französisch, englisch)*
Möglichkeit zur Mitarbeit	*Mithilfe im Büro, Mitmachen bei Aktionen (z.B. unterschreiben)*
Erfolge	*600 Gemeinden unterschiedlicher Größe aus der ganzen Schweiz beteiligen sich am Verzicht auf Raubbauholz (www.urwaldfreundlich.ch)*

0207

BUKO – Bundeskoordination Internationalismus

Agrarpolitik, Biopiraterie, Globalisierung, Menschenrechte, Nord-Süd-Politik, Rassismus, Soziale Gerechtigkeit

Die Bundeskoordination Internationalismus ist ein Dachverband für 150 Dritte-Welt-Gruppen, entwicklungspolitische Organisationen, Solidaritätsgruppen und Initiativen, die sich für eine gerechte, ausbeutungs- und gewaltfreie Welt einsetzen. Mittels Kampagnen, politischer Lobbyarbeit und Aktionen übt BUKO Internationalismus Kritik an der kapitalistischen Gesellschaftsordnung. Dabei liegt der Schwerpunkt ebenso auf dem Nord-Süd-Verhältnis wie auf Themen wie Rassismus und Sexismus. Zu den Kampagnen der BUKO Internationalismus gehören die Agrar-Koordination, die Pharma- sowie die Biopiraterie-Kampagne. Neben dem jährlichen Kongress organisiert sie Seminare und gibt Publikationen heraus. Siehe auch die gesonderten Einträge für BUKO-Agrar und die BUKO-Pharmakampagne.

Adresse	*Nernstweg 32-34, 22765 Hamburg*
Telefon	*040 / 39 31 56*
Fax	*040 / 28 05 51 22*
E-Mail	*mail@buko.info*
Internet	*www.buko.info*
Geschäftsführung	*Steffen Jörg*
Gegründet	*1977*
Mitarbeiter	*2*
Mitglieder/Förderer	*199*
Jahresetat	*65.000 €*
Gründungsanlass	*Auf Betreiben des damaligen Entwicklungshilfeministers Eppler sollte ein Dachverband für die wachsende entwicklungspolitische Szene entstehen.*
Arbeitsweise	*Projekte, Tagungen, Pubikationen, Vernetzung*
Publikationen	*E-Newsletter*
Möglichkeit zur Mitarbeit	*Kongressvorbereitung, Seminare, Archiv*

0208

BUKO Pharma-Kampagne

Gesundheitsversorgung international, HIV/AIDS, Medikamente, Pharmaindustrie

Die BUKO-Pharma-Kampagne untersucht die Aktivitäten der deutschen Pharmaindustrie in der Dritten Welt. Durch gezielte Aktionen und öffentliche Aufklärung macht die Pharma-Kampagne auf Missstände in der Arzneimittelpolitik – besonders in Entwicklungsländern – aufmerksam. Sie fordert, dass allen Menschen notwendige Medikamente zugänglich sind, verlangt einen rationalen Umgang mit Arzneimitteln und bekämpft den Einsatz unnötiger und gefährlicher Medikamente. Die Kampagne kam kürzlich zu besonderen Ehren: Der britische Krimiautor John le Carré recherchierte für seinen Roman „Der ewige Gärtner" bei der BUKO Pharma-Kampagne und gab ihr in seinem Buch unter dem Pseudonym „Hippo" eine wichtige Nebenrolle.

Adresse	*August-Bebel-Str. 62, 33602 Bielefeld*
Telefon	*0521 / 605 50*
Fax	*0521 / 637 89*
E-Mail	*info@bukopharma.de*
Internet	*www.bukopharma.de*
Internationale Büros	*Die Pharma-Kampagne ist eine Aktion der Bundeskoordination Internationalismus (BUKO), siehe dort*
Geschäftsführung	*Jörg Schaaber, Dr. Christian Wagner, Claudia Jenkes*
Aufsichtsrat/Vorstand	*Christoph Beninde*
Gegründet	*1981*
Mitarbeiter	*5*
Jahresetat	*300.000 €*
Gründungsanlass	*Die Geschäfte der deutschen Pharmaindustrie in der Dritten Welt sollten unter die Lupe genommen werden. Anlass waren Schilderungen über die katastrophale Arzneimittelversorgung in Ländern des Südens.*
Arbeitsweise	*Aktionen, Veranstaltungen, Lobbyarbeit, wissenschaftliche Studien, Recherche, Publikationen*
Publikationen	*Pharma-Brief, Pharma-Brief Spezial, Gute Pillen – schlechte Pillen*
Möglichkeit zur Mitarbeit	*In der ehrenamtlichen Straßentheatergruppe Schluck & weg oder in der Koordinierungsgruppe*
Erfolge	*Einführung eines Exportkontrollgesetzes für Arzneimittel, Marktrücknahme verschiedener riskanter bzw. unsinniger Arzneimittel in der Dritten Welt*

0209

Bundesarbeitsgemeinschaft Selbsthilfe von Menschen mit Behinderung und chronischer Erkrankung

Behinderung, Gesundheitspolitik

Die Bundesarbeitsgemeinschaft Selbsthilfe von Menschen mit Behinderung und chronischer Erkrankung ist ein Dachverband der Selbsthilfeverbände behinderter und chronisch kranker Menschen und ihrer Angehörigen in Deutschland. Sie tritt nach den Grundsätzen der Selbstbestimmung, Selbstvertretung und Integration für die rechtliche und tatsächliche Gleichstellung behinderter und chronisch kranker Menschen ein. Sie arbeitet in verschiedenen gesundheitspolitischen Gremien mit, betreibt Aufklärungsarbeit und stellt der Öffentlichkeit Informationen zur Verfügung. Auf der Homepage der BAG sind alle Mitgliedsverbände aufgeführt.

Abkürzung	*BAG Selbsthilfe*
Adresse	*Kirchfeldstraße 149, 40215 Düsseldorf*
Telefon	*0211 / 310 06-0*
Fax	*-48*
E-Mail	*info@bag-selbsthilfe.de*
Internet	*www.bag-selbsthilfe.de*
Regionalbüros	*Landesarbeitsgemeinschaften in fast allen Bundesländern*
Geschäftsführung	*Christoph Nachtigäller*
Aufsichtsrat/Vorstand	*Friedel Rinn*
Ansprechpartner	*Umwelt und Technik: Wolfgang Tigges, -22, wolfgang.tigges@bag-selbsthilfe.de Recht: Peter Brünsing, -35, referat-recht@bag-selbsthilfe.de Gesundheitspolitik, Selbsthilfeförderung: Dr. Martin Danner, -46, martin.danner@bag-selbsthilfe.de Pressestelle: Elisabeth Fischer, -25, elisabeth.fischer@bag-selbsthilfe.de*
Gegründet	*1967*
Mitarbeiter	*19*
Regionalgruppen	*95 bundesweit tätige Selbsthilfeorganisationen behinderter und chronisch kranker Menschen und ihrer Angehörigen, drei Fachverbände und 14 Landesarbeitsgemeinschaften*
Arbeitsweise	*Gremienvertretung und Lobbyarbeit, Vernetzung, Informationsschriften*
Publikationen	*Selbsthilfe, Jahresspiegel*
Möglichkeit zur Mitarbeit	*vor allem in lokalen Gruppen*

0210

Bundesfachverband Unbegleitete Minderjährige Flüchtlinge e.V.

Flüchtlinge & Migration, Kinder & Jugendliche

Der Bundesfachverband Unbegleitete Minderjährige Flüchtlinge setzt sich für die Rechte der Minderjährigen ein, die als Flüchtlinge ohne Eltern oder Erziehungsberechtigte in die Bundesrepublik einreisen.

Abkürzung	*B-UMF*
Adresse	*Nymphenburger Straße 47, 80335 München*
Telefon	*089 / 20 24 40-13*
Fax	*-15*
E-Mail	*info@b-umf.de*
Internet	*www.b-umf.de*
Geschäftsführung	*Dirk Growe*
Vorstand	*Isabella Deck, Dr. Silke Jordan*
Gegründet	*1998*
Mitarbeiter	*7*
Mitglieder/Förderer	*135, davon 39 Organisationen*
Jahresetat	*229.000 €*
Arbeitsweise	*Vernetzung, Tagungen, Lobbyarbeit, Fortbildungen, allgemeine Beratung, Vorträge und Fachgespräche*
Publikationen	*Infodienst, E-Newsletter*
Möglichkeit zur Mitarbeit	*Ehrenamtliche, Praktikantinnen und Praktikanten für Tätigkeiten in der Geschäftsstelle, auch regional*

0211

Bundesverband Frauenberatungsstellen und Frauennotrufe

Frauen, Gewalt gegen Frauen

Der Bundesverband Frauenberatungsstellen und Frauennotrufe – Frauen gegen Gewalt wurde als Zusammenschluss des Bundesverbandes autonomer Frauennotrufe und des Bundesverbandes der Frauenberatungsstellen gegründet. Hauptätigkeit des Verbandes sind Vernetzung, Fortbildungsarbeit und Gewaltprävention durch Öffentlichkeitsarbeit. Frauennotrufe und -beratungsstellen leisten in Deutschland den größten Anteil der ambulanten Beratung und Hilfestellung für weibliche Opfer von Gewalt. Die Mitgliedseinrichtungen bieten durch niedrigschwellige Angebote psychosoziale Hilfestellung für die Bewältigung der Gewalterfahrung.

Abkürzung	*BFF*
Adresse	*Tempelhofer Ufer 14, 10963 Berlin*
Telefon	*030 / 32 29 95-00*
Fax	*-01*
E-Mail	*info@bv-bff.de*
Internet	*www.frauennotrufe.de*
Geschäftsführung	*Heidrun Brandau, Katja Grieger*
Aufsichtsrat/Vorstand	*Jutta Wienand, Ursula Schele*
Gegründet	*2004*
Mitarbeiter	*3*
Mitglieder/Förderer	*120*
Arbeitsweise	*Lobbyarbeit, Infodienst, praktische Hilfe, Kampagnen, Fortbildungen, Vernetzung*
Publikationen	*E-Newsletter*

0212

Bundesweite Arbeitsgemeinschaft der Psychosozialen Zentren für Flüchtlinge und Folteropfer

Asyl, Flüchtlinge & Migration, Folter, Rassismus, Traumaarbeit

Die Bundesweite Arbeitsgemeinschaft Psychosozialer Zentren für Flüchtlinge und Folteropfer ist ein Zusammenschluss von Einrichtungen, die sich die soziale, psychologische und medizinische Versorgung von Flüchtlingen und Überlebenden organisierter Gewalt zur Aufgabe gemacht haben. Sie organisiert jährliche Fachtagungen, entwickelt ethische und professionelle Standards für eine angemessene Behandlung von traumatisierten Flüchtlingen und fördert den fachlichen Austausch zwischen den Mitgliedszentren.

Abkürzung	*BAFF*
Adresse	*Paulsenstr. 55-56, 12163 Berlin*
Telefon	*030 / 323 29 33*
Fax	*030 / 324 85 75*
E-Mail	*info@baff-zentren.org*
Internet	*www.baff-forum.org; www.baff-zentren.org*
Geschäftsführung	*Elise Bittenbinder*
Aufsichtsrat/Vorstand	*Elise Bittenbinder, Anni Kammerlander, Cinur Ghaderi, Charlotte Büllesbach*
Gegründet	*1996*
Mitarbeiter	*3*
Mitglieder/Förderer	*28 Mitgliedszentren*
Jahresetat	*45.000 €*
Arbeitsweise	*Vernetzung, Lobbyarbeit und Fortbildung*
Publikationen	*Newsletter, BAFF-Internet Forum*

0213

Cap Anamur

Flüchtlinge & Migration, Genitalverstümmelung, Gesundheitsversorgung international, Kriegsopfer, medizinische Nothilfe & Versorgung

Vom Bau eines Gesundheitszentrums im Sudan über eine neugegründete Schule in den Bergen von Haiti bis hin zu medizinischen Diensten in Angola: Ärzte, Krankenschwestern, Baufachleute und Logistiker sind im Dienst einer radikalen Humanität für Cap Anamur unterwegs. Neben der praktischen Hilfe setzt sich Cap Anamur auch politisch ein, aktuell zum Beispiel gegen weibliche Genitalverstümmelung.

Adresse	*Thebäerstraße 30, 50823 Köln*
Telefon	*0221 / 913 81-50*
Fax	*-59*
E-Mail	*office@cap-anamur.org*
Internet	*www.cap-anamur.org*
Geschäftsführung	*Bernd Göken*
Aufsichtsrat/Vorstand	*Dr. Edith Fischnaller*
Gegründet	*1979*
Mitarbeiter	*4 in Deutschland, 35 weltweit*
Jahresetat	*7.323.000 €*
Gründungsanlass	*Am Anfang waren die „Boat People“: Vietnamesische Bootsflüchtlinge, die übers südchinesische Meer in die Freiheit entkommen wollten und stattdessen in ihr Verderben fuhren. Dem wollten Christel und Rupert Neudeck 1979 nicht länger tatenlos zusehen. Mit Freunden charterten sie für die Rettungsmission den Frachter „Cap Anamur“, benannt nach einem Kap an der türkischen Küste. Die Fahrten der „Cap Anamur“ retteten Leben, schnell war der Beschluss gefasst, die Arbeit weiterzuführen, und zwar rund um den Globus. So entstand das Komitee „Deutsche Not-Ärzte e.V.“ – mit dem Namen Cap Anamur.*
Arbeitsweise	*Projekte, praktische Hilfe*
Publikationen	*Tätigkeitsbericht*
Erfolge	*Rettung von über 11.000 Bootsflüchtlingen im Südchinesischen Meer und Hilfe für viele tausend Menschen bei Einsätzen in über 50 Ländern der Welt*

0214

Christliche Initiative Romero e.V.

Fairer Handel, Globalisierung, Kinderarbeit, Kleidung

Die Christliche Initiative Romero setzt sich für die Menschenrechte in Mittelamerika ein. Sie wurde nach dem 1980 ermordeten Erzbischof von San Salvador, Oscar Romero, benannt. Sie unterstützt Projekte von Frauen- und Umweltgruppen sowie Gewerkschaften in El Salvador, Nicaragua und Guatemala. Ebenso betreibt sie Kampagnen für die Einhaltung von Sozialstandards bei der Herstellung von Kleidung für westliche Konzerne und Projekte zur Alphabetisierung und gibt Publikationen zu verschiedenen Themen heraus, z.B. Kaffeeproduktion und Kinderarbeit.

Abkürzung	*CIR*
Adresse	*Frauenstraße 3-7, 48143 Münster*
Telefon	*0251 / 895 03*
Fax	*0251 / 825 41*
E-Mail	*cir@ci-romero.de*
Internet	*www.ci-romero.de*
Geschäftsführung	*Thomas Krämer*
Aufsichtsrat/Vorstand	*Anne Nibbenhagen*
Gegründet	*1981*
Mitarbeiter	*5*
Jahresetat	*1.100.000 €*
Arbeitsweise	*finanzielle Unterstützung von sozialen Projekten in Entwicklungsländern, Öffentlichkeits- und Bewusstseinsbildene Kampagnen, Lobbyarbeit, Recherchen*
Publikationen	*presente-Bulletin*
Möglichkeit zur Mitarbeit	*Infostände, Veranstaltungen zu speziellen Kampagnen-Themen, Mitgliedschaft, Protestaktionen unterstützen (Protestmail, -postkarte, Aktionen)*
Auszeichnungen	*Medienpreis der britischen Stiftung One World Broadcasting für die „schwatzhafte Hexe" Yamileth Chavarría (langjährige Projektpartnerin in Bocana de Paiwas, Nicaragua)*

0215

Christoffel-Blindenmission Deutschland e.V.

Menschen mit Behinderungen

Der Fernsehspot der Christoffel-Blindenmission zeigt kreischende und gut gelaunte Kinder beim Topfschlagen. Um dann drastisch mit den Zeilen zu enden: „Blindheit ist nur lustig, wenn man sehen kann. Spenden Sie Augenlicht." Als international tätige, überkonfessionelle christliche Entwicklungshilfeorganisation verfolgt die CBM eine Mission: blinden und anders behinderten Menschen zu helfen – jenseits von Geschlecht, Religion und Nation. In Behindertenprogrammen werden Menschen betreut und sowohl schulisch als auch beruflich weitergebildet. Außerdem fördert die CBM mehr als 1000 Entwicklungsprojekte in über 100 Ländern: von mobilen Augendiensten über dörfliche Gesundheitseinrichtungen bis hin zu Krankenhäusern mit Augenabteilungen. Und bleibt dabei ihrem Motto treu: Hunderte ausbilden, Hunderttausende heilen.

Die CBM macht sich außerdem politisch für Behinderte in der ganzen Welt stark, versucht das Bewusstsein für den Zusammenhang zwischen Armut und Behinderung zu schärfen und fordert auf internationaler Ebene die Rechte von Menschen mit Behinderungen ein. So ist die CBM Mitbegründerin der weltweiten Kampagne „VISION 2020", die zum Ziel hat, alle vermeidbare Blindheit bis zum Jahr 2020 zu bekämpfen.

Abkürzung	*CBM Deutschland*
Adresse	*Nibelungenstraße 124, 64625 Bensheim*
Telefon	*06251 / 131-0*
Fax	*-122*
E-Mail	*communications@cbm-i.org*
Internet	*www.christoffel-blindenmission.de, www.cbm.de*
Regionalbüros	*Potsdam*
Internationale Büros	*CBM-Vereine gibt es u.a. in Australien, Belgien, Kanada, Großbritannien, Irland, Italien, Neuseeland und den USA*
Geschäftsführung	*Reinhold Behr, Martin Georgi*
Aufsichtsrat/Vorstand	*Cornelia Schattat*
Ansprechpartner	*Pressesprecher: Wolfgang Jochum*
Gegründet	*1908*
Mitarbeiter	*96*
Mitglieder/Förderer	*450.000*
Jahresetat	*53.100.000 €*

0215

Adresse Schweiz	*CBM Christoffel Blindenmission, Seestrasse 160, 8027 Zürich, Tel.: 0041 - 44 / 202 21 71, Fax: 0041 - 44 / 201 30 18, E-Mail: info@cbmch.org, www.cbmch.org*
Gründungsanlass	*Zu Beginn des 20. Jahrhunderts wurde der junge Pastor Ernst Jakob Christoffel bei einem Aufenthalt in der Türkei vom sozialen Elend blinder und anders behinderter Menschen sehr erschüttert. Das veranlasste ihn, 1908 erneut auszureisen, um sein Leben fortan den blinden und ausgestoßenen Menschen im Orient zu widmen.*
Arbeitsweise	*finanzielle und fachliche Unterstützung medizinischer und rehabilitativer Partnerprojekte in Entwicklungsländern, Entsendung von Fachleuten in die Partnerprojekte, Lobbyarbeit*
Publikationen	*BlickKontakt, Freundesbrief, CBM-Newsletter, Chris*
Möglichkeit zur Mitarbeit	*in Kampagnen, Aktionen und Arbeitskreisen*
Auszeichnungen	*mehrere Auszeichnungen in unterschiedlichen Ländern, in den vergangenen Jahren mehrfach der Tropenophthalmologie-Preis für CBM-Ärzte*
Erfolge	*Mit Hilfe von Spendengeldern konnten 2005 zwölf Millionen Patienten untersucht, behandelt und wo nötig operiert werden. Über 300.000 Menschen mit Behinderungen wurden in Rehabilitationsprojekten betreut. Anzahl der Katarakt-Operationen bis 2006: über sieben Millionen.*

0216

CorpWatch

Banken & internationale Konzerne, Globalisierung, Unternehmen & soziale Verantwortung

Alles, was Sie schon immer über internationale Konzerne wissen wollten (aber nie in deren Hochglanzanzeigen gesagt bekommen), finden Sie bei CorpWatch. Umweltsünder, Kriegsgewinnler und ausbeuterische Geschäftspraktiken werden von CorpWatch recherchiert und veröffentlicht. Die in San Francisco ansässige Organisation deckt die Verquickung von Unternehmen in Kriege und politische und ökologische Krisen auf, untersucht die Arbeitsbedingungen in den Werken weltweit operierender Unternehmen und macht auf Menschenrechtsverletzungen aufmerksam. Die Organisation veröffentlicht ihre Informationen sowohl auf ihrer Website als auch in diversen Berichten und Artikeln und stellt sie Journalisten, Aktivisten und Lehrern zur Verfügung.

Adresse	*1611 Telegraph Avenue, Suite 702, CA 94612 Oakland, USA*
Telefon	*001 - 510 / 271 80 80*
Fax	*001 - 510 / 271 80 83*
E-Mail	*cwadmin@corpwatch.org*
Internet	*www.corpwatch.org*
Geschäftsführung	*Pratap Chatterjee*
Gegründet	*1996*
Jahresetat	*300.000 US$*
Arbeitsweise	*Recherchen, Infodienst*
Möglichkeit zur Mitarbeit	*Recherchen über Großkonzerne und Markenhersteller*
Auszeichnungen	*Project Censored Awards, Lannan Foundation Award*

0217

Dachverband der Kritischen Aktionärinnen und Aktionäre

Arbeitsbedingungen weltweit, Banken & internationale Konzerne, Ethisches Investment, Unternehmen & soziale Verantwortung

In den Hauptversammlungen deutscher Aktiengesellschaften streut der Dachverband der kritischen Aktionärinnen und Aktionäre seit über 20 Jahren Sand ins Getriebe der Profitmaschinerie, streitet für mehr Umweltschutz und soziale Gerechtigkeit, für Menschenrechte, den Erhalt von Arbeits- und Ausbildungsplätzen und gegen Atomenergie oder Rüstungsproduktion. Die Liste seiner Gegner liest sich wie ein „Who is Who" der deutschen Großindustrie, von A wie Adidas oder Aventis bis V wie Vattenfall und Volkswagen. Wenn in den Medien über die Hauptversammlungen der DAX-Konzerne berichtet wird, werden die Kritischen Aktionäre regelmäßig zitiert. Auf der Webseite der etwas anderen Aktienbesitzer ist für jeden dieser Konzerne nachzulesen, warum sie jeweils in der Kritik standen und mit welchen Forderungen sie auf den Jahreshauptversammlungen konfrontiert wurden. Eine aktuelle Kampagne richtet sich gegen Vattenfall und deren ebenso verbraucherfeindliche wie klimaschädliche Konzernpolitik. Auch die I.G. Farben wird kontinuierlich daran erinnert, endlich ihre Entschädigungszahlungen an ehemalige NS-Zwangsarbeiterinnen und arbeiter zu leisten. Konzernkritik wird nicht im luftleeren Raum geäußert, sondern immer ganz direkt gegenüber den jeweiligen Konzernspitzen – die Hauptversammlungen bieten jährlich eine neue Gelegenheit dazu.

Adresse	*Ebertplatz 12, 50668 Köln*
Telefon	*0221 / 599 56 47*
Fax	*0221 / 599 10 24*
E-Mail	*dachverband@kritischeaktionaere.de*
Internet	*www.kritischeaktionaere.de*
Geschäftsführung	*Markus Dufner*
Vorstand	*Dorothea Kerschgens, Paul Russmann, Bernd Moritz*
Gegründet	*1986*
Mitarbeiter	*1*
Regionalgruppen	*30 Mitgliedsorganisationen*
Arbeitsweise	*Besuch von Aktionärsversammlungen*
Möglichkeit zur Mitarbeit	*Übertragung von Stimmrechten, Begleitung zu Hauptversammlungen.*
Erfolge	*Nach der Kampagne Kritischer Aktionäre gegen die Finanzierung des bulgarischen Atomkraftwerks Belene haben Deutsche Bank, Commerzbank und HypoVereinsBank ihre Kreditzusagen zurückgenommen.*

0218

Deserteurs- und Flüchtlingsberatung

Asyl, Flüchtlinge & Migration, Kriegsdienst, Totalverweigerung

„Fluchtwege freihalten" lautet das Motto der Deserteurs- und Flüchtlingsberatung Wien. Mit der Unterstützung von serbischen und kroatischen Deserteuren nahm die Beratung 1992 ihre Arbeit auf. Als eine Form des Widerstandes gegen den Krieg entpuppte sich die Möglichkeit, Asylanträge zu stellen. Aus über 40 Ländern stammen mittlerweile Flüchtlinge, Migranten und Asylbewerberinnen mit den unterschiedlichsten Fluchtgründen, denen hier sowohl eine kostenlose Rechts- und Sozialberatung als auch Deutschkurse und die Begleitung im Asylverfahren angeboten werden.

Adresse	*Schottengasse 3a/59, 1010 Wien, Österreich*
Telefon	*0043 - 1 / 533 72 71*
Fax	*0043 - 1 / 532 74 16*
E-Mail	*info@deserteursberatung.at*
Internet	*www.deserteursberatung.at*
Gegründet	*1992*
Arbeitsweise	*Beratung, praktische Hilfe*

0219

Deutsche AIDS-Hilfe

HIV/AIDS

Die Deutsche AIDS-Hilfe ist der Dachverband von mehr als 120 regionalen Mitgliedsorganisationen, die sich in der Aufklärung und Information zum Thema AIDS engagieren und am HI-Virus Erkrankte unterstützen. Die DAH leistet Hilfe zur Selbsthilfe, etwa durch Impulse zur Gründung von Gruppen. Darüber hinaus entwickelt sie sachliche Information und Aufklärung (z.B. durch Plakate, Broschüren und Bücher) und fördert so das Wissen und die Fähigkeiten zum Infektionsschutz. Die DAH bietet eine Online-Beratung an, hat auf der Website eine umfassende Adressliste von lokalen und regionalen Initiativen erfasst, vermittelt Kontakte zu Beratungsstellen und Selbsthilfegruppen und betreibt zudem verschiedene Projekte zur Erforschung von AIDS und einer besseren medizinischen Versorgung von HIV-infizierten Menschen.

Abkürzung	*DAH*
Adresse	*Dieffenbachstraße 33, 10967 Berlin*
Telefon	*030 / 69 00 87-0*
Fax	*-42*
E-Mail	*dah@aidshilfe.de*
Internet	*www.aidshilfe.de*
Regionalbüros	*120 lokale und regionale Mitgliedsorganisationen*
Geschäftsführung	*Dr. Luis Carlos Escobar Pinzón*
Aufsichtsrat/Vorstand	*Maya Czajka, Sylvia Urban, Eugen Emmerling, Sven-Christian Finke*
Ansprechpartner	*Pressestelle: Ramona Hering, -16, ramona.hering@dah.aidshilfe.de*
Gegründet	*1983*
Mitglieder/Förderer	*274*
Jahresetat	*5.567.000 €*
Arbeitsweise	*Materialerstellung für die Mitgliedsorganisation, Lobbyarbeit, Gremienvertretung, Vernetzung*
Möglichkeit zur Mitarbeit	*vor allem in den lokalen Gruppen, z.B. in der Beratung und Präventionsarbeit*

0220

Deutsche Aids-Stiftung

HIV/AIDS

Die Deutsche AIDS-Stiftung berät mit dem HI-Virus infizierte Menschen und unterstützt sie in einzelnen Fällen finanziell. Darüber hinaus finanziert sie Projekte zur Hilfe von Menschen mit AIDS im In- und Ausland in Koorporation mit Trägern vor Ort. Sie fördert aktiv die Forschung an einem Impfstoff gegen AIDS und betreibt Aufklärungs- und Lobbyarbeit.

Adresse	*Markt 26, 53111 Bonn*
Telefon	*0228 / 60 46-90*
Fax	*-99*
E-Mail	*info@aids-stiftung.de*
Internet	*www.aids-stiftung.de*
Geschäftsführung	*Dr. Ulrich Heide*
Aufsichtsrat/Vorstand	*Dr. Ulrich Uleer*
Ansprechpartner	*Vorstandsreferentin: Sabine Jahn, 0228 / 604 69-16, sabine-jahn@aids-stiftung.de Öffentlichkeitsarbeit: Dr. Volker Mertens, 0228 / 604 69-31, volker-mertens@aids-stiftung.de Öffentlichkeitsarbeit/Internationale Projekte: Elli Keller, 0228 / 604 69-32, elli-keller@aids-stiftung.de Anträge an die Stiftung/Mittelvergabe: Stefanie Giesing, 0228 / 604 60-24, stefanie-giesing@aids-stiftung.de*
Gegründet	*1987*
Mitarbeiter	*20*
Mitglieder/Förderer	*100*
Jahresetat	*ca. 5.000.000 €*
Arbeitsweise	*Beratung, finanzielle Einzel- und Projekthilfe, Kampagnen, Lobbyarbeit*
Publikationen	*Stiftung konkret*
Möglichkeit zur Mitarbeit	*Unterstützung bei Benefizveranstaltungen*

0221

Deutsche Gesellschaft für die Vereinten Nationen e.V.

Abrüstung & Rüstungskontrolle, Demokratie, Globalisierung, Menschenrechte, Nord-Süd-Politik

Was bedeutet globale Politik? Was sind Erfolg versprechende Strategien in der HIV/AIDS Bekämpfung? Wie gestaltet sich die Situation der Frauen in der arabischen Welt? Und was haben die Vereinten Nationen mit all dem zu tun? Antworten auf diese Fragen liefert die Deutsche Gesellschaft für die Vereinten Nationen. Als Anlaufstelle für alle, die sich für die Vereinten Nationen interessieren, informiert sie in Veranstaltungen und Publikationen über grundlegende Entwicklungen und Ergebnisse der Arbeit der Vereinten Nationen, ihrer Sonderorganisationen und Spezialorgane.

Abkürzung	DGVN
Adresse	Zimmerstraße 26/27, 10969 Berlin
Telefon	030 / 25 93 75-0
Fax	-29
E-Mail	info@dgvn.de
Internet	www.dgvn.de
Regionalbüros	Landesverbände in München, Stuttgart, Frankfurt, Bonn, Berlin und Regionalgruppen in Hamburg, Osnabrück und Dresden/Leipzig
Internationale Büros	in über 100 Ländern weltweit gibt es Gesellschaften für die Vereinten Nationen.
Geschäftsführung	Dr. Beate Wagner
Aufsichtsrat/Vorstand	Dr. Christoph Zöpel
Gegründet	1952
Mitarbeiter	8
Mitglieder/Förderer	1306
Jahresetat	853.000 €
Adresse Österreich	Österreichische Liga für die Vereinten Nationen, Johannesgasse 2/2/32, 1010 Wien, Tel.: 0043 - 1 / 513 08 37, Fax: 0043 - 1 / 513 08 37-15, E-Mail: una.austria@afa.at, http://afa.at/una.austria/
Adresse Schweiz	Gesellschaft Schweiz - UNO, Postfach 8264, 3011 Bern, Tel.: 0041 - 31 / 35 19 66-6, Fax: -8, E-Mail: info@schweiz-uno.ch, www.schweiz-uno.ch

Adresse Luxemburg	*Association Luxembourgeoise pour les Nations Unies, Maison 8 - Plateau du Rham, 2427 Luxembourg, Tel.: 00352 - 46 146-8, Fax: -9, E-Mail: contact@alnu.lu, www.alnu.lu*
Adresse Hauptsitz	*World Federation of United Nations Associations, 1 United Nations Plaza, Room DC1-1177, NY 10017 New York, USA, Tel.: 001 - 212 / 963-5610, Fax: -0447, E-Mail: wfunany@wfuna.org, www.wfuna.org*
Arbeitsweise	*Publikationen, öffentliche Veranstaltungen, Vorträge, Fachworkshops, Konferenzen, Pressearbeit*
Publikationen	*Vereinte Nationen, Bevölkerung & Entwicklung, E-Newsletter*
Möglichkeit zur Mitarbeit	*Mitarbeit in Landesverbänden und bundesweiten Arbeitsgemeinschaften, z.B. zum Thema Jugend oder zu Bevölkerungsfragen*

0222

Deutsche UNESCO-Kommission

Bildung & Schule, Bioethik/Humangenetik, Pressefreiheit, Schutzgebiete

„Da Kriege im Geist der Menschen entstehen, muss auch der Frieden im Geist der Menschen verankert werden.“ Das ist die Leitidee der UNESCO (Organisation der Vereinten Nationen für Bildung, Wissenschaft, Kultur und Kommunikation), der sich auch die Deutsche UNESCO-Kommission verschrieben hat. Als Bindeglied zwischen Staat und Wissenschaft und nationale Anlaufstelle für UNESCO-Angelegenheiten berät der eingetragene Verein die Bundesregierung und andere Stellen in UNESCO-Belangen, setzt sich für die Verwirklichung des UNESCO-Programms in Deutschland ein, informiert die Öffentlichkeit über die Arbeit der Organisation und bringt Experten mit ihr in Verbindung. UNESCO setzt sich unter anderem auch für die Pressefreiheit und verfolgte Journalisten ein, weist UNESCO-Biosphärenreservate aus und meldet sich zu bioethischen Problemen zu Wort.

Abkürzung	*DUK*
Adresse	*Colmantstr. 15, 53115 Bonn*
Telefon	*0228 / 604 97-0*
Fax	*-30*
E-Mail	*sekretariat@unesco.de*
Internet	*www.unesco.de*
Internationale Büros	*192 Nationalkomissionen in allen Mitgliedstaaten*
Gegründet	*1950*
Adresse Österreich	*Universitätsstrasse 5 / 4. Stock / TOP 12, 1010 Wien, Tel.: 0043 - 1 / 526 13-01, Fax: -20, E-Mail: oeuk@unesco.at*
Arbeitsweise	*Beratung, Lobbyarbeit, Koordination*
Publikationen	*UNESCO heute, UNESCO heute online*
Möglichkeit zur Mitarbeit	*Mitarbeit in den zwölf UNESCO-Clubs in Deutschland*

0223

Deutsche Vereinigung für Datenschutz e.V.

Datenschutz

Die Deutsche Vereinigung für Datenschutz setzt sich dafür ein, die Bevölkerung über Gefahren des Einsatzes elektronischer Datenverarbeitung und der möglichen Einschränkung des Rechts auf informationelle Selbstbestimmung zu beraten und aufzuklären. Konkret geht es um Themen wie Datenschutz in Polizei und Justiz, den Arbeitnehmer- und Verbraucherdatenschutz und Datenschutz im Internet. Die DVD betreibt Lobbyarbeit in Landesparlamenten und beim Bund.

Abkürzung	*DVD*
Adresse	*Bonner Talweg 33-35, 53113 Bonn*
Telefon	*0228 / 22 24 98*
Fax	*0228 / 243 84 70*
E-Mail	*dvd@datenschutzverein.de*
Internet	*www.datenschutzverein.de*
Geschäftsführung	*Manfred Bähr*
Aufsichtsrat/Vorstand	*Sönke Hilbrans*
Gegründet	*1977*
Mitglieder/Förderer	*260*
Arbeitsweise	*Lobbyarbeit, Infodienst*
Publikationen	*Datenschutznachrichten (DANA)*
Möglichkeit zur Mitarbeit	*Artikel schreiben, Unterstützung der Geschäftsstelle, Unterstützung Webauftritt, Handlungshilfen erstellen, Vortragstätigkeit, Stellungnahmen zu Gesetzesvorhaben*

0224

Deutsche Welthungerhilfe e.V.

Hunger, Menschenrecht auf Nahrung, Armut, Bildung & Schule, Gesundheitsversorgung, Kinderarbeit, Entwicklungszusammenarbeit

Hunger kann viele Ursachen haben: Krieg, korrupte Regierungen, unfaire Handelsbedingungen, Naturkatastrophen oder Armut. Seit 1962 setzt sich die Deutsche Welthungerhilfe dafür ein, den Hunger und damit auch die Armut zu überwinden – durch praktische Hilfe ebenso wie durch politische Interventionen, wie zum Beispiel in Kampagnen gegen Kinderarbeit in Indiens Steinindustrie oder im Kampf gegen sexuelle Gewalt in Liberia. Als private, gemeinnützige, politisch und konfessionell unabhängige Hilfsorganisation arbeitet die DWHH unter einem ehrenamtlichen Vorstand und der Schirmherrschaft des Bundespräsidenten. Neben der schnellen Soforthilfe nach einer Katastrophe fördert die DWHH Projekte wie den nachhaltigen Baumwollanbau in afrikanischen Ländern oder das Kinder- und Jugendzentrum „Puririsun" im Armenviertel Manco Ccapac in Peru.

Abkürzung	*DWHH*
Adresse	*Friedrich-Ebert-Straße 1, 53173 Bonn*
Telefon	*0228 / 22 88-127*
Fax	*-188*
E-Mail	*info@welthungerhilfe.de*
Internet	*www.welthungerhilfe.de*
Regionalbüros	*Berlin*
Internationale Büros	*11 Büros in Afrika, Asien und Lateinamerika*
Geschäftsführung	*Dr. Hans-Joachim Preuß*
Aufsichtsrat/Vorstand	*Ingeborg Schäuble*
Gegründet	*1962 in Deutschland*
Mitarbeiter	*170 im Inland und 170 im Ausland*
Mitglieder/Förderer	*26 Mitgliedsverbände*
Jahresetat	*216.300.000 €*
Gründungsanlass	*Die Welternährungsorganisation der UNO (FAO) rief anlässlich einer Dürrekatastrophe in Indien zur Gründung von Kampagnen zur Befreiung von Hunger auf.*
Arbeitsweise	*finanzielle und praktische Hilfe, Lobbyarbeit, Mitmachaktionen*
Publikationen	*Zeitung, Magazin*
Möglichkeit zur Mitarbeit	*Teilnahme an Aktionen*

0225

Deutscher Caritasverband e.V.

Soziale Gerechtigkeit, Armut, Menschen mit Migrationshintergrund, Familienhilfe, ältere Menschen, Menschen mit Behinderungen, Kinder- und Jugendhilfe, HIV/AIDS, Gewalt gegen Frauen, Nord-Süd-Politik, Kindersoldaten, Entwicklungszusammenarbeit

Caritas ist die Hilfsorganisation der katholischen Kirche. Der Verband unterstützt Notleidende in aller Welt: als Katastrophenhelfer in Überschwemmungs- und Erdbebengebieten, durch humanitäre Hilfe und soziale Beratung in Krisengebieten, als Flüchtlingshelfer oder in der Versorgung Aidskranker. Hierzulande engagiert sich der Verband in der Behindertenarbeit, in der Unterstützung alter und kranker Menschen und in der Jugendarbeit. Neben der praktischen Hilfe sieht sich die Caritas auch als Sprachrohr und Anwalt für Benachteiligte in unserer Gesellschaft. In politischen Kampagnen – 2006 zum Beispiel für ein besseres Miteinander von Deutschen und Zuwanderern – arbeitet die Caritas für eine gerechtere, solidarische Gesellschaft.

Adresse	*Karlstraße 40, 79104 Freiburg*
Telefon	*0761 / 200-418*
Fax	*-541*
E-Mail	*info@caritas.de*
Internet	*www.caritas.de*
Regionalbüros	*537 Orts- und Kreiscaritasverbände sowie 31 Diözesan- und Landescaritasverbände. Hinzu kommen 17 Fachverbände mit eigenständigen Geschäftsstellen. Die rechtlich selbständigen Träger der Caritas unterhalten in der Bundesrepublik Deutschland insgesamt 24.989 Einrichtungen.*
Präsident	*Dr. Peter Neher*
Generalsekretär	*Prof. Dr. Georg Cremer*
Ansprechpartner	*Pressestelle: Claudia Beck, 030 / 28 44 47 42, pressestelle@caritas.de Öffentlichkeitsarbeit und Fundraising: Barbara Fank-Landkammer*
Gegründet	*1897*
Mitarbeiter	*ca. 390 in der Zentrale, bundesweit 482.172 Hauptamtliche und rund 500.000 Ehrenamtliche*
Mitglieder/Förderer	*ca. 300.000*
Jahresetat	*184.857.074 €*
Arbeitsweise	*praktische Hilfe, Beratung, Not- und Katastrophenhilfe, Kampagnen, Lobbyarbeit*
Publikationen	*neue caritas, Sozialcourage, Caritas-Jahrbuch*
Möglichkeit zur Mitarbeit	*in lokalen Caritas-Einrichtungen*

0226

Deutscher Frauenrat

Frauen, Gleichstellungspolitik

Der Deutsche Frauenrat ist die Vereinigung von mehr als 50 bundesweit aktiven Frauenorganisationen. Er hat Beraterstatus bei der UNO und ist Mitglied der Europäischen Frauenlobby. Der Deutsche Frauenrat setzt sich für die Chancengleichheit von Frauen und Männern in allen Bereichen der Gesellschaft ein. Er betreibt Lobbyarbeit bei der Bundesregierung z.B. im Rahmen von Anhörungen und pflegt intensive Kontakte zu politischen Entscheidern. Der Frauenrat organisiert Kampagnen zu Lohngleichheit, sozialer Sicherung und zu einer speziell auf Frauen ausgerichteten Gesundheitsforschung und veröffentlicht Informationen zur Lage von Migrantinnen.

Adresse	*Axel-Springer-Str. 54a, 10117 Berlin*
Telefon	*030 / 20 45 69-0*
Fax	*-44*
E-Mail	*kontakt@frauenrat.de*
Internet	*www.frauenrat.de*
Geschäftsführung	*Henny Engels*
Vorsitzende	*Brunhilde Raiser*
Gegründet	*1951*
Arbeitsweise	*Vernetzung, Lobbyarbeit*

0227

Deutsches Rotes Kreuz

Armut, Behinderung, Biowaffen, Flüchtlinge & Migration, Kindersoldaten, Kleinwaffen, Kriegsfolgen & Wiederaufbau, medizinische Nothilfe & Versorgung, Soziale Gerechtigkeit, Traumaarbeit, Wohlfahrt

Das Deutsche Rote Kreuz ist weltweit für die Unterstützung und Rettung Notleidender im Einsatz: in der Katastrophenhilfe, in Flüchtlingslagern in Kriegsgebieten oder als sozialer Dienstleister in der Arbeit mit alten, kranken und behinderten Menschen hierzulande. Sein internationaler Suchdienst für die Vereinigung von kriegs- oder katastrophenbedingt getrennten Familien ist fast schon eine Legende. Darüber hinaus ist das DRK politisch äußerst aktiv: Das Rote Kreuz betrachtet es als seine Aufgabe, die Regeln des humanitären Völkerrechts zu verbreiten und seine Einhaltung durch alle Parteien eines bewaffneten Konfliktes einzufordern. Politische Kampagnen gegen Landminen und Biowaffen gehören ebenso dazu wie Appelle an Krieg führende Mächte, nicht am Konflikt Beteiligte zu schützen und den Waffeneinsatz dementsprechend zu beschränken. In Deutschland setzt sich das DRK für eine bessere Integration sozial Schwacher, für Chancengleichheit in Bildung, Gesundheit und Kultur und gegen die wachsende Ausgrenzung ganzer Bevölkerungsteile ein.

Abkürzung	*DRK*
Adresse	*Generalsekretariat, Carstennstr. 58, 12205 Berlin*
Telefon	*030 / 854 04-0*
Fax	*-450*
E-Mail	*drk@drk.de*
Internet	*www.drk.de*
Regionalbüros	*Das DRK umfasst 19 Landesverbände, ca. 510 Kreisverbände, ca. 4800 Ortsvereine sowie den Verband der Schwesternschaften mit 34 Gliederungen.*
Internationale Büros	*Organisationen des Roten Kreuzes/Roten Halbmonds gibt es in über 186 Ländern weltweit*
Geschäftsführung	*Clemens Graf von Waldburg-Zeil*
Aufsichtsrat/Vorstand	*Dr. Rudolf Seiters*
Ansprechpartner	*Nationale Hilfsgesellschaft: Dr. Johannes Richert, -320, Richertj@drk.de Wohlfahrtspflege: Dr. Gabriele Rössler, -221, roessleg@drk.de Kommunikation: Adrian Teetz, -159, teetza@drk.de*
Gegründet	*1863 international, 1921 in Deutschland*
Mitarbeiter	*91.650*
Mitglieder/Förderer	*3.994.490*

0227

Jahresetat	*117.000.000 €*
Adresse Hauptsitz	*International Committee of the Red Cross, 19 avenue de la Paix, 1202 Genf, Schweiz, Tel.: 0041 - 22 / 734 60 01, Fax: 0041 - 22 / 733 20 57, E-Mail: webmaster.gva@icrc.org, www.icrc.org*
Arbeitsweise	*praktische und finanzielle Hilfe, Beratung, Kampagnen, Lobbyarbeit, Öffentlichkeitsarbeit, Gremienvertretung*
Publikationen	*Rotes Kreuz, Helfen und Retten, Soforthilfe-Report*
Möglichkeit zur Mitarbeit	*vor allem in den Ortsvereinen und Kreisverbänden, z.B. in der Wohlfahrts- und Sozialarbeit oder der Katastrophenvorsorge*
Auszeichnungen	*Das Rote Kreuz hat bereits viermal den Friedensnobelpreis erhalten: 1901 (für Henry Dunant), 1917, 1944, 1963*

0228

Diakonisches Werk der EKD

Behinderung, Wohlfahrt

Das Diakonische Werk ist der Dachverband der diakonischen Einrichtungen der Landeskirchen, Freikirchen und Fachverbände in Deutschland. Die Diakonie setzt sich dafür ein, dass jedem Bürger, der in eine Notlage gerät, Hilfe im Rahmen der staatlichen Pflicht zur Daseinsvorsorge gewährt wird. Die Aufgaben der Diakonie sind vielfältig: Als sozialer Dienstleister engagiert sie sich in der Alten-, Behinderten- und Familienhilfe, in der sozialen Konfliktberatung in persönlichen Krisensituationen, in der Hospizarbeit, in der Obdachlosenhilfe und vielem mehr. Darüber hinaus setzt die Diakonie auch politische Akzente und nimmt über Stellungnahmen und Kampagnen Einfluss auf die Gesetzgebung des Bundes.

Adresse	*Reichensteiner Weg 24, 14195 Berlin-Dahlem*
Telefon	*030 / 830 01-0*
Fax	*-222*
E-Mail	*diakonie@diakonie.de*
Internet	*www.diakonie.de*
Regionalbüros	*Landesverbände in jedem Bundesland*
Aufsichtsrat/Vorstand	*Klaus-Dieter Karl Kottnik*
Ansprechpartner	*Pressestelle: Barbara-Maria Vahl, -130, pressestelle@diakonie.de*
Gegründet	*1848*
Mitarbeiter	*420.000*
Arbeitsweise	*praktische Hilfe, Träger sozialer Einrichtungen, Lobbyarbeit, Kampagnen*
Publikationen	*Diakonie Magazin, E-Newsletter*

0229

Dritte Welt Journalisten Netz e.V.

Konfliktmediation & -prävention, Nord-Süd-Politik, Pressefreiheit

Das Dritte Welt Journalisten Netz setzt sich für die kritische Berichterstattung zu Themen in der Dritten Welt ein. Der Verein engagiert sich für die Abkehr von Katastrophenreportagen ohne solide Hintergrundinformation und der „kolonialistischen" Betrachtungsweise der Dritten Welt durch deutsche Medien. Er fördert die entwicklungspolitische Aufklärung und den aktiven Part der Medien daran. Der Verein unterstützt Journalisten und Journalistinnen in den entsprechenden Ländern und organisiert Seminare zur besseren Berichterstattung hierzulande über den Süden. Er organisiert die Tagung „Zivile Konfliktbearbeitung" mit zahlreichen Vertretern anderer NGOs.

Abkürzung	*DWJN*
Adresse	*c/o Klaus Boldt, Perleberger Str. 15, 10559 Berlin*
Telefon	*030 / 394 05 98-0*
Fax	*-1*
E-Mail	*vorstand@dwjn.org*
Internet	*www.dwjn.org*
Gegründet	*1985*
Regionalgruppen	*DWJN-Regionalgruppen in Köln, Berlin und Frankfurt a. M.*
Jahresetat	*7.800 €*
Arbeitsweise	*Vernetzung, Projekte, Tagungen, Lobbyarbeit*
Publikationen	*Rundbrief*
Möglichkeit zur Mitarbeit	*in DWJN-Regionalgruppen und Projekten*

0230

EarthLink e.V.

Kinderarbeit, Regenwald

EarthLink betreibt mehrere ökologisch orientierte Entwicklungshilfeprojekte in Afrika und Südamerika. In Deutschland setzt der Verein sich dafür ein, dass Kommunen bei öffentlichen Aufträgen Produkte aus Kinderarbeit ausschließen. Mehrere deutsche Städte haben dies bereits beschlossen.

Adresse	*Frohschammerstr. 14, 80807 München*
Telefon	*089 / 35 65 21-02*
E-Mail	*info@earthlink.de*
Internet	*www.earthlink.de*
Geschäftsführung	*Bernhard Henselmann*
Aufsichtsrat/Vorstand	*Lydia Stehberger*
Gegründet	*1998*
Mitglieder/Förderer	*30*
Arbeitsweise	*Recherche, Lobbyarbeit, Öffentlichkeitsarbeit, finanzielle Hilfe*
Publikationen	*E-Newsletter*
Möglichkeit zur Mitarbeit	*Praktika, Übersetzungen*
Auszeichnungen	*offizielles Projekt der Weltdekade 2006/2007 der Vereinten Nationen „Bildung für nachhaltige Entwicklung"*

0231

Erklärung von Bern

Biopiraterie, Entwicklungshilfe, Ethisches Investment, Fairer Handel, Globalisierung, Kleidung, Nord-Süd-Politik, Patente

Die Erklärung von Bern ist eine entwicklungspolitische Organisation. Sie wurde im Jahr 1968 von einer Gruppe reformierter Theologen in Form eines Manifestes über „die Schweiz und die Entwicklungsländer" formuliert. Sie setzt sich für globale Gerechtigkeit ein und engagiert sich in den Bereichen Wirtschaftbeziehungen, Kultur, Landwirtschaft, Ernährung und gerechte Handelsbeziehungen. Sie nimmt in diesem Sinne Einfluss auf entwicklungspolitische Fragen in der Schweiz, informiert die Öffentlichkeit über ungerechte Beziehungen zwischen Süden und Norden und interveniert bei internationalen Finanz- und Wirtschaftsinstitutionen.

Adresse	*Postfach, 8031 Zürich, Schweiz*
Telefon	*0041 - 44 / 277 70-00*
Fax	*-01*
E-Mail	*info@evb.ch*
Internet	*www.evb.ch*
Regionalbüros	*Lausanne, Bellinzona*
Aufsichtsrat/Vorstand	*Valentin Küng*
Ansprechpartner	*Landwirtschaft, geistiges Eigentum, Biodiversität: François Meienberg, -05, food@evb.ch Clean Clothes Campaign (CCC): Stefan Indermühle, -10, ccc@evb.ch Handelspolitik und World Trade Organisation: Marianne Hochuli, -11, trade@evb.ch Banken und Finanzplatz Schweiz, Unternehmensverantwortung: Andreas Missbach, -07, andreas.missbach@evb.ch Internationale Finanzbeziehungen: Christine Eberlein, -08, christine.eberlein@evb.ch*
Gegründet	*1968*
Mitarbeiter	*18*
Mitglieder/Förderer	*20.000*
Jahresetat	*2.500.000 CHF*
Arbeitsweise	*Recherche, Lobbyarbeit, Informations- und Kampagnenarbeit*
Publikationen	*erklärung!, fair future! (für Jugendliche), regelmäßig erscheinende Themenhefte*
Möglichkeit zur Mitarbeit	*Mitgliedschaft in einer der Regionalgruppen, Schulbesuche im Rahmen des Schulbesuchprogramms*

0232

erlassjahr.de e.V.

Nord-Süd-Politik, Schuldenerlass

Erlassjahr.de ist ein Bündnis von über 1000 Organisationen, die sich für die Entschuldung von Entwicklungsländern durch einen gerechten Interessenausgleich zwischen Gläubigern und Schuldnern einsetzen. Hauptziel der Kampagne ist ein transparentes Schiedsverfahren, das beide Seiten zu ihrem Recht kommen lässt und die Verantwortung der Gläubiger an der Situation der Schuldner berücksichtigt.

Adresse	*Carl-Mosterts-Platz 1, 40477 Düsseldorf*
Telefon	*0211 / 46 93-196*
Fax	*-197*
E-Mail	*buero@erlassjahr.de*
Internet	*www.erlassjahr.de*
Arbeitsweise	*Kampagnen, Lobbyarbeit*

0233

Euromayday

Arbeitsbedingungen weltweit, Armut, Asyl, Flüchtlinge & Migration, Gesundheitspolitik, Minderheiten, Soziale Gerechtigkeit

„Prekarisierte aller Länder vereinigt Euch!" Ob Sexarbeiterin, Praktikant oder Illegalisierte: Seit dem 1. Mai 2001 werden auf dem Euromayday ungesicherte Arbeits- und Lebensverhältnisse thematisiert. Auf den kreativen Paraden jenseits der traditionellen 1.-Mai-Demonstrationen geht es um Schutzehen, Arbeitskämpfe von Hausarbeiterinnen und die Bewegungsfreiheit von Flüchtlingen. Zu sehen sind sie in immer mehr europäischen Städten von Sizilien bis Lappland. Für den Rest des Jahres tritt die selbstorganisierte Initiative mit Konferenzen und Demonstrationen öffentlich in Erscheinung und setzt sich für Menschen mit ungesicherten Lebens- und Arbeitsbedingungen ein.

Internet	*www.euromayday.tk*
Arbeitsweise	*Demonstrationen, Tagungen, Infodienst*

0234

EXIT Deutschland

Rechtsextremismus & Antifaschismus

EXIT ist eine Initiative gegen Rechtsradikalismus. Gegründet von einem ehemaligen Polizisten und einem ehemaligen Neonaziführer, bietet der Verein Hilfe für Aussteiger aus der rechtsradikalen Szene: EXIT unterstützt Aussteiger bei der Rückkehr in ein Leben außerhalb der Szene durch die Entwicklung von Lebensperspektiven. Der Verein bietet Betroffenen Kontakte und praktische Hilfe, ist aber auch Ansprechpartner in der persönlichen Aufarbeitung.

Adresse	*Postfach: 870316, 13162 Berlin*
Telefon	*0900 / 12 31 23-88*
Fax	*012126 / 88 86 66 00*
E-Mail	*info@exit-deutschland.de*
Internet	*www.exit-deutschland.de*
Gegründet	*2000*
Arbeitsweise	*praktische Hilfe, Beratung, Lobbyarbeit*

0235

FIAN – FoodFirst Informations- und Aktions-Netzwerk

Armut, Bergbau, Blumen, Fairer Handel, Globalisierung, Kaffee, Landwirtschaft, Schuldenerlass, Trinkwasser

Hunger ist kein Schicksal – das ist ein zentrales Motto von FIAN, das heute zu den wichtigsten Organisationen zählt, die sich für eine sozial und ökologisch gerechte Gestaltung des Welthandels einsetzen. Neben dem Hunger greift FIAN auch viele andere Themen auf, so in der Blumenkampagne, in der seit 1991 die Hungerlöhne und der massive Gifteinsatz beim Blumenanbau in Entwicklungsländern angeprangert wird. Andere Kampagnen widmen sich Bergbau, Goldabbau, Kaffee, Shrimps und vielen anderen Produkten, die bei uns zum täglichen Konsum gehören und in vielen armen Ländern zur täglichen Umweltzerstörung und sozialen Benachteiligung beitragen. In Eilaktionen werden dringende Einzelprobleme aufgegriffen, so die Vertreibung von Indigenen für den industriellen Soja-Anbau in Argentinien oder die Vertreibung von 15.000 Bauern und Bäuerinnen in Westbengalen.

Adresse	*FIAN Deutschland, Düppelstr. 9-11, 50679 Köln*
Telefon	*0221 / 702 00-72*
Fax	*-32*
E-Mail	*fian@fian.de*
Internet	*www.fian.de*
Internationale Büros	*FIAN ist in 19 Ländern weltweit vertreten, in einigen weiteren Ländern gibt es einzelne aktive Gruppen.*
Geschäftsführung	*Britta Schweighöfer*
Aufsichtsrat/Vorstand	*Markus Greiling*
Gegründet	*1986*
Mitarbeiter	*7*
Mitglieder/Förderer	*1067*
Regionalgruppen	*zehn ehrenamtliche Lokalgruppen in Deutschland*
Jahresetat	*670.000 €*
Adresse Österreich	*FIAN Austria, Laudongasse 40, 1080 Wien, Tel.: 0043 - 1 / 405 55 15-316, Fax: 0043 - 1 / 405 55 19, E-Mail: fian-oe@oneworld.at, www.fian.at*
Adresse Schweiz	*FIAN Switzerland, Bd du Pont- d, 1205 Geneva, Tel.: 0041 - 22 / 321 58 44, E-Mail: fian-ch@bluewin.ch*

Adresse Hauptsitz	*FIAN International e.V., Willy-Brandt-Platz 5, 69115 Heidelberg, Deutschland, Tel.: 06221 / 653 00 30, Fax: 06221 / 83 05 45, E-Mail: fian@fian.org, www.fian.org*
Arbeitsweise	*Lobby- , Informations- und Bildungsarbeit, Brief- und Postkartenaktionen*
Publikationen	*FoodFirst Magazin*
Möglichkeit zur Mitarbeit	*Mitarbeit in Lokalgruppen und Arbeitskreisen*
Auszeichnungen	*2005: FIAN-Mitarbeiterinnen und Koordinatoren der Blumenkampagne gewinnen de Silver Rose Award 2006: Auf dem Weltwirtschaftsforum Davos erhält die Continental-Kampagne von FIAN und Germanwatch den Public Eye Positive Award.*

0236

FIM – Frauenrecht ist Menschenrecht

Flüchtlinge & Migration, Frauenhandel, Gewalt gegen Frauen, Genitalverstümmelung, Menschen in der Illegalität, Prostitution

Frauenrecht ist Menschenrecht ist ein Beratungs- und Informationszentrum für Frauen aus Asien, Afrika, Lateinamerika und Mittel- und Osteuropa. Die Hilfe von FIM zielt darauf ab, Frauen darin zu unterstützen, Krisensituationen zu überwinden, sich aus Gewaltbeziehungen zu befreien, ein eigenständiges Leben aufzubauen und die Integration in die deutsche Gesellschaft zu ermöglichen. FIM steht auch Männern in besonderen Notlagen offen und bindet sie – auf Wunsch der Klientinnen – im Rahmen von Familienberatungen ein. FIM führt ausgewählte Sprach-, Integrations- und Bildungsangebote für Migrantinnen durch und leistet fach- und kulturspezifisch ausgerichtete Öffentlichkeits-, Informations- und Lobbyarbeit.

Abkürzung	*FIM*
Adresse	*Varrentrappstraße 55, 60486 Frankfurt a. M.*
Telefon	*069 / 970 97 97-0*
Fax	*-18*
E-Mail	*fiminfo@fim-beratungszentrum.de*
Internet	*www.fim-frauenrecht.de*
Regionalbüros	*Hessen*
Geschäftsführung	*Elvira Niesner*
Aufsichtsrat/Vorstand	*Gertrud Mehrens, Ursula Trautwein*
Gegründet	*1980*
Mitarbeiter	*12*
Jahresetat	*500.000 €*
Gründungsanlass	*Anlässlich des Weltgebetstages der Frauen 1980 machten thailändische Frauen mit einem Aufruf an die Menschen der Industriestaaten auf Sextourismus und Frauenhandel aufmerksam: „Was ist mit eurer Gesellschaft los? Weshalb kommen Männer aus euren Ländern in unsere Städte und machen sie zu ihren Bordellen?“ Für einige Frauen aus Frankfurt war dies der Anlass, die „Ökumenische Thailandgruppe“ (später FIM e.V.) zu gründen.*
Arbeitsweise	*Beratung, Bildungs- und Lobbyarbeit*
Möglichkeit zur Mitarbeit	*Begleitung zu Behörden, Unterstützung in Büroorganisation und Technik*
Auszeichnungen	*1999: Senfkorn-Preis, 2002: Olympe-de-Gouges-Ehrenpreis für Gertrud Mehrens*

0237

FIZ Fraueninformationszentrum

Flüchtlinge & Migration, Frauenhandel, Gewalt gegen Frauen

Das Fraueninformationszentrum ist eine Anlauf- und Beratungsstelle in der Schweiz für Migrantinnen aus Afrika, Asien, Osteuropa und Lateinamerika. Es berät Frauen, die von Frauenhandel betroffen sind, Gewalterfahrung haben, in der Sexindustrie oder im Dienstleistungssektor arbeiten oder aufenthaltsrechtliche Probleme haben. Hinzu kommt Beratung bei Scheidung und Trennung. Das FIZ setzt sich für die Bekämpfung von Frauenhandel und anderen Formen von Ausbeutung und Gewalt gegen Migrantinnen ein. Durch Öffentlichkeitsarbeit, Publikationen, Bildungs- und Aufklärungsarbeit und Kooperation mit den Medien macht das FIZ auf die Problematik der Frauen aufmerksam.

Adresse	*Badenerstrasse 134, 8004 Zürich, Schweiz*
Telefon	*0041 - 44 / 240 44-22*
Fax	*-23*
E-Mail	*contact@fiz-info.ch*
Internet	*www.fiz-info.ch*
Aufsichtsrat/Vorstand	*Ana-Maria Behn*
Gegründet	*1985*
Mitarbeiter	*7*
Mitglieder/Förderer	*2000*
Jahresetat	*700.000 CHF*
Arbeitsweise	*Beratung, Begleitung von Opfern, Lobbyarbeit, Gremienarbeit, Vernetzung*
Publikationen	*Rundbriefe, E-Newsletter*
Möglichkeit zur Mitarbeit	*Alltagsbegleitung für Opfer von Frauenhandel*
Auszeichnungen	*1999 und 2006: Gleichstellungspreis der Stadt Zürich*
Erfolge	*2004: die Gründung von FIZ Makasi, der ersten spezialisierten Beratungsstelle für Opfer von Frauenhandel in der Schweiz*

0238

Flüchtlingsrat Berlin

Asyl, Flüchtlinge & Migration, Rassismus

Die Flüchtlingsräte sind die Dachverbände von Personen und Initiativen zur Flüchtlingssolidarität in den einzelnen Bundesländern. Stellvertretend für die vielen Flüchtlingsräte haben wir hier den Berliner Rat aufgenommen, auf dessen Webseite sich eine umfassende Liste aller Flüchtlingsräte in Deutschland findet. Die Flüchtlingsräte setzen sich für das Bleiberecht aller bedrohten Menschen ein und haben verschiedene Kampagnen initiiert, so zum Beispiel gegen die Abschiebepraxis der Lufthansa. Sie engagieren sich gegen die staatliche Diskriminierung von Flüchtlingen, für die Verbesserung der Lebensbedingungen und die Wahrung der Menschenwürde von Flüchtlingen.

Adresse	*Georgenkirchstr. 69/70, 10249 Berlin*
Telefon	*030 / 243 44 57 62*
E-Mail	*buero@fluechtlingsrat-berlin.de*
Internet	*www.fluechtlingsrat-berlin.de*
Geschäftsführung	*Jens-Uwe Thomas*
Aufsichtsrat/Vorstand	*Siegfried Pöppel*
Gegründet	*1981*
Mitarbeiter	*3*
Mitglieder/Förderer	*50*
Jahresetat	*100.000 €*
Arbeitsweise	*Aktionen, Beratung, Infodienst, Lobbyarbeit, Kampagnen, Vernetzung*
Publikationen	*E-Newsletter*
Möglichkeit zur Mitarbeit	*Mitarbeit in Arbeitsgruppen (politische Flüchtlingsarbeit), Initiativen (Büro für Medizinische Flüchtlingshilfe)*
Auszeichnungen	*1989: Gustav W. Heinemann Preis, 1999: Preis Demokratie Leben*
Erfolge	*November 2006: Kampagne „Hier geblieben!“, Bleiberechtsregelung der Innenministerkonferenz*

0239

FoeBuD

Datenschutz, Informationsfreiheit, Bürgerrechte, Informationstechnologie, Demokratie

Ob Kundenkarten, RFID-Chips oder Videoüberwachung – die FoeBuds wehren sich gegen die massenhafte Speicherung von personenbezogenen Daten. Mit vollem Namen sind sie der „Verein zur Förderung des öffentlichen bewegten und unbewegten Datenverkehrs e.V." Sie richten sich an „Menschen vor dem Computer". Techniktüftler sind hier ebenso vertreten wie politisch Interessierte, die sich in den Bereichen Politik, Umwelt oder Menschenrechte engagieren. Ihr Anliegen: „Menschen schützen und nicht Daten." Deswegen verleihen sie jährlich den BigBrotherAward (den bei den Preisträgern gar nicht so geliebte „Oscar für Datenkraken") und machten bereits von sich reden, als sie im Rahmen des Informationsfreiheitsgesetzes „befreite Dokumente" online stellten.

Adresse	*Marktstr. 18, 33602 Bielefeld*
Telefon	*0521 / 17 52 54*
Fax	*0521 / 611 72*
E-Mail	*mail@foebud.org*
Internet	*www.foebud.org, www.bigbrotherawards.de*
Aufsichtsrat/Vorstand	*Rena Tangens, padeluun*
Gegründet	*1987*
Mitarbeiter	*3*
Mitglieder/Förderer	*100*
Arbeitsweise	*Recherchen, Publikationen, Veranstaltungen, Preisverleihung (BigBrotherAward), Kampagnen und Demonstrationen, Beratung, Vorträge*
Publikationen	*PrintLog, E-Newsletter*
Möglichkeit zur Mitarbeit	*Presse beobachten, Artikel schreiben, Fotos und Zeichnungen für die Website beisteuern, wöchentliche offene Treffen in Bielefeld*
Auszeichnungen	*1998: Preis „Sinnformation" der Grünen Bundestagsfraktion, 2003: Gewinner der Ideenwettbewerbs „bridge ideas" für die Idee zur Entwicklung eines Gerätes zum Aufspüren von verborgenen RFID-Schnüffelchips*
Erfolge	*Aufbau des Zamir-Kommunikationsnetzes während des Krieges in Ex-Jugoslawien, Aufdeckung eines versteckten Schnüffelchips in einer Kundenkarte der Metro AG, die nach der Stop-RFID-Kampagne des FoeBuD zurückgezogen wurde*

0240

Forum InformatikerInnen für Frieden und gesellschaftliche Verantwortung e.V.

Bürgerrechte, Datenschutz, Informationstechnologie

Ob Videoüberwachung, Vorratsdatenspeicherung, Nazis im Netz, Cyberwar oder Geschlechterverhältnisse in der Informationsgesellschaft: Das Forum InformatikerInnen für Frieden und gesellschaftliche Verantwortung warnt die Öffentlichkeit vor problematischen Entwicklungen in seinem Fachgebiet und setzt sich dafür ein, „dass Informationstechnik im Dienst einer lebenswerten Welt steht" und ökologisch verträglich, menschengerecht und gleichberechtigt gestaltet ist. Seine Arbeit dokumentiert das FIfF in kritischen Veröffentlichungen.

Abkürzung	*FIfF*
Adresse	*Goetheplatz 4, 28203 Bremen*
Telefon	*0421 / 33 65 92-55*
Fax	*-56*
E-Mail	*fiff@fiff.de*
Internet	*www.fiff.de*
Geschäftsführung	*Anja Riemer*
Aufsichtsrat/Vorstand	*Prof. Hans-Jörg Kreowski*
Gegründet	*1984*
Mitarbeiter	*2*
Mitglieder/Förderer	*670*
Jahresetat	*40.000 €*
Arbeitsweise	*Publikationen, Recherche, Tagungen*
Publikationen	*FIfF- Kommunikation*
Möglichkeit zur Mitarbeit	*Mitarbeit in Regionalgruppen und Arbeitskreisen zu Videoüberwachung sowie Rüstung und Informatik*

0241

Forum selbstbestimmter Assistenz behinderter Menschen e.V.

Behinderung, Gesundheitspolitik

Das Forum selbstbestimmter Assistenz behinderter Menschen setzt sich für Menschen ein, die ihr Leben nicht ohne Hilfe führen können, d.h. behinderte, chronische kranke und alte Menschen. Unter seinem Dach versammeln sich verschiedene Organisationen und Verbände. Das Forum unterstützt die Selbstbestimmung und Eigenverantwortung dieser Menschen, indem es Betroffene berät und über die Möglichkeiten der Inanspruchnahme der Lebensassistenz informiert.

Abkürzung	*ForseA*
Adresse	*Nelkenweg 5, 74673 Mulfingen-Hollenbach*
Telefon	*07938 / 515*
Fax	*01805 / 060 34 79 85 45*
E-Mail	*elke.bartz@forsea.de*
Internet	*www.forsea.de*
Geschäftsführung	*Elke Bartz*
Aufsichtsrat/Vorstand	*Elke Bartz*
Gegründet	*1997*
Mitglieder/Förderer	*550*
Jahresetat	*50.000 €*
Arbeitsweise	*Beratung, Lobbyarbeit, Tagungen, Vernetzung*
Publikationen	*INFORUM*

0242

Forward Germany e.V.

Genitalverstümmelung

Für das Recht auf unversehrtes Leben engagiert sich Forward Germany und meint die Bekämpfung von weiblicher genitaler Beschneidung in Deutschland und Afrika. Die Organisation von Frauen und Männern afrikanischer und deutscher Herkunft initiiert Netzwerke und Projekte für medizinische und psychosoziale Betreuung. Aufklärungs- und Fortbildungsveranstaltungen sind ebenso Teil der Arbeit wie die Beratung und Unterstützung von jungen Frauen, die durch Beschneidung traumatisiert wurden.

Adresse	*Hohenstaufenstraße 8, 60327 Frankfurt a. M.*
Telefon	*069 / 13 82 60-78*
Fax	*-77*
E-Mail	*info@forward-germany.de*
Internet	*www.forward-germany.de*
Geschäftsführung	*Beate Freifrau von Devivere*
Aufsichtsrat/Vorstand	*Prof. Dr. Tobe Levin*
Gegründet	*1998*

0243

Frauen in Naturwissenschaft und Technik

Frauen, Frauenbewegung/Literatur

Interessen von Naturwissenschaftlerinnen und Ingenieurinnen in der Öffentlichkeit zu vertreten, hat sich der Verein Frauen in Naturwissenschaft und Technik zur Aufgabe gemacht. Der Zusammenschluss von Frauen, die in den Bereichen arbeiten oder studieren, will dort Diskriminierungen abbauen und umwelt- und sozialverträgliche Alternativen fördern, übt feministische Kritik an Naturwissenschaft und Technik, nimmt auf umwelt- und technologiepolitische Debatten Einfluss und setzt auf Informationsaustausch und interdisziplinäre Zusammenarbeit.

Abkürzung	*NUT*
Adresse	*Haus der Demokratie, Greifswalder Str. 4, 10405 Berlin*
Telefon	*030 / 204 44 58*
E-Mail	*geschaeftsstelle@nut.de*
Internet	*www.nut.de*
Gegründet	*1988*
Arbeitsweise	*Vernetzung, Infodienst*

0244

Frauen ohne Grenzen

Frauen

Frauen ohne Grenzen setzt sich weltweit für die Rechte von Frauen ein. Der Verein unterstützt Frauen auf ihrem Weg zur Teilnahme und Mitsprache an Entscheidungsprozessen auf allen Ebenen. Durch Öffentlichkeitsarbeit und Lobbying macht Frauen ohne Grenzen auf seine Ziele aufmerksam. Die Organisation unterstützt verschiedene Projekte, vor allem in Entwicklungsländern, um die soziale Position von Frauen zu stärken und eine Zivilgesellschaft mit starker weiblicher Beteiligung aufzubauen.

Adresse	*Gumpendorferstrasse 22, 1060 Wien, Österreich*
Telefon	*0043 - 1 / 53 34 55-1*
Fax	*-2*
E-Mail	*office@frauen-ohne-grenzen.org*
Internet	*www.frauen-ohne-grenzen.org*
Aufsichtsrat/Vorstand	*Dr. Edit Schlaffer*
Gegründet	*2002*
Mitarbeiter	*4*
Arbeitsweise	*Konferenzen, Lobbyarbeit, Projekte, Forschung*
Publikationen	*E-Newsletter*

0245

FrauenRechtsBüro gegen sexuelle Folter e.V.

Asyl, Flüchtlinge & Migration, Folter, Gewalt gegen Frauen, Kriegsopfer, Vergewaltigung

Weltweit wird sexuelle Folter als Verhörmethode und als Mittel der Kriegsführung angewandt. Das FrauenRechtsBüro gegen sexuelle Folter bietet betroffenen Frauen kostenlos rechtliche Hilfe an, erstattet Strafanzeigen gegen die staatlichen Täter und legt Klage beim Europäischen Gerichtshof für Menschenrechte ein, wenn der innerstaatliche Rechtsweg ergebnislos ausgeschöpft wurde. Außerdem unterstützt das Projekt Frauen im Asylverfahren, vermittelt Therapieplätze bei Folterfolgen und stellt ausführliches Hintergrundmaterial zur Situation von Frauen in der Türkei und den kurdischen Gebieten zusammen. Bereits 1997 gründeten Eren Keskin und andere Rechtsanwältinnen das Istanbuler Projekt „Rechtliche Hilfe für Frauen, die von staatlichen Sicherheitskräften vergewaltigt oder auf andere Weise sexuell misshandelt wurden". An deren Arbeit knüpft das Berliner Büro an.

Adresse	*c/o ARI, Colbestr. 19, 10247 Berlin*
Telefon	*0173 / 913 23 39*
E-Mail	*info@womensrightsproject.de*
Internet	*www.womensrightsproject.de*
Gegründet	*1997*
Arbeitsweise	*Hilfe und Beratung für Opfer, Strafanzeigen, Publikationen*

0246

Frauensolidarität

Arbeitsbedingungen weltweit, Frauen, Frauengesundheit/ gynäkologische Versorgung, Frauenhandel, Gewalt gegen Frauen, Kleidung, Nord-Süd-Politik

Der Verein Frauensolidarität informiert mit Bildungs- und Öffentlichkeitsarbeit über die Situation von Frauen in Afrika, Asien und Lateinamerika und zum Nord-Süd-Verhältnis. Eine zentrale Aktivität der Organisation ist die Unterstützung der Clean-Clothes-Kampagne für Kleidung aus fairer Produktion. Frauensolidarität trägt mit ihrer Arbeit zur Durchsetzung von Frauenrechten bei und engagiert sich für eine Welt frei von Sexismus und Rassismus. Als entwicklungspolitische Organisation steht sie im Dialog mit Frauenbewegungen aus dem Süden. Frauenprojekte im Süden werden auch finanziell untersützt, so z.B. ein Betreuungs- und Ausbildungszentrum für jugendliche Mütter in Peru oder Trainings für eine südafrikanische Frauengewerkschaft.

Adresse	*Berggasse 7, 1090 Wien, Österreich*
Telefon	*0043 - 1 / 317 40 20-0*
Fax	*-355*
E-Mail	*office@frauensolidaritaet.org*
Internet	*www.frauensolidaritaet.org*
Geschäftsführung	*Astrid Konrad*
Aufsichtsrat/Vorstand	*Ulrike Lunacek*
Gegründet	*1982*
Mitarbeiter	*9*
Arbeitsweise	*finanzielle Hilfe, Veranstaltungen, Plakataktionen, Bibliothek und Dokumentationsstelle*
Publikationen	*Frauensolidarität*

0247

Freunde der Naturvölker e.V.

Indigene Völker Migration

Klassische Entwicklungshilfe ist für die Freunde der Naturvölker passé. Stattdessen sieht sich der Verein als Fürsprecher und Sprachrohr der indigenen Völker, die ihr „Recht auf Nicht-Entwicklung“ einfordern, sprich eigenständig über ihre Zukunft entscheiden wollen. Als Teil des weltweiten Netzwerks von Friends of Peoples Close to Nature (FPCN) tritt er besonders für die Bewahrung kultureller Vielfalt der sogenannten Kleinstvölker wie Pygmäen ein. Erst wenn sich jene Völker an die Organisation wenden, wird sie aktiv: mit Rat und Tat und direkten Forderungen bei der Menschenrechtskommission in Genf.

Adresse	*Katzenstraße 2, 21335 Lüneburg*
Telefon	*04131 / 68 22 32*
Fax	*04131 / 68 22 32*
E-Mail	*fdn@fpcn-global.org*
Internet	*www.freunde-der-naturvoelker.de*
Internationale Büros	*8*
1. Vorsitzender	*Steffen Keulig*
Gegründet	*1991*
Mitglieder/Förderer	*60*
Jahresetat	*5.000 €*
Gründungsanlass	*Vertreibung des Naturvolkes der Negritos auf den Philippinen durch den Vulkanausbruch des Pinatubo und die daraus resultierende Umsiedlung in Internierungslager.*
Arbeitsweise	*Lobbyarbeit, Beratung, finanzielle Hilfe, Infodienst*
Publikationen	*Naturvölker*
Auszeichnungen	*Umweltpreis des Landkreises Ludwigslust*

0248

Gegen-missbrauch e.V.

Kinderprostitution, Kindesmissbrauch

Gegen-missbrauch setzt sich gegen den sexuellen Missbrauch von Kindern ein. Der Verein bietet eine Plattform für Betroffene von sexuellem Kindesmissbrauch und aktive Hilfe – durch Gespräche, die dem Abbau von Vorurteilen und Ängsten dienen. Er stellt Adresslisten für Hilfesuchende bereit, leistet direkte Hilfe beim Kontakt mit Krankenkassen, Ämtern, Anwälten und Therapeuten, organisiert Aktionstage zur Aufklärungs- und Präventivarbeit und führt Projekte an Schulen durch, die der Sensibilisierung für das Thema Missbrauch dienen. Außerdem unterstützt er die Aufdeckung von Kinderpornografie durch Vernetzung mit Landeskriminalämtern.

Adresse	*Am Menzelberg 10, 37077 Göttingen*
Telefon	*0551 / 50 06 56 99*
Fax	*0551 / 20 54 803*
E-Mail	*info@gegen-missbrauch.de*
Internet	*www.gegen-missbrauch.de*
Aufsichtsrat/Vorstand	*Ingo Fock*
Gegründet	*2003*
Arbeitsweise	*Aktionen, finanzielle Hilfe, Präventivkampagnen, Beratung*
Möglichkeit zur Mitarbeit	*in Einzelprojekten (z.B. „Zuhören"), Recherchen, Übersetzungen*

0249

Gerechtigkeit für Unschuldige – Justice for the innocent e.V.

Todesstrafe

Gerechtigkeit für Unschuldige – Justice for the innocent kämpft gegen die Todesstrafe. In dem gemeinnützigen Verein sind (ehemalige) Gefangene, ihre Familien sowie Anti-Todesstrafen- und Menschenrechtsaktivisten versammelt. Zu seiner Arbeit zählen Projekte zur Abschaffung der Todesstrafe, Proteste gegen Hinrichtungen, die Unterstützung von Insassen besonders in Todestrakten in den USA und Kampagnen für Menschen, die starke Beweise für ihre Unschuld haben. Neben der Öffentlichkeitsarbeit vermittelt der Verein Brieffreundschaften ins Gefängnis und organisiert Benefizkonzerte und Kunstausstellungen.

Adresse	*Postfach 6017, 49093 Osnabrück*
E-Mail	*chairwoman@justice-for.org*
Internet	*www.justice-for.org*
Gegründet	*2005*
Arbeitsweise	*Protestdemonstrationen, Projekte, Kampagnen, praktische Unterstützung, Briefkontakte zu Gefangenen*

0250

Gerechtigkeit jetzt! Die Welthandelskampagne

Globalisierung

Das Aktionsbündnis Gerechtigkeit jetzt! ist eine Vereinigung von 36 Organisationen aus den Bereichen Kirche, Entwicklung, Umwelt, Menschenrechte und Gewerkschaften. Es setzt sich für Gerechtigkeit im Welthandel ein. Über Veranstaltungen, Bildungsarbeit und öffentliche Aktionen macht das Bündnis auf Ungerechtigkeit im Welthandel aufmerksam. Es organisiert Straßenaktionen zu Treffen der Welthandelsorganisation WTO.

Adresse	*Am Michaelshof 8-10, 53177 Bonn*
Telefon	*0228 / 368 10 10*
Fax	*0228 / 92 39 93 56*
E-Mail	*projekt@gerechtigkeit-jetzt.de*
Internet	*www.gerechtigkeit-jetzt.de*
Ansprechpartner	*Campaigner: Alexis Passadakis Projektreferentin: Nina Sachau*
Gegründet	*2003*
Mitarbeiter	*2*
Mitglieder/Förderer	*36*
Arbeitsweise	*Aktionen, Projekte, Tagungen*
Publikationen	*Newsletter*
Möglichkeit zur Mitarbeit	*in lokalen Gruppen (z.B. Großpuppen für Protestaktionen bauen)*

0251

Germanwatch e.V.

Ethisches Investment, Fairer Handel, Klima, Landwirtschaft, Lebensmittel & Ernährung, Nord-Süd-Politik

„Der Norden muss sich ändern, damit der Süden eine Chance hat" – unter diesem Motto setzt sich Germanwatch vor allem für die Menschen auf der Südhalbkugel ein, die besonders von unserem Lebensstil betroffen sind, sei es durch die Auswirkungen des Klimawandels oder durch ungerechte Handelsbeziehungen. Umweltbildung an Schulen (z.B. mit der preisgekrönten „Klimaexpedition"), gezielte Kampagnen für faire Rohstoffpreise (z.B. Zucker), Projekte für nachhaltiges Investment und Arbeit mit deutschen Unternehmen zur Armutsbekämpfung ergänzen sich dabei.

Adresse	*Dr. Werner-Schuster-Haus, Kaiserstr. 201, 53113 Bonn*
Telefon	*0228 / 604 92-0*
Fax	*-19*
E-Mail	*info@germanwatch.org*
Internet	*www.germanwatch.org*
Regionalbüros	*Berlin*
Geschäftsführung	*Christoph Bals, Dr. Gerold Kier*
Aufsichtsrat/Vorstand	*Klaus Milke*
Gegründet	*1991*
Mitarbeiter	*12*
Mitglieder/Förderer	*475*
Regionalgruppen	*Hamburg, München*
Jahresetat	*970.000 €*
Arbeitsweise	*Lobbyarbeit, Recherche, Kampagnen, Öffentlichkeitsarbeit*
Publikationen	*Germanwatch-Zeitung, E-Newsletter KlimaKompakt*
Möglichkeit zur Mitarbeit	*Praktikum, Mitarbeit in den Regionalgruppen*
Auszeichnungen	*2006: Public Eye Award / Positive Award für Engagement im Euzkadi-Fall, 2005: Auszeichnung der Klimaexpedition als UN-Dekade-Projekt*
Erfolge	*Initiierung des Pro-Klimaschutz-Unternehmerverbands e5*

0252

Gesellschaft Demokratische Kultur gGmbH

Antisemitismus, Rechtsextremismus, Islamismus

Die ZDK Gesellschaft Demokratische Kultur engagiert sich für Menschenrechte und gegen Rechtsextremismus. Mit ihren Exit-Projekten (siehe dort) bietet sie Aussteigern aus der rechtsradikalen Szene Hilfe zur Selbsthilfe. Das Zentrum Demokratische Kultur sucht mit praktischer Gemeindeberatung nach regionalen und kommunalen Ansätzen im Umgang mit Rechtsextremismus.

Abkürzung	*ZDK*
Adresse	*Mühlenstr. 47, 13187 Berlin*
Telefon	*030 / 91 20 79-3*
Fax	*-45*
E-Mail	*info@zentrum-demokratische-kultur.de*
Internet	*www.zentrum-demokratische-kultur.de*
Geschäftsführung	*Bernd Wagner*
Gegründet	*2003 in Deutschland*
Mitarbeiter	*6*
Mitglieder/Förderer	*4*
Arbeitsweise	*Analyse, Coaching, Ausstiegshilfe aus extremistischen Szenen, Fortbildung*

0253

Gesellschaft für bedrohte Völker

Flüchtlinge & Migration, Indigene, Kindersoldaten, Kriegsopfer, Menschenrechte, Minderheiten, Staudämme

Die Gesellschaft für bedrohte Völker ist eine Menschenrechtsorganisation, die sich für verfolgte und bedrohte ethnische und religiöse Minderheiten, Nationalitäten und Ureinwohnergemeinschaften einsetzt. Sie geht auf die Biafra-Hilfe Ende der 1960er Jahre zurück und führt mittlerweile zahlreiche Kampagnen durch: zur Lage in Krisenregionen wie Darfur, Uganda oder Tibet, zur Internetzensur in China oder zu Kindersoldaten in Afrika. Die Lobbyarbeit in Deutschland betrifft zum Beispiel die Forderung an die Bundesregierung, ein umstrittenes Staudammprojekt in der Türkei nicht zu unterstützen.

Abkürzung	*GfbV*
Adresse	*Geiststraße 7, 37073 Göttingen*
Telefon	*0551 / 499 06-0*
Fax	*0551 / 580 28*
E-Mail	*info@gfbv.de*
Internet	*www.gfbv.de*
Regionalbüros	*Ein Hauptstadtbüro in Berlin*
Internationale Büros	*Die GfbV ist in 8 Ländern weltweit vertreten.*
Generalsekretär	*Tilman Zülch*
Gegründet	*1968*
Regionalgruppen	*in 14 deutschen Städten*
Adresse Österreich	*Untere Viaduktgasse 53/7a, 1030 Wien, Tel.: 0043 - 1 / 503 49-90, E-Mail: office@gfbv.at, www.gfbv.at*
Adresse Schweiz	*Wiesenstrasse 77, 3014 Bern, Tel.: 0041 - 31 / 311 90-08, Fax: -65, E-Mail: info@gfbv.ch, www.gfbv.ch*
Adresse Luxemburg	*Iwerliewen fir bedreete Volleker, 2, rue Louis XIV, 1948 Luxemburg, Tel.: 00352 - 26 25 86-87, Fax: -88, E-Mail: ifbv@pt.lu*
Adresse Hauptsitz	*GfbV International hat den Sitz bei der GfbV Luxemburg, die Koordination erfolgt in Deutschland.*
Arbeitsweise	*Kampagnen, Aktionen, Infodienst, Lobbyarbeit, Veranstaltungen, Lesungen*
Publikationen	*GfbV-Zeitschrift „bedrohte Völker/pogrom“, Nachrichten für Freunde, Förderer und Mitglieder der GfbV*
Möglichkeit zur Mitarbeit	*in den Regionalgruppen, Teilnahme an Menschenrechtsaktionen, E-Mail- und Fax-Protestaktionen*

0254

Gesellschaft für solidarische Entwicklungszusammenarbeit e.V.

Fairer Handel, Kaffee, Kinderarbeit, Nord-Süd-Politik

Entwicklungszusammenarbeit als einen Lernprozess zu verstehen, das ist das Anliegen der Gesellschaft für solidarische Entwicklungszusammenarbeit. Außerdem versucht die GSE mit ihrer Arbeit, Beziehungen zu Menschen des Südens aufzubauen, um sie solidarisch zu unterstützen. Zu ihren Auslands-projekten zählt z.B. die Kooperative für nachhaltige Landwirtschaft und Armutsbekämpfung im Bezirk Karimnager/Südindien. Im Rahmen ihrer entwicklungspolitischen Bildungs- und Öffentlichkeitsarbeit bietet sie Fortbildungen zu Nord-Süd-Themen wie Kaffeeanbau und Kinderarbeit an. Mit Produkten aus ihrem Weltladen „La Tienda" im Berliner Stadtteil Friedrichshain setzt sie sich für fairen Handel ein.

Abkürzung	*GSE*
Adresse	*Krossener Straße 20, 10245 Berlin*
Telefon	*030 / 29 00 64 72*
E-Mail	*gse.berlin@gmx.de*
Internet	*www.gse-ev.de*
Vorstandsvorsitzender	*Dr. Ramesh Chennamaneni*
Gegründet	*1990*
Mitarbeiter	*4*
Arbeitsweise	*Unterstützung von Partnerorganisationen im Süden, pädagogisch an Schulen*
Möglichkeit zur Mitarbeit	*Spendenwerbung, Sponsorensuche, Infostände, Verkaufsstände des Weltladens*

0255

Gesellschaft zum Schutz von Bürgerrecht und Menschenwürde e.V.

Bürgerrechte, DDR-Bürgerbewegung, Demokratie, Menschenrechte, Militarismus, Rassismus, Soziale Gerechtigkeit

„Die DDR hat immer noch eine Seele", schrieb die FAZ 2001 über die Gesellschaft zum Schutz von Bürgerrecht und Menschenwürde. Auslöser war die UNO-Auflage für die Bundesrepublik, Nachteile für Ostdeutsche zu beseitigen. Initiator der Auflage war die GBM. Seit 1991 setzt sie sich dafür ein, die Benachteiligung von DDR-Bürgern nach dem Anschluss der DDR an die BRD zu beseitigen. Sie arbeitet aber auch zu Themen wie Rassismus, Menschenrechtsverletzungen und Anti-Militarismus und verleiht jährlich einen Menschenrechtspreis. Der ging z.B. 1998 an Dr. Fidel Castro Ruiz.

Abkürzung	*GBM*
Adresse	*Weitlingstr. 89, 10317 Berlin*
Telefon	*030 / 557 83 97*
Fax	*030 / 555 63 55*
E-Mail	*gbmev@t-online .de*
Internet	*www.gbmev.de*
Geschäftsführung	*Sabine Dahlke*
Aufsichtsrat/Vorstand	*Prof. Dr. Wolfgang Richter*
Gegründet	*1991*
Mitarbeiter	*2*
Arbeitsweise	*Publikationen, Konferenzen, Recherchen, Aktionen*
Publikationen	*ICARUS, akzente*

0256

Gipfelsoli Infogruppe

Globalisierung

Seattle, Prag und Genua sind zum Inbegriff des Widerstands gegen eine ökonomische Globalisierung und die Treffen ihrer Finanz-Player wie WTO, Weltbank, IWF und G8 geworden. Die Gipfelsoli Infogruppe versammelt auf ihrer virtuellen Plattform Meldungen über eine globalisierte Solidarität und über die Proteste gegen eine unsolidarische Globalisierung. Wer sich über die vergangenen oder zukünftigen Global Days of Action, sprich Demonstrationen, internationalen Netzwerke und Kampagnen, informieren möchte, ist hier genau richtig.

Adresse	*Mariannenplatz 2 (Bethanien Südflügel), 10997 Berlin*
Telefon	*030 / 40 98 54 06*
E-Mail	*gipfelsoli@nadir.org*
Internet	*www.gipfelsoli.org*
Gegründet	*2001*
Arbeitsweise	*Internetseite*
Möglichkeit zur Mitarbeit	*mitdemonstrieren*

0257

Globale Bildungskampagne

Bildung & Schule, Entwicklungshilfe

Die Globale Bildungskampagne setzt sich dafür ein, dass das Recht der Kinder auf Bildung umgesetzt wird. Zentrales Ziel ist eine kostenfreie und gute Grundbildung für jedes Kind auf der Welt bis zum Jahr 2015. Durch Lobbyarbeit in der Politik, Aktionen und Informationsveranstaltungen macht die Bildungskampagne auf die verheerenden gesellschaftlichen Auswirkungen mangelnder Schulbildung in Entwicklungsländern aufmerksam und hält weltweite Aktionswochen in Schulen ab.

Adresse	*c/o Oxfam Deutschland, Greifswalder Str. 33a, 10405 Berlin*
Telefon	*030 / 42 85 06-21*
Fax	*-22*
E-Mail	*fuellendahl@oxfam.de*
Internet	*www.bildungskampagne.org*
Regionalbüros	*Der deutschen Sektion der Bildungskampagne gehören acht Organisationen an: Oxfam Deutschland, WorldVision, Aktion Weißes Friedensband, CARE, GEW, Kindernothilfe, Plan International, World University Service.*
Internationale Büros	*Die Bildungskampagne ist Teil der Global Campaign for Education, die von Organisationen in über 150 Ländern getragen wird.*
Gegründet	*1999*
Adresse Hauptsitz	*Global Campaign for Education, www.campaignforeducation.org, 2132 Saxonwold, Johannesburg, Südafrika, Tel.: 0027 - 11 / 447 41-11, Fax: -38, E-Mail: owain@campaignforeducation.org, www.campaignforeducation.org*
Arbeitsweise	*Aktionen, Kampagnenarbeit, Lobby- und Öffentlichkeitsarbeit*
Publikationen	*E-Newsletter*
Möglichkeit zur Mitarbeit	*Z.B. an der Online-Aktion „die längste Kette der Welt für Bildung". Insbesondere Schülerinnen und Schüler bzw. Schulen können sich an den jährlichen Aktionen der Kampagne beteiligen.*
Erfolge	*2003: Die Bildungskampagne organisierte die weltgrößte Unterrichtsstunde, an der sich mehr als zwei Millionen Menschen beteiligten.*

0258

Glocalist Medien

Informationspolitik, Medien

Glocalist ist ein Nachrichtenanbieter der besonderen Art: Er publiziert täglich neue Meldungen aus dem NGO-Bereich. Ob es um aktuelle Umfragewerte zum Thema Klimaschutz geht, Proteste gegen das G8-Treffen oder die Vergabe des amnesty-Filmpreises auf der Berlinale – Glocalist berichtet. Glocalist bietet verschiedene Formate an: die im Netz erscheinende wöchentliche Review, das monatliche Magazin zum Festhalten und die täglichen Nachrichten online.

Adresse	*Medien für NGOs und Zivilgesellschaft, Barmherzigengasse 17/6/1, 1030 Wien, Österreich*
Telefon	*0043 - 1 / 597 20 01*
E-Mail	*office@glocalist.com*
Internet	*www.glocalist.com*
Geschäftsführung	*Bettina Dürrheim, Dr. Christian Neugebauer*
Gegründet	*2003*
Mitarbeiter	*4*
Jahresetat	*150.000 €*
Arbeitsweise	*Infodienst*
Publikationen	*Glocalist Daily News, Glocalist Magazine, Glocalist Review*
Möglichkeit zur Mitarbeit	*Verfassen von Beiträgen*

0259

Grüne Hilfe Netzwerk e.V.

Drogenpolitik

Die Grüne Hilfe ist ein Netzwerk bundesweiter Gruppen, die sich für die Freigabe von Cannabis und anderen Drogen sowie für die Entkriminalisierung von Konsumenten einsetzen. Der Verein vermittelt Rechtsanwälte, betreut Gefangene und arbeitet in politischen Kampagnen für die Legalisierung von Cannabis.

Adresse	*c/o Thomas Schneider, Zimmerstraße 6, 99310 Arnstadt*
Telefon	*0326 / 66 06 90*
E-Mail	*info@gruene-hilfe.de*
Internet	*www.gruene-hilfe.de*
Regionalbüros	*11*
Aufsichtsrat/Vorstand	*Thomas Schneider*
Gegründet	*1994*
Mitglieder/Förderer	*ca. 30*
Arbeitsweise	*Aufklärung, Tipps und Ratschläge per Telefon und E-Mail, Vermittlung von Rechtsanwälten, Gefangenenbetreuung.*
Publikationen	*E-Newsletter*
Möglichkeit zur Mitarbeit	*in den Regionalbüros, Gefangenenbetreuung*

0260

Gustav-Heinemann-Initiative e.V.

Zivile Krisenprävention, Asyl, Bürgerrechte, Informationsfreiheit, Polizeigesetze, Pressefreiheit

Auslöser für die Gründung der Gustav-Heinemann-Initiative war die Sorge um die Bewahrung der verfassungsmäßig garantierten Freiheitsrechte während des Deutschen Herbstes 1977. Für die GHI hat die Sorge um diese Rechte angesichts der Gesetze zur inneren Sicherheit nach dem 11. September 2001 nichts an Aktualität verloren. Als Teil der unabhängigen, überparteilichen Friedens- und Menschenrechtsbewegung verteidigt die GHI Grundrechte der Verfassung und tritt für gewaltfreie Konfliktlösungen, eine aktive und vorrausschauende Friedenspolitik, die Integration von Migranten, eine größere Transparenz staatlichen Handelns durch umfassendere Informationsfreiheitsgesetze und für mehr Demokratie ein. Ein Sprachrohr der Initiative ist der von ihr und anderen herausgegebene jährliche Grundrechte-Report zur Lage der Bürger- und Menschenrechte in Deutschland. Vorbild und Namensgeber der Initiative ist der erste sozialdemokratische Bundespräsident (1969-1974) Gustav Heinemann mit seinem Grundrechts- und Demokratieverständnis.

Abkürzung	*GHI*
Adresse	*Haus der Demokratie und Menschenrechte, Greifswalder Str. 4, 10405 Berlin*
Telefon	*030 / 34 35 19-26*
Fax	*-27*
E-Mail	*info@gustav-heinemann-initiative.de*
Internet	*www.gustav-heinemann-initiative.de*
Geschäftsführung	*Elena Deipenbrock, Corinna Telkamp*
Sprecher des Vorstandes	*Werner Koep-Kerstin*
Gegründet	*1977*
Mitarbeiter	*2*
Mitglieder/Förderer	*307*
Jahresetat	*33.000 €*
Arbeitsweise	*Lobbyarbeit, Tagungen*
Publikationen	*Vorgänge, Grundrechtereports, GHI-Rundbrief*
Möglichkeit zur Mitarbeit	*Mithilfe bei Organisation von Tagungen und Veranstaltungen, inhaltliche Anregungen*
Erfolge	*Das Engagement der früheren GHI-Vorsitzenden Ilse Bechthold gegen den „Großen Lauschangriff" trug entscheidend dazu bei, dass einige kritische Regelungen des ursprünglichen Gesetzentwurfes abgemildert werden konnten (u.a. Ausnahmeregelungen für Journalisten, Rechtsanwälte, Ärzte und Pfarrer).*

0261

human rights server

Abschiebung, Flüchtlinge & Migration, Menschenrechte, Rassismus

Wie sich die aktuelle Menschenrechtssituation in Sri Lanka, Kolumbien oder der Bundesrepublik gestaltet, können Sie auf der Website des human rights server erfahren, eines Projekts des Internationalen Menschenrechtsvereins. Außerdem finden sich hier Informationen zu aktuellen Kampagnen gegen Abschiebungen und Ausreisezentren in der Bundesrepublik. Der Server soll denjenigen eine Stimme geben, „die Opfer von Krieg und Unterdrückung sind“ und gleichzeitig „Nachrichten über couragierten Widerstand und dem Wunsch nach Frieden und Gerechtigkeit“ verbreiten.

Adresse	*Internationaler Menschenrechtsverein Bremen e.V., Bürgermeister-Deichmann-Straße 26, 28217 Bremen*
Fax	*0421 / 498 72 76*
E-Mail	*imrv@humanrights.de*
Internet	*www.humanrights.de*

0262

Human Rights Watch

Folter, Gefangene, Internationaler Strafgerichtshof, Kinderarbeit, Kindersoldaten, Meinungsfreiheit, Menschenrechte, Pressefreiheit

Das Aufdecken und Anprangern von Menschenrechtsverletzungen weltweit ist die Arbeit von Human Rights Watch. Von politischen Verhaftungen und Folter über Rüstungsexporte an Länder, deren Regierungen die Menschenrechte missachten, bis hin zu Verletzungen der Rechte von Frauen und Kindern reicht die Bandbreite der Themen der international agierenden Organisation. Um eine Veränderung von Politik und Praxis zu bewirken, trifft sich HRW auf UN- und EU-Ebene mit Regierungsvertretern. HRW veröffentlicht aktuelle Informationen aus Krisengebieten.

Abkürzung	*HRW*
Adresse	*Poststraße 4-5, 10178 Berlin*
Telefon	*030 / 25 93 06-10*
Fax	*-29*
E-Mail	*berlin@hrw.org*
Internet	*www.hrw.org/german*
Internationale Büros	*Human Rights Watch arbeitet weltweit. Das Büro in Berlin ist für die deutschsprachigen Länder verantwortlich. Das Büro in Genf arbeitet vor allem zu den Vereinten Nationen.*
Direktorin	*Marianne Heuwagen*
Gegründet	*1978 in New York, 2005 in Deutschland*
Mitarbeiter	*5 in Deutschland, 240 international*
Adresse Schweiz	*9 rue Cornavin, 1201 Genf, Tel.: 0041 - 22 / 738 04 81, E-Mail: hrwgva@hrw.org, www.hrw.org/french*
Adresse Hauptsitz	*350 Fifth Avenue, 34th floor, NY 10118-3299 New York, USA, Tel.: 001 - 212 / 290 47 00, Fax: 001 - 212 / 736 13 00, E-Mail: hrwnyc@hrw.org, www.hrw.org*
Arbeitsweise	*Recherchen, Lobbyarbeit, Öffentlichkeitsarbeit, Veranstaltungen*
Publikationen	*World Report, E-Newsletter*
Auszeichnungen	*Theodor-Heuss-Preis, als Mitgründer der Landminenkampagne beteiligt am Friedensnobelpreis*
Erfolge	*Die Einrichtung des Internationalen Strafgerichtshofs in Den Haag ging maßgeblich auf eine Kampagne von Human Rights Watch zurück.*

0263

Humanistische Union e.V.

Bürgerrechte, Datenschutz, Demokratie, Folter, Gleichberechtigung, Informationsfreiheit, Innere Sicherheit, Meinungsfreiheit, Menschenrechte, Pressefreiheit, Religionsfreiheit

Freiheitsrechte zu verteidigen, staatliches Handeln zu kontrollieren, politische Teilhabe zu fördern, Diskriminierungen abzubauen und Staat und Kirche zu trennen: Dafür setzt sich seit 1961 die Humanistische Union ein und schreibt dabei die Achtung der Menschenwürde groß. Ob menschenverachtende Brechmitteleinsätze, verfassungsrechtliche Probleme der Anti-Terror-Gesetze oder Handy-Ortungen – mit Presseerklärungen, Veranstaltungen und Publikationen setzt die HU Impulse für öffentliche Diskussionen. Überdies bietet sie auch konkrete Hilfe an, z.B. in der Gefangenenarbeit.

Abkürzung	*HU*
Adresse	*Haus der Demokratie und Menschenrechte, Greifswalder Straße 4, 10405 Berlin*
Telefon	*030 / 204 50 25-6*
Fax	*-7*
E-Mail	*info@humanistische-union.de*
Internet	*www.humanistische-union.de*
Geschäftsführung	*Sven Lüders*
Aufsichtsrat/Vorstand	*Prof. Dr. Rosemarie Will*
Gegründet	*1961*
Mitarbeiter	*2*
Mitglieder/Förderer	*1.200*
Jahresetat	*130.000 €*
Gründungsanlass	*Unzufriedenheit mit dem klerikalen Einfluss auf das öffentliche Leben in Deutschland und dem „Reformstau" der Adenauer-Ära*
Arbeitsweise	*Lobbyarbeit, praktische Hilfe, Veröffentlichungen*
Publikationen	*Mitteilungen der Humanistischen Union*
Möglichkeit zur Mitarbeit	*Mitarbeit in regionalen Gruppen und überregionalen Arbeitskreisen*
Erfolge	*Bereits 1971 forderte die HU die Einführung einer Fristenlösung zum Schwangerschaftsabbruch, die 1975 vorübergehend Gesetz wurde. 1983 führte die Verfassungsbeschwerde der Humanistischen Union gegen die geplante Volkszählung zur Begründung des Rechts auf informationelle Selbstbestimmung. Auch das 2005 verabschiedete Informationsfreiheitsgesetz geht maßgeblich auf Initiativen der HU zurück.*

0264

humanrights.ch

Bürgerrechte, Flüchtlinge & Migration, Menschenrechte, Rassismus

Mit seiner Informationsplattform will der Verein humanrights.ch internationale Menschenrechte in der Schweiz besser verankern. Von Fragen zur allgemeinen Menschenrechtssituation wie „Menschenrechte für Einsteigerinnen und Einsteiger" über Berichte zum „Rassistischen Alltag in der Schweiz" bis hin zur Kritik am mangelnden schweizerischen Engagement gegen Kindersoldaten sensibilisiert und mobilisiert der Verein die Öffentlichkeit für Menschenrechtsthemen.

Adresse	*Hallerstrasse 23, 3012 Bern, Schweiz*
Telefon	*0041 - 31 / 30 20-161*
E-Mail	*alex.sutter@humanrights.ch*
Internet	*www.humanrights.ch*
Geschäftsführung	*Christina Hausammann, Alex Sutter*
Aufsichtsrat/Vorstand	*Michael Marugg*
Gegründet	*1999*
Mitarbeiter	*4*
Mitglieder/Förderer	*250*
Arbeitsweise	*Infodienst, Lobbyarbeit*

0265

i.d.a. – Dachverband deutschsprachiger Frauen/Lesbenarchive

Frauenbewegung/Literatur, Lesben & Schwule

I.d.a. steht für informieren, dokumentieren, archivieren. I.d.a. ist der Dachverband der deutschsprachigen Archive, Bibliotheken und Dokumentationsstellen, in denen Materialien zur Frauenbewegung und allen Themen gesammelt werden, die Frauen betreffen. Der Dachverband arbeitet zudem an der Vernetzung, dem regelmäßigen fachlichen und persönlichen Austausch und der gemeinsamen überregionalen Öffentlichkeitsarbeit der Sammelstellen. Insbesondere bemüht sich der Dachverband darum, politische und finanzielle Unterstützung für die finanziell nicht abgesicherten Frauenbibliotheken und -archive zu organisieren. I.d.a. unterhält Einrichtungen in Deutschland, Österreich, der Schweiz und Luxemburg. Auf der Homepage von i.d.a. finden sich Links zu vielen regionalen und lokalen Archiven.

Adresse	*Gottschalkstr. 57, 34127 Kassel*
Telefon	*0561 / 98 93 67-0*
Fax	*-2*
E-Mail	*ida@addf-kassel.de*
Internet	*www.ida-dachverband.de*
Gegründet	*1994*
Mitglieder/Förderer	*33 Einrichtungen*
Jahresetat	*1.600 €*
Arbeitsweise	*Vernetzung, Tagungen, Projekte*
Möglichkeit zur Mitarbeit	*in den Mitgliedsorganisationen, im Archiv und in der Bibliothek*

0266

Incomindios Schweiz

Indigene

Incomindios (Internationales Komitee für die Indianer Amerikas) steht zusammen mit den indianischen Völkern ein für die Achtung ihrer Werte und Rechte und für den Dialog der Kulturen – hier und von Alaska bis Feuerland. Neben kulturellen und Informationsveranstaltungen führt Incomindios auch Aktionen durch, beispielsweise gegen die Zwangsumsiedlung von Navaho-Familien in den USA oder zur Unterstützung indianischer Gruppen in Südamerika.

Adresse	*Postfach 1601, 8032 Zürich, Schweiz*
Telefon	*0041 - 44 / 383 03 35*
Fax	*0041 - 44 / 383 03 35*
E-Mail	*mail@incomindios.ch*
Internet	*www.incomindios.ch*
Geschäftsführung	*Christa Luginbühl*
Aufsichtsrat/Vorstand	*Andreas Hekler, Severin Strasky*
Gegründet	*1974*
Regionalgruppen	*Basel, Bern, Luzern, Zürich*
Jahresetat	*280.000 CHF*
Arbeitsweise	*Veranstaltungen, Infodienst, Aktionen, Vernetzung*
Möglichkeit zur Mitarbeit	*in thematischen Arbeitsgruppen sowie in den Regionalgruppen*

0267

Informations- und Dokumentationszentrum für Antirassismusarbeit e.V.

Antisemitismus, Asyl, Menschenrechte, Rassismus, Rechtsextremismus & Antifaschismus

Ein Zeichen gegen Rassismus zu setzen, ist das Anliegen des Informations- und Dokumentationszentrums für Antirassismusarbeit. Der Verein sammelt Informationen zu Rassismus, Rechtsextremismus oder Migration, leitet sie an interessierte Personen und Organisationen wie Initiativen, Schulen und Jugendverbände weiter und setzt auf die Fortbildung von Multiplikatorinnen und Multiplikatoren. Neben Trainings zu interkultureller Kommunikation oder Konfliktbearbeitung veranstaltet der Verein fachspezifische Workshops, Fachtagungen und Seminare. In der IDA Online-Datenbank finden sich über 70 themenbezogene Projekte. So soll vielschichtigen Problemen mit vielfältigen Gegenmaßnahmen begegnet werden.

Abkürzung	*IDA*
Adresse	*Volmerswerther Str. 20, 40221 Düsseldorf*
Telefon	*0211 / 15 92 55-5*
Fax	*-69*
E-Mail	*Info@IDAeV.de*
Internet	*www.IDAeV.de*
Geschäftsführung	*Dr. Stephan Bundschuh*
Aufsichtsrat/Vorstand	*Thilo Scholle*
Gegründet	*1990*
Arbeitsweise	*Beratung, Veranstaltungen, Publikationen, Vernetzung*
Publikationen	*Überblick, E-Newsletter*

0268

Informationsstelle Kurdistan e.V.

Abschiebung, Asyl, Flüchtlinge & Migration, Rassismus, Staudämme

Was geschieht in Kurdistan und der Türkei? Wie ergeht es Kurdinnen und Kurden im Exil? Wie gestalten sich die Bemühungen der kurdischen Freiheitsbewegung für einen gerechten Frieden im Nahen Osten? Hintergründe und Berichte zu diesen Fragen liefert die Informationsstelle Kurdistan. Der Pressespiegel wird täglich aktualisiert und aktuelle Erklärungen dokumentiert. Demonstrationen gegen die Abschiebung politisch aktiver Kurdinnen und Kurden und Frauendelegationen zum 8. März oder zu den Newroz-Feierlichkeiten gehören ebenso zu den Aktivitäten der parteiunabhängigen ISKU wie eine Kampagne gegen den Ilisu-Staudamm.

Abkürzung	*ISKU*
Adresse	*Büro für Internet- und Öffentlichkeitsarbeit, Schanzenstr. 117, 20357 Hamburg*
Telefon	*040 / 42 10 28 45*
Fax	*040 / 42 10 28 45*
E-Mail	*isku@nadir.org*
Internet	*www.nadir.org/isku/*
Gegründet	*1993*
Mitarbeiter	*ausschließlich Ehrenamtliche*
Arbeitsweise	*Infodienst, Kampagnen, Demonstrationen*
Publikationen	*Nûçe*
Möglichkeit zur Mitarbeit	*Teilnahme an den Kampagnen, Delegationen, Weiterverbreitung des Informationsmaterials*

0269

Informationsstelle Lateinamerika

Arbeitsbedingungen weltweit, Demokratie, Globalisierung, Menschenrechte, Rüstungsexporte

Eine andere Sicht aus und über Lateinamerika zu Wirtschaft, Politik, Kultur und sozialem Engagement bietet die Informationsstelle Lateinamerika. Als sie sich 1975 gründete, waren fast überall auf dem Subkontinent Militärdiktaturen an der Macht. Menschenrechtsverletzungen, für die auch deutsche Firmen und die Bundesregierung mit ihren Waffenlieferungen mitverantwortlich waren, standen auf der Tagesordnung. Und die ila begann über Gewerkschaften, Befreiungsbewegungen, linke Organisationen und indigene Initiativen zu berichten, die sich für andere politische und wirtschaftliche Verhältnisse einsetzen und nicht in den anderen Medien auftauchten. Noch immer lebt die Mehrheit der Bevölkerung Lateinamerikas unter unmenschlichen Bedingungen, noch immer wird dagegen gekämpft. Deswegen erscheint die gleichnamige Zeitschrift seit Dezember 1976 immer noch zehnmal jährlich, die Website wird täglich aktualisiert.

Adresse	*Oscar Romero Haus, Heerstr. 205, 53111 Bonn*
Telefon	*0228 / 65 86 13*
Fax	*0228 / 63 12 26*
E-Mail	*ila@ila-bonn.de*
Internet	*www.ila-bonn.de*
Gegründet	*1975*
Arbeitsweise	*Infodienst, Vernetzung*
Publikationen	*ila*

0270

Informationsverbund Asyl

Abschiebung, Asyl, Flüchtlinge & Migration

Im Informationsverbund Asyl haben sich Organisationen zusammengeschlossen, die in der Flüchtlingsarbeit aktiv sind. Dazu zählen amnesty international, Arbeiterwohlfahrt, Deutscher Caritasverband, Deutscher Paritätischer Wohlfahrtsverband, Deutsches Rotes Kreuz, Diakonisches Werk der EKD, PRO ASYL und die Zentralwohlfahrtsstelle der Juden in Deutschland. Erklärtes Ziel des Zusammenschlusses ist es, relevante Informationen für die Beratungspraxis zugänglich zu machen. Dazu zählen aktuelle Materialien aus der allgemeinen und Länderrechtssprechung, Informationsblätter zur Anhörung im Asylverfahren und Gesetzestexte für die Flüchtlingsarbeit. Das Asylmagazin des Informationsverbundes setzt sich außerdem noch mit Themen wie Abschiebeschutz und Sozialrecht für Flüchtlinge und Asylbewerberinnen und -bewerber auseinander.

Adresse	*Greifswalder Straße 4, 10405 Berlin*
Fax	*030 / 46 79 33 29*
E-Mail	*kontakt@asyl.net*
Internet	*www.asyl.net*
Aufsichtsrat/Vorstand	*Harald Löhlein*
Arbeitsweise	*Infodienst, Vernetzung*
Publikationen	*ASYLMAGAZIN*

0271

Initiative gegen das Chipkartensystem

Asyl, Flüchtlinge & Migration, Rassismus

Die Initiative arbeitet gegen die institutionelle Diskriminierung von Asylbewerbern in Berlin, die ihre Hilfe zum Lebensunterhalt nicht in bar erhalten, sondern in Form einer Chipkarte. Damit kann nur in wenigen Läden eingekauft werden, viele Produkte oder gar dringend benötigte Anwälte lassen sich davon nicht bezahlen.

Adresse	*c/o Berliner Büro für gleiche Rechte, Haus der Demokratie und Menschenrechte, Greifswalder Straße 4, 10405 Berlin*
Telefon	*030 / 41 93 58 39*
E-Mail	*konsumfuerfreiesfluten@yahoo.com*
Internet	*www.chipkartenini.squat.net*
Gegründet	*2000*
Arbeitsweise	*praktische Hilfe, Recherchen, Aktionen*
Publikationen	*Newsletter*
Möglichkeit zur Mitarbeit	*gemeinsames Einkaufen mit einem Asylbewerber, der Ihren Einkauf mit Chipkarte bezahlt und hinterher privat das Geld von Ihnen zurückerhält*
Erfolge	*die Abschaffung des Chipkartensystems in den meisten Berliner Bezirken*

0272

Initiative gegen die Todesstrafe

Gefangene, Todesstrafe

Die Initiative gegen die Todesstrafe unterstützt Gefangene, die von der Hinrichtung bedroht sind. Mitarbeiter der Initiative können mit den Gefangenen in Briefwechsel treten. Durch Petitionen, Appelle und Mahnwachen betreibt die Initiative politische Lobbyarbeit gegen die Todesstrafe.

Adresse	*Bahnhofstr. 40, 97944 Boxberg*
E-Mail	*info@gcadp.org*
Internet	*www.initiative-gegen-die-todesstrafe.de*
Vorsitzende	*Susanne Cardona*
Gegründet	*1997*
Arbeitsweise	*Mahnwachen, Kampagen, Lobbyarbeit, Vorträge*
Möglichkeit zur Mitarbeit	*Briefwechsel mit Gefangenen*

0273

Initiative Schwarze Menschen in Deutschland

Flüchtlinge & Migration, Rassismus

Rassismus entgegenzutreten, ein schwarzes Bewusstsein zu fördern, die Interessen schwarzer Menschen in Deutschland zu vertreten und schwarze Menschen und ihre Organisationen und Projekte zu vernetzen und zu organisieren, dafür engagiert sich die Initiative Schwarze Menschen in Deutschland. Neben positiver Identitätsfindung organisiert die ISD Film- und Diskussionsveranstaltungen, Seminare und Workshops zu verschiedenen gesellschaftspolitischen Themen, wirkt bei antirassistischen Veranstaltungen mit und produziert außer Video- und Filmdokumentationen auch wissenschaftliche Veröffentlichungen.

Abkürzung	*ISD*
Adresse	*Postfach 900 355, 60433 Franfurt a. M.*
Telefon	*07000 / 473 28 63*
E-Mail	*PR@isdonline.de*
Internet	*www.isdonline.de*
Arbeitsweise	*Veranstaltungen, Filmdokumentation, Publikationen*

0274

INKOTA-Netzwerk e.V.

Fairer Handel, Kleidung, Schuldenerlass

INKOTA nennt sich das „entwicklungspolitische Netzwerk des Ostens". Der Verein arbeitete in der DDR unter dem Dach der evangelischen Kirche. Neben entwicklungspolitischen Projekten führt INKOTA auch Kampagnen in Deutschland durch, aktuell z.B. für die Entschuldung von Entwicklungsländern oder für „saubere" Kleidung: Unter dem Motto „Augen auf beim Kleiderkauf" setzt sich INKOTA für bessere Bedingungen von Textilarbeiterinnen weltweit ein. Ein besonderes Projekt ist der etwas andere Nord-Süd-Dialog, in dem politisch Aktive aus dem Süden ihr Wissen und ihre Erfahrungen in Deutschland weitergeben. INKOTA steht für Information, Koordination und Tagungen.

Adresse	*Greifswalder Straße 33a, 10405 Berlin*
Telefon	*030 / 42 89 11-1*
Fax	*-2*
E-Mail	*inkota@inkota.de*
Internet	*www.inkota.de*
Geschäftsführung	*Wilhelm Volks*
Aufsichtsrat/Vorstand	*Annette Berger*
Ansprechpartner	*Entwicklungspolitische Bildung und Kampagnen: Berndt Hinzmann, 030 / 42 80 40 14, hinzmann@inkota.de*
Gegründet	*1971*
Mitarbeiter	*15*
Mitglieder/Förderer	*150*
Jahresetat	*750.000 €*
Arbeitsweise	*Kampagnen, Lobbyarbeit, finanzielle Hilfe, Beratung*
Publikationen	*INKOTA-Brief*
Möglichkeit zur Mitarbeit	*Beteiligung an Kampagnen mit Infoständen, Veranstaltungen und Aktionen vor Ort*

0275

InteressenGemeinschaften Kritische Bioethik

Bioethik/Humangenetik, Reproduktionsmedizin

Biologie und Medizin entwickeln sich rasanter denn je und mit ihnen die grundsätzlichen Auseinandersetzungen und ethischen Fragen. Die InteressenGemeinschaften Kritische Bioethik in Deutschland setzen sich mit Pränataldiagnostik und Gentherapie, Patenten auf Leben und Stammzellenforschung, Forschung an sogenannten „Nichteinwilligungs-fähigen", Organspenden, Hospizarbeit und Sterbehilfe auseinander. Aktuelle Nachrichten und einen monatlichen Pressespiegel zu diesen Themen bietet die gemeinsame Internetseite der InteressenGemeinschaften. Zu den laufenden Aktivitäten zählt z.B. die Diskussion um die Einsetzung eines parlamentarischen Ethikberatungsgremiums.

Adresse	*c/o Christian Frodl, Luitpoldstr. 9, 82110 Germering*
Telefon	*089 / 83 77 55*
Fax	*089 / 83 77 55*
E-Mail	*info@bioethik-bayern.de*
Internet	*www.kritischebioethik.de*
Regionalbüros	*In Bayern, Niedersachsen, Hessen, Schleswig-Holstein, NRW und Rheinland-Pfalz gibt es InteressenGemeinschaften kritische Bioethik, die lose miteinander kooperieren und eine gemeinsame Internetseite betreuen. Stellvertretend für alle Gruppen haben wir hier die IG Kritische Bioethik Bayern aufgeführt.*
Arbeitsweise	*Recherchen, Infodienst*
Publikationen	*E-Newsletter*
Möglichkeit zur Mitarbeit	*in den einzelnen Interessengemeinschaften vor Ort, z.B. bei Recherchen*

0276

Interkultureller Rat

Abschiebung, Asyl, Flüchtlinge & Migration, Rassismus

Der Interkulturelle Rat hat es sich zur Aufgabe gemacht, den veränderten Anforderungen einer globalisierten Gesellschaft in Bezug auf die Migration gerecht zu werden. Das heißt, Verständnis und Akzeptanz in der Bevölkerung zu schaffen für Zuwanderer und ihre Belange, Rassismus und Fremdenfeindlichkeit abzubauen und für eine entsprechende Politik einzutreten. Der Rat betreibt Lobbyarbeit zum Asylrecht und zu Regelungen gegen Diskriminierung, fördert den Dialog zwischen unterschiedlichen religiösen und ethnischen Gruppen und bietet Weiterbildungen und Qualifizierungen für Lehrer und Jugendarbeiter an.

Adresse	*Göbelstraße 21, 64293 Darmstadt*
Telefon	*06151 / 33 99 71*
Fax	*06151 / 391 97 40*
E-Mail	*info@interkultureller-rat.de*
Internet	*www.interkultureller-rat.de*
Geschäftsführung	*Torsten Jäger*
Aufsichtsrat/Vorstand	*Dr. Jürgen Micksch*
Gegründet	*1994*
Mitarbeiter	*4*
Mitglieder/Förderer	*40 Mitglieder und 200 Förderer*
Jahresetat	*130.000 €*
Arbeitsweise	*Gremienvertretung, Lobbyarbeit, Projekte, Tagungen, Vernetzung*
Publikationen	*IR-Infos*
Möglichkeit zur Mitarbeit	*Mitarbeit in Projekten oder an Stellungnahmen und Papieren des Interkulturellen Rates*
Auszeichnungen	*Preis „Demokratie leben" des Deutschen Bundestages*

0277

Internationale Aktion gegen die Beschneidung von Mädchen und Frauen

Genitalverstümmelung

Die Internationale Aktion gegen die Beschneidung von Mädchen und Frauen engagiert sich im Kampf gegen Genitalverstümmelung. Sie bietet Organisationen in Afrika bei Aufklärungskampagnen gegen die Beschneidung finanzielle und organisatorische Unterstützung an. INTACT vergibt Kleinkredite an ehemalige Beschneiderinnen, um ihnen Erwerbsperspektiven jenseits der Beschneidung aufzuzeigen. INTACT betreibt in Deutschland Aufklärungsarbeit, da auch hierzulande Mädchen afrikanischer Herkunft von Genitalverstümmelung bedroht und betroffen sind, hält Vorträge an Schulen und Hochschulen und erstattet Strafanzeige bei bekannt gewordenen Fällen.

Abkürzung	*INTACT*
Adresse	*Johannisstrasse 4, 66111 Saarbrücken*
Telefon	*0681 / 324 00*
Fax	*0681 / 938 80 02*
E-Mail	*info@intact-ev.de*
Internet	*www.intact-ev.de*
Aufsichtsrat/Vorstand	*Christa Müller*
Gegründet	*1996*
Mitarbeiter	*4*
Mitglieder/Förderer	*1050*
Regionalgruppen	*München, Stuttgart, Schwäbisch Hall und Gießen*
Jahresetat	*400.000 €*
Arbeitsweise	*Aufklärungskampagnen, finanzielle Hilfe.*
Publikationen	*INTACT Nachrichten*
Möglichkeit zur Mitarbeit	*in Regionalgruppen*
Auszeichnungen	*2002: Martini Preis der SPD Südpfalz, 2004: Pfarrer Georg Fritze Gedächtnisgabe*
Erfolge	*Größter Erfolg: 2005 wurde in Benin offiziell das Ende der Tradition der Mädchen-Beschneidung gefeiert; seither gab es nur noch Einzelfälle von Genitalverstümmelung.*

0278

Internationale Gesellschaft für Menschenrechte

DDR-Bürgerbewegung, Demokratie, Folter, Friedensbildung & -erziehung, Menschenrechte, Straßenkinder

Die Internationale Gesellschaft für Menschenrechte unterstützt Menschen weltweit, die sich gewaltlos für die Verwirklichung der Menschenrechte in ihren Ländern einsetzen oder verfolgt werden, weil sie ihre Rechte einfordern. Anhand von Appellen, Unterschriftenaktionen und Protestbriefen macht die IGFM auf Menschenrechtsverletzungen weltweit aufmerksam. Ebenso betreibt die Gesellschaft Bildungsarbeit und Menschenrechtserziehung durch Seminare für Demokratie, Rechtsstaatlichkeit und Menschenrechte und führt Kampagnen gegen barbarische Strafen wie Steinigungen und Amputationen durch. Die IGFM leistet auch humanitäre Hilfe in Form von Paketaktionen und Hilfsgütertransporten. Projektbeispiele sind die Suche von Zeugen und Opfern von Kriegsverbrechen im ehemaligen Jugoslawien, die Humanisierung des Militärwesens in der Ukraine und die Erhöhung der Lebenstüchtigkeit von Heim- und Straßenkindern in Osteuropa.

Abkürzung	*IGFM*
Adresse	*Borsigallee 9, 60388 Frankfurt a. M.*
Telefon	*069 / 42 01 08-0*
Fax	*-33*
E-Mail	*info@igfm.de*
Internet	*www.igfm.de*
Geschäftsführung	*Karl Hafen*
Aufsichtsrat/Vorstand	*Katrin Bornmüller*
Ansprechpartner	*Mitglieder und Arbeitsgruppen: Max Klingberg, 069 / 42 01 08-11, info@igfm Presse: Martin Lessenthin, 069 / 42 01 08-36, presse@igfm.de Internationales: Dung Vu Quoc, 069 / 42 01 08-26, asia@igfm.de*
Gegründet	*1972*
Mitarbeiter	*12*
Mitglieder/Förderer	*18.000*
Jahresetat	*1.500.000 €*
Adresse Österreich	*Untere Augartenstr.21, 1020 Wien, Tel.: 0043 - 1 / 332 95-43, Fax: 0043 - 1 / 330 62-68, E-Mail: aon.912196552@aon.at, www.igfm.at*

Adresse Schweiz	*Birkenweg 1, 2560 Nidau, Tel.: 0041 - 32 / 331 75-67, Fax: -81, E-Mail: schlegel.cats@bluewin.ch*
Arbeitsweise	*Humanitäre Hilfe, Kampagnen, Tagungen, Protestbriefe, Anzeigen, Ausstellungen*
Publikationen	*Menschenrechte*
Möglichkeit zur Mitarbeit	*Arbeitsgruppen, Einzelfallbetreuung, Bitt- und Protestbriefe, Recherche, Übersetzungen*
Erfolge	*Aufdeckung der Zwangsadoptionen in der DDR, Tausende von Fällen von Familienzusammenführung*

0279

Internationale Liga für Menschenrechte

Abschiebung, Asyl, Bürgerrechte, Demokratie, Diskriminierung, Meinungsfreiheit, Menschenrechte, Polizeigesetze, Rassismus, Rechtsextremismus & Antifaschismus

Die Internationale Liga für Menschenrechte sieht ihre vorrangige Aufgabe darin, eine kritische Öffentlichkeit herzustellen und Druck auf Regierungen und Entscheidungsträger zu erzeugen, um die Einhaltung der Menschenrechte sicherzustellen. Alle Menschen sollen die gleichen bürgerlichen, sozialen, wirtschaftlichen und kulturellen Schutz- und Teilhaberechte genießen, unabhängig von Herkunft, Geschlecht, Hautfarbe, Religion oder politischer Überzeugung.

Die Liga organisiert oder beteiligt sich an Demonstrationen, Mahnwachen und Unterschriftenkampagnen, veranstaltet Lesungen und Seminare, veröffentlicht Broschüren und Bücher und leistet Beiträge in den Medien. Dabei wendet sie sich gegen die Rücknahme rechtsstaatlicher Errungenschaften im Straf- und Polizeirecht, fordert die Wiederherstellung des uneingeschränkten Grundrechts auf Asyl und den Erlass eines Antidiskriminierungsgesetzes. Sie betrachtet den Kampf gegen Rechtsextremismus nicht allein als Aufgabe von Polizei und Justiz, sondern als einen gesamtgesellschaftlichen Auftrag. Ihren Beitrag dazu leistet sie durch Aufklärung, Sensibilisierung und durch die aktive Auseinandersetzung mit der deutschen Geschichte.

Adresse	*Haus der Demokratie und Menschenrechte, Greifswalder Str. 4, 10405 Berlin*
Telefon	*030 / 396 21-22*
Fax	*-47*
E-Mail	*vorstand@ilmr.org*
Internet	*www.ilmr.org*
Gegründet	*1914*
Arbeitsweise	*Aktionen, Kampagnen, Lobbyarbeit*

0280

Interportal.ch

Entwicklungshilfe

Interportal.ch ist im wörtlichen Sinne eine virtuelle Eingangspforte: sowohl für internationale Zusammenarbeit und Entwicklungspolitik als auch für Angebote und Anliegen von Schweizer Institutionen und Organisationen, die in diesem Bereich tätig sind. Ein umfassendes Angebot an Informationen, Internetressourcen und Links zu allen Fragen der Entwicklungspolitik wie z.B. Ernährungssicherheit, geistiges Eigentum und Wasser zeichnen das Internetportal aus. Wenn Credit Suisse Urwaldzerstörer an die Börse bringt oder Großbritannien vor chinesischer Finanzhilfe in Afrika warnt, erscheint das in der tagesaktuellen Nachrichtenrubrik. Ausstellungen z.B. von Augenzeugen internationaler Konflikte, Buch- und Filmtipps sowie ein Kulturkalender runden das Programm ab.

Adresse	*c/o Medicus Mundi, Murbacherstrasse 34, 4013 Basel, Schweiz*
Telefon	*0041 - 383 / 18 10*
E-Mail	*projektgruppe@interportal.ch*
Internet	*www.interportal.ch*
Koordinator	*Thomas Schwarz*
Gegründet	*2001*
Mitarbeiter	*1*
Mitglieder/Förderer	*41*
Jahresetat	*50.000 CHF*

0281

Iz3w – informationszentrum 3. welt

Armut, Flüchtlinge & Migration, Frauen, Globalisierung, Kriegsfolgen & Wiederaufbau, Menschenrechte, Nord-Süd-Politik, Rassismus, Schuldenerlass, Soziale Gerechtigkeit

Migration, Globalisierung, Medien, Ökologie und soziale Bewegungen: Das ist nur eine Auswahl der Themen, die das informationszentrum 3. welt im Rahmen einer Nord-Süd-Politik analysiert. In ihrer zweimonatlich erscheinenden, gleichnamigen Zeitschrift versteht sich das Projekt nicht als „neutrale Quelle" für Informationen und Hintergrundberichte zum Weltgeschehen, sondern als kritische Stimme und Gegengewicht zu den herrschenden, ausbeuterischen Verhältnissen. Außerdem unterstützt das iz3w Initiativen der internationalen Solidaritätsarbeit wie einen iranischen Migranten- und Migrantinnenkreis und die Kuba-Gruppe.

Adresse	*Postfach 5328, 79020 Freiburg*
Telefon	*0761 / 740 03*
Fax	*0761 / 70 98 66*
E-Mail	*info@iz3w.org*
Internet	*www.iz3w.org*
Geschäftsführung	*Heiko Wegmann, Tine Maier*
Vorstandvorsitzender	*Jörg Später*
Gegründet	*1968*
Mitarbeiter	*6*
Jahresetat	*250.000 €*
Arbeitsweise	*Herausgabe der Zeitschrift blätter des iz3w, Veranstaltungen, Workshops, Öffentlichkeitsarbeit*
Publikationen	*iz3w – blätter des informationszentrums 3. welt*
Möglichkeit zur Mitarbeit	*ehrenamtliche Mitarbeit bei den Redaktionssitzungen der Zeitung möglich, Arbeitsgruppen zu Themen wie z.B. G8-Gipfel, postkoloniales Namibia, Indigene*

0282

Kampagne für saubere Kleidung

Arbeitsbedingungen weltweit, Fairer Handel, Globalisierung, Kleidung, Nord-Süd-Politik, Unternehmen & soziale Verantwortung

„Kleider machen Leute“, aber was ist mit den Leuten, die Kleidung produzieren? Meist arbeiten sie unter unmenschlichen Bedingungen. Für die Verbesserung dieser Bedingungen kämpft die Kampagne für „saubere“ Kleidung. Deswegen fordert sie die Bekleidungsindustrie auf, soziale Mindeststandards bei der Herstellung der von ihnen vermarkteten Kleidung einzuhalten. In dem Netzwerk sind über 250 gewerkschaftliche, entwicklungspolitische und Frauenorganisationen vertreten. Mitwirken können Einzelne, indem sie kritisch konsumieren und Puma, Tchibo und Co. in die Verantwortung nehmen.

Adresse	*c/o Vereinigte Evangelische Mission, Rudolfstr. 131, 42285 Wuppertal*
Telefon	*0202 / 890 04-316*
Fax	*-379*
E-Mail	*ccc-d@vemission.org*
Internet	*www.saubere-kleidung.de*
Regionalbüros	*In Deutschland wird die Clean Clothes Kampagne von 19 Organisationen getragen.*
Internationale Büros	*Organisationen in 12 europäischen Ländern sowie rund 200 Gewerkschaften und NGOs in Asien, Afrika und Lateinamerika arbeiten gemeinsam an der internationalen Clean Clothes Campaign. In Österreich wird die Clean Clothes Campaign von der Südwind Agentur getragen, in der Schweiz von der Erklärung von Bern (siehe jeweils dort).*
Geschäftsführung	*Christiane Schnura*
Gegründet	*1996*
Mitarbeiter	*2*
Adresse Hauptsitz	*Clean Clothes Campaign, Postbus 11584, 1001 GN Amsterdam, Niederlande, Tel.: 0031 - 20 / 41 22 78-5, Fax: -6, E-Mail: info@cleanclothes.org, www.cleanclothes.org*
Arbeitsweise	*Infodienst, Kampagnen, Lobbyarbeit, Hintergrundrecherchen, Protestpostkarten, Nothilfefonds für entlassene Aktivisten, Eilaktionen bei Arbeitsrechtsverletzungen in Zulieferbetrieben europäischer Textilkonzerne*
Publikationen	*CCC-Rundbrief*
Möglichkeit zur Mitarbeit	*Eilaktionen bei den Trägerorganisationen der Kampagne*

0283

Karawane – Für die Rechte der Flüchtlinge und MigrantInnen

Abschiebung, Asyl, Flüchtlinge & Migration

Die Karawane für die Rechte der Flüchtlinge und MigrantInnen ist ein Netzwerk, das sich aus Einzelpersonen, Gruppen und Organisationen von Flüchtlingen, Migranten und Deutschen zusammensetzt. Die Karawane engagiert sich im Kampf für soziale und politische Rechte, Gleichheit und Respekt für die Menschenrechte. Ihre Slogans: „Wird sind hier, weil ihr unsere Länder zerstört" und „Asylrecht ist Menschenrecht, kein Privileg". Durch Kundgebungen, Protestschreiben und Demonstrationen macht die Karawane auf ihre Ziele aufmerksam. Sie setzt sich für die Freilassung politischer Häftlinge ein.

Adresse	*Kein zentrales Büro, lokale Kontaktadressen finden sich auf der Webseite der Karawane*
Internet	*www.thecaravan.org*
Regionalbüros	*In 10 deutschen Städten gibt es Karawanebüros.*
Gegründet	*1998*
Erfolge	*Einzelne Abschiebungen konnten verhindert und in einzelnen Bundesländern Abschiebestopps für bestimmte Länder erreicht werden, so zuletzt für Flüchtlinge aus Togo in Mecklenburg-Vorpommern. Als größten Erfolg sieht die Organisation den Beginn einer Selbstorganisation unter den Flüchtlingen, die zunehmend den Kampf um ihre eigenen Rechte selbst in die Hand nehmen.*

0284

kein mensch ist illegal

Abschiebung, Asyl, Flüchtlinge & Migration, Rassismus

„Ihr sollt wissen, dass kein Mensch illegal ist. Das ist ein Widerspruch in sich. Menschen können schön sein oder noch schöner. Sie können gerecht sein oder ungerecht. Aber illegal? Wie kann ein Mensch illegal sein?" Dieses Zitat von Elie Wiesel ist das Motto der Kampagne „kein mensch ist illegal", das sich mit direkten Aktionen, Veranstaltungen, Demonstrationen und kulturellen Events für ein Bleiberecht von Flüchtlingen einsetzt und gegen Abschiebelager oder Abschiebeflüge von Lufthansa bis LTU. Kein mensch ist illegal ist eine Bewegung von unten, keine klassische NGO, deshalb können wir hier auch weder Adresse noch Geschäftsführung angeben. Die beiden genannten Internetseiten bieten Links auf lokale und internationale Gruppen, die an der Kampagne mitarbeiten.

Internet	*www.kmii-koeln.de, www.aktivgegenabschiebung.de*
Gegründet	*1997*

0285

Kindernothilfe

Bildung, HIV/AIDS, Kinderarbeit, Straßenkinder, Kinderprostitution, Kindersoldaten

Mit Kinder-Patenschaften in Entwicklungsländern leistet die christliche Kindernothilfe direkte Hilfe vor Ort. In Deutschland setzt sich die Organisation mit verschiedenen Kampagnen – z.B. zum Thema HIV/AIDS, zum Schuldenerlass für die ärmsten Länder oder zum Verbot von Landminen – dafür ein, die Situation von Kindern weltweit dauerhaft zu verbessern.

Abkürzung	*KNH*
Adresse	*Düsseldorfer Landstraße 180, 47249 Duisburg*
Telefon	*0203 / 77 89-0*
Fax	*-118*
E-Mail	*info@kindernothilfe.de*
Internet	*www.kindernothilfe.de*
Internationale Büros	*7*
Geschäftsführung	*Dr. Jürgen Thiesbonenkamp*
Aufsichtsrat/Vorstand	*Dr. Jürgen Thiesbonenkamp*
Gegründet	*1959*
Mitarbeiter	*130*
Mitglieder/Förderer	*100.000*
Regionalgruppen	*39 Arbeitskreise*
Adresse Österreich	*Dorotheergasse 18, 1010 Wien, Tel.: 0043 - 1 / 513 93 30, Fax: 0043 - 1 / 513 93 30-90, E-Mail: office@kindernothilfe.at, www.kindernothilfe.at*
Adresse Schweiz	*Laurenzenvorstadt 89, 5000 Aarau, Tel.: 0041 - 62 / 823 38-61, Fax: -63, E-Mail: info@kindernothilfe.ch, www.kindernothilfe.ch*
Arbeitsweise	*Projektarbeit, Programmarbeit, Kampagnen*
Publikationen	*Kindernothilfe-Magazin, Jahresbericht*
Möglichkeit zur Mitarbeit	*Mitarbeit in regionalen Arbeitskreisen*
Auszeichnungen	*2002: Bürgerpreis der Stadt Duisburg*

0286

Kölner Appell gegen Rassismus e.V.

Asyl, Flüchtlinge & Migration, Menschenrechte, Rassismus, Rechtsextremismus & Antifaschismus

Die bundesweite Unterschriftensammlung mit dem Titel „Kölner Appell gegen menschenfeindliche Ausländerpolitik" war 1983 der Auftakt für den Kölner Appell. Mit Infoständen, Flugblättern und Demonstrationen kämpft der Verein seitdem für die Gleichberechtigung aller Menschen. Praktische Hilfe im Alltag bietet die Sozial- und Asylberatung des Vereins. Zu seinen Projekten zählen auch die Erinnerungsarbeit und Auseinandersetzung mit dem Nationalsozialismus, Hausaufgabenhilfe für Flüchtlingskinder und Gesprächskreise gegen Rassismus in Jugendabteilungen der Justizvollzugsanstalten Kölns.

Adresse	*Körnerstrasse 77-79, 50823 Köln*
Telefon	*0221 / 952 11-99*
Fax	*-97*
E-Mail	*koelner.appell@t-online.de*
Internet	*www.koelnerappell.de*
Geschäftsführung	*Ilona Ruhnke*
Aufsichtsrat/Vorstand	*Annette Kaltenbach*
Gegründet	*1983 als Kölner Appell gegen menschenfeindliche Ausländerpolitik*
Mitglieder/Förderer	*40*
Jahresetat	*80.000 €*
Arbeitsweise	*Aktionen, Beratung, Kampagnen, Projekte, Tagungen, Vernetzung*
Publikationen	*E-Newsletter*
Möglichkeit zur Mitarbeit	*Mitarbeit in der Hauaufgabenhilfe, Zeitungs-AG und den Gesprächsgruppen in der Jugendabteilung der JVA Köln*
Auszeichnungen	*2003: Preis des Bündnisses für Demokratie und Toleranz*

0287

Komitee für Grundrechte und Demokratie e.V.

Bioethik/Humangenetik, Menschenrechte, Polizeigesetze, Migration, Antimilitarismus

Streitbar, couragiert und zivil ungehorsam: So beschreibt das Komitee sich – sehr treffend – selbst. Demonstrations- und Prozessbeobachtungen, Hilfe für Gefangene, Aktionen anlässlich der Kriege gegen Jugoslawien und gegen Irak, Bleiberecht für Flüchtlinge, Unterstützung von Totalverweigerern und die Beschäftigung mit den Risiken der neuen biomedizinischen Technologien gehören zu den wichtigsten Aktivitäten des Komitees.

Adresse	*Aquinostr 7-11, 50670 Köln*
Telefon	*0221 / 972 69-20*
Fax	*-31*
E-Mail	*info@grundrechtekomitee.de*
Internet	*www.grundrechtekomitee.de*
Geschäftsführung	*Martin Singe, Elke Steven, Dirk Vogelskamp*
Geschäftsf. Vorstand	*Theo Christiansen, Heiner Busch*
Gegründet	*1980*
Mitarbeiter	*3*
Mitglieder/Förderer	*950 Förderer*
Arbeitsweise	*Aktionen, Publikationen, Recherchen, Tagungen, Öffentlichkeitsarbeit, Kooperationen*
Publikationen	*INFORMATIONEN des Komitee für Grundrechte und Demokratie*
Möglichkeit zur Mitarbeit	*Arbeitsgruppen, Demonstrationsbeobachtungen*
Auszeichnungen	*Erich Mühsam Preis, Fritz-Bauer-Preis der HU, AnStifterInnen-Preis, taz-HeldInnen-Preis*

0288

Koordinierungskreis gegen Frauenhandel und Gewalt an Frauen im Migrationsprozess e.V.

Flüchtlinge & Migration, Frauenhandel, Gewalt gegen Frauen

Der Koordinierungskreis gegen Frauenhandel und Gewalt an Frauen im Migrationsprozess ist ein Netzwerk von 34 recht unterschiedlichen Mitgliedsorganisationen, deren gemeinsames Ziel es ist, gegen Frauenhandel und Gewalt an Frauen vorzugehen. Europaweit ist der KOK die einzige Koordinierungsstelle mit diesem Fokus. Die Geschäftsstelle in Berlin ist u.a. Sprachrohr und Servicestelle für die Mitgliedsorganisationen sowie für alle Anfragen auf nationaler und internationaler Ebene. Durch Öffentlichkeits- und Lobbyarbeit bringt der KOK sich aktiv in die politische Debatte sowie in Gesetzgebungsprozesse ein. Auf der Internetseite des KOK finden sich Links zu örtlichen und regionalen Beratungsstellen für Frauen.

Abkürzung	*KOK*
Adresse	*Kurfürstenstraße 33, 10785 Berlin*
Telefon	*030 / 26 39 11-76*
Fax	*-86*
E-Mail	*info@kok-buero.de*
Internet	*www.kok-buero.de*
Geschäftsführung	*Naile Tanis*
Aufsichtsrat/Vorstand	*Barbara Eritt, Julia Grohn, Annett Scheibe*
Gegründet	*1999*
Mitarbeiter	*2*
Mitglieder/Förderer	*34 Mitgliedsorganisationen*
Arbeitsweise	*Lobbyarbeit, Vernetzung, Gremienarbeit, Öffentlichkeitsarbeit, Publikationen*
Publikationen	*E-Newsletter*
Möglichkeit zur Mitarbeit	*Praktika*
Erfolge	*die Aufnahme von speziellen Schutzklauseln für Opfer von Menschenhandel u.a. in das deutsche Aufenthaltsgesetz*

0289

Lebenshilfe – Bundesvereinigung Lebenshilfe für Menschen mit geistiger Behinderung e.V.

Behinderung, Bioethik/Humangenetik, Diskriminierung

„Vom Aussterben bedroht" titelte das Magazin der Süddeutschen Zeitung Ende 2005 und porträtierte Menschen mit dem sogenannten Down-Syndrom. Immer mehr Paare entscheiden sich dagegen, ein Kind mit Down-Syndrom zu bekommen, das sich mittels Pränataldiagnostik frühzeitig erkennen lässt. Aber Menschen mit geistiger Behinderung sind Menschen wie andere auch. Dafür tritt die Lebenshilfe ein und versteht sich als Selbsthilfeorganisation, Solidargemeinschaft, Interessensvertreterin, Fürsprecherin und Dienstleisterin für alle 450.000 Menschen mit geistiger Behinderung und ihre Familien in Deutschland. So selbstständig und gleichberechtigt wie möglich soll ein Mensch mit geistiger Behinderung leben können, mit so viel Schutz und Hilfe wie nötig. Und wie die Lebenshilfe immer wieder feststellt, ist eine Person nicht behindert, sondern wird erst behindert. Deswegen setzt sie sich für eine barrierefreie Gestaltung aller Lebensbereiche ein: von Bussen und Bahnhöfen, die auf Stufen verzichten, über die Integration in Kindergärten und in der Arbeitswelt bis hin zu barrierefreien Websites. Zusätzlich tritt die Lebenshilfe für gemeindenahe, kleine Wohn- und Lebensformen für Menschen mit Behinderung ein.

Adresse	*Wallstr. 15/15a, 10179 Berlin*
Telefon	*030 / 82 99 98-702*
Fax	*-707*
E-Mail	*Bundesvereinigung@Lebenshilfe.de*
Internet	*www.lebenshilfe.de*
Geschäftsführung	*Dr. Bernhard Conrads*
Aufsichtsrat/Vorstand	*Robert Antretter*
Gegründet	*1958*
Mitarbeiter	*50.000, davon 88 in der Bundesgeschäftsstelle*
Mitglieder/Förderer	*136.000 Mitglieder und 500.000 Förderer*
Regionalgruppen	*529 Orts- und Kreisvereinigungen* *16 Landesverbände*
Gründungsanlass	*Nach dem Nationalsozialismus wurde die Behindertenhilfe in Deutschland vernachlässigt. Auf Initiative des niederländischen Sozialpädagogen Dr. Tom Mutters taten sich Eltern behinderter Kinder zusammen und gründeten die Bundesvereinigung Lebenshilfe.*
Arbeitsweise	*Beratung, Fort- und Weiterbildung, Lobbyarbeit*
Publikationen	*Lebenshilfe-Zeitung, Fachzeitschrift Geistige Behinderung, Lebenshilfe aktuell*

Möglichkeit zur Mitarbeit	*In den Ortsverbänden und 3.000 Einrichtungen und Diensten der Lebenshilfe. Das Freiwilligenengagement wird dort ausdrücklich gefördert.*
Auszeichnungen	*2002: Bürgerpreis zur Deutschen Einheit*
Erfolge	*In den 1960er Jahren war die Lebenshilfe maßgeblich an der Einführung der Schulpflicht auch für Menschen mit geistiger Behinderung beteiligt. Es folgte der Aufbau von Werkstätten für behinderte Menschen.*

0290

Lesben- und Schwulenverband in Deutschland e.V.

Lesben & Schwule

Der Lesben- und Schwulenverband in Deutschland bietet Homosexuellen Lebensberatung, Hilfe und Unterstützung bei Fragen und Problemen. Der Verband wendet sich gegen die Benachteiligung von Lesben und Schwulen in der Gesellschaft. Über die Beratungsarbeit hinaus tritt der LSVD durch Demonstrationen, Plakatkampagnen etc. öffentlich in Aktion. Auch durch Lobbyarbeit und politische Bildung macht sich der Verband für die Rechte Homosexueller stark. Zudem bietet er Anti-Gewalt-Programme und Rechtsberatung für binationale Paare an.

Abkürzung	*LSVD*
Adresse	*Pipinstr. 7, 50667 Köln*
Telefon	*0221 / 92 59 61-0*
Fax	*-11*
E-Mail	*lsvd@lsvd.de*
Internet	*www.lsvd.de*
Regionalbüros	*LSVD Landesverbände in fast allen Bundesländern. Aktuelle Liste mit Kontaktdaten unter http://typo3.lsvd.de/92.0.html*
Geschäftsführung	*Klaus Jetz*
Ansprechpartner	*Lesbisch-schwule Familien: Dr. Elke Jansen, 0221 / 925 96 10* *Migration und Integration: Renate Heike Rampf, 030 / 78 95 47 72* *Jugendarbeit: Benjamin Rottmann, benjamin.rottman@lsvd.de*
Gegründet	*gegründet 1990 als „Schwulenverband in der DDR“ (SVD) und 1999 zum „Lesben- und Schwulenverband in Deutschland“ (LSVD) erweitert*
Mitarbeiter	*7*
Mitglieder/Förderer	*3.000*
Arbeitsweise	*Kampagnen, Lobbyarbeit, Selbsthilfe, Beratung*
Publikationen	*respekt!*
Möglichkeit zur Mitarbeit	*vor allem in den Landes- und Ortsverbänden*
Auszeichnungen	*1994: Bundesverdienstkreuz, 1996: Verdienstmedaille und Zivilcouragepreis des CSD Berlin für Vorstände des LSVD, 2004: Magnus-Hirschfeld-Preis für Landesverband Berlin*

Erfolge

1994: die vollständige Streichung des § 175 (Strafen für einvernehmliche homosexuelle Handlungen), 2001: Einführung des Lebenspartnerschaftsgesetzes (sog. Homo-Ehe), 2006: Einführung des Allgemeinen Gleichbehandlungsgesetzes (AGG): Auf Druck des LSVD werden trotz heftiger Widerstände aus Wirtschaft und Politik Lesben und Schwule nicht nur im arbeitsrechtlichen, sondern auch im zivilrechtlichen Teil des Gesetzes berücksichtigt.

0291

LIFE e.V.

Bildung & Schule, Frauen, Gleichberechtigung, Umweltbildung

Der Verein LIFE – Frauen entwickeln Ökotechnik engagiert sich für den Umweltschutz und die Chancengleichheit der Geschlechter in Handwerk, Naturwissenschaft und Technik. Zu den zentralen Aktivitäten zählen die Entwicklung neuer Bildungskonzepte sowie die Verknüpfung von Umwelt- mit Frauenpolitik. Die FrauenNetzwerke des Vereins arbeiten konkret für mehr Chancengleichheit im Umweltbereich und auf dem Arbeitsmarkt, z.B. mit dem genanet (Leitstelle Gender, Umwelt, Nachhaltigkeit), dem Ökotechnischen Frauenbildungszentrum oder auch mit den Vorbereitungen für den alljährlichen Girls Day.

Adresse	*Dircksenstr. 47, 10178 Berlin*
Telefon	*030 / 30 87 98-0*
Fax	*-25*
E-Mail	*office@life-online.de*
Internet	*www.life-online.de*
Geschäftsführung	*Dr. Barbara Schöler-Macher, Rita Eichelkraut*
Aufsichtsrat/Vorstand	*Felicitas Kubala*
Ansprechpartner	*Gender, nachhaltige Entwicklung, Klima: Ulrike Röhr, -35, roehr@life-online.de Regenerative Energien, Gebäudetechnik: Martina Bergk, -21, bergk@life-online.de Ausbildung: Anja Wolff, -26, wolff@life-online.de Ökothek – Weiterbildung, Beratung: Andrea Simon, -17, simon@life-online.de eXplorarium: Dr. Karin Ernst, -32, ernst@life-online.de*
Gegründet	*1988*
Mitarbeiter	*34*
Mitglieder/Förderer	*26*
Jahresetat	*2.000.000 €*
Arbeitsweise	*Beratung, Projekte, Tagungen, Vernetzung*
Publikationen	*E-Newsletter*
Möglichkeit zur Mitarbeit	*Mentor von Auszubildenden und Schülerinnen*
Auszeichnungen	*2003: Hermann-Schmidt-Preis für Innovtive Berufsausbildung*

0292

Martin-Luther-King-Zentrum für Gewaltfreiheit und Zivilcourage

DDR-Bürgerbewegung, Friedensbildung & -erziehung

Im Mittelpunkt der Arbeit des Martin-Luther-King-Zentrums steht die Aufarbeitung der Bürgerbewegung im Süden der ehemaligen DDR. Es betreibt ein Archiv und organisiert zudem Ausstellungen sowie Jugendbildungsangebote zu Themen wie Gewaltfreiheit und Rassismus.

Adresse	*Am Torbogen 5, 08412 Werdau-Sachsen*
Telefon	*03761 / 760-304*
Fax	*-284*
E-Mail	*info@martin-luther-king-zentrum.de*
Internet	*www.martin-luther-king-zentrum.de*
Geschäftsführung	*Bernd Gerber*
Aufsichtsrat/Vorstand	*Georg Meusel*
Gegründet	*1998*
Arbeitsweise	*Archiv, Recherche, Publikationen, Ausstellungen*

0293

Mediathek gegen Rassismus

Asyl, Rassismus

Die Mediathek gegen Rassismus ist eine Informations- und Recherechestelle zu den Themen Rassismus und ethnische Diskriminierung. Sie stellt ihre Materialien – Filme, Bücher, Spiele, Unterrichtshilfen etc. – öffentlichen Institutionen wie Jugend- und Ausländerbehörden, Polizei, Schulen und Jugendgruppen, aber auch interessierten Einzelpersonen zur Verfügung.

Adresse	*Kölner Strasse 11, 57072 Siegen*
Telefon	*0271 / 250 13-83*
Fax	*-85*
E-Mail	*mediathek@vaks.info*
Internet	*www.mediathek-siegen.de*
Geschäftsführung	*Michael Groß*
Aufsichtsrat/Vorstand	*Urdel Götting*
Gegründet	*2001*
Mitarbeiter	*4*
Arbeitsweise	*Materialverleih, Beratung, Recherche, Vernetzung*
Möglichkeit zur Mitarbeit	*Infostände, Praktika, Verwaltungsarbeiten*

0294

medica mondiale

Flüchtlinge & Migration, Frauen, Gewalt gegen Frauen, Kriegsopfer, Traumaarbeit, Vergewaltigung

Medica mondiale setzt sich für traumatisierte Frauen und Mädchen in Kriegs- und Krisengebieten ein und versteht sich als Anwältin für die Rechte und Interessen von Frauen, die sexualisierte Kriegsgewalt überlebt haben. Neben gynäkologischer Versorgung und psychosozialer Unterstützung leistet medica mondiale auch politische Menschenrechtsarbeit. Die Gründerin Monika Hauser lehnte die Auszeichnung mit dem Bundesverdienstkreuz aus Protest gegen den Bosnien-Rückführungsbeschlusses der Innenminister ab. Sie ist eine der 1000 Frauen der Initiative „1000 PeaceWomen", die 2005 für den Friedensnobelpreis nominiert wurden.

Adresse	*Hülchrather Straße 4, 50670 Köln*
Telefon	*0221 / 93 18 98-0*
Fax	*-1*
E-Mail	*info@medicamondiale.org*
Internet	*www.medicamondiale.org*
Geschäftsführung	*Dr. Monika Hauser, Anna Biermann*
Vorstand	*Eva Maria Bruchhaus, Elisabeth Haines, Dr. Monika Hauser*
Ansprechpartner	*Traumaarbeit: Karin Griese, 0221 / 93 18 98 30, kgriese@medicamondiale.org*
Gegründet	*1993 als Medica Zenica*
Mitarbeiter	*20 in Deutschland, 200 weltweit*
Publikationen	*m-journal, m-spezial, E-Newsletter*
Möglichkeit zur Mitarbeit	*in lokalen Aktionsgruppen*
Auszeichnungen	*Gustav-Heinemann-Preis, Annette-Barthelt-Preis, Peter-Beier-Preis der Evangelischen Kirche Deutschlands und andere*

0295

Medico international e.V.

Gesundheitspolitik, Gesundheitsversorgung international, Landminen, nachhaltige Entwicklung, Soziale Gerechtigkeit

Die Hilfe, die medico international leistet, ist mehr als die Bereitstellung von Hilfsgütern in Notsituationen. Die Organisation versteht ihre Arbeit als Teil eines umfassenden sozialen Handelns, das die Verwirklichung des Rechts auf Gesundheit zum Ziel hat. Dabei geht es nicht um kurzfristige Hilfsmissionen, sondern um eine langfristige Zusammenarbeit mit Menschen, die als Partner gesehen werden und keinesfalls als bloße Hilfsempfänger. Partner sind zum Beispiel die Palestinian Medical Relief Society in der Westbank und im Gazastreifen, das Netzwerk für „Gerechtigkeit und Entwicklung" in Sierra Leone und die Minenräumorganisation OMAR (Organisation for Mineclearance and Afghan Rehabilitation), die mit 500 Mitarbeitern seit Beginn der 1990er Jahre auf dem Gebiet des Minenräumens und der Minenaufklärung in Afghanistan arbeitet.

Adresse	*Burgstr. 106, 60389 Frankfurt a. M.*
Telefon	*069 / 94 43 80*
Fax	*069 / 43 60 02*
E-Mail	*info@medico.de*
Internet	*www.medico.de*
Internationale Büros	*Deutschland, Schweiz*
Geschäftsführung	*Thomas Gebauer*
Aufsichtsrat/Vorstand	*Rainer Burkert*
Ansprechpartner	*Presse: Katja Maurer, -29*
Gegründet	*1968*
Mitarbeiter	*29*
Jahresetat	*ca. 10.000.000 €*
Adresse Schweiz	*Quellenstr. 25, 8031 Zürich, Tel.: 0041 - 44 / 273 15 55, Fax: -66, E-Mail: info@medicointernational.ch, www.medicointernational.ch*
Arbeitsweise	*Projektförderung, Kampagnen*
Publikationen	*medico Rundschreiben, E-Newsletter*
Möglichkeit zur Mitarbeit	*Infostände auf Veranstaltungen, Organisation von Veranstaltungen mit medico-Referenten*
Auszeichnungen	*1997: Friedensnobelpreis als Gründungsmitglied der Internationalen Kampagne zur Ächtung von Landminen*

0296

Medicus Mundi Schweiz

Gesundheitspolitik, Gesundheitsversorgung international, HIV/AIDS

Medicus Mundi ist ein Dachverband von 47 in der internationalen Gesundheitszusammenarbeit tätigen schweizerischen Organisationen. Das Netzwerk bildet eine Plattform für den Austausch und die Zusammenarbeit zwischen seinen Mitgliedern. Sein Ziel ist die Verbesserung von Qualität und Wirksamkeit der schweizerischen Gesundheitszusammenarbeit. Medicus Mundi widmet sich dem Kampf gegen die Ausbreitung von AIDS sowie der Ausbildung für die internationale Gesundheitsversorgung. Das Internetportal des Verbands ermöglicht den schnellen Austausch und die Zusammenarbeit zu verschiedenen Themen.

Adresse	*Netzwerk Gesundheit für alle, Murbacherstr. 34, 4013 Basel - Muenchenstein, Schweiz*
Telefon	*0041 - 61 / 383 18 10*
E-Mail	*info@medicusmundi.ch*
Internet	*www.medicusmundi.ch*
Geschäftsführung	*Thomas Schwarz, Helena Zweifel*
Aufsichtsrat/Vorstand	*Dr. med. Nikolaus Lorenz*
Gegründet	*1973*
Mitarbeiter	*3*
Mitglieder/Förderer	*78 Mitgliedsorganisationen*
Arbeitsweise	*Vernetzung, Seminare, Infodienst*
Publikationen	*MMS-Bulletin, E-Newsletter*

0297

Mehr Demokratie

Demokratie, Informationsfreiheit, Volksabstimmung

Mehr Demokratie setzt sich für das Recht auf Volksabstimmung ein. Der Verein engagiert sich für Informationsfreiheit, d.h. für den voraussetzungslosen Zugang zu Informationen in der öffentlichen Verwaltung sowie für Transparenz und Bürgernähe von Behörden und deren Entscheidungen. Mehr Demokratie macht sich für ein bürgerfreundliches Wahlrecht stark, d. h. für mehr Einfluss der Wähler auf die personelle Zusammensetzung der Kommunen. Durch Kampagnen, Infoveranstaltungen und Unterschriftensammlungen tritt Mehr Demokratie öffentlich in Erscheinung.

Adresse	*Greifswalderstr. 4, 10405 Berlin*
Telefon	*030 / 42 08 23 70*
Fax	*-80*
E-Mail	*info@mehr-demokratie.de*
Internet	*www.mehr-demokratie.de*
Regionalbüros	*Köln, München, Hamburg, Berlin, Stuttgart, Bremen*
Geschäftsführung	*Roman Huber*
Aufsichtsrat/Vorstand	*Gerald Häfer, Claudine Nierth*
Ansprechpartner	*Geschäftsführer: Roman Huber, 089 / 821 17 74, roman.huber@mehr-demokratie.de* *Presse: Karin Flothmann, 030 / 42 08 23 70, presse@mehr-demokratie.de* *Politik: Dr. Michael Efler, 030 / 42 08 23 70, michael.efler@mehr-demokratie.de* *Fundraising: Tim Weber, 0421 / 794 63 70, tim.weber@mehr-demokratie.de*
Gegründet	*1988*
Mitglieder/Förderer	*6300*
Jahresetat	*600.000 €*
Arbeitsweise	*Volksbegehren, Lobbyarbeit, Kampagnen, Vernetzung, Infodienst, Tagungen*
Publikationen	*Zeitschrift für direkte Demokratie (ZFFD)*
Möglichkeit zur Mitarbeit	*Lokale Gruppen, Mitarbeit in den Regionalbüros, Mitarbeit in thematischen Arbeitsgruppen*
Erfolge	*seit 1990 die Einführung von Bürgerentscheiden/ Volksabstimmungen in vielen Bundesländern*

0298

Misereor – Bischöfliches Hilfswerk

Menschenrechte, Schuldenerlass, Bildung, Friedensarbeit, Gesundheitsversorgung, Kinderarbeit, Wohnen, Landminen, Frauen, Ernährung, Demokratie

Das katholische Hilfswerk Misereor bietet beides – praktische Unterstützung für die Ärmsten der Armen und ein politisches Sprachrohr für die Interessen des Südens bei uns in Deutschland. In Zusammenarbeit mit Partnern vor Ort werden Menschen und Projekte gefördert, ohne dass Religion, Geschlecht oder Herkunft eine Rolle spielen. So können Minenopfer aus Kambodscha Fachwissen und Material für fachgerechte Prothesen sammeln, Kleinbauern aus Guatemala Rechtshilfe und Saatgut für ihre neu gegründete Kooperative organisieren und Ordensfrauen und Ehrenamtliche in Sambia pflegebedürftige Aidskranke betreuen. „Dem Süden eine Stimme geben" – unter diesem Motto betreibt oder unterstützt Misereor Kampagnen z.B. für einen Schuldenerlass, faire Spielzeugproduktion und ein Verbot von Landminen, gegen Patente auf Leben, EU-Einfuhrzölle und Kinderarbeit in der Teppichproduktion sowie für die umfassende Umsetzung der Milleniumsziele der Vereinten Nationen.

Adresse	*Mozartstr. 9, 52064 Aachen*
Telefon	*0241 / 442-0*
Fax	*-188*
E-Mail	*postmaster@misereor.de*
Internet	*www.misereor.de*
Regionalbüros	*Berlin, München*
Internationale Büros	*6 in Afrika, 2 in Lateinamerika, 4 in Asien*
Hauptgeschäftsführer	*Dr. Josef Sayer*
Ständiger Vertreter	*Dr. Martin Bröckelmann-Simon*
Vorstandsvorsitzender	*Dr. Josef Sayer*
Gegründet	*1958 in Deutschland*
Mitarbeiter	*280 (Ende 2006)*
Jahresetat	*180.800.000 €*
Arbeitsweise	*Beratung und finanzielle Unterstützung, Aktionen, Kampagnen, Lobbyarbeit*
Publikationen	*MISEREOR AKTUELL, themenbezogene Publikationen*
Auszeichnungen	*Höchste Staatsorden einzelner Länder (z.B. Senegal, Peru). Mehrere Misereor-Mitarbeiter wurden aus-gezeichnet mit z.B. Bundesverdienst-kreuz, Päpst-lichen Orden, Ehrendoktorwürden. Hinzu kommen zahlreiche internationale Ehrungen und Preise für Misereor-Projektpartner.*

0299

Nationale Armutskonferenz

Armut

Die Nationale Armutskonferenz ist ein Zusammenschluss der Spitzenverbände der Freien Wohlfahrtspflege, verschiedener Selbsthilfeorganisationen, von Fachverbänden und des Deutschen Gewerkschaftsbundes. Ziel ihrer Arbeit ist die Überwindung der Armut. Die Nationale Armutskonferenz betreibt vor allem politische Lobbyarbeit. Sie veröffentlicht sozialpolitische Bilanzen, die einen Einblick in das Armutsthema geben. Einzelorganisationen wie z.B. Wohlfahrtsverbände bieten spezielle Informationen und Beratung an.

Abkürzung	*NAK*
Adresse	*Deutscher Caritasverband e.V., Referat Koordination Sozialpolitik, Karlstraße 40, 79104 Freiburg*
Telefon	*0761 / 200-385*
Fax	*-733*
E-Mail	*info@nationale-armutskonferenz.de*
Internet	*www.nationale-armutskonferenz.de*
Internationale Büros	*Mitglied im Europäischen Netzwerk gegen Armut und soziale Ausgrenzung (EAPN)*
Geschäftsführung	*Alfred Schleimer*
Ansprechpartner	*Sprecher: Dr. Hans-Jürgen Marcus, 05121 / 938-0, marcus@caritas-dicvhildesheim.de*
Gegründet	*1991*
Jahresetat	*11.000 €*
Arbeitsweise	*Beratung, Gremienvertretung, Infodienst, Lobbyarbeit, Vernetzung*
Möglichkeit zur Mitarbeit	*Die VertreterInnen der Mitgliedsorganisationen arbeiten ehrenamtlich in der NAK mit.*

0300

Netzwerk Kindergesundheit und Umwelt – Bündnis für eine enkeltaugliche Zukunft e.V.

Chemiepolitik, Kindergesundheit

Das Netzwerk Kindergesundheit und Umwelt engagiert sich für ein nachhaltiges, Ressourcen schonendes Wirtschaften, das auch künftigen Generationen eine lebenswerte Welt garantiert. Es setzt sich z.B. für eine veränderte Chemikalienpolitik ein, die Kinder besser vor schädlichen Stoffen im täglichen Leben schützt. Ebenso fördert das Netzwerk Forschungen, die den Zusammenhang zwischen Umwelteinflüssen und Gesundheitsbeeinträchtigungen von Kindern untersuchen, und betreibt Projekte zu gesundem Wohnen.

Abkürzung	*KGU*
Adresse	*Frielinger Str. 31, 28215 Bremen*
Telefon	*0421 / 498 42-51*
Fax	*-52*
E-Mail	*Netzwerk-KGU@gmx.de*
Internet	*www.netzwerk-kindergesundheit.de*
Aufsichtsrat/Vorstand	*Rainer Güttler*
Gegründet	*2003*
Jahresetat	*60.000 €*
Arbeitsweise	*Beratung, Gremienvertretung, Lobbyarbeit, Recherche, Tagungen*

0301

Netzwerk Migration

Flüchtlinge & Migration

Das Netzwerk Migration ist eine Initiative von Migrationsexperten. Sie hat das Ziel, das Wissen über Wanderungsbewegungen in europäischen Gesellschaften zu fördern. Durch Publikationen und Tagungen zum Thema bietet das Netzwerk ein wissenschaftliches Diskussionsforum. Die Darstellung der Lebenswelten von Migranten in Ausstellungen und Interviewsammlungen sowie eine Expertendatenbank tragen zur Wissensvermittlung bei. Das Netzwerk stellt ein Lernportal über Flucht und Vertreibung unter der Adresse http://lernportal.the-unwanted.com zur Verfügung.

Adresse	*Limonenstr. 24, 12203 Berlin*
Telefon	*030 / 84 10 92-67*
Fax	*-68*
Internet	*www.network-migration.org*
Geschäftsführung	*Dr. Anne von Oswald*
Aufsichtsrat/Vorstand	*Dr. Andrea Schmelz*
Gegründet	*2001*
Mitglieder/Förderer	*35*
Jahresetat	*120.000 €*
Arbeitsweise	*Forschung, Tagungen, Vernetzung, Ausstellungen*
Auszeichnungen	*European Youth Award*

0302

Netzwerk plus

HIV/AIDS

„Gemeinsam sind wir stärker!" lautet der Grundgedanke des Bundesweiten Netzwerks der Menschen mit HIV und Aids, denn in der Solidarität eröffneten sich mehr Perspektiven eines selbstbestimmten Lebens. In dem Zusammenschluss vertreten Menschen mit HIV und Aids selbst ihre Interessen. Das Netzwerk kämpft für ein selbstbestimmtes Leben und Sterben, den freien Zugang zu Informationen und Therapien, das Recht auf ein menschenwürdiges Leben in sozialer Absicherung und gegen jegliche Form von Intoleranz und Diskriminierung von HIV-positiven Menschen.

Adresse	*c/o Berliner Aidshilfe, Meinekestraße 12, 10719 Berlin*
Fax	*030 / 88 56 40 25*
E-Mail	*sekretariat@netzwerkplus.aidshilfe.de*
Internet	*www.netzwerkplus.aidshilfe.de*
Gegründet	*2000*

0303

Netzwerk Recherche e.V.

Datenschutz, Informationsfreiheit, Meinungsfreiheit, Pressefreiheit

Kritische Aufklärung statt Propaganda, investigativer Journalismus statt Marketing-Mix, intensive Recherche statt Google: dafür setzt sich der Verein Netzwerk Recherche ein und sieht sich als Lobby für den investigativen Journalismus, der in Deutschland zunehmend vernachlässigt wird. Hier werden Kollegen unterstützt, die intensiv recherchieren wollen und dabei auf Widerstände bei Sendern oder Funktionsträgern stoßen oder sogar juristisch verfolgt werden. Außerdem ruft der Verein dazu auf, den PR-Einfluss zurückzudrängen, das Informationsfreiheitsgesetz zu nutzen und den Medienkodex zu diskutieren. Die „Verschlossene Auster" verleiht das Netzwerk jährlich als Kritikpreis für den Informationsblockierer des Jahres. Mit seinem Angebot an Konzepten, Seminaren und Recherche-Stipendien will der Verein die Aus- und Fortbildung im Bereich Recherche verbessern.

Adresse	*Marcobrunner Straße 6, 65197 Wiesbaden*
Telefon	*0611 / 49 51-51*
Fax	*-52*
E-Mail	*thomas.leif@faberdesign.de*
Internet	*www.netzwerkrecherche.de*
Vorsitzende	*Dr. Thomas Leif, Hans Leyendecker*
Gegründet	*2001*
Mitglieder/Förderer	*420*
Arbeitsweise	*Tagungen. Recherchen, Beratungen, Lobbyarbeit, Preisverleihung*
Publikationen	*E- Newsletter*
Möglichkeit zur Mitarbeit	*Bei den Medientagungen und Kongressen kann in der Organisation mitgearbeitet werden.*
Auszeichnungen	*2003 Leipziger Medienpreis für die Freiheit und Zukunft der Medien.*
Erfolge	*Netzwerk Recherche hat sich seit der Gründung für ein Bundesgesetz zur Erhöhung der Verwaltungstransparenz stark gemacht, um durch erweiterte Akteneinsichts- und Auskunftsrechte gegenüber Behörden die Recherchemöglichkeiten zu verbessern. Dieses Gesetz ist im Januar 2006 in Kraft getreten (Informationsfreiheitsgesetz, IFG). Nicht nur Journalisten, sondern jeder Bürger kann sich auf dieses neue Bürgerrecht berufen.*

0304

Nürnberger Menschenrechtszentrum

Menschenrechte

Beim Nürnberger Menschenrechtszentrum ist der Name Programm: Auf lokaler, nationaler und internationaler Ebene engagiert sich das NMRZ für die Idee der Menschenrechte, ihre Umsetzung und Weiterentwicklung. Zu seinen Arbeitsfeldern zählen auch der Nürnberger Prozess und Internationale Strafgerichtshöfe, Straflosigkeit und Strafjustiz, Menschenrechte in Lateinamerika sowie wirtschaftliche, soziale und kulturelle Menschenrechte. Im Online-Katalog der Bibliothek können Interessierte über 400 Zeitschriften durchstöbern und sich weiter informieren.

Adresse	*Adlerstraße 40, 90403 Nürnberg*
Telefon	*0911 / 230 55-50*
Fax	*-51*
E-Mail	*buero@menschenrechte.de*
Internet	*www.menschenrechte.org*
Aufsichtsrat/Vorstand	*Michael Krennerich*
Gegründet	*1989*
Mitarbeiter	*1*
Mitglieder/Förderer	*40*
Arbeitsweise	*Forschung, Recherche, Tagungen, Kampagnen*
Möglichkeit zur Mitarbeit	*Mitarbeit vor Ort*

0305

Ökumenische Initiative Eine Welt

Agenda 21, nachhaltiger Lebensstil, Nord-Süd-Politik, Umweltbildung

Oft zitiert, wird sie doch selten umgesetzt: die Aufforderung „global denken, lokal handeln". Die Ökumenische Initiative Eine Welt macht beides. Seit 2001 koordiniert sie die internationale Erd-Charta-Initiative im deutschsprachigen Raum. Zehntausende Menschen aus unterschiedlichen Kulturen entwickelten diese globale Ethik einer nachhaltigen Entwicklung im Umfeld der UN-Umweltkonferenz in Rio. Mitglieder des Netzwerks in Deutschland machen die Erd-Charta in Vorträgen bekannt, veranstalten Tagungen, zeigen Ausstellungen in Schulen und streiten politisch dafür, langfristig eine Anerkennung durch die UN zu erreichen. „Ganz. Schön. Anders." ist das zweite Standbein der ÖIEW. Broschüren und Veranstaltungen geben Tipps für einen umweltverträglichen und friedlichen Lebensstil. Um einen solchen Lebensstil geht es den Mitgliedern aber nicht nur privat; politisches Eingreifen gehört dazu.
Die Initiative beteiligt sich auch an den globalen Kämpfen für eine andere solidarische Wirtschaftsweise. Ihre Spezialität dabei: ganzheitlich – für mehr Gerechtigkeit, Frieden, Bewahrung der Schöpfung – zu kämpfen.

Abkürzung	*ÖIEW*
Adresse	*Mittelstraße 4, 34474 Diemelstadt-Wethen*
Telefon	*05694 / 14 17*
Fax	*05694 / 15 32*
E-Mail	*info@oeiew.de*
Internet	*www.oeiew.de*
Internationale Büros	*Die ÖIEW ist die deutsche Koordination der internationalen Erd-Charta Initiative.*
Geschäftsführung	*Anja Becker*
Aufsichtsrat/Vorstand	*Paulander Hausmann*
Gegründet	*1976*
Mitarbeiter	*3*
Mitglieder/Förderer	*2.000*
Regionalgruppen	*Hamburg, Ruhrgebiet, München*
Jahresetat	*115.000 €*
Arbeitsweise	*Bildungsarbeit, Vernetzung, Tagungen, Gremienvertretung*
Publikationen	*Initiativ*
Möglichkeit zur Mitarbeit	*in bundesweiten Fach-AGs, in lokalen Gruppen und in der schulischen Bildungsarbeit*

0306

Österreichische Liga für Menschenrechte

Antisemitismus, Asyl, Bürgerrechte, Flüchtlinge & Migration, Holocaust, Kriegsopfer, Menschenrechte, Rassismus

Die Österreichische Liga für Menschenrechte konzentriert sich hauptsächlich auf die Situation, Umsetzung und Einhaltung der Menschenrechte in Österreich und der EU und greift besonders Themen auf, die im politischen Alltag wenig Beachtung finden. In diesem Sinne versteht sie sich als Trendscout unter den österreichischen NGOs. Adressaten ihrer Öffentlichkeitsarbeit sind nicht nur politische Entscheidungsträger, sondern auch interessierte Laien, die sie mit Hilfe von Diskussionsveranstaltungen, Symposien und dem preisgekrönten Menschenrechtsmagazin LIGA sensibilisieren will.

Adresse	*Hermanngasse 9, 1070 Wien, Österreich*
Telefon	*0043 - 1 / 523 63-17*
Fax	*-174*
E-Mail	*office@liga.or.at*
Internet	*www.liga.or.at*
Geschäftsführung	*Dr. Elisabeth Ebner*
Präsident	*Ferdinand Lacina*
Gegründet	*1926*
Gründungsanlass	*Gegründet wurde sie 1926 als Teilorganisation der Föderation der Menschenrechtsligen, aufgelöst 1934 und im Zeichen der Opfer des Nationalsozialismus und des Umgangs mit der Vergangenheit 1946 wieder gegründet.*
Arbeitsweise	*Recherchen, Veranstaltungen, Publikationen*
Publikationen	*LIGA*

0307

Oxfam Deutschland e.V.

Armut, Fairer Handel, Gesundheitsversorgung, Globalisierung, HIV/AIDS, Landminen, Lebensmittel & Ernährung, Trinkwasser

Oxfam ist die Abkürzung für Oxford Committee for Famine Relief (Oxford-Komitee zur Linderung der Hungersnot), das weltweit für eine gerechte Welt ohne Armut kämpft. Charakteristisch für die Aktivitäten des Komitees sind Not- und Katastrophenhilfe in armen Ländern, Projekte wie die Stärkung lokaler HIV/Aids-Organisationen in Südafrika, Krisenprävention und globale Kampagnen zu fairem Handel oder Landminen. Außerdem fordert Oxfam gerechte Welthandelsregeln, bessere Entwicklungshilfe, allgemeine Grundbildung und Gesundheitsversorgung. Die Erlöse der Oxfam-Shops in Deutschland fließen in die Projekt- und Kampagnenarbeit des Vereins.

Adresse	Greifswalder Str. 33a, 10405 Berlin
Telefon	030 / 42 85 06 21
Fax	030 / 42 85 06 22
E-Mail	info@oxfam.de
Internet	www.oxfam.de
Internationale Büros	Oxfam-Organisationen in 13 Ländern, Lobby-Büros in Washington, New York, Brüssel und Genf
Geschäftsführung	Paul Bendix
Vorstandsvorsitzende	Isabel Scholes
Ansprechpartner	Pressesprecherin: Mirjam Hägele Kampagnen: Jörn Kalinski Projekte: Michaela Raab Fundraising: Antje Welp Büro-Manager: John Conyers
Gegründet	1942 Oxfam Großbritanien, 1995 Oxfam Deutschland
Mitarbeiter	15
Mitglieder/Förderer	12.000
Jahresetat	2.100.000 €
Adresse Oxfam International-Sekretariat	266 Banbury Road, OX2 7DL Oxford, Großbritannien, Tel.: 0044 - 1865 / 33 91-00, Fax: -01, E-Mail: information@oxfaminternational.org, www.oxfam.org
Arbeitsweise	Not- und Katastrophenhilfe weltweit, Entwicklungszusammenarbeit, Kampagnen
Publikationen	Oxfam aktuell, E-Newsletter
Möglichkeit zur Mitarbeit	in Oxfam Shops, bei Kampagnen

0308

Pazifik-Informationsstelle

Nord-Süd-Politik, Tourismus

Die Pazifik-Informationsstelle, u.a. getragen vom Evangelischen Missionswerk in Deutschland, hat es sich zur Aufgabe gemacht, die Öffentlichkeit über wirtschaftliche, soziale und ökologische Themen im pazifischen Raum zu informieren. Dabei wendet sie sich an öffentliche Bildungseinrichtungen, Universitäten, Medien, entwicklungspolitische Arbeitskreise, Gemeinden und Einzelpersonen. Vernetzung der in der Bundesrepublik zu pazifischen Themen arbeitenden Gruppen, Organisationen und Einzelpersonen. Sie vernetzt verschiedene Projekte und Kampagnen zu Themen wie Tourismus, Frauenrechte und Klimawandel im Pazifik.

Adresse	*Hauptstraße 2, 91564 Neuendettelsau*
Telefon	*09874 / 912 20*
Fax	*09874 / 931 20*
E-Mail	*info@pazifik-infostelle.org*
Internet	*www.pazifik-infostelle.org*
Geschäftsführung	*Julia Ratzmann, Katja Göbel*
Aufsichtsrat/Vorstand	*Marion Struck-Garbe*
Gegründet	*1989*
Mitarbeiter	*2*
Regionalgruppen	*Hamburg, Nürnberg, Berlin, Tübingen*
Jahresetat	*ca. 75.000 €*
Arbeitsweise	*Recherche, Tagungen, Infodienst, Beratung, Lobbyarbeit*
Publikationen	*pazifik aktuell, Rundbrief*
Möglichkeit zur Mitarbeit	*Gründung von weiteren Regionalgruppen*

0309

peace brigades international

Demokratie, Friedensbildung & -erziehung, Konfliktmediation & -prävention, Menschenrechte

Die Freiwilligenteams der unabhängigen Menschenrechtsorganisation peace brigades international sind als schützende Präsenz in Krisengebieten tätig. Auf Anfrage lokaler Gruppen, die von politisch motivierter Gewalt bedroht sind, sollen so Handlungsräume für eine gewaltfreie Konfliktbearbeitung erhalten bleiben. Beschützte und Begleiter werden durch ein weltweites Alarmnetz und Kontakte zur Politik, Diplomatie und Zivilgesellschaft abgesichert. Ein mehrjähriger Freiwilligeneinsatz im Aus- oder Inland, Rundbriefe schreiben, Infostände auf Stadtteilfesten organisieren oder Lobbygespräche im Außenministerium führen: pbi bietet viele Möglichkeiten des Engagements.

Abkürzung	*pbi*
Adresse	*Deutscher Zweig e.V., Bahrenfelder Str. 79, 22765 Hamburg*
Telefon	*040 / 380 69 03*
Fax	*040 / 386 94 17*
E-Mail	*info@pbi-deutschland.de*
Internet	*www.pbi-deutschland.de*
Internationale Büros	*13*
Geschäftsführung	*Astrid Hake*
Aufsichtsrat/Vorstand	*Dr. Heinke Wendt*
Gegründet	*1981 in Canada*
Mitglieder/Förderer	*150*
Adresse Schweiz	*Gutenbergstrasse 35, 3011 Bern, Tel.: 0041 - 31 / 372 44-44, Fax: -45, E-Mail: info@peacebrigades.ch, info@peacebrigades.ch*
Adresse Luxemburg	*B.P. 2337, L-1023 Luxembourg, Tel.: 00352 - 26 / 29 60 01, E-Mail: pbilux@yahoo.com, www.peacebrigades.org/luxembourg.html*
Adresse Hauptsitz	*56-64 Leonard Street, EC2A 4JX London, England, Tel.: 0044 - 207 / 065 07 75, E-Mail: admin@peacebrigades.org, www.peacebrigades.org*
Arbeitsweise	*Freiwilligenbetreuung, Lobbyarbeit, Bildungsarbeit*
Publikationen	*Rundbrief*

Möglichkeit zur Mitarbeit	*in Arbeitskreisen und Ortsverbänden*
Auszeichnungen	*1999: Internationaler Aachener Friedenspreis, Menschenrechtspreis der Stadt Weimar, Medalla Conmemorativa de la Paz, 2001: Martin-Ennals-Preis und viele andere.*
Erfolge	*erfolgreiche Schutzbegleitung von bedrohten Menschenrechtsverteidigern über viele Jahre hinweg*

0310

PRO ASYL e.V.

Abschiebung, Asyl, Flüchtlinge & Migration, Folter, Menschenrechte, Rassismus

Der Verschärfung des Asylrechts 1993, drastischen Kürzungen der Sozialleistungen für Flüchtlinge, ihrer menschenunwürdigen Unterbringung in Sammelunterkünften, die Einschränkung ihrer Bewegungsfreiheit und die Abschottung der europäischen Außengrenzen: All dem versucht PRO ASYL seit über 20 Jahren entgegenzuwirken und hilft Flüchtlingen individuell z.B. vor Gericht und auf politischer Ebene, indem die Organisation beharrlich in aktuelle Diskussionen eingreift. Mit ihrer ausführlichen Öffentlichkeitsarbeit trägt PRO ASYL dazu bei, dass die Situation von Flüchtlingen nicht in Vergessenheit gerät.

Adresse	*Postfach 160624, 60069 Frankfurt a. M.*
Telefon	*069 / 23 06 88*
Fax	*069 / 23 06 50*
E-Mail	*proasyl@proasyl.de*
Internet	*www.proasyl.de*
Geschäftsführung	*Günter Burkhardt*
Vorsitzender	*Dr. Jürgen Micksch*
Gegründet	*1986*
Mitarbeiter	*22*
Mitglieder/Förderer	*13.000*
Gründungsanlass	*Zunahme von Fremdenfeindlichkeit und Rassismus, Debatte um die Einschränkung des Asylrechts*
Arbeitsweise	*Einzelfallarbeit, Lobbyarbeit, Aktionen, Recherchen, finanzielle Hilfe*
Publikationen	*Heft zum Tag des Flüchtlings, E-Newsletter*
Möglichkeit zur Mitarbeit	*Briefeschreiben zur Unterstützung von Kampagnen, Mitarbeit bei den landesweiten Flüchtlingsräten.*
Auszeichnungen	*1998: Bonhoeffer-Preis, 2001: Aachener Friedenspreis, Blauer Elefant für Kinderrechte des Kinderschutzbundes*

0311

pro familia

Frauengesundheit/gynäkologische Versorgung, Gewalt gegen Frauen, Konfliktmediation & -prävention

Pro familia ist ein Bundesverband mit Organisationen in allen 16 Bundesländern. Die ca. 170 pro familia-Beratungsstellen bieten ärztliche, psychologische und soziale Beratung zu den Themen Partnerschaft, Sexualität und Familienplanung, sowohl für Frauen als auch für Männer. In einigen deutschen Städten betreibt pro familia medizinische Zentren, in denen sexualmedizinische Behandlungen angeboten werden. Pro familia liefert sexualpädagogische Angebote an Jugend- und Elterngruppen, Lehrer und Erzieher, die Themen wie z.B. Verhütung, AIDS oder Partnerschaft beinhalten. Darüber hinaus engagiert sich pro familia auch politisch, aktuell z.B. in einer Kampagne für die rezeptfreie Vergabe der „Pille danach" als Recht auf selbstbestimmte Nachverhütung.

Adresse	*Stresemannallee 3, 60596 Frankfurt a. M.*
Telefon	*069 / 63 90 02*
Fax	*069 / 63 98 52*
E-Mail	*info@profamilia.de*
Internet	*www.profamilia.de*
Regionalbüros	*16 Landesverbände, 170 Beratungsstellen in Deutschland*
Geschäftsführung	*Elke Thoß*
Aufsichtsrat/Vorstand	*Dr. Gisela Notz*
Gegründet	*1952*
Mitarbeiter	*1.225*
Mitglieder/Förderer	*4.680*
Arbeitsweise	*Beratung, Lobbyarbeit, Projekte, Tagungen*
Publikationen	*pro familia magazin*
Möglichkeit zur Mitarbeit	*Mitarbeit in Gremien und Arbeitsgruppen*
Erfolge	*Kampagne für einen straffreien Schwangerschaftsabbruch*

0312

proFRAU – Plattform für Frauenrechte gegen Diskriminierung

Frauen, Gewalt gegen Frauen, Zwangsheirat, Zwangsprostitution

ProFRAU ist eine Plattform für den Informationsaustausch über Frauenrechte. Ehrenmorde, Zwangsheirat, Frauenhandel und Gewalt gegen Frauen – dieser Themen nimmt sich der österreichische Verein an und unterstützt andere Organisationen und Initiativen, die zu gleichen Problemstellungen arbeiten. ProFRAU will durch Informationen und Kontakte eine gesellschaftliche Diskussion anregen, die zu einer Verbesserung der Situation der Betroffenen führt. Via Internet und Film soll die Öffentlichkeit sensibilisiert und aufgeklärt werden. Betroffenen wird auf der Homepage weiterführende Hilfe und Beratung geboten.

Adresse	*Kapellenweg 40/5/8, 1220 Wien, Österreich*
E-Mail	*office@proFRAU.at*
Internet	*www.profrau.at*
Obfrau	*Gabriele Frimberger*
Gegründet	*2004*

0313

Projekte gegen Antisemitismus

Antisemitismus

Projekte gegen Antisemitismus, eine Initiative der antirassistischen Amadeu-Antonio-Stiftung (siehe dort), kämpft gegen antijüdische Tendenzen in der Gesellschaft. Ziel ist die Stärkung der Zivilgesellschaft im Auftreten gegen Antisemitismus. Engagiert in der Jugendarbeit, in Schulen und Kommunen, führt die Initiative besonders junge Menschen an die Problematik heran. Durch Beratung und finanzielle Hilfen unterstützt die Stiftung Betroffene.

Adresse	*c/o Amadeu-Antonio-Stiftung, Linienstraße 139, 10115 Berlin*
Telefon	*030 / 24 08 86-10*
Fax	*-22*
E-Mail	*info@amadeu-antonio-stiftung.de*
Internet	*www.projekte-gegen-antisemitismus.de*
Arbeitsweise	*Infodienst, Lobbyarbeit, Kampagnen*

0314

quintessenz

Datenschutz, Informationstechnologie, Innere Sicherheit, Medien, Meinungsfreiheit, Pressefreiheit

Um Bürgerrechte im Informationszeitalter wiederherzustellen, hat sich quintessenz gegründet. Ob Vorratsdatenspeicherung in der EU, Überwachungstechnologien oder Software-Patente: Menschen aus Technik, Wissenschaft, Journalismus und Kunst kämpfen bei quintessenz für die selbstbestimmte Verwendung eigener Daten, freie Software und gegen technische Mittel, die Bürgerrechte abschaffen. Online-Kampagnen klären über den Missbrauch der neuen Technologien auf, Informationskampagnen bringen Gesetzesvorhaben und Abkommen an die Öffentlichkeit, die das Recht auf freie Meinungsäußerung und Privatsphäre einschränken könnten. Der freie Newsletter q/depesche widmet sich Themen wie Zensur und Copyleft. In Zusammenarbeit mit Privacy International und anderen österreichischen Datenschutzgruppen verleiht der Verein seit 1999 die Big Brother Awards in Österreich.

Adresse	*c/o Electric Avenue/quartier21, Museumsplatz 1, 1070 Wien, Österreich*
Internet	*www.quintessenz.at*
Aufsichtsrat/Vorstand	*Doris Kaiserreiner*
Gegründet	*1994*
Arbeitsweise	*Infodienst, Online-Kampagnen*
Publikationen	*q/depesche*

0315

RAV-Polizeirecht

Atomkraft, Bürgerrechte, Demokratie, Informationspolitik, Innere Sicherheit, Polizeigesetze

Der RAV-Polizeirecht will Bürgerinnen und Bürger ermutigen, ihre Grundrechte gerichtlich durchzusetzen. Entstanden ist die Organisation aus der Arbeit des anwaltlichen Notdienstes während der Castortransporte im Wendland, bei denen rechtswidrige „Freiheitsentziehungen" und Aushebelungen des Demonstrationsrechts an der Tagesordnung sind. Aktuelle und ältere Gerichtsbeschlüsse, Urteile und Verfassungsbeschwerden zu den Themen sind auf der Website veröffentlicht. RAV steht für Republikanischer Anwaltsverein, der sich 1979 als politische Anwaltsorganisation neben den Vereinigungen der Strafverteidigerinnen und -verteidiger gründete und sich als Teil der neuen sozialen Bewegungen sieht.

Adresse	*Haus der Demokratie und Menschenrechte, Greifswalderstraße 4, 10405 Berlin*
Telefon	*030 / 41 72 35-55*
Fax	*-57*
E-Mail	*ravev@t-online.de*
Internet	*www.rav-polizeirecht.de*
Geschäftsführung	*Hannes Honecker*
Gegründet	*1979*
Arbeitsweise	*Infodienst, Rechtsberatung, Vernetzung*

0316

Rechtskomitee Lambda

Lesben & Schwule

Für Lesben, Schwule, Transidenten und Bisexuelle sieht es in Österreich immer noch nicht rosig aus. Deswegen kämpft das Rechtskomitee Lambda gegen jede Diskriminierung aufgrund sexueller Orientierung, Sexualität und Geschlechtsidentität. Lambda engagiert sich für die Rechte von gleichgeschlechtlich und transident liebenden und lebenden Menschen, für die Gleichstellung nichtehelicher Lebensgemeinschaften, für die Zivilehe gleichgeschlechtlicher Paare und für eine Entschädigung und Rehabilitation früherer Opfer der anti-homosexuellen Sonderstrafgesetzgebung. Aktuelle Nachrichten aus der Rechtssprechung informieren über den Stand der Dinge. Sowohl Kampagnen als auch soziale und Rechtsberatungen zählen zu den Tätigkeiten des Vereins.

Adresse	*Linke Wienzeile 102, 1060 Wien, Österreich*
Telefon	*0043 - 1 / 876 30 61*
E-Mail	*office@rklambda.at*
Internet	*www.rklambda.at*
Geschäftsführung	*Helmut Graupner*
Aufsichtsrat/Vorstand	*Dr. Lilian Hofmeister*
Gegründet	*1991*
Arbeitsweise	*Kampagnen, Beratung, Rechtshilfe*
Publikationen	*JUS AMANDI*

0317

Regionale Arbeitsstellen für Bildung, Integration und Demokratie e.V.

Antisemitismus, Bildung & Schule, Demokratie, Diskriminierung, Flüchtlinge & Migration, Rassismus, Soziale Gerechtigkeit

Minderheiten stärken und Rassismus bekämpfen, das haben sich die Regionalen Arbeitsstellen für Bildung, Integration und Demokratie auf die Fahnen geschrieben, besonders im Bereich der Schul-, Jugend- und Sozialarbeit. Neben interkulturellen Projekten organisieren die RAAs Fortbildungen, entwickeln Materialien, beraten und begleiten Projekte z.B. zu den Themen Roma und Flüchtlinge, Demokratie lernen und jüdische Zuwanderer. Das Netzwerk gegen Rechts und Videoprojekte gehören ebenfalls zu ihren Aktivitäten.

Abkürzung	*RAA Berlin*
Adresse	*Chausseestraße 29, 10115 Berlin*
Telefon	*030 / 240 45-100*
Fax	*-509*
E-Mail	*info@raa-berlin.de*
Internet	*www.raa-berlin.de*
Regionalbüros	*Die RAA Berlin ist zusammen mit der RAA Hauptstelle NRW Koordinatorin der Bundesarbeitsgemeinschaft (BAG) der RAA mit 47 RAA in 7 Bundesländern.*
Geschäftsführung	*Britta Kollberg*
Gegründet	*1991*
Mitarbeiter	*40 in Berlin*
Jahresetat	*1.400.000 €*
Arbeitsweise	*Projekte, Beratung, praktische Hilfe*
Publikationen	*Interkulturelle Beiträge, Interkultureller Kalender, BAG Infobrief*
Möglichkeit zur Mitarbeit	*Gründung und Leitung von Aktivgruppen*
Auszeichnungen	*Mete-Eksi-Preis, Goldener Alex, Moses-Mendelssohn-Preis (für die Gründerin Anetta Kahane)*

0318

Reporter ohne Grenzen e.V.

Folter, Meinungsfreiheit, Menschenrechte, Pressefreiheit

Wie gestaltet sich die Medienfreiheit in Kasachstan? Wie viele Internet-Dissidenten wurden seit Beginn des Jahres inhaftiert? Antworten auf diese und andere Fragen liefert Reporter ohne Grenzen. Die internationale Organisation setzt sich weltweit für Meinungs- und Pressefreiheit ein, appelliert an Politiker, sich für freie Berichterstattung stark zu machen, mobilisiert weltweite Unterstützung für verfolgte und bedrohte Journalistinnen und Journalisten, alarmiert die Öffentlichkeit über zensierte Radiostationen und beobachtet und dokumentiert die Situation der Medienfreiheit in über 150 Ländern. In Pressemitteilungen, Untersuchungsberichten, Protestschreiben, Ausstellungen und Aktionen macht die Organisation Feinden der Pressefreiheit einen Strich durch die Rechnung.

Adresse	*Skalitzer Straße 101, 10997 Berlin*
Telefon	*030 / 615 85-85*
Fax	*030 / 61 45-649*
E-Mail	*kontakt@reporter-ohne-grenzen.de*
Internet	*www.reporter-ohne-grenzen.de*
Internationale Büros	*Sektionen in 9 Ländern und Büros in Großbritannien, Thailand, Japan, USA*
Geschäftsführung	*Elke Schäfter*
Aufsichtsrat/Vorstand	*Dr. Michael Rediske, Astrid Frohloff*
Gegründet	*1994 in Deutschland, 1985 international*
Mitarbeiter	*5*
Mitglieder/Förderer	*500*
Adresse Österreich	*Alser Straße 22 / 8, 1090 Wien, Tel.: 0043 - 1 / 581 00 11, Fax: 0043 - 1 / 581 00 11-95, E-Mail: info@rog.at, www.rog.at*
Adresse Schweiz	*Case postale 48, 1211 Genève 8, Tel.: 0041 - 022 / 328 44-88, Fax: -89, E-Mail: rsf-ch@bluewin.ch*
Adresse Hauptsitz	*Reporters sans frontières, 5, rue Geoffroy-Marie, 75009 Paris, Frankreich, Tel.: 0033 - 1 / 44 83 84 84, Fax: 0033 - 1 / 45 23 11 51, E-Mail: rsf@rsf.org, www.rsf.org*
Gründungsanlass	*Egon Scotland, Korrespondent der Süddeutschen Zeitung, wurde 1991 im Kosovo tödlich von den*

Kugeln eines Heckenschützen getroffen. Ein wichtiger Grund für rund 50 Journalistinnen und Journalisten, 1994 die deutsche Sektion von Reporter ohne Grenzen zu gründen.

Arbeitsweise	*Recherche, Öffentlichkeitsarbeit, Aktionen, Lobbyarbeit, praktische Hilfe*
Publikationen	*ROG-Report, Bericht über die Lage der Pressefreiheit weltweit, Fotos für die Pressefreiheit*
Möglichkeit zur Mitarbeit	*Beteiligungen an Mahnwachen, Demonstrationen, Mitmachaktionen, Öffentlichkeitsarbeit*
Auszeichnungen	*1997: Preis für Journalismus und Demokratie der OSZE, 1999: Newsroom Award, 2002: Dr.-Erich-Salomon-Preis der Deutschen Gesellschaft für Photographie, 2005: Sacharow-Menschenrechtspreis des Europäischen Parlaments*
Erfolge	*Als Folge einer internationalen Kampagne sind vier Internet-Dissidenten auf den Malediven nach und nach freigekommen. Sie waren 2003 zu Haftstrafen zwischen zehn Jahren und lebenslänglich verurteilt worden, weil sie online mehr Demokratie für den Inselstaat gefordert hatten.*

0319

ReproKult

Bioethik/Humangenetik, Gentechnik, Gesundheitspolitik, Reproduktionsmedizin

Die Themen Gentechnik und Fortpflanzungsmedizin stehen bei ReproKult im Mittelpunkt. Als Diskussions- und Aktionsplattform sieht sich der bundesweite Zusammenschluss von Frauen aus den Bereichen Frauen-Gesundheitsarbeit, psychosoziale Beratung, Medizin, Wissenschaft, Politik, Medien und Interessenvertretungen von Frauen mit Behinderungen. Ob Pränataldiagnostik, künstliche Befruchtung, Embryonenforschung oder Biopolitik: Statt Diskussionen um rein technische Machbarkeit, in denen Frauen höchstens als „Rohstofflieferantinnen" und Nutznießerinnen auftauchen, will ReproKult eine breite öffentliche Debatte über die Bedingungen und sozialen Auswirkungen dieser Technologien anregen, politisch Einfluss nehmen und dabei vor allem frauen- und gesellschaftspolitische Standpunkte einbringen.

Adresse	*Dr. Giselind Berg, Institut für Ökologie Technische Universität Berlin, Franklinstraße 28/29. FR 1-1, 10587 Berlin*
Telefon	*030 / 314 73-316*
Fax	*-176*
E-Mail	*frauenforum@reprokult.de*
Internet	*www.reprokult.de*
Gegründet	*1999*
Mitglieder/Förderer	*ca. 40*

0320

Schüler Helfen Leben

Flüchtlinge & Migration, Friedensbildung & -erziehung, Konfliktmediation & -prävention, Kriegsfolgen & Wiederaufbau

„Am Anfang war der Wunsch, irgendetwas zu tun", schreibt der Verein Schüler Helfen Leben über sich selbst. Das war zu Beginn des Krieges im ehemaligen Jugoslawien. Spontan transportierten Schülerinnen und Schüler 1992 mit Privatautos Hilfsgüter in die Flüchtlingslager Kroatiens. Schüler Helfen Leben leistet Bildungs-, Friedens- und Versöhnungsarbeit in Südosteuropa. Gleichzeitig ist die Organisation aber auch in Deutschland aktiv, um jugendliches Engagement zu fördern und über die Situation der Altersgenossen in Südosteuropa zu informieren. Die größte Aktion ist der „Soziale Tag", an dem hunderttausende Schülerinnen und Schüler einen Tag lang nicht zur Schule gehen, sondern Nachbars Hund Gassi führen oder für ältere Menschen einkaufen. Das verdiente Geld wird an die Hilfsprojekte von Schüler Helfen Leben gespendet. Um die Betreuung und Finanzierung der neuen, laufenden Projekte wie ein Jugendzentrum gegen Rechtsextremismus in Novi Sad kümmert sich die gleichnamige Stiftung.

Abkürzung	*SHL*
Adresse	*Kaiserstraße 12, 24534 Neumünster*
Telefon	*04321 / 489 06-0*
Fax	*-44*
E-Mail	*info@schueler-helfen-leben.de*
Internet	*www.schueler-helfen-leben.de*
Regionalbüros	*Südbüro in Nürnberg, Stiftungsbüro in Berlin*
Aufsichtsrat/Vorstand	*Till Cordes*
Gegründet	*1992*
Mitarbeiter	*9*
Mitglieder/Förderer	*160*
Gründungsanlass	*Jugoslawienkriege: Schüler organisieren Hilfstransporte nach Bosnien-Herzegowina*
Arbeitsweise	*Aktionen, Hilfsprojekte in Südosteuropa, Projekte, Recherche, Tagungen*
Publikationen	*Starter, E-Newsletter*
Möglichkeit zur Mitarbeit	*Lokale Gruppen, Infostände.*
Auszeichnungen	*2001: STARK-Preis der Landesregierung Schleswig-Holstein, 2002: Westfälischer Friedenspreis der Wirtschaftlichen Gesellschaft für Westfalen und Lippe e.V.*
Erfolge	*„Sozialer Tag 2006" unter der Schirmherrschaft von Bundespräsident Horst Köhler*

0321

Schweizerische Flüchtlingshilfe

Abschiebung, Asyl, Flüchtlinge & Migration

Die Schweizerische Flüchtlingshilfe ist der Dachverband der Hilfswerke, die im Asylbereich tätig sind. Er koordiniert die Hilfe der verschiedenen Gruppen, analysiert die Lage in den Herkunftsländern und leitet das Wissen an Rechtsberatungsstellen und an Anwälte von Flüchtlingen weiter. Er betreibt Lobbyarbeit zum Thema Asyl und organisiert die Kreditverwaltung für Integrationsprojekte der Schweiz für Anerkannte Flüchtlinge.

Abkürzung	*SFH*
Adresse	*Weyermannsstraße 10, 3008 Bern, Schweiz*
Telefon	*0041 - 31 / 370 75-75*
Fax	*-00*
E-Mail	*info@osar.ch*
Internet	*www.osar.ch*
Geschäftsführung	*Beat Meiner*
Aufsichtsrat/Vorstand	*Antoinette Killias*
Gegründet	*1936*
Mitarbeiter	*30*
Jahresetat	*5.000.000 - 6.000.000 CHF*
Arbeitsweise	*Kampagnen, Vernetzung, Tagungen, Weiterbildung, Beratung, Aktionen, Infodienst*
Publikationen	*Fluchtpunkt / Planète Exil, Asyl*

0322

Selbstbestimmt Leben in Deutschland e.V.

Behinderung

Die Interessenvertretung Selbstbestimmt Leben in Deutschland ist eine Organisation, die sich für ein selbstbestimmtes Leben behinderter Menschen einsetzt. Sie wird von Behinderten getragen, die durch diese Organisation ihre eigenen Interessen vertreten. Durch die Teilnahme an Konferenzen, den Einsatz für persönliche Assistenz Behinderter und verschiedene Projekte zur Förderung der Arbeitsvermittlung behinderter Menschen engagiert sich die Organisation für ihr Ziel. Sie ist auch Anlauf- und Informationsstelle für Betroffene.

Abkürzung	*ISL*
Adresse	*Hermann-Pistor-Straße 1, 07745 Jena*
Telefon	*03641 / 23 47 95*
Fax	*03641 / 39 62 52*
E-Mail	*mspoerke@isl-ev.de*
Internet	*www.isl-ev.de*
Regionalbüros	*23*
Geschäftsführung	*Barbara Vieweg*
Aufsichtsrat/Vorstand	*Uwe Frevert*
Gegründet	*1990*
Mitarbeiter	*8*
Arbeitsweise	*Lobbyarbeit, Beratung, Tagungen, Infodienst*
Möglichkeit zur Mitarbeit	*Hilfe bei Aktionen*

0323

Selbsthilfegruppe Umwelterkrankter

Umweltmedizin

Im Vordergrund der Arbeit der Selbsthilfegruppe Umwelterkrankter steht die Beratung von Menschen, die durch Fremdstoffe krank wurden. Darüber hinaus geht die Gruppe auch an die Öffentlichkeit, um eine Anerkennung von Umwelterkrankungen – z.B. MCS, Multiple Chemische Sensitivität – zu erreichen und eine verbesserte Rechtslage für die Erkrankten zu schaffen, die bislang immer noch oft als Simulanten und Hypochonder abgestempelt werden.

Adresse	*c/o Horst Klug, Nordseestraße 32, 25821 Bredstedt*
Telefon	*04671 / 29 55*
Fax	*04671 / 94 31 20*
Aufsichtsrat/Vorstand	*Horst Klug*
Gegründet	*1983*
Mitglieder/Förderer	*300*
Jahresetat	*8.000 €*
Arbeitsweise	*Beratung, Lobbyarbeit*
Möglichkeit zur Mitarbeit	*Büroorganisation, Übersetzungen, Tagungen besuchen*

0324

Social Watch Deutschland

Armut, Globalisierung, Internationale Finanzmärkte, Nord-Süd-Politik, Soziale Gerechtigkeit

Für Social Watch ist eines klar: Im Mittelpunkt aller Entwicklungsbemühungen muss der Mensch stehen und nicht die Interessen der Wirtschaft. Vorläufer der Organisation war das im Januar 1994 gegründete Deutsche NRO-Forum Weltsozialgipfel. Social Watch Deutschland besteht aus verschiedenen NGOs, die in der nationalen Sozialpolitik und Entwicklungspolitik tätig sind. So setzt sich die Koalition für soziale Gerechtigkeit und soziale Entwicklung national und international ein und engagiert sich in der Bekämpfung von Armut, Arbeitslosigkeit und sozialer Ausgrenzung. Zu den wichtigsten Publikation des Zusammenschlusses gehört der jährlich erscheinende Social Watch Deutschland Report.

Adresse	*Werkstatt Ökonomie, Obere Seegasse 18, 69124 Heidelberg*
Telefon	*06221 / 433 36-13*
Fax	*-29*
E-Mail	*klaus.heidel@woek.de*
Internet	*www.social-watch.de*
Gegründet	*1994*

0325

SOL – Menschen für Solidarität, Ökologie und Lebensstil

Kleidung, nachhaltige Entwicklung, nachhaltiger Lebensstil

SOL steht für einen nachhaltigen Lebensstil. In diesem Sinne betreibt SOL eigene Projekte und unterstützt Kampagnen und Initiativen, die sich dem Thema widmen, z.B. die Clean-Clothes-Kampagne. SOL organisiert Symposien und Kinder-Sommerlager zum Thema Nachhaltigkeit sowie Workshops zu Naturentdeckung und Bauen mit natürlichen Materialien und stellt zudem Einkaufshilfen zur Verfügung, um einen nachhaltigen Konsum zu fördern.

Abkürzung	*SOL*
Adresse	*Penzinger Str. 18/2, 1140 Wien, Österreich*
Telefon	*0043 - 1 / 876 79 24*
Fax	*0043 - 3356 / 77 72 12*
E-Mail	*sol@nachhaltig.at*
Internet	*www.nachhaltig.at*
Geschäftsführung	*Magda Vera Besse*
Gegründet	*1979*
Mitglieder/Förderer	*2000*
Regionalgruppen	*10*
Arbeitsweise	*Projekte, Vernetzung*
Publikationen	*SOL, eSOL*
Möglichkeit zur Mitarbeit	*Mitarbeit bei Projekten, Mitarbeit bei/Gründung von Regionalgruppen, Lebensstil-Aufruf unterzeichnen und danach leben*

0326

Solidaritätsdienst International e.V.

Kriegsfolgen & Wiederaufbau, Landminen, medizinische Nothilfe & Versorgung, Schuldenerlass

Der Solidaritätsdienst International ist eine Entwicklungshilfeorganisation, die sich mit politischen Kampagnen auch in Deutschland aktiv einmischt. Der Verein ist die Nachfolgeorganisation des Solidaritätskomitees der DDR. Er unterstützt verschiedene Projekte in Afrika, Lateinamerika, Asien und Süd- und Osteuropa, die der medizinischen Versorgung der Bevölkerung, dem Wiederaufbau und der allgemeinen Entwicklungshilfe dienen. Der Solidaritätsdienst betreibt ein Minenräumprogramm in Vietnam und unterstützt die Wiederansiedlung in den geräumten Gebieten. Außerdem organisiert er Kur- und Ferienaufenthalte von Opfern der Reaktorkatastrophe von Tschernobyl. Politische Kampagnen betreffen unter anderem ein weltweites Landminenverbot, Entschuldung von Entwicklungsländern oder auch die Mitarbeit in der Kampagne „Deine Stimme gegen Armut".

Abkürzung	*SODI*
Adresse	*Grevesmühlener Straße 16, 13056 Berlin*
Telefon	*030 / 928-60 47 und -61 77*
Fax	*-6003*
E-Mail	*info@sodi.de*
Internet	*www.sodi.de*
Geschäftsführung	*Hans-Jürgen Ebert*
Aufsichtsrat/Vorstand	*Johannes Schöche*
Gegründet	*1990*
Mitarbeiter	*6*
Mitglieder/Förderer	*1500 Förderer und 300 Mitglieder*
Jahresetat	*5.580.000 €*
Arbeitsweise	*Projekte, Kampagnen, Infodienst, Lobbyarbeit*
Publikationen	*SODI-Report*
Möglichkeit zur Mitarbeit	*Beteiligung an Förderkreisen, Mitarbeit und Gründung von lokalen Gruppen*
Auszeichnungen	*Orden für Freundschaft der vietnamesischen Regierung und Orden Moniseraphon 2. Klasse in Kambodscha*

0327

Solidarité sans frontières

Abschiebung, Asyl, Flüchtlinge & Migration, Menschenrechte, Rassismus

Bei der schweizerischen Organisation Solidarité sans frontières – Solidarität ohne Grenzen ist der Name Programm. Die Organisation arbeitet mit Migrantinnen, Migranten und Asylsuchenden zusammen und setzt sich für deren Rechte und Anliegen ein. Rassismus, Ausgrenzung, Repression und Abschiebung – dagegen kämpft sosf mit Öffentlichkeitsarbeit, Kampagnen und Veranstaltungen. Zusätzlich ist sosf als Kontakt-, Koordinations- und Informationsstelle zu Asyl- und Migrationspolitik, Rassismus und Menschenrechten tätig, erarbeitet themenbezogene Dossiers und besitzt eine Dokumentationsstelle.

Abkürzung	*sosf*
Adresse	*Neuengasse 8, 3011 Bern, Schweiz*
Telefon	*0041 - 31 / 311 07-70*
Fax	*-75*
E-Mail	*sekretariat@sosf.ch*
Internet	*www.sosf.ch*
Geschäftsführung	*Balthasar Glättli*
Mitarbeiter	*4*
Arbeitsweise	*Kampagnen, Infodienst, Beratung, praktische Hilfe*
Publikationen	*sans frontières*

0328

Solifonds

Globalisierung, Menschenrechte, Nord-Süd-Politik, Soziale Gerechtigkeit

Der Solifonds ist eine Stiftung des Schweizerischen Gewerkschaftsbundes und verschiedener entwicklungspolitischer Organisationen. Der Fonds unterstützt soziale Befreiungskämpfe in der Dritten Welt. Dabei setzt er sich insbesondere für die Erringung und Gewährleistung der Menschenrechte und der politischen und gewerkschaftlichen Grundrechte ein. Er betreibt Öffentlichkeitsarbeit in der Schweiz mit Kampagnen zu Themen wie Ernährungssouveränität oder Kohleabbau in Kolumbien.

Adresse	*Quellenstrasse 25, 8031 Zürich, Schweiz*
Telefon	*0041 - 44 / 272-60 37*
Fax	*-11 18*
E-Mail	*mail@solifonds.ch*
Internet	*www.solifonds.ch*
Geschäftsführung	*Brigitte Anderegg, Urs Sekinger*
Aufsichtsrat/Vorstand	*Hans Schäppi*
Gegründet	*1983*
Mitarbeiter	*2*
Mitglieder/Förderer	*3.500*
Jahresetat	*784.000 CHF*
Arbeitsweise	*finanzielle Hilfe, Infodienst, Kampagnen*

0329

SOLWODI Deutschland e.V.

Frauen, Frauenhandel, Gewalt gegen Frauen, Sextourismus

SOLWODI – Solidarität mit Frauen in Not – setzt sich weltweit gegen die sexuelle Ausbeutung von Frauen ein. Die Organisation unterstützt Frauen, die von Sextourismus, Heirats- und Menschenhandel betroffen sind. Sie berät Migrantinnen in unterschiedlichsten Fragen und hilft Frauen, die Opfer von Gewalt geworden sind. SOLWODI hilft Frauen bei der Rückkehr in ihre Heimatländer und unterstützt die Integration vor Ort. Durch Vorträge, Publikationen und Schulungen macht SOLWODI auf ihre Arbeit aufmerksam.

Adresse	*Propsteistraße 2, 56154 Boppard*
Telefon	*06741 / 22-32*
Fax	*06741 / 23 10*
E-Mail	*info@solwodi.de*
Internet	*www.solwodi.de*
Internationale Büros	*Kenia (3 Büros)*
Geschäftsführung	*Dr. Lea Ackermann*
Aufsichtsrat/Vorstand	*Dr. Lea Ackermann*
Gegründet	*1985*
Mitarbeiter	*36*
Mitglieder/Förderer	*14.000*
Regionalgruppen	*11 Beratungsstellen, 4 Landesvereine, 1 Arbeitskreis*
Gründungsanlass	*Im Rahmen einer Reise auf die Philippinen mit einem Bischof, seinem Sekretär und einem Journalisten wurde Lea Ackermann von einem philippinischen Taxifahrer gefragt, ob einer der mitreisenden Herren ihr Ehemann wäre. Als sie die Frage verneinte, bot der Taxifahrer den Herren seine kleine Schwester zur Prostitution an. Dieses Schlüsselerlebnis und der Besuch der Weltfrauenkonferenz in Nairobi 1985, bei welcher Lea Ackermann bleibende Eindrücke über das Ausmaß von Frauenhandel, Zwangsprostitution und Sextourismus erhielt, trugen dazu bei, dass sie sich intensiver mit der Thematik auseinandersetzte und begann, aktiv etwas gegen diese Missstände zu unternehmen.*
Arbeitsweise	*Beratung, praktische und finanzielle Hilfe, Projekte, Vernetzung, Kampagnen*
Publikationen	*Rundbrief, Jahresbericht*

Möglichkeit zur Mitarbeit	*Gründung von Arbeitskreisen, an Infoständen, Teilnahme an Aktionen*
Auszeichnungen	*viele Ehrungen für Lea Ackermann, darunter das Bundesverdienstkreuz (1992), der Ehrenpreis der Johanna Löwenherz Stiftung (1996), der Bullenorden (2002) und der Kettelerpreis (2006)*

0330

SOS Mitmensch

Abschiebung, Asyl, Flüchtlinge & Migration, Menschenrechte, Minderheiten, Rassismus, Soziale Gerechtigkeit

SOS Mitmensch macht sich für Menschenrechte und die Gleichberechtigung und Chancengleichheit aller Menschen stark. Die österreichische Initiative richtet ihr Augenmerk z.B. auf die Situation von Flüchtlingen in der Abschiebehaft, auf die nationale Umsetzung von Menschenrechten sowie kreative und innovative Sozialprojekte und -bewegungen.

Adresse	*Postfach 220, 1070 Wien, Österreich*
Telefon	*0043 - 1 / 524 99 00*
Fax	*0043 - 1 / 524 99 00-9*
E-Mail	*office@sosmitmensch.at*
Internet	*www.sosmitmensch.at*
Geschäftsführung	*Philipp Sonderegger, Sabine Zhang*
Aufsichtsrat/Vorstand	*Nadja Lorenz*
Gegründet	*1992*
Mitarbeiter	*5*
Mitglieder/Förderer	*1500*
Jahresetat	*300.000 €*
Arbeitsweise	*Lobbyarbeit, Infodienst, Veranstaltungen*
Publikationen	*Moment*
Auszeichnungen	*Bruno-Kreisky-Preis für Menschenrechte*

0331

Sozialverband VdK Deutschland

Behinderung, Gesundheitspolitik, Kriegsopfer, Soziale Gerechtigkeit

„Solidarität macht stark", lautet das Motto des Sozialverbands VdK. 1950 stand VdK für „Verband der Kriegsbeschädigten, Kriegshinterbliebenen und Sozialrentner Deutschlands e.V." Heute vertritt der größte Sozialverband in Deutschland die Interessen von Menschen mit Behinderungen, chronisch Kranken, Seniorinnen und Senioren, Patientinnen und Patienten nicht nur gegenüber der Politik, sondern auch an den Sozialgerichten. Er mischt sich aktiv in die Diskussion um Gesundheits-, Renten- und Pflegereform, in die Behinderten- und Arbeitsmarktpolitik ein.

Adresse	*Wurzerstraße 4a, 53175 Bonn*
Telefon	*0228 / 820 93-0*
Fax	*-46*
E-Mail	*kontakt@vdk.de*
Internet	*www.vdk.de*
Geschäftsführung	*Josef Müssenich*
Aufsichtsrat/Vorstand	*Walter Hirrlinger*
Gegründet	*1950 in Deutschland*
Mitglieder/Förderer	*14 Landesverbände*
Arbeitsweise	*Lobbyarbeit, Beratung, praktische Hilfe*
Publikationen	*VdK-Zeitung*

0332

Statewatch

Datenschutz, Demokratie, Informationsfreiheit, Informationstechnologie, Innere Sicherheit

Bei Statewatch werden einzelne Staaten, die EU und politische und rechtliche Entwicklungen kritisch unter die Lupe genommen. Ob Polizeiwillkür, Operationen nationaler Geheimdienste, die Einführung von Überwachungstechnologien oder rassistische Asyl- und Migrationspolitiken: Statewatch recherchiert, informiert und alarmiert die Öffentlichkeit über aktuelle Vorgänge, die andere Medien gerne verschweigen. Die unabhängige Forschungs- und Bildungsstiftung widmet sich so dem Erhalt von Bürgerrechten und demokratischen Standards in Europa.

Adresse	*PO Box 1516, N16 0EW London, Großbritannien*
Telefon	*0044 - 20 / 88 02 18 82*
E-Mail	*office@statewatch.org*
Internet	*www.statewatch.org*
Internationale Büros	*15 Länderbüros*
Aufsichtsrat/Vorstand	*Garreth Pierce*
Gegründet	*1991*
Publikationen	*Statewatch bulletin*
Auszeichnungen	*1999: Privacy International, 2001: European Information Association und andere Preise*

0333

Stiftung für Konsumentenschutz

Elektrosmog, Erneuerbare Energien, Gesundheitspolitik, Kleidung, Lebensmittel & Ernährung, Unternehmen & soziale Verantwortung, Verbraucherschutz

Für alle wichtigen Themen rund um den Konsum ist die Stiftung für Konsumentenschutz in der Schweiz die richtige Adresse. Denn die SKS vertritt unabhängig die Interessen von Verbraucherinnen und Verbrauchern entlang ihrer sozialen, ethischen und ökologischen Grundsätze: von gesunden, ökologisch und ethisch verantwortbaren Lebensmitteln, sozialverträglichen Kosten im Gesundheitswesen und nachhaltigen Energien bis hin zum sinnvollen Einsatz neuer Technologien und Transparenz im Dienstleistungsbereich. Seien es unfaire Bestimmungen im Kleingedruckten, Mobilfunkantennen in der Nachbarschaft oder sicheres Surfen mit W-Lan: Die SKS informiert, berät und ermächtigt Verbraucherinnen und Verbraucher und interveniert auch direkt bei Behörden und Anbietern.

Abkürzung	*SKS*
Adresse	*Monbijoustrasse 61, 3000 Bern 23, Schweiz*
Telefon	*0041 - 31 / 370 24 24*
Fax	*0041 - 31 / 372 00 27*
E-Mail	*admin@konsumentenschutz.ch*
Internet	*www.konsumentenschutz.ch*
Geschäftsführung	*Jacqueline Bachmann*
Aufsichtsrat/Vorstand	*Simonetta Sommaruga*
Gegründet	*1964*
Mitarbeiter	*7*
Mitglieder/Förderer	*15.000*
Jahresetat	*1.200.000 CHF*
Arbeitsweise	*Infodienst, Aktionen, Lobbyarbeit*
Publikationen	*BLICKPUNKT*
Erfolge	*1973: Einführung der Textilmaterialdeklaration, 1981: Verfassungsartikel über den Konsumentenschutz (Volksabstimmung), 2000: Einführung der Herkunftsdeklaration von Lebensmitteln, 2002: Verurteilung des Pharmariesen Novartis wegen Fehlinformation*

0334

STOPP GATS

Globalisierung

GATS sind vier einfache Buchstaben mit weltbewegender Bedeutung, die für General Agreement on Trade in Services stehen, das zentrale Dienstleistungsabkommen der Welthandelsorganisation WTO. Vier Buchstaben, die die Blaupause für internationale und nationale Privatisierungen und Liberalisierungen liefern. Die österreichische STOPP-GATS-Kampagne kämpft gegen den Ausverkauf von Gesundheit, Bildung, Wasser und öffentlichem Verkehr. Aus dem Grund fordert das globalisierungskritische Bündnis von mehr als 50 NGOs, bisherige Privatisierungen neu zu bewerten, öffentliche Dienste zu verbessern anstatt zu verkaufen, Demokratie statt Geheimdiplomatie und einen Stopp der GATS-Verhandlungen.

Adresse	*Margaretenstraße 166, 1050 Wien, Österreich*
Telefon	*0043 - 1 / 546 41-431*
Fax	*-435*
E-Mail	*infos@stoppgats.at*
Internet	*www.stoppgats.at*
Mitglieder/Förderer	*50 Mitgliedsorganisationen*

0335

Studienkreis für Tourismus und Entwicklung

Tourismus

Tourismus und Entwicklung sind zwei Prozesse, die selten in ihrem Zusammenspiel betrachtet werden. Das will der Studienkreis für Tourismus und Entwicklung ändern und setzt sich kritisch mit entwicklungsbezogener Informations- und Bildungsarbeit im Tourismus auseinander. Publikationen, internationale Wettbewerbe, Fortbildungsseminare sowie Tourismusforschung und -beratung gehören zu den Tätigkeiten des Studienkreises. Denn nur eine touristische Entwicklung, die ihr Augenmerk auf menschliche Würde, Sicherheit und Gerechtigkeit aller am Tourismus Beteiligten richtet, hat eine Zukunft.

Adresse	*Kapellenweg 3, 82541 Ammerland/Starnberger See*
Telefon	*08177 / 17 83*
Fax	*08177 / 13 49*
E-Mail	*info@studienkreis.org*
Internet	*www.studienkreis.org*
Geschäftsführung	*Dr. Dietlind von Laßberg*
Aufsichtsrat/Vorstand	*Armin Vielhaber*
Arbeitsweise	*Informations- und Bildungsarbeit, Fortbildungsseminare, Forschungsprojekte*

0336

SÜDWIND

Ethisches Investment, Globalisierung, Kleidung, Nord-Süd-Politik, Verschuldung, Armutsbekämpfung

SÜDWIND setzt sich als Organisation für gerechte Wirtschaftsbeziehungen ein. Sie erforscht das Nord-Süd-Gefälle und die Folgen für die Menschen. SÜDWIND entwickelt Lösungsvorschläge, um das Leben der Betroffenen zu verbessern, wie z.B. Kampagnen für saubere Kleidung oder sozialverantwortliche Geldanlagen. Sie betreibt Öffentlichkeitsarbeit, um Unternehmen und Politik unter Druck zu setzen.

Adresse	*Lindenstr. 58-60, 53721 Siegburg*
Telefon	*02241 / 536 17*
Fax	*02241 / 513 08*
E-Mail	*info@suedwind-institut.de*
Internet	*www.suedwind-institut.de*
Geschäftsführung	*Ulrich Suppus*
Vorsitzender	*Wilson Budde-Iser*
Gegründet	*1991*
Mitarbeiter	*7*
Mitglieder/Förderer	*420*
Jahresetat	*470.000 €*
Arbeitsweise	*Recherche, Publikationen, Kampagnen, Bildungsarbeit*
Publikationen	*Südwind-Infos, E-Newsletter*
Möglichkeit zur Mitarbeit	*inhaltliche Mitarbeit in Fachbereichsgruppen, Unterstützung durch Ehrenamtliche in der Öffentlichkeitsarbeit*

0337

Südwind Agentur

Arbeitsbedingungen weltweit, Armut, Blumen, Fairer Handel, Globalisierung, Kinderarbeit, Kleidung, nachhaltige Entwicklung, Nord-Süd-Politik, Trinkwasser

Der Verein Südwind ist in der Bildungs- und Öffentlichkeitsarbeit aktiv. Thema ist die nachhaltige globale Entwicklung und eine gerechtere Weltordnung. Durch Kampagnen und Aktionen, z.B. zu Clean Clothes und fairem Handel, macht Südwind auf die Folgen der globalisierten Wirtschaft aufmerksam und informiert die europäischen Käufer über die Herkunft ihrer Produkte. Der Verein unterstützt Projekte zur Schaffung eines globalen Schulnetzwerkes und zur besseren Trinkwasserversorgung in Entwicklungsländern.

Adresse	*Laudongasse 40, 1080 Wien, Österreich*
Telefon	*0043 - 1 / 405 55-15*
Fax	*-19*
E-Mail	*suedwind.agentur@oneworld.at*
Internet	*www.suedwind-agentur.at*
Geschäftsführung	*Helmut Adam*
Aufsichtsrat/Vorstand	*Inge Jäger*
Gegründet	*1979*
Mitglieder/Förderer	*ca. 2000*
Arbeitsweise	*Kampagnen, Aktionen, praktische Hilfe, Bildungsprojekte*

0338

TERRE DES FEMMES – Menschenrechte für die Frau e.V.

Frauenhandel, Genitalverstümmelung, Gewalt gegen Frauen, Kinderprostitution, fair produzierte Kleidung, Zwangsprostitution

TERRE DES FEMMES organisiert und veranstaltet bundesweite Kampagnen gegen Menschenrechtsverletzungen an Frauen und Mädchen. Aktive Mitfrauen halten Vorträge über die Ursachen, erstellen Informations- und Unterrichtsmaterial für Schulen und rufen immer wieder zu Unterschriftenaktionen auf. Schwerpunktthemen sind u.a. Gewalt im Namen der Ehre, Zwangsheirat, Genitalverstümmelung, Frauenhandel und Zwangsprostitution, soziale Rechte von Textilarbeiterinnen sowie häusliche Gewalt. In Eilaktionen wird einzelnen akut bedrohten oder betroffenen Frauen durch konkrete Maßnahmen geholfen. Im November 2007 wird das mittlerweile 7. Filmfest FrauenWelten von TERRE DES FEMMES in Tübingen organisiert.

Adresse	*Postfach 2565, 72015 Tübingen*
Telefon	*07071 / 79 73-0*
Fax	*-22*
E-Mail	*Info@frauenrechte.de*
Internet	*www.frauenrechte.de*
Geschäftsführung	*Christa Stolle*
Vorstandsvorsitzende	*Nicole Wurst*
Gegründet	*1981 in Deutschland, 2003 in der Schweiz*
Mitarbeiter	*12 Mitarbeiterinnen*
Mitglieder/Förderer	*2.800*
Jahresetat	*981.680 €*
Adresse Schweiz	*Bollwerk 39, 3011 Bern, Tel.: 0041 - 31 / 311 38-79, Fax: -82, E-Mail: office@terre-des-femmes.ch, www.terre-des-femmes.ch*
Gründungsanlass	*Anfang 1981 stößt die Journalistin Ingrid Staehle auf einen Artikel in der Zeitschrift „Brigitte" über nach Europa geflüchtete Frauen aus dem Mittleren Osten, die vor Gewalt im Namen der Ehre geflüchtet sind. Basis dafür war die Dokumentation „Princesses mortes", herausgegeben von der Schweizer Menschenrechtsorganisation Sentilles. Bei einem Besuch aktiver Frauen bei der Organisation in Lausanne entsteht die Idee, einen eigenen Verein zu gründen, um sich für einen verbesserten Flüchtlingsstatus der betroffenen Frauen einzusetzen.*
Arbeitsweise	*Kampagnen, Lobbyarbeit, Aktionen, Projektarbeit, Vernetzung, Einzelfallhilfe*

Publikationen *Menschenrechte für die Frau*

Möglichkeit zur Mitarbeit *in einer der derzeit ca. 30 Städtegruppen, inhaltliche Mitarbeit in Arbeitsgruppen, als Praktikantin oder ehrenamtliche Helferin in der Bundesgeschäftsstelle, durch Teilnahme an Eilaktionen (Unterschriftenlisten und Protestbriefe), Übersetzungen*

Auszeichnungen *2002: Barbara-Künkelin-Preis, 2003: Aktiv für Demokratie und Toleranz für die Kampagne „Stoppt Zwangsheirat!" sowie weitere Preise.*

Erfolge *1993: Deutsche Sextouristen, die im Ausland Kinder missbrauchen, können in Deutschland strafrechtlich verfolgt werden. 1997: Vergewaltigung in der Ehe wird ohne Widerspruchsklausel unter Strafe gestellt. In Ägypten wird weibliche Genitalverstümmelung verboten. 2005: Zwangsheirat wird als schwere Form der Nötigung unter Strafe gestellt.*

0339

terre des hommes – Hilfe für Kinder in Not

Arbeitsbedingungen weltweit, Kinderarbeit, Kindergesundheit, Kinderprostitution, Kindersoldaten, Landminen, Straßenkinder

Terre des hommes setzt sich weltweit für Kinder ein. Dabei kombiniert die Organisation praktische Hilfe für Not leidende Kinder in den armen Ländern des Südens mit politischer Arbeit in Deutschland und anderswo. Terre des hommes ist überall da zur Stelle, wo Kinder ausgebeutet, missbraucht und misshandelt werden. In unzähligen und sehr öffentlichkeitswirksamen Kampagnen streitet terre des hommes (Deutsch: Erde der Menschlichkeit) für Straßen- und Flüchtlingskinder und gegen Kinderarbeit, Kinderhandel, Kindersoldaten und sexuelle Ausbeutung von Kindern. Besonderes Augenmerk liegt dabei auch auf den Missständen hier in Deutschland, zum Beispiel beim Thema Kindersextourismus oder bei Produkten aus Kinderarbeit. In den Ländern des Südens arbeiten einheimische terre des hommes-Mitarbeiter vor Ort dafür, die Kinder besser zu schützen und eine wirksame Verfolgung der Täter zu sichern.

Adresse	*Bundesgeschäftsstelle, Ruppenkampstraße 11a, 49084 Osnabrück*
Telefon	*0541 / 71 01-0*
Fax	*0541 / 70 72 33*
E-Mail	*info@tdh.de*
Internet	*www.tdh.de*
Internationale Büros	*Terre des hommes Deutschland hat 6 Büros in den Projektregionen Mittelamerika, Südamerika, Westafrika, südliches Afrika, Indien und Südostasien und ist Mitglied der Internationalen Föderation Terre des Hommes (IFTDH), die Mitgliedsorganisationen in 11 Ländern hat.*
Geschäftsführung	*Peter Mucke*
Aufsichtsrat/Vorstand	*Peter Knauft*
Gegründet	*1960 international, 1967 in Deutschland*
Mitarbeiter	*60*
Regionalgruppen	*Terre des hommes-Arbeitsgruppen in 150 deutschen Städten, 31 KinderrechtsTeams in Deutschland*
Jahresetat	*29.700.000 €*
Adresse Schweiz	*Laufenstrasse, 12 - P.O. Box, 4018 Basel, Tel.: 0041 - 61 / 338 91-38, Fax: -39, E-Mail: info@terredeshommes.ch, www.terredeshommes.ch*

Adresse Luxemburg	*Rue Glesener 53a, 1631 Luxemburg, Tel.: 00352 - 49 66 57, Fax: 00352 - 49 66 57, E-Mail: tdhl@cercle.lu*
Gründungsanlass	*Terre des hommes wurde gegründet, um schwer verletzten Kindern aus dem Vietnamkrieg zu helfen.*
Arbeitsweise	*Projekte, Kampagnen, Lobbyarbeit, Beratung*
Publikationen	*Terre des hommes-Zeitung*
Möglichkeit zur Mitarbeit	*Ehrenamtlich tätige Arbeitsgruppen in 150 Städten, Teilnahme an Aktionen*
Auszeichnungen	*1980 Theodor-Heuss-Preis, 1997 Friedensnobelpreis für die Landminenkampagne, deren Mitglied terre des hommes ist.*
Erfolge	*1990: Start der „Teppichkampagne". 1995 geht daraus das „Rugmarksiegel" hervor als Kennung für Teppiche, die nicht von Kinderhand geknüpft wurden. 1991: Beginn der Kampagne gegen Kinderprostitution und sexuelle Gewalt an Kindern, 1993: Änderung des deutschen Strafrechts: Täter können auch dann verurteilt werden, wenn sie ihre Tat im Ausland begangen haben.*

0340

The VOICE Refugee Forum Germany

Abschiebung, Asyl, Flüchtlinge & Migration, Menschenrechte, Rassismus, Rechtsextremismus & Antifaschismus

Eine eigenständige politische Stimme gesteht die bundesrepublikanische Gesellschaft Flüchtlingen in diesem Land nicht zu. Dagegen setzt sich The VOICE zur Wehr. Das Netzwerk politischer Flüchtlinge und Aktivisten prangert seit 1994 in der Öffentlichkeit die unmenschliche Situation von Flüchtlingen in ganz Deutschland an. Und The VOICE kämpft: für verfolgte Menschenrechtsaktivistinnen und -aktivisten und gegen die Verletzung elementarer Menschenrechte hier und in den Herkunftsländern. Der Protest der Flüchtlingsselbstorganisation richtet sich gegen die Abschiebemaschinerie der Bundesrepublik, gegen rassistische Sondergesetze wie die Residenzpflicht, die die Bewegungsfreiheit von Flüchtlingen einschränkt, gegen inhumane Lagerunterbringungen und Abschiebegefängnisse, gegen den alltäglichen Rassismus von Autoritäten und Öffentlichkeit und gegen soziale Ausgrenzung. Sowohl Öffentlichkeitsarbeit und Kampagnen zur Abschaffung der Residenzpflicht und Flüchtlingslager als auch die politische Organisation in Netzwerken wie der Karawane für die Rechte der Flüchtlinge und Migrantinnen sind Ausdruck des Widerstandes.

Adresse	*Schillergässchen 5, 07745 Jena*
Telefon	*03641 / 66 52 14*
Fax	*03641 / 42 02 70*
E-Mail	*thevoiceforum@emdash.org*
Internet	*www.thevoiceforum.org*
Gegründet	*1994*
Arbeitsweise	*Kampagnen, Aktionen, Vernetzung*
Publikationen	*E-Newsletter*

0341

Transparency International Deutschland

Informationsfreiheit, Korruption

Transparency International kämpft weltweit für die nachhaltige Eindämmung von Korruption in Staat und Wirtschaft. Die Organisation will das öffentliche Bewusstsein für die schädlichen Folgen der Korruption schärfen und gleichzeitig nationale und internationale Integritätssysteme stärken. Indem Unternehmen und Gesellschaften Transparency beitreten, verpflichten sie sich zu hohen ethischen Standards im Geschäftsverkehr und zur Ablehnung jeglicher Form von Korruption. In Workshops und Seminaren informiert der Verein über Möglichkeiten der Korruptionsbekämpfung, organisiert Kampagnen und Aktionen z.B. zur Korruption im Gesundheitswesen.

Adresse	*Alte Schönhauser Straße 44, 10119 Berlin*
Telefon	*030 / 54 98 98-0*
Fax	*-22*
E-Mail	*office@transparency.de*
Internet	*www.transparency.de*
Internationale Büros	*Transparency International hat Büros in über 90 Ländern weltweit.*
Geschäftsführung	*Dr. Christian Humborg*
Vorsitzender des Vorstandes	*Prof. Dr. Hansjörg Elshorst*
Gegründet	*1993*
Mitarbeiter	*3*
Mitglieder/Förderer	*786*
Regionalgruppen	*8*
Jahresetat	*193.000 €*
Adresse Österreich	*c/o Dallmann & Juranek, Gushausstrasse 2, 1040 Wien, Tel.: 0043 - 1 / 504 41 42, E-Mail: office@ti-austria.at, www.ti-austria.at*
Adresse Schweiz	*Schwarztorstrasse 18, 3001 Bern, Tel.: 0041 - 31 / 382 35 50, Fax: 0041 - 31 / 382 50 45, E-Mail: info@transparency.ch, www.transparency.ch*
Adresse Hauptsitz	*Alt Moabit 96, 10559 Berlin, Tel.: 030 / 34 38 20-0, Fax: 030 / 34 70 39 12, E-Mail: ti@transparency.org, www.transparency.org*

0341

Arbeitsweise	*Recherchen, Veranstaltungen, Interessenvertretung, Zusammenarbeit mit Unternehmen, Kommunen und Nichtregierungsorganisationen*
Publikationen	*Rundbrief, E-Newsletter*
Möglichkeit zur Mitarbeit	*In Regionalgruppen und in den 15 thematischen Arbeitsgruppen. Mitglieder können sich in einem zweimal jährlich veranstalteten Einführungsseminar über Arbeitsweise und Themen von Transparency Deutschland sowie Möglichkeiten zur Mitarbeit informieren.*

0342

TRIAL, track impunity always

Folter, Internationaler Strafgerichtshof, Menschenrechte

Kein Völkermörder, kein Folterer, kein Diktator darf ungestraft davonkommen – das ist das Ziel der schweizerischen Organisation TRIAL. TRIAL heißt übersetzt Strafprozess und ist gleichzeitig gedacht als Abkürzung für „track impunity always", was ungefähr so viel bedeutet wie „immer der Straflosigkeit auf der Spur". TRIAL informiert umfassend über aktuelle Strafprozesse gegen Menschenrechtsverletzer, klagt in Aktionen aktuelle Missstände wie zum Beispiel im US-Gefangenenlager Guantanamo an und fordert politische Maßnahmen, die es Übeltätern weltweit noch schwerer machen sollen, ungestraft davonzukommen. So wird beispielsweise die Einrichtung einer Abteilung für Kriegsverbrechen in der Schweizer Justiz gefordert oder die schnelle Ratifikation einer UN-Konvention gegen das Verschwindenlassen. „Diktatoren und Tyrannen müssen sich einer Sache bewusst sein: früher oder später wird sie die Gerechtigkeit einholen", prophezeit TRIAL.

Adresse	*Postfach 5116, 1211 Genf 11, Schweiz*
Internet	*www.trial-ch.org*
Geschäftsführung	*Philip Grant*
Gegründet	*2002*
Arbeitsweise	*Recherchen, Publikationen, Aktionen, Infodienst, Kampagnen*
Publikationen	*Infobulletin*
Auszeichnungen	*2004: Menschenrechtspreis Prix Courrier*

0343

Vamos e.V.

Blumen, Kleidung, Regenwald

Neben regionaler Arbeit im Münsterland hat Vamos auch einige bundesweite Kampagnen gegen eine sozial ungerechte und umweltzerstörende Produktion mitinitiiert. Die Schwerpunkte liegen auf dem Schutz des Regenwaldes, Kleidung und Sportartikeln sowie fair gehandelten Blumen, darüber informiert Vamos unter anderem mit Wanderausstellungen („TrikotTausch", „Blumenwelten", „EnergieDschungel").

Adresse	*Achtermannstr. 10-12, 48143 Münster*
Telefon	*0251 / 454 31*
Fax	*0251 / 547 05*
E-Mail	*vamos@muenster.de*
Internet	*www.vamos-muenster.de*
Geschäftsführung	*Gustav Kriener*
Aufsichtsrat/Vorstand	*Dr. Gisela Nolte*
Ansprechpartner	*Regenwald, Blumen: Jens Elmer, elmer@vamos-muenster.de Kleidung: Kristina Kompio, kompio@vamos-muenster.de*
Gegründet	*1987*
Mitarbeiter	*5*
Arbeitsweise	*Öffentlichkeitsarbeit, Beratung, Kampagnen, Wanderausstellungen*
Publikationen	*E-Newsletter, Infobrief*
Möglichkeit zur Mitarbeit	*Betreuung der Wanderausstellungen, Praktikum, ehrenamtliches Engagement*
Auszeichnungen	*2001: Umweltpreis Stadt Münster, 2002: Entwicklungspolitischer Nord-Süd-Preis der Stadt Münster, 2003: Agenda 21-Preis NRW*

0344

Verband Entwicklungspolitik deutscher Nichtregierungsorganisationen e.V.

Armut, Menschenrechte, nachhaltige Entwicklung, humanitäre Hilfe, Milleniumsziele

Der Verband Entwicklungspolitik deutscher Nichtregierungsorganisationen ist der Zusammenschluss von rund 100 deutschen NGOs aus der Entwicklungszusammenarbeit. Die Webseite von VENRO listet sie alle mit einer Kurzbeschreibung auf und bietet damit für den Bereich der Entwicklungshilfe eine gute Ergänzung zu diesem Handbuch. Als Dachverband sind die Vernetzung der einzelnen Mitgliedsorganisationen, der Erfahrungsaustausch und die Koordination gemeinsamer Kampagnen zentrale Aufgaben von VENRO. So soll mit der aktuellen Aktion „Deine Stimme gegen Armut" vor dem G8-Gipfel 2007 in Deutschland Druck auf die Regierungen ausgeübt werden, die Versprechen der Milleniums-Entwicklungsziele einzulösen.

Abkürzung	*VENRO*
Adresse	*Dr. Werner-Schuster-Haus, Kaiserstr. 201, 53113 Bonn*
Telefon	*0228 / 946 77-0*
Fax	*-99*
E-Mail	*sekretariat@venro.org*
Internet	*www.venro.org*
Regionalbüros	*VENRO, Büro Berlin, Chausseestr. 128/129, 10115 Berlin, Tel.: 030 / 28 04 66 70*
Geschäftsführung	*Dr. Ulla Mikota*
Aufsichtsrat/Vorstand	*Dr. Claudia Warning*
Gegründet	*1995*
Mitarbeiter	*9*
Mitglieder/Förderer	*103 Mitgliedsorganisationen*
Arbeitsweise	*Vernetzung, Lobbyarbeit, Bildungs- und Öffentlichkeitsarbeit, Veranstaltungen, Fachtagungen*
Publikationen	*Zivilgesellschaft & Entwicklung, 2015 im Gespräch, E-Newsletter*
Möglichkeit zur Mitarbeit	*vor allem bei den Mitgliedsorganisationen des Verbandes*

0345

Verband für Interkulturelle Arbeit

Flüchtlinge & Migration, Rassismus

Der Verband für Interkulturelle Arbeit ist ein Dachverband für Vereine, Gruppen und Initiativen aus Deutschland, die in der Migranten- und Flüchtlingsarbeit aktiv sind. Bundesweit sind über 100 Organisationen im VIA organisiert. VIA e.V. engagiert sich für ein demokratisches und friedliches Zusammenleben zwischen Menschen unterschiedlicher Herkunft, Religion und Kultur.

Abkürzung	*VIA*
Adresse	*Hochemmericher Str. 71, 47226 Duisburg*
Telefon	*02065 / 533 46*
Fax	*02065 / 535 61*
E-Mail	*via@via-bund.de*
Internet	*www.via-bund.de*
Regionalbüros	*Berlin, München, Oldenburg, Dresden*
Geschäftsführung	*Heinz Soremsky*
Aufsichtsrat/Vorstand	*Nadir Sevis*
Gegründet	*1979*
Mitarbeiter	*3*
Mitglieder/Förderer	*200*
Arbeitsweise	*Beratung, Gremienvertretung, Infodienst, Tagungen, Vernetzung*
Publikationen	*VIA-Magazin, E-Newsletter*
Möglichkeit zur Mitarbeit	*Mitarbeit bei Tagungen, Veröffentlichungen, Projekten*

0346

Verein für Drogenpolitik

Drogenpolitik

Verbote und Strafen sind das gängige Rezept, das die Politik für Probleme mit Drogen bereithält. Und obwohl die Anzahl polizeilich erfasster Delikte und Ermittlungsverfahren jährlich zunimmt, steigt die Zahl der Konsumenten illegalisierter Substanzen. Diesen Missstand prangert der Verein für Drogenpolitik an. Er fordert dazu auf, bessere Alternativen zur jetzigen Drogenpolitik zu prüfen und setzt sich für eine akzeptierende, humane und gerechte Drogenpolitik ein, die Probleme im Zusammenhang mit Drogen mindert – für den Einzelnen und die Gesellschaft. Dazu gehören Infohefte zur Cannabisreform, die an den Bundestag, Landtage und das Bundesverfassungsgericht gesandt wurden, eine internationale Kampagne zur Reform der UN-Drogenkonventionen, aktuelle Informationen zu drogenpolitischen Auseinandersetzungen und die Veröffentlichung von Forschungsergebnissen z.B. zum Thema Auswirkungen von Ecstasykonsum auf das Gehirn.

Abkürzung	*VfD*
Adresse	*Liselotte-Hermann-Str. 31, 10407 Berlin*
Telefon	*05425 / 93 07 15*
Fax	*05425 / 93 07 15*
E-Mail	*info@drogenpolitik.org*
Internet	*www.drogenpolitik.org*
Aufsichtsrat/Vorstand	*Dirk Rehahn*
Gegründet	*2001*
Mitglieder/Förderer	*150*
Jahresetat	*8.000 €*
Arbeitsweise	*Kampagnen, Infodienst, Lobbyarbeit*

0347

Verein für Konsumenteninformation

Verbraucherschutz

Zwei Komponenten kennzeichnen die Arbeit des österreichischen Vereins für Konsumenteninformation: Konsumentenschutz und Konsumenteninformation. Konsumentenschutz beinhaltet Lobbyarbeit für die gezielte Veränderung von Gesetzen und Strukturen, um die Situation von Verbraucherinnen und Verbrauchern zu verbessern. Konsumenteninformationen bedeutet, über die Qualität von Waren und Dienstleistungen zu berichten und Missstände zu veröffentlichen. Das geschieht sowohl auf der Website der gemeinnützigen Einrichtung als auch in Ratgebern und dem Testmagazin „Konsument". In grundsätzlichen Fragen führt die Rechtsabteilung der VKI Musterprozesse.

Abkürzung	*VKI*
Adresse	*Mariahilfer Str.81, 1061 Wien, Österreich*
Telefon	*0043 - 1 / 588 77-0*
Fax	*-71*
E-Mail	*konsument@vki.at*
Internet	*www.konsument.at*
Geschäftsführung	*Franz Floss, Rudolf Schießl, Dr. Christine Weber*
Präsident des Aufsichtsrates	*Dr. Harald Glatz*
Gegründet	*1961*
Arbeitsweise	*Warentests, Klagen, Beratungen, Lobbyarbeit*

0348

Vereinigung der Verfolgten des Naziregimes – Bund der Antifaschistinnen und Antifaschisten e.V.

Militarismus, Rassismus, Rechtsextremismus & Antifaschismus

Die Vereinigung der Verfolgten des Naziregimes – Bund der Antifaschistinnen und Antifaschisten steht für den Kampf gegen Faschismus, Neofaschismus und Militarismus. Gegründet von ehemaligen Häftlingen der faschistischen Konzentrationslager, ist die VVN ein überparteilicher Zusammenschluss von Verfolgten des Naziregimes, Widerstandskämpfern und Antifaschisten aller Generationen. Der Verein unterhält lokale Gedenkorte und vertritt Entschädigungsforderungen ehemaliger Häftlinge. Er unterstützt Projekte in Schulen und Universitäten, organisiert Vorträge von Zeitzeugen und Solidaritätsaktionen für Migranten in Deutschland.

Abkürzung	*VVN-BdA*
Adresse	*Franz-Mehring-Platz 1, 10243 Berlin*
Telefon	*030 / 297 84 17-4*
Fax	*-9*
E-Mail	*bundesbuero@vvn-bda.de*
Internet	*www.vvn-bda.de*
Regionalbüros	*in allen Bundesländern*
Geschäftsführung	*Thomas Willms*
Aufsichtsrat/Vorstand	*Werner Pfennig, Prof. Dr. Heinrich Fink*
Gegründet	*1947*
Mitglieder/Förderer	*10.000*
Arbeitsweise	*Beratung, Aktionen, Kampagnen*
Publikationen	*antifa*
Möglichkeit zur Mitarbeit	*Mitarbeit in ca. 200 Kreisvereinigungen*

0349

WEED – Weltwirtschaft, Ökologie & Entwicklung e.V.

Arbeitsbedingungen weltweit, Globalisierung, Internationale Finanzmärkte, Nord-Süd-Politik

WEED arbeitet mit wissenschaftlichen Analysen und zielgerichteten Kampagnen zu vielen Facetten der Globalisierung. Aktuelle Kampagnen betreffen unter anderem die Entschuldung der ärmsten Länder oder die Einführung verbindlicher sozialer und ökologischer Standards für Hermesbürgschaften bei internationalen Krediten. WEED ist aktives Mitglied in verschiedenen globalisierungskritischen Verbänden wie attac oder dem Forum Umwelt & Entwicklung und hat u.a. den letzten G8-Alternativkongress maßgeblich mitorganisiert. Ein besonderer Schwerpunkt von WEED ist die Erarbeitung ausführlicher Studien und Hintergrundmaterialien, in denen auch detaillierte Reformvorschläge und Alternativkonzepte vorgelegt werden.

Adresse	*Torstr. 154, 10115 Berlin*
Telefon	*030 / 27 58 21 63*
Fax	*030 / 27 59 69 28*
E-Mail	*weed@weed-online.org*
Internet	*www.weed-online.org*
Regionalbüros	*Bonn*
Vorstandsvorsitzender	*Markus Krajewski*
Gegründet	*1990*
Arbeitsweise	*Öffentlichkeitsarbeit, Lobbyarbeit, Kampagnen, Tagungen, Infodienst, Aktionen*
Publikationen	*WEED-Newsletter, WEED-aktuell*

0350

Weltladen Dachverband e.V.

Fairer Handel, Kinderarbeit, nachhaltige Entwicklung, Nord-Süd-Politik

Weltladen steht in erster Linie für den fairen Handel: Die Erzeuger der angebotenen Produkte erhalten angemessene Preise, die ihnen ein würdevolles Leben ermöglichen. Zudem stehen die Waren im Einklang mit einer nachhaltigen Entwicklung. Ein weiterer Schwerpunkt der Weltladen-Arbeit sind die Kampagnen und Aktionen gegen ungerechte Strukturen im Welthandel. Der Weltladen Dachverband betreibt Lobbyarbeit z.B. im Zusammenhang mit Kinderarbeit oder dem Handel mit Nahrungsmitteln.

Adresse	*Karmeliterplatz 4, 55116 Mainz*
Telefon	*06131 / 689 07-80*
Fax	*-99*
E-Mail	*info@weltladen.de*
Internet	*www.weltladen.de*
Gegründet	*1975*
Arbeitsweise	*Vernetzung, Lobbyarbeit*

0351

Werkstatt Ökonomie e.V.

Globalisierung, Kinderarbeit, Menschenrechte, Unternehmen & soziale Verantwortung

Die Werkstatt Ökonomie bringt die Menschenrechte ins Spiel – und das ist wörtlich zu verstehen: Mit der Aktion „fair spielt“ werden systematische Menschenrechtsverletzungen in asiatischen Spielzeugfabriken angeprangert. Auf der Webseite informiert eine Firmenliste darüber, dass z.B. Käthe-Kruse-Puppen und Märklin-Eisenbahnen zum Teil in chinesischen Fabriken produziert werden, die nicht nach dem internationalen Verhaltenskodex der Spielzeugindustrie zertifiziert sind. Andere Kampagnen betrafen in der Vergangenheit die Teppichproduktion oder Kinderarbeit. Es geht der Werkstatt Ökonomie darum, Unternehmen in die Pflicht zu nehmen und die Einhaltung sozialer Mindeststandards zu garantieren.

Adresse	*Obere Seegasse 18, 69124 Heidelberg*
Telefon	*06221 / 433 36-0*
Fax	*-29*
E-Mail	*info@woek.de*
Internet	*www.woek.de*
Aufsichtsrat/Vorstand	*Prof. Dr. Kristian Hungar*
Gegründet	*1983*
Mitarbeiter	*3*
Mitglieder/Förderer	*120*
Jahresetat	*328.000 €*
Arbeitsweise	*Wissenschaftliche Studien, Vorträge und Seminare, Kampagnen, Lobbyarbeit, Vernetzung*
Publikationen	*Rundbrief*
Erfolge	*Die Durchsetzung des Verhaltenskodex in der Spielzeugindustrie sowie die Einführung des Warenzeichens „Rugmark“ für Teppiche ohne Kinderarbeit gehen maßgeblich auf die Arbeit der Werkstatt Ökonomie zurück.*

0352

Women's Global Network for Reproductive Rights

Bioethik/Humangenetik, Frauengesundheit/gynäkologische Versorgung, Gesundheitspolitik, Gewalt gegen Frauen

Das Women's Global Network for Reproductive Rights ist ein autonomes Netzwerk von 2000 Gruppen und Einzelpersonen weltweit, das sich für die reproduktiven und sexuellen Rechte von Frauen einsetzt. Losgelöst von Nationalität, Klasse, ethnischer Zugehörigkeit, Religion oder Behinderung sollen Frauen entscheiden können, ob sie Kinder bekommen wollen oder nicht – frei von Zwang, Gewalt und Diskriminierung. Dazu gehört das Recht auf sexuelle Selbstbestimmung und der Zugang zu sicheren und legalen Abtreibungsmethoden. Um diese Rechte zu garantieren, setzt sich WGNRR mit Kampagnen und Öffentlichkeitsarbeit auf nationaler und internationaler Ebene für eine Veränderung sozialpolitischer, kultureller und ökonomischer Bedingungen ein. Jedes Jahr am 28. Mai nimmt das Netzwerk mit Aktionen am Internationalen Tag der Frauengesundheit teil.

Abkürzung	*WGNRR*
Adresse	*Vrolikstraat 453-D, 1092 TJ Amsterdam, Niederlande*
Telefon	*0031 - 20 / 620 96-72*
Fax	*0031 - 20 / 622 24 50*
E-Mail	*office@wgnrr.org*
Internet	*www.wgnrr.org*
Internationale Büros	*Mitglieder und Mitgliedsorganisationen in 157 Ländern*
Koordinatorin	*Koordinatorin Aika van der Kleij*
Gegründet	*1984*
Arbeitsweise	*Vernetzung, Kampagnen, Aktionstag 28. Mai*

0353

World Organisation Against Torture

Folter, Menschenrechte, Todesstrafe

Die World Organisation Against Torture (Organisation Mondiale Contre la Torture – OMCT) hält, was ihr Name verspricht: Weltweit kämpft sie gegen Folter, Hinrichtungen im Schnellverfahren, erzwungenes „Verschwinden“ und andere Formen der unmenschlichen und herabsetzenden Behandlung. Mit 282 Organisationen im SOS-Folter-Netzwerk und unzähligen Länderkorrespondenten engagiert sich die OMCT für den Schutz und die Förderung von Menschenrechten weltweit. OMCT bietet Folteropfern medizinische, rechtliche und soziale Unterstützung an. In sogenannten dringenden Appellen und Presserklärungen macht sie auf die Situation von Personen aufmerksam, die von Folter oder unmenschlicher Behandlung bedroht sind und fordert Interessierte auf, bei den Verantwortlichen Protest einzulegen. Außerdem reicht die OMCT alternative Berichte bei der UN ein und besitzt Beraterstatus bei verschiedenen internationalen Organisationen wie z.B. dem Europarat und der African Commission on Human and Peoples' Rights.

Abkürzung	*OMCT*
Adresse	*Postfach 21, 8, rue du Vieux-Billard, 1211 Genf 8, Schweiz*
Telefon	*0041 - 22 / 809 49-39*
Fax	*-29*
E-Mail	*omct@omct.org*
Internet	*www.omct.org*
Internationale Büros	*OMCT hat noch ein Büro in Brüssel und koordiniert ein Anti-Folter Netzwerk von 282 Organisationen in 92 Ländern weltweit.*
Geschäftsführung	*Eric Sottas*
Aufsichtsrat/Vorstand	*Olivier Mach*
Ansprechpartner	*Nothilfefonds für Folteropfer: Anne-Laurence Lacroix Kinderrechte: Cécile Grasso Trochu, ct@omct.org Gewalt gegen Frauen: Mariana Duarte, md@omct.org Schutz für Menschenrechtler: Delphine Reculeau, dr@omct.org*
Gegründet	*1986*
Arbeitsweise	*Recherchen, Kampagnen, Hilfe für Folteropfer, Lobbyarbeit*
Möglichkeit zur Mitarbeit	*Unterstützung von Dringlichkeitsappellen*
Auszeichnungen	*1998 erhielt das „Internationale Observatorium zum Schutz für Menschenrechtler“ (OMCT- FIDH) den Menschenrechtspreis des französischen Staates.*

0354

Xpedient.org

Rassismus, Rechtsextremismus & Antifaschismus

Xpedient ist ein Internet-basiertes Antirassismusnetzwerk. Es stellt der wachsenden rassistischen und neonazistischen Propaganda im Netz Online-Aktionen und Kampagnen entgegen. Websites mit rassistischem Inhalt werden analysiert und deren Provider angeprangert, rassistische Vorfälle werden dokumentiert. Ziel ist eine nationale und internationale Vernetzung der Aktionen.

Adresse	*c/o Ahlatci, Naunynstr. 17, 10997 Berlin*
E-Mail	*redaktion_xpedient@yahoo.de*
Internet	*www.xpedient.org*

0355

Yes Men

Globalisierung, Menschenrechte

Identitätsklau, Identitätskorrektur und Personifizierung sind die Markenzeichen der Yes Men. Mal tarnen sie sich als offizielle Mitglieder internationaler Organisationen wie der WTO und versteigern die Demokratie an den Höchstbietenden oder schlagen einen Markt für Menschenrechtsverletzungen vor, mal parodieren sie Websites und rücken die wahren Ziele privater Militärfirmen wie Halliburton ans Licht der Öffentlichkeit. Oder sie schalten Fernsehspots, in denen Konzerne unverhohlen über ihre tatsächlichen Pläne sprechen. Ein Yes Man können alle sein.

Gegründet	*1999*
Adresse Hauptsitz	*E-Mail: people@theyesmen.org, www.theyesmen.org*
Arbeitsweise	*gefälschte Webseiten, falsche Identitäten, virtuelle Spaßguerilla*

0356

ZARA

Rassismus

ZARA steht für Zivilcourage und Anti-Rassismus-Arbeit in Österreich. Die Beratungsstelle von ZARA informiert über rechtliche Schritte gegen rassistische Übergriffe, dokumentiert rassistische Vorfälle, die Zeugen und Zeuginnen melden, und unterstützt Opfer von Rassismus. Einen weiteren Schwerpunkt bildet die Informations- und Sensibilisierungsarbeit. Dazu gehören Trainings in Unternehmen und Bildungseinrichtungen und Lehrgänge in Anti-Rassismus-Arbeit. Im jährlich erscheinenden Rassismus Report berichten ZARA und andere österreichische Organisationen über rassistische Übergriffe und Vorkommnisse.

Adresse	*Luftbadgasse 1416, 1060 Wien, Österreich*
Telefon	*0043 - 1 / 929 13 99*
Fax	*0043 - 1 / 929 13 99-99*
E-Mail	*office@zara.or.at*
Internet	*www.zara.or.at*
Geschäftsführung	*Barbara Liegl*
Obmann	*Dieter Schindlauer*
Ansprechpartner	*Pressestelle: Karin Bishof, -18, presse@zara.or.at*
Gegründet	*1999*
Mitarbeiter	*3*
Mitglieder/Förderer	*291*
Jahresetat	*200.000 €*
Arbeitsweise	*Praktische Hilfe, Beratung, Trainings, Projekte, Kampagnen, Lobbyarbeit, Vernetzung*
Publikationen	*ZARA Newsletter, Rassismus Report (jährlich)*
Möglichkeit zur Mitarbeit	*Infostände, Prozessbeobachtung & Begleitung von Klienten und Klientinnen, Praktikum*
Auszeichnungen	*ZARA-Mitbegründerin Verena Krausneker wurde anlässlich des internationalen Frauentags als „Frau des Jahres" in der Leopoldstadt geehrt.*

0357

Zebra

Abschiebung, Asyl, Flüchtlinge & Migration, Kriegsopfer, Menschenrechte, Rassismus, Traumaarbeit

Migration und Integration, Asyl und Flucht sind die Arbeitsschwerpunkte des Interkulturellen Beratungs- und Therapiezentrums Zebra. Integration, betont das Zentrum, ist kein einseitiger Prozess: Auch die österreichische Gesellschaft mit ihren Institutionen muss sich verändern. In den Projekten des Zentrums sind Asylbewerberinnen und -bewerber im Gartenbau und der Landschaftspflege tätig, für junge, unbegleitete Flüchtlinge gibt es Patenschaften. Angebote wie die interkulturelle Therapie, Sozial- und Rechtsberatungen, Betreuungen und Bildungsarbeit setzen auf Hilfe zur Selbsthilfe. Die Zeitschrift des Zentrums Zebratl ist eine anerkannte Fachpublikation im Asyl- und Migrationsbereich und erscheint fünfmal jährlich. Auf der Internetseite der Zebras findet sich auch der „Österreichermacher", ein entlarvendes Spiel mit teilweise absurden Fragen zur österreichischen Kultur und Geschichte, wie sie nach dem neuen Staatsbürgerschaftsgesetz Migranten beantworten müssen, wenn sie Österreicher werden wollen.

Adresse	*Interkulturelles Beratungs- und Therapiezentrum, Schönaugürtel 29, 8010 Graz, Österreich*
Telefon	*0043 - 316 / 83 56 30-0*
Fax	*-50*
E-Mail	*zebra@zebra.or.at*
Internet	*www.zebra.or.at*
Geschäftsführung	*Edith Glanzer, Wolfgang Gulis, Eva Zipper*
Aufsichtsrat/Vorstand	*Herbert Janusch*
Ansprechpartner	*Migration: Mioara Girlasu, -14, mioara.girlasu@zebra.or.at Interkulturelle Psychotherapie: Uta Wedam, -23, uta.wedam@zebra.or.at*
Gegründet	*1986*
Mitarbeiter	*39*
Mitglieder/Förderer	*100*
Jahresetat	*920.000 €*
Arbeitsweise	*Beratung, Betreuung, Interkulturelle Psychotherapie, Tagungen, Vernetzung*
Publikationen	*Zebratl*
Möglichkeit zur Mitarbeit	*ehrenamtliche Patengruppe*
Auszeichnungen	*2006: Menschenrechtspreis des Landes Steiermark*

0358

Zentrum für Selbstbestimmtes Leben

Behinderung

Das Zentrum für Selbstbestimmtes Leben in der Schweiz sieht Behinderung als ein politisches Problem und wehrt sich gegen die Ausgrenzung von anders funktionierenden Menschen. Als Expertinnen und Experten in eigener Sache machen sich Behinderte stark: für die Gleichstellung von Menschen mit Behinderungen und gegen jede Diskriminierung und Fremdbestimmung. Das Zentrum ist Teil der internationalen „Independent Living"-Bewegung und will die Lebensqualität behinderter Menschen verbessern. Dazu zählen individuelle Beratungen, Dienstleistungen und Kampagnen, damit Menschen mit Behinderungen ihr eigenes Leben führen können – autonom und selbstverantwortlich.

Abkürzung	*ZSL*
Adresse	*Röntgenstrasse 32, 8005 Zürich, Schweiz*
Telefon	*0041 - 1 / 272 80-00*
Fax	*-02*
E-Mail	*info@zslschweiz.ch*
Internet	*www.zslschweiz.ch*
Geschäftsführung	*Peter Wehrli*
Aufsichtsrat/Vorstand	*Eva Schulthess*
Gegründet	*1998*
Mitarbeiter	*5*
Arbeitsweise	*Beratung, Infodienst, Kampagnen*

Wenn unsere Politiker und Medien die weltweite Verantwortung Deutschlands als einen militärischen Auftrag definieren, den die Bundeswehr zu erfüllen hat, dann widerspricht die IPPNW. Wenn sie behaupten, dass wir uns um die Gesundheit der Bevölkerung keine Sorgen machen müssen, obwohl die deutschen AKWs ein ständiges Sicherheitsrisiko darstellen und obwohl die Entsorgung des Atommülls nicht gewährleistet ist, dann widerspricht die IPPNW. Als Ärzte und Ärztinnen klären wir auf und mischen uns ein. Ärztliche Verantwortung gilt für uns nicht nur ausschließlich bezogen auf den einzelnen Patienten, sondern ebenso bezogen auf die ganze Menschheit.

Dr. Angelika Claußen, Vorsitzende der „Internationalen Ärzte für die Verhütung des Atomkrieges“ (IPPNW) in Deutschland

Frieden
Abrüstung

Aachener Friedenspreis e.V.

Aktion Weißes Friedensband

Aktionsbündnis Landmine.de

Aktionsgemeinschaft Dienst für den Frieden e.V.

amnesty international siehe [0179]

Arbeitsgemeinschaft Friedenspädagogik

Arbeitsgemeinschaft für Friedens- und Konfliktforschung e.V.

Arbeitsgruppe Friedensforschung und Europäische Sicherheitspolitik

Arbeitsstelle Frieden und Abrüstung e.V.

Arms Control Association

Berghof Forschungszentrum für konstruktive Konfliktverarbeitung

Berliner Informationszentrum für Transatlantische Sicherheit

Bonn International Center for Conversion – BICC GmbH

Bund für Soziale Verteidigung e.V.

cfd – Die feministische Friedensorganisation

Connection e.V.

Darmstädter Signal e.V.

Deutsche Friedensgesellschaft – Vereinigte KriegsdienstgegnerInnen

Deutsche Koordination Kindersoldaten

Deutscher Friedensrat e.V.

Deutsches Aktionsnetz Kleinwaffen Stoppen

Deutsches Rotes Kreuz siehe [0227]

EIRENE – Internationaler Christlicher Friedensdienst

Evangelische Arbeitsgemeinschaft zur Betreuung der Kriegsdienstverweigerer

Federation of American Scientists

Forschungsstätte der Evangelischen Studiengemeinschaft

Forschungsverbund Naturwissenschaft, Abrüstung, internationale Sicherheit

Forum InformatikerInnen für Frieden und gesellschaftliche Verantwortung e.V. siehe [0240]

Forum Ziviler Friedensdienst e.V.

Frauen für den Frieden Schweiz

Frauen in Schwarz

Frauennetzwerk für Frieden e.V.

Friedensmuseum Nürnberg

Friedenswerkstatt Mutlangen

Gesellschaft Kultur des Friedens

Gewaltfreie Aktion Atomwaffen Abschaffen

Green Cross

Gruppe für eine Schweiz ohne Armee

Handicap International

Hessische Stiftung Friedens- und Konfliktforschung

Human Rights Watch siehe [0262]

Informationsstelle Militarisierung e.V.

Institut für Friedensforschung und Sicherheitspolitik Hamburg

International Action Network on Small Arms

International Association Of Lawyers Against Nuclear Arms

International Network of Engineers and Scientists for Global Responsibility

Internationale der Kriegsdienstgegner/innen e.V.

Internationale Frauenliga für Frieden und Freiheit

Internationaler Versöhnungsbund – Deutscher Zweig

IPPNW – Internationale Ärzte zur Verhütung des Atomkrieges / Ärzte in sozialer Verantwortung

Kampagne gegen Wehrpflicht, Zwangsdienste und Militär

Medico international e.V. siehe [0296]

Menschen gegen Minen e.V.

NaturwissenschaftlerInnen-Initiative Verantwortung für Frieden und Zukunftsfähigkeit

Netzwerk Friedenskooperative

Nonviolent Peaceforce

Nuclear-Free Future Award

Pädagoginnen und Pädagogen für den Frieden

Pax Christi – internat. katholische Friedensbewegung, deutsche Sektion

Peace Watch Switzerland

Plattform Zivile Konfliktbearbeitung

RüstungsInformationsBüro e.V.

Schweizerischer Friedensrat

SIPRI – Stockholm International Peace Research Institute

Sunshine Project e.V.

Swisspeace – Schweizerische Friedensstiftung

Trägerkreis „Atomwaffen abschaffen“

Union of Concerned Scientists siehe [0137]

Vereinigung Deutscher Wissenschaftler

0359

Aachener Friedenspreis e.V.

Friedensbildung & -erziehung

Jeweils am 1. September eines jeden Jahres wird der Aachener Friedenspreis an Personen oder Organisationen verliehen, die sich „von unten" für Frieden und Völkerverständigung einsetzen. 2006 ging der Preis an den Verein „Hilfe für Menschen in Abschiebehaft Büren", 2005 an die Friedensaktivisten Roy Bourgeois (USA) und Hanne Hiob (Deutschland).

Adresse	*Neuenhofer Weg 23, 52074 Aachen*
Telefon	*0241 / 996 70-01*
E-Mail	*info@aachener-friedenspreis.de*
Internet	*www.aachener-friedenspreis.de*
Aufsichtsrat/Vorstand	*Otmar Steinbicker*
Gegründet	*1988*
Mitglieder/Förderer	*400*
Arbeitsweise	*Preisverleihung, Aktionen, Öffentlichkeitsarbeit*
Möglichkeit zur Mitarbeit	*in Arbeitskreisen*

0360

Aktion Weißes Friedensband

Friedensbildung & -erziehung, Genitalverstümmelung, HIV/AIDS, Kinderprostitution, Kindersoldaten, Kleinwaffen, Rassismus

Ob Kinderprostitution, Kindersoldaten oder Mädchenbeschneidung – in den „Aktivgruppen" des Weißen Friedensbandes setzen sich Schülerinnen und Schüler für ihre Altersgenossen in anderen Ländern ein. Eine wichtige Aktivität ist der jährliche Red Hand Day, an dem gegen den Missbrauch von Kindern in Kriegen protestiert wird. Gegründet von Journalistinnen und Journalisten aus Anlass des Irak-Krieges 2003, unterstützt die Aktion Weißes Friedensband die Gründung von Jugendgruppen in ganz Deutschland mit dem Ziel, Bildungsarbeit mit packenden Aktionen zu verbinden und so junge Menschen für den Kampf für Kinderrechte zu gewinnen. Zwei der Jugendgruppen wurden 2006 zu Unicef-Juniorbotschaftern ernannt.

Adresse	*Himmelgeister Str. 107a, 40225 Düsseldorf*
Telefon	*0211 / 994 51-37*
Fax	*-38*
E-Mail	*aktion@friedensband.de*
Internet	*www.friedensband.de*
Geschäftsführung	*Günter Haverkamp*
Aufsichtsrat/Vorstand	*Günter Haverkamp*
Gegründet	*2003*
Arbeitsweise	*Aktionen*
Publikationen	*Aktivbrief, E-Newsletter*
Möglichkeit zur Mitarbeit	*Gründung und Leitung von Aktivgruppen*

0361

Aktionsbündnis Landmine.de

Landminen, Völkerrecht, ethisches Investment, humanitäre Minenräumung

Das Aktionsbündnis Landmine.de setzt sich für ein weltweites Verbot von Landminen ein. Neben Öffentlichkeitsarbeit und Prominentenkampagnen sowie Lobbyarbeit in Berlin und bei den Vereinten Nationen leistet es auch direkte Opferhilfe. Bis Ende 2007 sollen eine Million Unterschriften für ein Verbot aller Landminen gesammelt werden, Ende 2006 waren es bereits fast 900.000.

Adresse	*Rykestr. 13, 10405 Berlin*
Telefon	*030 / 32 66 16 81*
Fax	*030 / 42 80 16 88*
E-Mail	*thomas@landmine.de*
Internet	*www.landmine.de*
Internationale Büros	*Landmine.de gehört zum internationalen Netzwerk ICBL – International Campaign to Ban Landmines, das aus über 1.400 NGOs besteht. Die unten aufgeführten Organisationen sind ebenfalls Mitglied im ICBL und vertreten dessen Interessen in ihrem Land.*
Geschäftsführung	*Thomas Küchenmeister*
Aufsichtsrat/Vorstand	*Thomas Gebauer, François de Keersmaeker, Volker Kasch*
Gegründet	*1995 als „Deutscher Initiativkreis für das Verbot von Landminen“, 2004 Umbenennung in Aktionsbündnis Landmine.de.*
Mitarbeiter	*2*
Mitglieder/Förderer	*17*
Jahresetat	*180.000 €*
Adresse Österreich	*Austrian Aid for Mine Victims, Börsegasse 3, 1010 Wien, Tel.: 0043 - 1 / 535 75-16, Fax: 0043 - 1 / 535 75-16, E-Mail: judith.majlath@aon.at*
Adresse Schweiz	*Swiss Campaign to Ban Landmines and Geneva Call, PO Box 334, 1211 Genf, Tel.: 0041 - 79 / 41 17 010, Fax: 0041 - 22 / 80 02 068, E-Mail: ereusse@worldcom.ch, www.genevacall.org*

Adresse Luxemburg	*Handicap Internationel - Luxemburg, 140, rue Adolphe Fischer, 1521 Luxemburg, Tel.: 00352 - 42 80 60-1, Fax: 00352 - 26 43 10 60, E-Mail: mpplanchard@handicap-international.lu, www.handicap-international.lu*
Adresse Hauptsitz	*International Campaign to Ban Landmines, Chemin Balexert 7, 1219 Geneva, Schweiz, Tel.: 0041 - 22 / 92 00-325, Fax: -115, E-Mail: icbl@icbl.org, www.icbl.org*
Arbeitsweise	*Lobbyarbeit, Kampagnen, Recherche, Öffentlichkeitsarbeit*
Möglichkeit zur Mitarbeit	*in Kampagnen, Aktionen, Öffentlichkeitsarbeit*
Erfolge	*das Zustandekommen der Ottawa-Konvention zum Verbot von Landminen, einseitige Abrüstungsschritte der Bundesregierung bei Streumunition und Landminen sowie entsprechende Resolutionen des Europäischen Parlamentes*

0362

Aktionsgemeinschaft Dienst für den Frieden e.V.

Konfliktmediation & -prävention

Die Aktionsgemeinschaft Dienst für den Frieden ist ein Zusammenschluss von 34 Organisationen und Institutionen, die alle mit unterschiedlichen Schwerpunkten und Arbeitsprogrammen Friedensarbeit im In- und Ausland leisten. Auf der Internetseite der AGDF findet sich eine „Landkarte lokale Friedensarbeit", auf der viele regionale Friedensgruppen beschrieben sind. Die AGDF kooperiert eng mit der Evangelischen Kirche.

Abkürzung	*AGDF*
Adresse	*Blücherstr. 14, 53115 Bonn*
Telefon	*0228 / 24 99 90*
E-Mail	*agdf@friedensdienst.de*
Internet	*www.friedensdienst.de*
Geschäftsführung	*Jan Gildemeister*
Aufsichtsrat/Vorstand	*Michael Mildenberger*
Gegründet	*1968*
Mitarbeiter	*6*
Mitglieder/Förderer	*34 Mitgliedsorganisationen*
Arbeitsweise	*Vernetzung, Lobbyarbeit, Öffentlichkeitsarbeit*
Publikationen	*E-Newsletter*

0363

Arbeitsgemeinschaft Friedenspädagogik

Friedensbildung & -erziehung

Die Arbeitsgemeinschaft Friedenspädagogik entwickelt und erprobt Projekte für Jugendhilfe und Bildungsarbeit, in denen sie Wege zur Gewaltfreiheit vermittelt. Die AGFP will zeigen, dass Menschenrechte kein abstraktes und internationales Thema sind, sondern konkret im Alltag angewendet werden können. Beispiele für ihre Arbeit sind: Konzeptentwicklung zur gewaltfreien Konfliktaustragung in der Kinder- und Jugendarbeit, Internetforen zum Thema Gewalt in der Lebenswelt Jugendlicher und die Bereitstellung von Medienpaketen zu einzelnen Themen.

Abkürzung	*AGFP*
Adresse	*Waltherstraße 22, 80337 München*
Telefon	*089 / 651 82 22*
Fax	*089 / 66 86 51*
E-Mail	*info@agfp.de*
Internet	*www.agfp.de*
Aufsichtsrat/Vorstand	*Dr. Ignaz Fischer-Kerli*
Gegründet	*1974*
Mitarbeiter	*4*
Mitglieder/Förderer	*25*
Jahresetat	*ca. 100.000 €*
Arbeitsweise	*Beratung, Projekte, Vernetzung*
Publikationen	*Rundbrief*
Auszeichnungen	*Respect 2006 (Renate Grasse)*

0364

Arbeitsgemeinschaft für Friedens- und Konfliktforschung e.V.

Abrüstung & Rüstungskontrolle, Friedensforschung, Konfliktmediation & -prävention

„Im längsten Frieden spricht der Mensch nicht soviel Unsinn und Unwahrheit als im kürzesten Kriege", sagte schon Jean Paul 1808. Den Ursachen von Frieden und Krieg und ihrer wissenschaftlichen Untersuchung widmet sich seit 1968 die Arbeitsgemeinschaft für Friedens- und Konfliktforschung. Auf ihren jährlichen Konferenzen wirft die AFK einen Blick auf die Rolle verantwortlicher Wissenschaft, nachhaltiger Friedenspolitik, würdigt politisches Engagement und will zwischen Wissenschaft und Öffentlichkeit einen Dialog initiieren. Vergangene Themen waren z.B. die sicherheitspolitischen Folgen des militärischen Einsatzes von Informationstechnologien. Die AFK fördert wissenschaftliche Arbeiten, die sich intensiv mit Friedens- und Konfliktforschung auseinandersetzen und die Grundlage für eine friedensorientierte politische Praxis sein könnten. Neben der Koordination von Arbeitskreisen und Kooperationen zwischen Wissenschaftlerinnen und Wissenschaftlern setzt sie sich für eine aktive Friedens- und Abrüstungspolitik ein.

Abkürzung	*AFK*
Adresse	*AFK-Geschäftsführung, Tönninger Weg 29, 22609 Hamburg*
Telefon	*040 / 800 41 78*
E-Mail	*afkgf@aol.com*
Internet	*www.afk-web.de*
Geschäftsführung	*Wilhelm Nolte*
1. Vorsitzender	*Prof. Dr. Peter Schlotter*
Gegründet	*1968*
Mitglieder/Förderer	*225*
Arbeitsweise	*Tagungen, Forschung, Jahrbuch*
Möglichkeit zur Mitarbeit	*Mitwirkung in friedenswissenschaftlichen Arbeitskreisen*

0365

Arbeitsgruppe Friedensforschung und Europäische Sicherheitspolitik

Abrüstung & Rüstungskontrolle, Friedensforschung

Die Arbeitsgruppe Friedensforschung und Europäische Sicherheit untersucht sowohl kurzfristige sicherheitspolitische Probleme Europas als auch langfristige Ziele einer europäischen Friedensordnung. In diesem Zusammenhang führt die Arbeitsgruppe wissenschaftliche Fachtagungen durch und publiziert die Forschungsergebnisse.

Abkürzung	*AFES-PRESS*
Adresse	*Alte Bergsteige 47, 74821 Mosbach*
Telefon	*06261 / 129 12*
Fax	*06261 / 156 95*
E-Mail	*afes@afes-press.de*
Internet	*www.afes-press.de,* *www.afes-press-books.de*
Vorsitzender	*Dr. Hans Günter Brauch*
Gegründet	*1987*
Jahresetat	*unter 100.000 €*
Arbeitsweise	*Publikationen*

0366

Arbeitsstelle Frieden und Abrüstung e.V.

Kriegsdienst, Militarismus

Der Verein tritt für die ersatzlose Abschaffung der Wehrpflicht ein und unterstützt in Bedrängnis geratene Wehrpflichtige bei der Auseinandersetzung mit der Bundeswehr.

Abkürzung	*ASFRAB*
Adresse	*Kopenhagener Str. 71, 10437 Berlin*
Telefon	*030 / 44 01 30-28*
Fax	*-29*
E-Mail	*info@asfrab.de*
Internet	*www.asfrab.de*
Geschäftsführung	*Michael Behrendt*
Aufsichtsrat/Vorstand	*Udo Kroth*
Gegründet	*1990*
Mitarbeiter	*1*
Arbeitsweise	*Recherche, Öffentlichkeitsarbeit, Publikationen*
Publikationen	*Mitgliederrundbrief*

0367

Arms Control Association

Abrüstung & Rüstungskontrolle, Atomwaffen, Kleinwaffen, Landminen, nichttödliche Waffen

Ob Waffen, Abrüstung oder Landminen: Bei der Arms Control Association ist der Name Programm. Seit 1971 setzt sich die Organisation für effektive Abrüstungsabkommen ein. In öffentlichen Bildungs- und Medienprogrammen und ihrem Magazin Arms Control Today (ACT) liefert die ACA Hintergrundinformationen, Kommentare und Analysen zu aktuellen nationalen und internationalen Sicherheitsdiskussionen und spielt in der Auseinandersetzung um den Atomteststopp-Vertrag eine zentrale Rolle.

Abkürzung	*ACA*
Adresse	*Kiefholzstr. 12, 12435 Berlin*
Telefon	*030 / 437 23 97-0*
Fax	*-2*
E-Mail	*oliver@armscontrol.org*
Geschäftsführung	*Daryl Kimball*
Aufsichtsrat/Vorstand	*John Steinbruner*
Gegründet	*1971*
Mitarbeiter	*1*
Adresse Hauptsitz	*1313 L St. NW, Suite 130, 200305 Washington DC, USA, Tel.: 001 - 202 / 46 38 27-0, Fax: -3, E-Mail: aca@armscontrol.org, www.armscontrol.org*
Arbeitsweise	*Publikationen, Infodienste, Veranstaltungen, Vernetzung, Beratung*
Publikationen	*Arms Control Today*
Erfolge	*ACA hat eine wichtige Rolle bei der Entscheidung des US-Kongresses gespielt, Programme zur Entwicklung neuartiger Atomwaffen zu beenden.*

0368

Berghof Forschungszentrum für konstruktive Konfliktverarbeitung

Friedensforschung, Konfliktmediation & -prävention

Wie gestaltet sich der Übergang von Gewalt zu Frieden? Wie entsteht sozialer Wandel? Welche Prozesse spielen bei Konfliktsituationen eine besondere Rolle? Welche Ansprüche stellt so ein Wandel an die handelnden Personen? Diesen und anderen Fragen geht das Berghof Forschungszentrum für konstruktive Konfliktbearbeitung nach. Angesiedelt ist das Forschungszentrum am Knotenpunkt von Theorie und Praxis. So werden in der Theorie Handlungsmöglichkeiten für die Lösung ethnopolitischer Konflikte entworfen und dann anhand ihrer praktischen Umsetzung (z.B. in Sri Lanka) überprüft. Daraus entstehen wiederum Anregungen für die Forschung. Ziel des Ganzen ist es, friedensschaffende und friedensfördernde Prozesse verständlicher zu machen und sie aktiv zu unterstützen.

Adresse	*Altensteinstraße 48a, 14195 Berlin*
Telefon	*030 / 84 41 54-0*
Fax	*-99*
E-Mail	*info@berghof-center.org*
Internet	*www.berghof-center.org*
Geschäftsführung	*Dr. David Bloomfield*
Gegründet	*1993*
Mitarbeiter	*7*
Arbeitsweise	*Forschung, praktische Hilfe, Publikationen*
Publikationen	*Berghof Handbook, Berghof Report, E-Newsletter*

0369

Berliner Informationszentrum für Transatlantische Sicherheit

Abrüstung & Rüstungskontrolle

Das Berliner Informationszentrum für Transatlantische Sicherheit arbeitet für ein Konzept der kooperativen Sicherheit und betreibt Forschungen zur Sicherheits- und Militärpolitik sowie zur Abrüstung. Es analysiert Fragen der europäischen Verteidigungspolitik und gilt als unabhängige Quelle für Hintergrundinformationen zu allen militärischen und sicherheitspolitischen Fragen. Durch Lobbyarbeit nimmt BITS politisch Einfluss und trägt zum Entscheidungsprozess bei. Es gibt Publikationen für Medien, Politik und Wissenschaft heraus.

Abkürzung	*BITS*
Adresse	*Rykestr. 13, 10405 Berlin*
Telefon	*030 / 44 68 58-0*
Fax	*030 / 44 10 221*
E-Mail	*bits@bits.de*
Internet	*www.bits.de*
Geschäftsführung	*Gerd Busmann, Otfried Nassauer*
Arbeitsweise	*Forschung, Infodienst, Lobbyarbeit*

0370

Bonn International Center for Conversion – BICC GmbH

Friedensforschung, Kleinwaffen, Rüstungsexporte

Das Bonn International Center for Conversion (Internationales Konversionszentrum Bonn) engagiert sich in unterschiedlichsten Projekten für Frieden und Abrüstung: Dokumentation von Rüstungsexporten, Beratungen zum Thema Kleinwaffen, Waffenembargos und Militärtechnologie. Zentrales Ziel ist dabei die Konversion, d.h. die Umwidmung aller Ressourcen, die heute noch für Rüstung eingesetzt werden, für soziale Projekte: Schwerter zu Pflugscharen, ganz praktisch, hier und heute. Dazu kommen beim BICC auch Projekte zu Ressourcenkonflikten (Thema Wasser) und zur Friedensbildung.

Abkürzung	*BICC*
Adresse	*An der Elisabethkirche 25, 53113 Bonn*
Telefon	*0228 / 911 96-0*
Fax	*0228 / 24 12 15*
E-Mail	*bicc@bicc.de*
Internet	*www.bicc.de*
Geschäftsführung	*Peter J. Croll*
Arbeitsweise	*Recherche, Dokumentation, Publikationen, Beratung*

0371

Bund für Soziale Verteidigung e.V.

Friedensbildung & -erziehung, Konfliktmediation & -prävention

Das Ziel des BSV sind zivile, gewaltfreie Ansätze für die Lösung von Konflikten, im schulischen/beruflichen Alltag wie im internationalen Maßstab. Schulprojekte wie „Streiten ist cool" stehen dabei neben Trainings für gewaltfreie Aktionen und der Unterstützung internationaler „gewaltfreier Friedensverbände".

Abkürzung	*BSV*
Adresse	*Schwarzer Weg 8, 32423 Minden*
Telefon	*0571 / 294 56*
E-Mail	*info@soziale-verteidigung.de*
Internet	*www.soziale-verteidigung.de*
Geschäftsführung	*Björn Kunter, Kathrin Vogler*
Aufsichtsrat/Vorstand	*Ute Finckh-Krämer, Bernhard Nolz*
Gegründet	*1989*
Mitarbeiter	*4*
Mitglieder/Förderer	*450*
Gründungsanlass	*Gegründet wurde der BSV 1989 nach einem Kongress „Wege zur Sozialen Verteidigung", an dem 1988 in Minden über 1.000 Menschen teilnahmen. Gründungsvorsitzende war Petra Kelly.*
Arbeitsweise	*Beratung, Fortbildung, Öffentlichkeitsarbeit, Aktionen*
Möglichkeit zur Mitarbeit	*Mitarbeit in Arbeitsgemeinschaften (AG), Infostände*

0372

cfd – Die feministische Friedensorganisation

Asyl, Flüchtlinge & Migration, Frauen, Friedensbildung & -erziehung, Gewalt gegen Frauen, Gleichberechtigung

Die Feministische Friedensorganisation cfd engagiert sich für die Gleichberechtigung von Frauen und Männern in puncto Zugang zu Ressourcen, zum öffentlichen Raum und zur Politik. Der cfd ist aktiv in der internationalen Zusammenarbeit, der Migrations- und der Friedenspolitik. Der Verein lanciert und unterstützt Empowerment-Projekte – verstanden als Prozess der Machtgewinnung – von Frauenorganisationen im Mittelmeerraum. Dazu gehören Projekte in Nordafrika, Israel und Südosteuropa, die eine bessere Ausbildung von Frauen zum Ziel haben und sich gegen häusliche Gewalt richten. Der cfd kümmert sich auch um die Belange von Migrantinnen in der Schweiz.

Adresse	*Postfach 5761, Falkenhöheweg 8, 3001 Bern, Schweiz*
Telefon	*0041 - 31 / 30 05 06-0*
Fax	*-9*
E-Mail	*info@cfd-ch.org*
Internet	*www.cfd-ch.org*
Geschäftsführung	*Cécile Bühlmann*
Aufsichtsrat/Vorstand	*Doris Strahm*
Ansprechpartner	*Internationale Zusammenarbeit: Ursula Keller, ursula.keller@cfd-ch.org Sekretariat: Beatrice Schenker, info@cfd-ch.org Kommunikation und Fundraising: Susanne Buri, susanne.buri@cfd-ch.org Migrationspolitik: Alicia Gamboa, alicia.gamboa@cfd-ch.org*
Gegründet	*1983 als Christliche Friedensdienst*
Mitarbeiter	*14*
Mitglieder/Förderer	*786*
Jahresetat	*4.163.000 CHF*
Arbeitsweise	*Recherche, Vernetzung, Lobbyarbeit, Beratung, Kampagnen, Projektarbeit*
Publikationen	*cfd-Zeitung*
Möglichkeit zur Mitarbeit	*Mitarbeit in thematischen Fachkommissionen, Teilnahme an öffentlichen Aktionen*
Auszeichnungen	*2000: Erster Förderpreis der Fachstelle Migration der Berner Kirchen, 2001: Förderpreis der Stadt Zürich für die Gleichstellung von Frau und Mann*

0373

Connection e.V.

Kriegsdienstverweigerung, Flüchtlinge, Asyl

Connection setzt sich für Kriegsdienstverweigerer und Deserteure weltweit ein. Anhand von öffentlichen Veranstaltungsreihen macht Connection auf die Situation von Verweigerern aufmerksam und bemüht sich um Schutz von Flüchtlingen, die wegen Kriegsdienstverweigerung im Herkunftsland verfolgt werden. Durch Postkartenaktionen unterstützt Connection inhaftierte Verweigerer z.B. in den USA und der Türkei.

Adresse	*Gerberstr. 5, 63065 Offenbach*
Telefon	*069 / 82 37 55-34*
Fax	*-35*
E-Mail	*office@Connection-eV.de*
Internet	*www.Connection-eV.de*
Geschäftsführung	*Rudi Friedrich*
Aufsichtsrat/Vorstand	*Franz Nadler*
Gegründet	*1993*
Mitarbeiter	*1*
Arbeitsweise	*Kampagnen, Lobbyarbeit, Tagungen*
Publikationen	*Kriegsdienstverweigerung im Krieg*
Möglichkeit zur Mitarbeit	*Beteiligung an Briefaktionen für inhaftierte Kriegsdienstverweigerer, Patenschaften für Verweigerer*
Auszeichnungen	*Aachener Friedenspreis 1996, Siegmund-Schultze-Förderpreis 2001*

0374

Darmstädter Signal e.V.

Abrüstung & Rüstungskontrolle, Auslandseinsätze der Bundeswehr/Armee, Bundeswehr, Rüstungsexporte

Der Arbeitskreis „Darmstädter Signal" ist eine Organisation von Mitgliedern der Bundeswehr und für diese. Er setzt sich mit gesellschaftspolititschen Fragen im Zusammenhang mit dem Militär auseinander. Der Arbeitskreis versteht sich selbst als kritisches Sprachrohr von ehemaligen und aktiven Offizieren und Unteroffizieren der Bundeswehr. Im Jahr 1983 von 20 Bundeswehrsoldaten gegründet, wendet sich die Organisation seit jeher gegen Rüstungsexporte, Einsatz der Bundeswehr im Innern und die Stationierung und den Einsatz von Massenvernichtungswaffen. Sie fordert die konsequente Verwirklichung des Bundeswehr-Leitbildes vom „Staatsbürger in Uniform". Der Arbeitskreis steht der Politik der Auslandseinsätze der Bundeswehr kritisch gegenüber und setzt sich mit rechtsradikalen Tendenzen in der Truppe auseinander. Durch Seminare und Pressearbeit trägt der Arbeitskreis seine Ziele nach außen.

Adresse	*Quellenstraße 80, 53913 Swisttal*
Telefon	*02254 / 17 45*
Fax	*02254 / 824 69*
Internet	*www.darmstaedter-signal.de*
Aufsichtsrat/Vorstand	*Helmuth Prieß, Christiane Ernst-Zettl, Jürgen Rose*
Gegründet	*1983*
Mitglieder/Förderer	*105 Mitglieder, 200 Förderer*
Jahresetat	*7000 €*
Gründungsanlass	*Im September 1983 beschlossen 20 Offiziere und Unteroffiziere der Bundeswehr einen friedenspolitischen Aufruf: „Das DARMSTÄDTER SIGNAL". Sie wandten sich nicht nur gegen die „Nach"-Rüstung mit Atomraketen in West- und Osteuropa, sondern forderten eine kleinere, nicht angriffsfähige Bundeswehr und den Abbau aller Massenvernichtungsmittel von deutschem Boden und weltweit.*
Arbeitsweise	*Lobbyarbeit, Beratung, Gremienvertretung, Tagungen*
Publikationen	*Rundbrief*
Auszeichnungen	*1984: Gustav-Heinemann-Bürgerpreis, 1992: Clara-Immerwahr-Auszeichnung*

0375

Deutsche Friedensgesellschaft – Vereinigte KriegsdienstgegnerInnen

Abrüstung & Rüstungskontrolle, Atomwaffen, Auslandseinsätze der Bundeswehr/Armee, Kleinwaffen, Kriegsdienst

Ob Abrüstung und Atomwaffen, Kriegsdienstverweigerung und Kleinwaffen oder Pazifismus und Anti-Militarismus, die Deutsche Friedensgesellschaft Vereinigte KriegsdienstgegnerInnen arbeitet zu einer Vielfalt an Themen. Die Grundsatzerklärung der Pazifisten lautet: „Der Krieg ist ein Verbrechen an der Menschheit. Ich bin daher entschlossen, keine Art von Krieg zu unterstützen und an der Beseitigung aller Kriegsursachen mitzuarbeiten." Das kann bedeuten, sich gegen Rüstungslieferungen in den Nahen Osten einzusetzen, im Rahmen des internationalen „Bombspotting" Anzeige gegen die Rolle der Landesregierung in der illegalen Atomwaffenstrategie der NATO zu erstatten oder Gewehre vor dem deutschen Rüstungsexportmeister Heckler & Koch (H&K) zu zersägen. Die wichtigste aktuelle Aktivität der DFG-VK ist die Kampagne „Schritte zur Abrüstung".

Abkürzung	*DFG-VK*
Adresse	*Kasseler Str. 1a, 60486 Frankfurt a. M.*
Telefon	*069 / 27 29 82-31*
Fax	*-32*
E-Mail	*office@dfg-vk.de*
Internet	*www.dfg-vk.de*
Regionalbüros	*In 9 deutschen Städten*
Geschäftsführung	*Monty Schädel*
Gegründet	*1892*
Mitarbeiter	*6*
Mitglieder/Förderer	*5000*
Arbeitsweise	*Aktionen, Demonstrationen, Kampagnen, Lobbyarbeit, Beratung*
Publikationen	*Zivilcourage, Forum Pazifismus*
Möglichkeit zur Mitarbeit	*in Regionalgruppen*

0376

Deutsche Koordination Kindersoldaten

Kindersoldaten

Die Deutsche Koordination Kindersoldaten ist ein Bündnis von zehn Nichtregierungsorganisationen. Das Bündnis versteht sich als deutscher Zweig der internationalen Coalition to Stop the Use of Child Soldiers, die es seit 1998 gibt und die aus nationalen und regionalen Bündnissen besteht.

Adresse	*c/o Kindernothilfe e.V., Düsseldorfer Landstraße 180, 47249 Duisburg*
Telefon	*0203 / 77 89-180*
Fax	*0203 / 77 89-28 91 80*
E-Mail	*info@kindernothilfe.de*
Internet	*www.kindersoldaten.info*
Internationale Büros	*In 35 Ländern weltweit gibt es Koalitionen gegen den Einsatz von Kindersoldaten.*
Gegründet	*1998 international, 1999 in Deutschland*
Mitarbeiter	*Die Koordination wird von zehn NGOs in Deutschland getragen*
Adresse Hauptsitz	*Coalition to Stop the Use of Child Soldiers, 2-12 Pentonville Road, N1 9HF London, Großbritannien, Tel.: 0044 - 20 / 77 13 27-61, Fax: -94, E-Mail: info@child-soldiers.org, www.child-soldiers.org*
Gründungsanlass	*die Erarbeitung eines Zusatzprotokolls zu Kindersoldaten zum UN-Übereinkommen über die Rechte des Kindes*
Arbeitsweise	*Kampgagnen, Lobbyarbeit, Aktionen jeweils am 12. Februar anlässlich des Internationalen Tages gegen Kindersoldaten (Red Hand Day)*
Erfolge	*die zahlreiche und schnelle Ratifikation des internationalen Protokolls gegen den Einsatz von Kindersoldaten*

0377

Deutscher Friedensrat e.V.

Friedensbildung & -erziehung, Konfliktmediation & -prävention, Kriegsdienst

Krieg als Mittel der Politik zu ächten und bewaffnete Gewalt zur Durchsetzung wie auch immer gearteter Ziele zu verurteilen, die Völkerverständigung und Friedenserziehung zu fördern, internationale Beziehungen zu entmilitarisieren und Kriegsdienstverweigerung zu unterstützen: Das sind die Ziele des Deutschen Friedensrates. Als unabhängiger und überparteilicher Verein ist er Teil der deutschen und internationalen Friedensbewegung. Mit Seminaren, Unterschriftensammlungen, Briefaktionen, Demonstrationen, Kampagnen und Ausstellungen setzt sich der Verein unermüdlich für den Frieden ein.

Adresse	*Platz der Vereinten Nationen 7, 10249 Berlin*
Telefon	*030 / 74 26 52-90*
Fax	*030 / 420 73 38*
E-Mail	*saefkow-berlin@t-online.de*
Internet	*www.deutscher-friedensrat.de*
Internationale Büros	*50 Länderbüros*
Geschäftsführung	*Dr. Bärbel Schindler-Saefkow*
Aufsichtsrat/Vorstand	*Dr. Bärbel Schindler-Saefkow*
Adresse Hauptsitz	*Weltfriedensrat, 10 Othonos Str., 0557 Athen, Griechenland*
Publikationen	*PAX REPORT*

0378

Deutsches Aktionsnetz Kleinwaffen Stoppen

Abrüstung & Rüstungskontrolle, Kleinwaffen

Das Deutsche Aktionsnetz Kleinwaffen Stoppen ist ein Zusammenschluss verschiedener Friedens-, Menschenrechts- und entwicklungspolitischer Gruppen und Organisationen. Ziel der Kampagnen und Aktionen ist es, auf die weltweite Problematik der Kleinwaffen aufmerksam zu machen und die politisch Verantwortlichen aufzufordern, gesetzliche Grundlagen und Kontrollverfahren durchzusetzen, um deutsche Rüstungsexporte zu verhindern. Mit Demonstrationen vor den Toren von Waffenherstellern und dem monatlich erscheinenden Kleinwaffen-Newsletter (zu den Themen Kleinwaffen, Kindersoldaten und Minen) verdeutlicht das DAKS die tödlichen Gefahren für die Allgemeinheit, die von Kleinwaffen ausgehen.

Abkürzung	*DAKS*
Adresse	*DAKS-Koordination c/o RüstungsinformationsBüro (RIB) e.V., Stühlingerstraße 7, 79106 Freiburg*
Telefon	*0761 / 767 80-88*
Fax	*-90*
E-Mail	*rib.freiburg@gmx.de*
Internet	*www.rib-ev.de/daks*
Geschäftsführung	*André Maertens*
Aufsichtsrat/Vorstand	*Jürgen Grässlin, Paul Russmann, Andrea Kolling, Kurt Bangert*
Gegründet	*2002*
Arbeitsweise	*Aufklärungsarbeit, Kampagnen, Recherchen*
Publikationen	*Newsletter*
Möglichkeit zur Mitarbeit	*Organisation von Diskussionsveranstaltungen, Weitergabe von Informationsmaterial an Infoständen, Lobbying*

0379

EIRENE – Internationaler Christlicher Friedensdienst

Armut, Behinderung, Entwicklungshilfe, Erdöl, Konfliktmediation & -prävention, Nord-Süd-Politik, Soziale Gerechtigkeit

Eirene ist griechisch und heißt Frieden. Mitarbeiter von Eirene sind als Entwicklungshelfer in Afrika und Lateinamerika im Einsatz und unterstützen dort verschiedene Projekte im Umwelt-, Landwirtschafts- und Menschenrechtsbereich, z.B. Kleingewerbeförderung, Behindertenförderung, Hilfe bei Konfliktlösungen. Parallel arbeitet Eirene in den Ländern des Nordens und mischt sich auch hier in die Politik ein. So prangert sie in Deutschland die massiven Rüstungsexporte an. Im Tschad engagiert sich Eirene zum Beispiel für eine sozial- und umweltverträgliche Ölförderung, die internationale Standards für Menschenrechte achtet, bewaffnete Konflikte vermeidet und die Menschen der Region an den Einnahmen beteiligt – Ölgelder zur Armutsbekämpfung. In Europa und Nordamerika gehört auch der Einsatz gegen die soziale Ausgrenzung von ethnischen Randgruppen und sozial Schwachen dazu.

Adresse	*Engerser Str. 81, 56564 Neuwied*
Telefon	*02631 / 83 79-0*
Fax	*-90*
E-Mail	*eirene-int@eirene.org*
Internet	*www.eirene.org*
Internationale Büros	*Niederlande*
Geschäftsführung	*Angela König*
Aufsichtsrat/Vorstand	*Harry Schram*
Gegründet	*1957*
Mitarbeiter	*15*
Mitglieder/Förderer	*4500*
Jahresetat	*3,4 Millionen €*
Adresse Schweiz	*Compte postal 23-5046 -2, 2300 La Chaux-de-Fonds, Tel.: 0041 - 21 / 88 78 812, E-Mail: eirenesuisse@vtx.ch, www.eirenesuisse.ch*
Arbeitsweise	*Lobbyarbeit, Freiwilligeneinsätze, praktische Hilfe*
Publikationen	*EIRENE-Rundbrief*
Auszeichnungen	*2003: Landespreis Rheinland-Pfalz zum Europäischen Jahr der Menschen mit Behinderungen für die Unterstützung von Selbsthilfegruppen im Tschad*

0380

Evangelische Arbeitsgemeinschaft zur Betreuung der Kriegsdienstverweigerer

Konfliktmediation & -prävention, Kriegsdienst

Die Evangelische Arbeitsgemeinschaft zur Betreuung der Kriegsdienstverweigerer (EAK) unterstützt und berät Kriegsdienstverweigerer und setzt sich – z.B. im Rahmen von Tagungen – für eine gewaltfreie Konfliktbearbeitung ein.

Abkürzung	*EAK*
Adresse	*Wachmannstr. 65, 28209 Bremen*
Telefon	*0421 / 34 40 37*
Fax	*0421 / 349 19 61*
Internet	*www.eak-online.de*
Geschäftsführung	*Günter Knebel*
Bundesvorsitzender	*Walter Herrenbrück*
Gegründet	*1956*
Arbeitsweise	*Beratung, Tagungen*

0381

Federation of American Scientists

Abrüstung & Rüstungskontrolle, Atomwaffen, Energiepolitik, Informationsfreiheit, Kleinwaffen, Rüstungsexporte, Rüstungstechnologie, Weltraumwaffen

Die Gründung der Federation of American Scientists war eine Reaktion auf die Entwicklung der Atombombe. Die beteiligten Wissenschaftler und Wissenschaftlerinnen verpflichteten sich selbst, die neuen technischen Errungenschaften zum Nutzen der Menschheit einzusetzen anstatt zu ihrer potentiellen Vernichtung. Heute ist die FAS eine der wichtigsten amerikanischen Friedensorganisationen und ein unerschöpflicher Quell der Informationen über alles Militärische. Die Themen reichen von Atomwaffen über Geheimdienste und Weltraumwaffen bis hin zu einem Projekt zur Geheimhaltung bei staatlichen Stellen. Die FAS gilt als äußerst zuverlässige Quelle für wissenschaftliche Daten und Fakten rund um (Ab-)Rüstungsfragen.

Abkürzung	*FAS*
Adresse	*1717 K St., NW, Washington, DC 20036, USA*
Telefon	*001 - 202 / 546 33 00*
Fax	*001 - 202 / 675 10 10*
E-Mail	*webmaster@fas.org*
Internet	*www.fas.org*
Geschäftsführung	*Dr. Henry Kelly*
Aufsichtsrat/Vorstand	*Tara O'Toole*
Gegründet	*1945*
Arbeitsweise	*Forschung, Recherche, Publikationen, Infodienst, Kampagnen*

0382

Forschungsstätte der Evangelischen Studiengemeinschaft

Friedensforschung, Konfliktmediation & -prävention, nachhaltige Entwicklung, Ressourcenschutz

Die Forschungsstätte der Evangelischen Studiengemeinschaft ist eines der renommiertesten Friedensforschungsinstitute in Deutschland und Mitherausgeberin des jährlichen Friedensgutachtens. Die Themen des Forschungsbereiches „Frieden und nachhaltige Entwicklung" reichen von ziviler Konfliktbearbeitung über Umweltmanagement bis hin zu Ressourcenkonflikten. In anderen Arbeitsbereichen befasst sich die FEST mit Religion und Kultur sowie Theologie und Naturwissenschaft.

Abkürzung	*FEST*
Adresse	*Schmeilweg 5, 69118 Heidelberg*
Telefon	*06221 / 91 22-0*
Fax	*06221 / 16 72 57*
E-Mail	*info@fest-heidelberg.de*
Internet	*www.fest-heidelberg.de*
Institutsleiter	*Prof. Dr. Eberhard Schmidt-Aßmann*
Vorstandsvorsitzender	*Bischof Prof. Dr. Martin Hein*
Gegründet	*1957*
Mitglieder/Förderer	*getragen u.a. von der EKD und den evangelischen Landeskirchen*
Arbeitsweise	*Forschung, Beratung, Tagungen*
Publikationen	*Newsletter*

0383

Forschungsverbund Naturwissenschaft, Abrüstung, internationale Sicherheit

Abrüstung & Rüstungskontrolle, Atomwaffen, Friedensbildung & -erziehung, Friedensforschung, Rüstungstechnologie

FONAS ist ein Zusammenschluss von Wissenschaftlern verschiedener Disziplinen, die fachübergreifend zu Fragen der Abrüstung und internationalen Friedenspolitik arbeiten. Hervorzuheben ist die naturwissenschaftliche Annäherung an das Thema – für ihre Forschung wenden die Wissenschaftler mathematische, natur- oder technikwissenschaftliche Methoden an. Themen sind die Abschätzung der Folgen neuer Waffentechnologien, die Erarbeitung von Vertragsvorschlägen zur Abrüstung, die Konzeptentwicklung für die Nichtverbreitung von Massenvernichtungswaffen, die Umwandlung von militärischer Hochtechnologie in friedliche Anwendungen und die Altlastenbeseitigung. Ziel ist die öffentliche Vermittlung ihrer Erkenntnisse.

Abkürzung	*FONAS*
Adresse	*c/o IANUS, TU-Darmstadt, Hochschulstrasse 4a, 64289 Darmstadt*
Telefon	*06151 / 16 43 68*
Fax	*06151 / 16 60 39*
Internet	*www.fonas.org*
Aufsichtsrat/Vorstand	*Dr. Wolfgang Liebert*
Gegründet	*1996*
Mitglieder/Förderer	*50*
Arbeitsweise	*Forschung, Tagungen, Publikationen*
Publikationen	*FONAS Newsletter*

0384

Forum Ziviler Friedensdienst e.V.

Friedensbildung & -erziehung, Konfliktmediation & -prävention, Traumaarbeit

„Frieden braucht Fachleute". Das ist einer der Grundgedanken des Forums Ziviler Friedensdienst, der sich sowohl national als auch international für ein friedliches Zusammenleben einsetzt. Das forumZFD bildet Menschen zu Friedensfachkräften aus und entsendet sie in Konfliktregionen in Palästina, Israel und Südosteuropa. Dialog, Vermittlung und Versöhnung stehen dabei im Vordergrund. Gefördert werden auch Projekte wie ein Beratungszentrum für kriegstraumatisierte Menschen, insbesondere ehemalige Soldaten in Serbien.

Abkürzung	*forumZFD*
Adresse	*Wesselstr. 12, 53113 Bonn*
Telefon	*0228 / 98 14-515*
Fax	*-517*
E-Mail	*kontakt@forumzfd.de*
Internet	*www.forumzfd.de*
Geschäftsführung	*Heinz Wagner*
Vorsitzender	*Dr. Tilman Evers*
Ansprechpartner	*Abteilung Projekte und Programme: Carsten Montag*
Gegründet	*1996 in Deutschland*
Mitarbeiter	*15*
Mitglieder/Förderer	*250*
Arbeitsweise	*Projekte*
Publikationen	*Frieden braucht Fachleute*
Möglichkeit zur Mitarbeit	*in Arbeitskreisen, Öffentlichkeitsarbeit, Ausleihe der Ausstellung „Frieden braucht Fachleute"*
Auszeichnungen	*1997: Gustav Heinemann Bürgerpreis, 2005: Göttinger Friedenspreis*

0385

Frauen für den Frieden Schweiz

Frauen, Friedensbildung & -erziehung

Frauen für den Frieden ist ein Zusammenschluss von schweizerischen Frauen, die sich für eine gerechte und friedliche Welt einsetzen. Überwindung des Blockdenkens und der Abbau von Feindbildern sind die Hauptanliegen des Vereins. Die Vereinsarbeit beinhaltet die Organisation von Protestaktionen, Demonstrationen und Kundgebungen, aber auch das Schreiben von Zeitungsartikeln und Lobbying in der Politik. Projekte betreffen z.B. die Unterstützung der Vereinigung russischer Soldatenmütter oder Hilfe für marokkanische Kinder, die mit ihren Müttern inhaftiert sind.

Adresse	*Huzlenstrasse 34, 8604 Volketswil, Schweiz*
Telefon	*0041 - 44 / 945 07-25*
Fax	*-26*
E-Mail	*sekretariat@frauenfuerdenfrieden.ch*
Internet	*www.frauenfuerdenfrieden.ch*
Geschäftsführung	*Brigitte Nievergelt*
Aufsichtsrat/Vorstand	*Heidi Maugué-Aebi*
Gegründet	*1994*
Mitarbeiter	*2*
Arbeitsweise	*Kampagnen, Tagungen, Lobbyarbeit, Projektunterstützung*
Publikationen	*Frauenstimme*

0386

Frauen in Schwarz

Frauen, Friedensbildung & -erziehung

Frauen in Schwarz ist ein internationales Netzwerk von Frauengruppen, die sich für den weltweiten Frieden einsetzen. Mittels Mahnwachen – abgehalten von in Schwarz gekleideten Frauen – sowie Flugblatt- und Plakataktionen machen Frauen in Schwarz auf Kriege und anhaltende Gewalt in Krisengebieten aufmerksam. Sie nehmen politisch Einfluss durch Petitionen sowie Unterstützung von Projekten für von Gewalt betroffene Frauen und Kinder.

Adresse	*Marderstraat 34, 22399 Hamburg*
Telefon	*040 / 60 29 95 60*
E-Mail	*friedenfis@web.de*
Internet	*www.friedensfrauen.de*
Gegründet	*1991*
Arbeitsweise	*Demonstrationen, finanzielle Hilfe, Kampagnen*
Möglichkeit zur Mitarbeit	*Infostände, Briefe, Unterschriften sammlen*

0387

Frauennetzwerk für Frieden e.V.

Frauen, Friedensbildung & -erziehung

Das Frauennetzwerk für den Frieden steht für die nationale und internationale Zusammenarbeit von Frauenorganisationen, die in der Friedensarbeit tätig sind. Durch Tagungen und Seminare zu Friedensthemen trägt das Netzwerk seine Ziele – Völkerverständigung und Friedenskultur – an die Öffentlichkeit. Lobbying und Projekte zur zivilen Konfliktbearbeitung gehören ebenfalls zum Programm.

Adresse	*Maarweg 47, 53123 Bonn*
Telefon	*0228 / 620 67 71*
E-Mail	*fn.frieden@t-online.de*
Internet	*www.frauennetzwerk-fuer-frieden.de, www.womenalliance.com*
Geschäftsführung	*Heide Schütz*
Gegründet	*1996*
Mitglieder/Förderer	*106 Mitglieder und Fördermitglieder (darunter 10 FrauenOrganisationen und -gruppierungen)*
Jahresetat	*120.000 €*
Gründungsanlass	*4. Weltfrauenkonferenz in Peking 1995*
Arbeitsweise	*Lobbyarbeit, Gremienarbeit, Vernetzung, Projekte zur zivilen Konfliktbearbeitung, finanzielle Hilfe*
Publikationen	*E-Newsletter*
Möglichkeit zur Mitarbeit	*Alle anfallenden Arbeiten und Aktivitäten werden ehrenamtlich ausgeführt mit Ausnahme der Koordination der Projekte. Ehrenamtliche Mitarbeiterinnen bilden das Rückgrat des Vereins.*

0388

Friedensmuseum Nürnberg

Friedensbildung & -erziehung

Das Friedensmuseum möchte Jugendlichen und Erwachsenen Frieden durch Training und Seminare nahebringen. Es wird auch die Arbeit von Menschen gewürdigt, die sich gewaltfrei für Frieden, Abrüstung und Völkerverständigung eingesetzt haben und dies heute noch tun.

Adresse	*Kaulbachstraße 2, 90408 Nürnberg*
Telefon	*0911 / 36 095-77*
E-Mail	*na2444@fen-net.de*
Internet	*www.friedensmuseum.odn.de*
Geschäftsführung	*Elke Winter, Wolfgang Hauf*
Gegründet	*1995*
Mitglieder/Förderer	*42*
Gründungsanlass	*Einrichtung eines Garnisonsmuseum in Nürnberg mit Haushaltmitteln der Stadt*
Arbeitsweise	*Recherche, Ausstellungen, Aktionen*
Publikationen	*Die Kaulquappe*
Möglichkeit zur Mitarbeit	*Museumsdienst, Recherchearbeiten, Archivhilfen*

0389

Friedenswerkstatt Mutlangen

Abrüstung & Rüstungskontrolle, Atomwaffen

Die Friedenswerkstatt Mutlangen ist ein Kind des Kalten Krieges: Aus der Erfahrung des gewaltfreien Widerstandes gegen die Stationierung der Pershing-II-Atomraketen in Mutlangen gegründet, setzen sich ihre Mitarbeiter für eine gewaltfreie und gerechte Welt ein. Die Friedenwerkstatt betreibt ein „lebendiges Museum" und internationale Workcamps, in denen junge Leute gemeinsam arbeiten und Erfahrungen in der Friedensarbeit austauschen können. Aktuell führt die Friedenswerkstatt z.B. eine Kampagne zur Abschaffung aller Atomwaffen.

Adresse	*Pressehütte, Forststraße 3, 73557 Mutlangen*
Telefon	*07171 / 756 61*
E-Mail	*post@pressehuette.de*
Internet	*www.pressehuette.de*
Regionalbüros	*Berlin*
Geschäftsführung	*Wolfgang Schlupp-Hauck*
Vereinsvorsitzende	*Lotte Rodi*
Gegründet	*1984*
Arbeitsweise	*Lobbyarbeit, ziviler Ungehorsam, Öffentlichkeitsarbeit, Workcamps*
Publikationen	*FreiRaum*
Möglichkeit zur Mitarbeit	*Beteiligung an Briefaktionen an Abgeordnete, Aktionsreisen zur UNO, Teilnahme an internationaler Jugendbegegnung*
Erfolge	*Abzug der Pershing II aus Mutlangen*

0390

Gesellschaft Kultur des Friedens

Friedensbildung & -erziehung, Globalisierung, Konfliktmediation & -prävention, Menschenrechte, Militarismus

Die Gesellschaft Kultur des Friedens wurde von Intellektuellen und Schriftstellern wie Tschingis Aitmatow und Christa Wolf gegründet, die sich für eine Welt ohne Armut und Ausbeutung, Militarisierung und Rassismus einsetzen. Durch verschiedene Aktionen und Projekte wollen die Mitglieder der wirtschaftlichen Globalisierung eine globalisierte Solidarität entgegensetzen. Zu den Arbeitsschwerpunkten zählen die zivile Konfliktlösung durch Friedenserziehung und die Organisation einer energiepolitischen Konferenz zu regenerativen Energien als Friedensstifter und Beitrag zu nachhaltiger Entwicklung. Außerdem betreibt die Gesellschaft Lobbyarbeit beim Weltwirtschaftsforum in Davos.

Adresse	*Am Lustnauer Tor 4, 72074 Tübingen*
Telefon	*07071 / 522 00*
Fax	*07071 / 249 05*
E-Mail	*info@kulturdesfriedens.de*
Internet	*www.kulturdesfriedens.de*
Gegründet	*1988*
Arbeitsweise	*Aktionen, Lobbyarbeit*

0391

Gewaltfreie Aktion Atomwaffen Abschaffen

Abrüstung & Rüstungskontrolle, Atomwaffen, Weltraumwaffen

Bei der Gewaltfreien Aktion Atomwaffen Abschaffen ist der Name Programm. Ihr Ziel: die weltweite Abschaffung von Atomwaffen. Ihre Methoden: zivile Inspektionen in Militärbasen, um die Existenz von US-Atomwaffen in der BRD öffentlich zu machen; Friedensmärsche und -fahrradtouren sowie Aktionen des zivilen Ungehorsams und Aufrufe an Soldaten zur Befehlsverweigerung. Ihre Themen: die Neuentwicklung von Atomwaffen, Uran- und Weltraumwaffen. Ihre Reichweite: international.

Abkürzung	*GAAA*
Adresse	*Haußmannstr. 6, 70188 Stuttgart*
Telefon	*0711 / 215 51-12*
E-Mail	*info@gaaa.org*
Internet	*www.gaaa.org*
Geschäftsführung	*Roland Blach*
Gegründet	*1996 in Deuschland*
Mitarbeiter	*2*
Mitglieder/Förderer	*ca. 40*
Arbeitsweise	*Aktionen, Lobbyarbeit*
Publikationen	*FreiRaum*
Möglichkeit zur Mitarbeit	*bei Aktionen, Öffentlichkeitsarbeit (Redaktionsarbeit FreiRaum)*

0392

Green Cross

Chemiewaffen, Energieeffizienz, Klima, Kriegsfolgen & Wiederaufbau, Naturschutz, Ressourcenschutz, Wasserkonflikte

Als „Rotes Kreuz für die Umwelt" hatte Initiator Michail Gorbatschow anlässlich der UN-Konferenz von Rio das Green Cross bezeichnet. Erklärtes Ziel der Initiative ist es, Konflikte um natürliche Ressourcen zu verhindern oder zu lösen, umweltpolitische Folgen von Kriegen und Konflikten anzusprechen und Betroffenen Unterstützung anzubieten. Im „Legacy-Programm" sollen die Altlasten des Kalten Krieges in Osteuropa oder auch die langfristigen Folgeschäden des Vietnamkrieges abgemildert werden. Im Klimabereich wird ein Technologietransfer für eine effizientere Energienutzung unterstützt, und in der Abrüstung liegt der Schwerpunkt auf den chemischen Waffen.

Adresse	*Glinkastraße 5-7, 10117 Berlin*
Telefon	*030 / 20 65 48-57*
Fax	*-58*
E-Mail	*info@greencross-germany.de*
Internet	*www.greencross-germany.de*
Internationale Büros	*rund 30 nationale Green Cross Organisationen*
Geschäftsführung	*Dr. Ursula Schefler*
Vorsitzender	*Reiner Braun*
Gegründet	*1992*
Adresse Schweiz	*Fabrikstr. 17, 8005 Zürich, Tel.: 0041 - 43 / 499 13-13, Fax: -14, E-Mail: info@greencross.ch, www.greencross.ch*
Adresse Hauptsitz	*160a, route de Florissant, 1231 Conches/Genf, Schweiz, Tel.: 0041 - 22 / 789 16-62, Fax: -95, E-Mail: gcinternational@gci.ch, www.gci.ch*
Arbeitsweise	*Kampagnen, praktische Hilfe, Lobbyarbeit*
Publikationen	*The Green Cross Optimist*

0393

Gruppe für eine Schweiz ohne Armee

Auslandseinsätze der Bundeswehr/Armee, Konfliktmediation & -prävention, Kriegsdienst, Militarismus, Rüstungsexporte

Die Gruppe für eine Schweiz ohne Armee gründete sich 1982, um eine Volksinitiative für die Abschaffung der Schweizer Armee zu starten. Zunächst belächelt und beschimpft, gelang es der GSoA im Herbst 1986, eine solche Initiative auf den Weg zu bringen; im November 1989 stimmten immerhin 35,6% der Abstimmenden zu. Aktuell arbeitet GsoA an einer Initiative zum Verbot von Rüstungsexporten, um das „Geschäft mit dem Tod zu stoppen". Die GSoA lehnt nicht einfach nur das Militär ab, sondern macht auch alternative Lösungsvorschläge, beispielsweise eine Initiative für einen zivilen Friedensdienst und „zivile Delegationen" nach Palästina.

Abkürzung	*GSoA*
Adresse	*Postfach, 8031 Zürich, Schweiz*
Telefon	*0041 - 44 / 27 30-100*
Fax	*-212*
E-Mail	*gsoa@gsoa.ch*
Internet	*www.gsoa.ch*
Regionalbüros	*Zürich, Basel, Bern und Genf*
Gegründet	*1982*
Regionalgruppen	*9*
Arbeitsweise	*Volksinitiativen, Kampagnen, Veröffentlichungen*
Publikationen	*Panzerknacker*

0394

Handicap International

Menschen mit Behinderung, Landminen

Hilfe für Menschen mit Behinderungen jeglicher Art – das ist die Arbeit von Handicap International. Insbesondere in Ländern der Dritten Welt sind behinderte Menschen in ihrem alltäglichen Leben oft unterversorgt und leiden Not. Handicap International bildet vor Ort Techniker in der Herstellung orthopädischer Geräte und Prothesen aus – bevorzugt werden dabei Behinderte – und weist so einen Weg in die Unabhängigkeit von ausländischer Hilfe. Die Organisation setzt sich für die Integration von Behinderten in der Gesellschaft ein und führt medizinische Vorsorgen durch.

Adresse	*Ganghofer Straße 19, 80339 München*
Telefon	*089 / 54 76 06-0*
Fax	*-20*
E-Mail	*info@handicap-international.de*
Internet	*www.handicap-international.de*
Geschäftsführung	*François De Keersmaeker*
Vorstandsvorsitzende	*Dorothee Prenissl*
Gegründet	*1982, Gründung der deutschen Sektion 1998*
Mitarbeiter	*11*
Jahresetat	*1.520.000 € in Deutschland, 54.400.000 € international*
Adresse Schweiz	*Av. de Joli-Mont 11, 1209 Genève, Tel.: 0041 - 22 / 788 70-33, Fax: -35, E-Mail: contact@handicap-international.ch, www.handicap-international.ch*
Adresse Luxemburg	*140, rue Adolphe Fischer, 1521 Luxembourg, Tel.: 00352 - 428 06 01, Fax: 00352 - 26 43 10 60, E-Mail: hilux@pt.lu, www.handicap-international.lu*
Arbeitsweise	*Nothilfe- und Entwicklungsprogramme in fast 60 Ländern weltweit, Bewusstseinsbildung und Kampagnen (Landminen, Streumunition, Rechte von Menschen mit Behinderung) in Deutschland*
Publikationen	*Handicap International aktiv*
Auszeichnungen	*Die 1992 von sechs Organisationen – darunter Handicap International – gegründete Internationale Kampagne für ein Verbot von Landminen erhielt 1997 den Friedensnobelpreis. Das Deutschlandprojekt ComIn für Flüchtlinge mit*

	Behinderung in München erhält 2007 den Förderpreis „Münchner Lichtblicke".
Möglichkeit zur Mitarbeit	*Auslandsmitarbeit (Physiotherapie, Orthopädietechnik, Minenräumung, Verwaltung); ehrenamtlich, z.B. im Arbeitskreis Kriegsfolgen: regelmäßige Treffen in München zur Vorbereitung von Aktionen, Lobbyarbeit etc.; außerdem ehrenamtliche Übersetzungen oder Mitarbeit im Büro in München (EDV, technische Dienstleistungen, Versandaktionen)*
Erfolge	*Weltweit werden zehntausende Menschen mit Behinderung behandelt und Tausende lokale Fachkräfte (Physiotherapie, Orthopädietechnik, Minenräumung, Verwaltung) ausgebildet. Der Ottawa-Vertrag für ein Verbot von Anti-Personen-Minen wurde 1997 unterzeichnet.*

0395

Hessische Stiftung Friedens- und Konfliktforschung

Friedensforschung, Konfliktmediation & -prävention, Soziale Gerechtigkeit

Die Hessische Stiftung Friedens- und Konfliktforschung ist eine der wichtigsten Einrichtungen der Friedensforschung in Deutschland. Sie arbeitet wissenschaftlich zu den Ursachen gewaltsamer internationaler Konflikte und den Bedingungen für den Frieden. Geforscht wird u.a. zu Rüstungskontrolle und Abrüstung, Umweltkonflikten, Terrorismus, Verelendung von Bevölkerungsgruppen, europäischer Integration, Demokratisierung von Gesellschaften und Herstellung des inneren Friedens. Die Forschungsergebnisse finden Eingang in politische Entscheidungen zur Lösung von Konflikten und Vorbeugung von Gewalt und Krieg.

Abkürzung	*HSFK*
Adresse	*Leimenrode 29, 60322 Frankfurt a. M.*
Telefon	*069 / 95 91 04-0*
Fax	*069 / 55 84 81*
E-Mail	*info@hsfk.de*
Internet	*www.hsfk.de*
Geschäftsführung	*Prof. Dr. Harald Müller*
Gegründet	*1970*
Mitarbeiter	*60*
Jahresetat	*ca. 2.700.000 €*
Arbeitsweise	*Grundlagenforschung, Politikberatung, Publikationen*
Publikationen	*HSFK-Standpunkte, HSFK-Reports, PRIF-Reports, E-Newsletter*

0396

Informationsstelle Militarisierung e.V.

Abrüstung & Rüstungskontrolle, Auslandseinsätze der Bundeswehr/Armee, Bundeswehr, Militarismus

Die Informationsstelle Militarisierung untersucht verschiedene friedenspolitische Themen weltweit und hat dabei besonders die Rolle Deutschlands im Blick. Der Verein versteht sich als Mittler zwischen Forschung und Friedensbewegung und will mit seinen Analysen und Informationen einen Beitrag zur Völkerverständigung leisten. Die Mitarbeiter der Informationsstelle publizieren diverse Studien zu aktuellen politischen Entwicklungen, der Verein vermittelt auch Referenten und bearbeitet Rechercheaufträge. Darüber hinaus stellt er eine umfangreiche Datenbank zur Verfügung und sammelt Unterschriften gegen Auslandseinsätze der Bundeswehr.

Abkürzung	*IMI*
Adresse	*Hechingerstraße 203, 72072 Tübingen*
Telefon	*07071 / 491-54*
Fax	*-59*
E-Mail	*imi@imi-online.de*
Internet	*www.imi-online.de*
Geschäftsführung	*Jürgen Wagner*
Publikationen	*AUSDRUCK*

0397

Institut für Friedensforschung und Sicherheitspolitik Hamburg

Abrüstung & Rüstungskontrolle, Friedensforschung, Rüstungstechnologie, Weltraumwaffen

Das Institut für Friedensforschung und Sicherheitspolitik Hamburg ist eines der großen Friedensforschungsinstitute in Deutschland. Es arbeitet an einem breiten wissenschaftlichen Themenspektrum, von Fragen der Rüstungskontrolle über europäische Sicherheits- und Außenpolitik bis hin zu Transformationsprozessen in Osteuropa oder Zentralasien. Eine im Jahr 2000 gegründete Arbeitsgruppe befasst sich speziell mit der Arbeit, den Erfolgen und Widrigkeiten der OSZE, und im Zentrum für Europäische Friedens- und Sicherheitsstudien (ZEUS) stehen die Möglichkeiten und Grenzen einer EU-Sicherheitspolitik im Mittelpunkt der Forschungsarbeit. An der Schnittstelle zwischen Naturwissenschaft und Friedensforschung arbeitet die Arbeitsgruppe zu Abrüstung, Rüstungskontrolle und Risikotechnologien, die neue Technologien auf ihren möglichen militärischen Missbrauch untersucht und sich dabei mit Fragen der Weltraumbewaffnung oder Raketenabwehrsystemen befasst.

Abkürzung	IFSH
Adresse	Falkenstein 1, 22587 Hamburg
Telefon	040 / 866 07 70
Fax	040 / 866 36 15
E-Mail	info@ifsh.de
Internet	www.ifsh.de
Geschäftsführung	Prof. Dr. Michael Brzoska
Gegründet	1971
Mitarbeiter	60
Arbeitsweise	Forschung, Publikationen, Beratung
Publikationen	Hamburger Beiträge zur Friedensforschung

0398

International Action Network on Small Arms

Abrüstung & Rüstungskontrolle, Kleinwaffen

„Small arms, big problem, big business". Jede Minute wird ein Mensch mit einer Handfeuerwaffe getötet – dagegen stellt sich IANSA, ein weltweites Netzwerk von Organisationen, die gegen die Verbreitung von Kleinwaffen arbeiten. Das Sekretariat von IANSA vernetzt und unterstützt die einzelnen Mitgliedsorganisationen und arbeitet auf internationaler Ebene für ein weltweites Waffenhandelsabkommen, denn in den heutigen Kriegen sind es Kleinwaffen wie Gewehre oder (Maschinen-)Pistolen, die die meisten Todesopfer fordern.

Abkürzung	*IANSA*
Adresse	*Development House, 56-64, Leonard Street, EC2A 4LT London, Großbritannien*
Telefon	*0044 - 207 / 065 08-70*
Fax	*-71*
E-Mail	*contact@iansa.org*
Internet	*www.iansa.org*
Internationale Büros	*IANSA unterhält 10 Büros weltweit und hat mehr als 700 Mitgliedsorganisationen in über 100 Ländern*
Geschäftsführung	*Rebecca Peters*
Aufsichtsrat/Vorstand	*Daniel Luz*
Gegründet	*1988*
Arbeitsweise	*Lobbyarbeit, Recherche, Öffentlichkeitsarbeit und Kampagnen*
Publikationen	*Women at Work: Preventing Gun Violence, IANSA Update*
Möglichkeit zur Mitarbeit	*in den jeweiligen Mitgliedsorganisationen – in Deutschland z.B. BITS, BICC, HSFK, RIB, in Österreich die IPPNW, in der Schweiz z.B. das International Peace Bureau (siehe jeweils dort). Eine Möglichkeit zur Mitarbeit sind u.a. Recherchen zu Waffengesetzen oder -exporten in den jeweiligen Ländern.*
Erfolge	*Mittlerweile unterstützen viele Regierungen ein internationales Abkommen zum Waffenhandel. IANSA erreichte gemeinsam mit Amnesty International und Oxfam, dass 2007 Verhandlungen zu einem rechtlich verbindlichen Übereinkommen zur Kontrolle des internationalen Waffenhandels („Arms Trade Treaty") begonnen haben.*

0399

International Association Of Lawyers Against Nuclear Arms

Atomwaffen, Auslandseinsätze der Bundeswehr/Armee, Konfliktmediation & -prävention, Whistleblower

IALANA ist eine überparteiliche und unabhängige internationale Organisation von Juristinnen und Juristen, die sich für gewaltfreie Konfliktlösungen engagiert. Ihr zentrales Ziel ist die weltweite wirksame Ächtung aller Massenvernichtungswaffen. Die deutsche Sektion setzt sich unter anderem auch kritisch mit Auslandseinsätzen der Bundeswehr oder den hier stationierten amerikanischen Atomwaffen auseinander.

Abkürzung	*IALANA*
Adresse	*Wilhelm-Roser-Strasse 25, 35037 Marburg/Lahn*
Telefon	*06421 / 230 27*
Fax	*06421 / 158 28*
E-Mail	*info@ialana.de*
Internet	*www.ialana.de*
Regionalbüros	*Glinkastrass 5-7, 10117 Berlin, Tel.: 030 / 26 05-48 57, Fax: -28 37*
Internationale Büros	*IALANA hat Büros in Deutschland, Neuseeland, Sri Lanka und den USA (New York)*
Geschäftsführung	*Reiner Braun*
Aufsichtsrat/Vorstand	*Dr. Peter Becker*
Gegründet	*1988 international, 1989 in Deutschland*
Adresse Hauptsitz	*John Burroughs, 675 Third Avenue, Suite 315, NY 10017-5704 New York, USA, E-Mail: johnburroughs@lcnp.org, www.ialana.net*
Arbeitsweise	*Tagungen, Publikationen*
Auszeichnungen	*2006: UNESCO Peace Education Prize*

International Network of Engineers and Scientists for Global Responsibility

Abrüstung & Rüstungskontrolle, Atomwaffen, Whistleblower

INES ist ein Zusammenschluss von kritischen Wissenschaftlerorganisationen weltweit. Das regelmäßige Organ „What's New in INES" gibt den beteiligten Wissenschaftlern und Wissenschaftlerinnen Gelegenheit, ihre Arbeiten zu publizieren und sich gegenseitig zu informieren. Die Untergruppe INESPE (INES to Protect Ethical Engagement) setzt sich für Whistleblower ein, die Untergruppe INESAP (INES Against Proliferation) für Abrüstung und Rüstungskontrolle.

Abkürzung	*INES*
Adresse	*Glinkastr. 5, 10117 Berlin*
Telefon	*030 / 20 65 38-31*
Fax	*-37*
E-Mail	*INES.Office@web.de*
Internet	*www.inesglobal.com*
Internationale Büros	*INES hat Mitgliedsorganisationen in 42 Ländern weltweit, das internationale Büro sitzt in Berlin*
Geschäftsführung	*Gabriele Krauskopf*
Aufsichtsrat/Vorstand	*Prof. Dr. Claus Montonen*
Gegründet	*1991*
Mitarbeiter	*3*
Mitglieder/Förderer	*rund 90 Mitgliedsorganisationen weltweit*
Jahresetat	*88.000 €*
Arbeitsweise	*Vernetzung, Kampagnen, Projekte, Tagungen, Veröffentlichungen/Bücher*
Publikationen	*What's New In INES, E-Newsletter*

0401

Internationale der Kriegsdienstgegner/innen e.V.

Kriegsdienst, Militarismus

Die Internationale der Kriegsdienstgegner/innen Berlin berät und unterstützt Kriegsdienstverweigerer und setzt sich für eine Abschaffung der Wehrpflicht sowie der Bundeswehr ein.

Abkürzung	*IDK*
Adresse	*Deutsche Sektion der War Resisters, Postfach 28 03 12, 13443 Berlin*
Telefon	*01805 / 060 33 61 35-19*
Fax	*-19*
E-Mail	*info@idk-berlin.de*
Internet	*www.idk-berlin.de*
Geschäftsführung	*Wolfram Beyer*
Gegründet	*1947 in Deutschland als Nachfolgeorganisation vom „Bund der Kriegsdienstgegner" (1919-1933), 1921 international*
Regionalgruppen	*Hamburg, Kassel, Ulm und München*
Adresse Hauptsitz	*War Resisters International, 5 Caledonian Rd, N1 9DX London, Großbritannien, Tel.: 020 / 72 78-40 40, Fax: -04 44, E-Mail: info@wri-irg.org, www.wri-irg.org*
Arbeitsweise	*Recherche, Publikationen, Beratung, Aktionen, finanzielle Hilfe, Lobbyarbeit*

0402

Internationale Frauenliga für Frieden und Freiheit

Abrüstung & Rüstungskontrolle, Frauen, Gewalt gegen Frauen, Konfliktmediation & -prävention

Die älteste internationale Frauen-Friedensorganisation, die Internationale Frauenliga für Frieden und Freiheit, wurde 1915 gegründet und kämpft seitdem gegen alle Formen von Krieg und Gewalt. Unermüdlich analysiert sie den Zusammenhang globaler Strukturen, die Ursachen für Gewalt gegen Frauen und die Auswirkungen dieser Strukturen auf Friedens- und Sicherheitspolitik. An der Gründung der UNO war sie maßgeblich beteiligt und hat dort einen Beraterinnenstatus inne. Von internationalen Kongressen und Weltfrauenkonferenzen ist sie nicht wegzudenken.

Abkürzung	*IFFF*
Adresse	*Geschäftsführung, Graefestraße 71, 10967 Berlin*
Telefon	*030 / 29 00 29-08*
E-Mail	*anja@notmail.org*
Internet	*www.internationalefrauenliga.de*
Geschäftsführung	*Anja Witte*
Aufsichtsrat/Vorstand	*Irmgard Heilberger*
Gegründet	*1915*
Regionalgruppen	*München, Berlin, Rheinland, Rhein-Ruhr*
Adresse Schweiz	*Fellenbergstr. 1, 3012 Bern, Tel.: 0041 - 31 / 301 72-07, E-Mail: regula.brunner@wilpf.ch*
Adresse Hauptsitz	*International Secretary, 1, rue de Varembe, 1211 Geneva 20, Schweiz, Tel.: 0041 - 22 / 919 70-80, Fax: -81, E-Mail: inforequest@wilpf.ch, www.wilpf.int.ch*
Arbeitsweise	*Lobbyarbeit, Infodienst, Tagungen*

0403

Internationaler Versöhnungsbund – Deutscher Zweig

Friedensbildung & -erziehung, Konfliktmediation & -prävention, Kriegsdienst

Der Glaube an die Macht der Wahrheit und der Liebe steht für den Internationalen Versöhnungsbund im Zentrum seiner Bemühungen um Gerechtigkeit. Als spirituell begründete Bewegung ist er seit 1914 gewaltfrei aktiv gegen Krieg und Unrecht.

Abkürzung	*IVB*
Adresse	*Schwarzer Weg 8, 32423 Minden*
Telefon	*0571 / 85 08 75*
Fax	*0571 / 829 23 87*
E-Mail	*vb@versoehungsbund.de*
Internet	*www.versoehnungsbund.de*
Regionalbüros	*Freising, Berlin*
Internationale Büros	*in 43 Ländern weltweit*
Geschäftsführung	*Holger Klee*
Vorsitzender	*Ullrich Hahn*
Gegründet	*1914 in Deutschland und international*
Mitarbeiter	*4*
Mitglieder/Förderer	*940*
Adresse Österreich	*Lederergasse 23/3/27, 1080 Wien, Tel.: 0043 - 1 / 408 53 32, Fax: 0043 - 1 / 408 53 32, E-Mail: office@versoehnungsbund.at, www.versoehnungsbund.at*
Adresse Schweiz	*Magnihalden 14, CH-9004 St. Gallen, Tel./Fax: 0041 - 71 / 244 17 37, E-Mail: info@friedenserziehung.ch, www.friedenserziehung.ch*
Adresse Hauptsitz	*International Fellowship of Reconciliation (IFOR), Spoorstraat 38, 1815 BK Alkmaar, Niederlande, Tel.: 0031 - 72 / 512-30 14, Fax: -11 02, E-Mail: office@ifor.org, www.ifor.org*
Gründungsanlass	*Überwindung des Militarismus und Anerkennung der Kriegsdienstverweigerung*
Arbeitsweise	*Aktionen, Vernetzung, Projekte, Veranstaltungen*
Möglichkeit zur Mitarbeit	*Teilnahme an Arbeitskreisen, Gründung und Leitung von Aktivgruppen*

0404

IPPNW – Internationale Ärzte zur Verhütung des Atomkrieges / Ärzte in sozialer Verantwortung

Atomkraft, Atomwaffen, Flüchtlinge & Migration

Der Name ist Programm: Die „International Physicians for the Prevention of Nuclear War" wurden 1982 als Ärzteorganisation zur Abschaffung aller Atomwaffen weltweit gegründet. In vielen Ländergruppen – so auch in Deutschland und der Schweiz – ist später noch der Widerstand gegen zivile Atomanlagen dazugekommen sowie der Einsatz für soziale Fragen. Die IPPNW in Deutschland setzen sich für Flüchtlinge und gegen Ausländerhass ein und organisieren jährlich den Kongress „Medizin und Gewissen", der der sozialen Verantwortung der Heil- und Pflegeberufe gewidmet ist.

Adresse	*Körtestrasse 10, 10967 Berlin*
Telefon	*030 / 698 07 40*
Fax	*030 / 693 81 66*
E-Mail	*ippnw@ippnw.de*
Internet	*www.ippnw.de*
Internationale Büros	*Die IPPNW umfasst weltweit 58 nationale Sektionen sehr unterschiedlicher Mitglieder- und Organisationsstärke.*
Geschäftsführung	*Frank Uhe*
Aufsichtsrat/Vorstand	*Dr. med. Angela Claußen*
Ansprechpartner	*Atomwaffen: Xanthe Hall, xanthe@ippnw.de*
Gegründet	*1982*
Mitarbeiter	*9*
Mitglieder/Förderer	*7.500*
Regionalgruppen	*67*
Jahresetat	*1.106.000 €*
Adresse Österreich	*Schulgasse 40/17, 1180 Wien, Tel.: 0043 - 2988 / 62 36, Fax: 0043 - 2988 / 62 36-5, E-Mail: office@ippnw.at, www.ippnw.at*
Adresse Schweiz	*Klosterberg 23, 4051 Basel, Tel.: 0041 - 271 / 50 25, Fax: 0041 - 271 / 50 25, E-Mail: sekretariat@ippnw.ch, www.ippnw.ch*
Adresse Hauptsitz	*IPPNW Central Office, 727 Massachusetts Ave., MA 02139 Cambridge, USA, Tel.: 001 - 617 / 868-50 50, Fax: 001 - 617 / 868-25 60, E-Mail: ippnwbos@ippnw.org, www.ippnw.org*

0404

Gründungsanlass	*Atomwaffenstationierung und „Nachrüstung" zu Beginn der 1980er Jahre*
Arbeitsweise	*Kampagnen, Unterschriftenaktionen, Informationsarbeit und Recherche, Lobbyarbeit, Kongresse, Medienarbeit*
Publikationen	*IPPNW-Forum*
Möglichkeit zur Mitarbeit	*in IPPNW-Arbeitskreisen und Regionalgruppen*
Auszeichnungen	*1985: Friedensnobelpreis, 1984: UNESCO Friedenspreis*
Erfolge	*1985 verkündigt Gorbatschov nach intensiver Lobbyarbeit durch die IPPNW ein einseitiges sechsmonatiges sowjetisches Atomtest-Moratorium. Als Folge einer Kampagne der IPPNW holte die Weltgesundheitsorganisation ein Rechtsgutachten zur Völkerrechtswidrigkeit von Atomwaffen beim Internationalen Gerichtshof in Den Haag ein, der 1996 beschied: „Die Androhung mit und Einsatz von Atomwaffen sind generell völkerrechtswidrig."*

0405

Kampagne gegen Wehrpflicht, Zwangsdienste und Militär

Totalverweigerung

Die Kampagne gegen Wehrpflicht und Zwangsdienste informiert und betreut Menschen mit Wehrpflichtproblemen: Erfassungs-, Musterungs- und Totalverweigerer, Kriegsdienstverweigerer, Soldaten und Reservisten. Sie gibt Publikationen zu Wehrpflichtfragen und antimilitaristischen Themen heraus und erarbeitet Expertisen und parlamentarische Anfragen. Sie tritt für die ersatzlose Abschaffung der Wehrpflicht ein. Durch Kleinaktionen wie Demonstrationen etc. macht sie auf ihr Ziel aufmerksam.

Adresse	*Kopenhagener Straße 71, 10437 Berlin*
Telefon	*030 / 44 01 30-25*
Fax	*-29*
E-Mail	*info@kampagne.de*
Internet	*www.kampagne.de*
Regionalbüros	*Potsdam*
Gegründet	*1990*
Arbeitsweise	*Beratung, Publikationen*

0406

Menschen gegen Minen e.V.

Kriegsfolgen & Wiederaufbau, Landminen

Minen räumen und Leben retten, das sind die erklärten Ziele der Stiftung Menschen gegen Minen. In den Nachkriegsregionen Angolas, Mosambiks und Namibias räumen mobile Teams nicht nur Minen, sondern auch zurückgelassene Munition und andere tödliche Nachlässe, um der Bevölkerung eine Infrastruktur für eine friedliche und menschliche Zukunft zu schaffen. Eigene Hundeführer werden vor Ort ausgebildet und MgM lädt dazu ein, ihre Entwicklungen in der humanitären Minenräumtechnologie weltweit kostenfrei zu kopieren.

Abkürzung	*MgM*
Adresse	*Oberlinstr.8, 40625 Düsseldorf*
Telefon	*0211 / 167 88-41*
Fax	*-42*
E-Mail	*mgm@mgm.org*
Internet	*www.mgm.org*
Geschäftsführung	*Dagmar Chabowski*
Aufsichtsrat/Vorstand	*Hendrik Ehlers*
Gegründet	*1996*
Mitglieder/Förderer	*7.500*
Jahresetat	*2.748.000 €*
Arbeitsweise	*Praktische Hilfe, Infodienst, Entwicklung von Minenräumtechnologie*

0407

NaturwissenschaftlerInnen-Initiative Verantwortung für Frieden und Zukunftsfähigkeit

Abrüstung & Rüstungskontrolle, Atomwaffen, Erneuerbare Energien

In der NaturwissenschaftlerInnen-Initiative Verantwortung für Frieden und Zukunftsfähigkeit haben sich 900 kritische Wissenschaftlerinnen und Wissenschaftler zusammengeschlossen, um in gemeinsamen Projekten für eine friedlichere und sozialere Welt zu kämpfen. Durch ihre naturwissenschaftliche Expertise können sie mögliche Folgen neuer technischer Entwicklungen umfassend bewerten oder auch neue Ansätze – beispielsweise für die Rüstungskontrolle oder für regenerative Energiequellen – entwickeln. Im Mittelpunkt stehen Friedensfragen, aber auch umweltpolitische Themen, vor allem Klima/Energie, werden von der Initiative angepackt.

Adresse	*Stralauer Platz 34, 10243 Berlin*
Telefon	*030 / 31 99 66-86*
Fax	*-89*
E-Mail	*vorstand@natwiss.de*
Internet	*www.natwiss.de*
Geschäftsführung	*Noara Kebir*
Aufsichtsrat/Vorstand	*Wolfgang Neef*
Arbeitsweise	*Forschung, Tagungen, Publikationen, Vernetzung*
Publikationen	*NatWiss Aktuell*

0408

Netzwerk Friedenskooperative

Asyl, Auslandseinsätze der Bundeswehr/Armee, Flüchtlinge & Migration, Kriegsdienst, Rüstungsexporte

Das Netzwerk setzt sich für eine Welt ohne Kriege und bewaffnete Konflikte ein. Durch Kampagnen und Aktionen versucht es die Öffentlichkeit zu sensibilisieren und politischen Druck auszuüben. Thematische Schwerpunkte sind die aktuelle Situation in Kriegs- und Krisengebieten, aber auch die wachsende Gefahr durch den Atomstreit mit dem Iran und die Lage in Israel. Der Verein prangert Waffenhandel und Aufrüstung an. Thema ist aber auch der Umgang mit Flüchtlingen in Europa und Deutschland und die europäische Sicherheitspolitik.

Adresse	*Römerstraße 88, 53111 Bonn*
Telefon	*0228 / 69 29-04*
Fax	*-06*
E-Mail	*friekoop@bonn.comlink.org*
Internet	*www.friedenskooperative.de*
Geschäftsführung	*Kristian Golla, Mani Sterner*
Gegründet	*1983 als Koordinierungsausschuß der Friedensbewegung*
Mitarbeiter	*3*
Mitglieder/Förderer	*2.200*
Jahresetat	*150.000 €*
Arbeitsweise	*Vernetzung örtlicher Friedensinitiativen, Aktionen, Veranstaltungen, Infodienst*
Publikationen	*FriedensForum*
Möglichkeit zur Mitarbeit	*lokale Beteiligung an Kampagnen und koordinierten dezentralen Aktionen wie z.B. den Ostermärschen und Aktionen zum Antikriegstag*

0409

Nonviolent Peaceforce

Friedensbildung & -erziehung, Konfliktmediation & -prävention

Die Nonviolent Peaceforce ist ein weltweites Netzwerk, das Friedensfachkräfte und Konfliktberater in ihrer Arbeit vereint. Diese Mitarbeiter werden bei Bedarf mobilisiert und in Konfliktregionen entsandt. Es besteht eine enge Zusammenarbeit mit lokalen Partnerorganisationen, z.B. in Sri Lanka und Kolumbien. Die Mitarbeiter setzen sich im Kampf gegen Menschenrechtsverletzungen ein und arbeiten in der Gewaltprävention. Die Konfliktbearbeiter werden vor ihrem Einsatz in der Theorie der Gewaltlosigkeit, Mediation, Krisenanalyse und -lösung trainiert. Die Einsätze werden wissenschaftlich evaluiert.

Adresse	*c/o Bund für Soziale Verteidigung, Schwarzer Weg 8, 32423 Minden*
Telefon	*0571 / 294 56*
Fax	*0571 / 230 19*
E-Mail	*info@nonviolent-peaceforce.de*
Internet	*www.nonviolentpeaceforce.de*
Internationale Büros	*USA, Belgien, Sri Lanka*
Geschäftsführung	*Mel Duncan*
Gegründet	*2002*
Adresse Hauptsitz	*Rue Van Elewyck 35, 1050 Brussels, Belgium, Tel.: 0032 - 2 / 648 00 76, Fax: 0032 - 2 / 648 00 76, E-Mail: info@nonviolentpeaceforce.org, www.nonviolentpeaceforce.org*
Arbeitsweise	*Friedenseinsätze in größerem Maßstab auf Einladung lokaler Friedensgruppen in Konfliktgebieten*
Publikationen	*E-Newsletter*
Möglichkeit zur Mitarbeit	*Mitarbeit in der deutschen Arbeitsgruppe Nonviolent Peaceforce, Organisation von Ausstellungen, Info-Veranstaltungen (Referenten und Ausstellung stehen zur Verfügung)*

0410

Nuclear-Free Future Award

Atomkraft, Atomwaffen, Erneuerbare Energien, Radioaktivität

Der Nuclear-Free Future Award setzt sich für eine atomenergie- und atomwaffenfreie Welt ein. Die Organisation kämpft für den Ausstieg aus der Kernenergie, engagiert sich für die Förderung erneuerbarer Energien und führt Kampagnen gegen den Atomkraftwerksbau in Brasilien mit Beteiligung deutscher Firmen. Sie ehrt Gemeinden, Initiativen und Institutionen, die sich der nuklearen Entwicklung entgegenstellen und an Energiealternativen arbeiten.

Adresse	*Ganghoferstr. 52, 80339 München*
Telefon	*089 / 28 65 97-14*
Fax	*-15*
E-Mail	*cb@nuclear-free.com*
Internet	*www.nuclear-free.com*
Internationale Büros	*Partnerstiftung in den USA: Seventh Generation Fund, Arcata, CA*
Geschäftsführung	*Claus Biegert*
Aufsichtsrat/Vorstand	*Franz Moll*
Gegründet	*1998*
Mitglieder/Förderer	*200*
Jahresetat	*$ 50.000 (davon $ 30.000 Preisgeld)*
Gründungsanlass	*Der Nuclear-Free Future Award ging aus dem World Uranium Hearing 1992 in Salzburg hervor. Auf dieser Weltkonferenz wurde deutlich, wie wichtig es ist, Menschen, die für eine atomfreie Zukunft kämpfen, aus dem Verborgenen ans Licht der Öffentlichkeit zu holen, mit Gleichgesinnten zu vernetzen, zu ehren und mit einem Geldpreis die Fortführung ihrer Arbeit zu sichern.*
Arbeitsweise	*Preisverleihung, Lobbyarbeit, Recherchen*
Publikationen	*Nuclear-Free News*

0411

Pädagoginnen und Pädagogen für den Frieden

Friedensbildung & -erziehung

Pädagoginnen und Pädagogen für den Frieden fühlen sich verantwortlich für eine Kultur des Friedens und eine Erziehung zur Friedensfähigkeit. Der bundesweite, informelle Zusammenschluss von Personen aus dem Erziehungs- und Bildungsbereich arbeitet sowohl im schulischen und außerschulischen Bereich als auch in der Jugendarbeit, an Kindergärten und Hochschulen.

Abkürzung	*PPF*
Adresse	*c/o Hartmut Ring, Gellertstraße 29, 22301 Hamburg*
Telefon	*040 / 279 23 53*
Fax	*040 / 279 23 53*
E-Mail	*ppf@umwelt.ecolink.org*
Internet	*www.friedenskultur.de*
Bundessprecher	*Bernhard Nolz, Hartmut Ring*
Gegründet	*1981/82*
Mitglieder/Förderer	*80*
Regionalgruppen	*unter anderem in Tübingen, Darmstadt, Köln, Oberhausen, Siegen, Magdeburg, Potsdam, Hamburg, Dortmund*
Adresse Österreich	*Lederergasse 23/3/27, 1080 Wien, Tel.: 0043 - 1 / 408 53 32, Fax: 0043 - 1 / 408 53 32, E-Mail: office@versoehnungsbund.at*
Adresse Schweiz	*Leimenstr. 42, 4052 Basel, Tel.: 0041 - 61 / 273 47-88, Fax: -87, E-Mail: info@marcjoset.ch*
Arbeitsweise	*Aktionen, Tagungen*
Publikationen	*et cetera ppf, Friedenskultur in Europa*
Auszeichnungen	*Einer der beiden Sprecher von PPF – Bernhard Nolz – hat den Aachener Friedenspreis 2002 erhalten.*

0412

Pax Christi – internat. katholische Friedensbewegung, deutsche Sektion

Versöhnungs- und Erinnerungsarbeit, Kriegsopfer, Abrüstung, Auslandseinsätze der Bundeswehr, Soziale Gerechtigkeit

Pax Christi ist Teil der internationalen katholischen Friedensbewegung. In dem Verein arbeiten Menschen für den weltweiten Frieden, indem sie nach zivilen Wegen der Konfliktaustragung suchen. Pax Christi fordert eine politische Weltfriedensordnung, die auf Vertrauen und Kooperation beruht. Dazu gehören die Stärkung und Reform von UNO und Staatenbünden wie der OSZE und der Aufbau des neuen Internationalen Strafgerichtshofes. Pax Christi führt auch Friedensdienst-Projekte in verschiedenen Ländern durch sowie Kampagnen gegen die Militarisierung der Außenpolitik, gegen Rüstungsexporte und Kampfeinsätze der Bundeswehr.

Adresse	*Feststr. 9, 61118 Bad Vilbel*
Telefon	*06101 / 20 73*
Fax	*06101 / 651 65*
E-Mail	*sekretariat@paxchristi.de*
Internet	*www.paxchristi.de*
Regionalbüros	*9*
Internationale Büros	*Pax Christi ist in über 50 Ländern weltweit vertreten*
Geschäftsführung	*Christamaria Weber*
Generalsekretär	*Dr. Reinhard J. Voß*
Gegründet	*1945 international, 1948 in Deutschland*
Mitarbeiter	*5*
Mitglieder/Förderer	*5.000*
Jahresetat	*750.000 €*
Adresse Österreich	*Mengerstraße 23, 4040 Linz, Tel.: 0043 - 732 / 24 40 11-0, Fax: -72, E-Mail: office@paxchristi.at, www.paxchristi.at*
Adresse Schweiz	*Chemin du Cardinal Journet 3, 1752 Villars-sur-Glâne, Tel.: 0041 - 26 / 426 34-75, Fax: -76, E-Mail: pxch@paxchristi.ch, www.paxchristi.ch*
Adresse Hauptsitz	*Rue du Vieux Marché aux Grains, 21, 1000 Brüssel, Belgien, Tel.: 0032 - 2 / 502 55-50, Fax: 0032 - 2 / 502 46-26, E-Mail: info@paxchristi.net, www.paxchristi.net*
Arbeitsweise	*Aktionen, Gremienvertretung, Infodienst, Kampagnen, Lobbyarbeit, Projekte, Tagungen, Vernetzung*
Publikationen	*pax zeit, E-Newsletter*

0413

Peace Watch Switzerland

Friedensbildung & -erziehung, Konfliktmediation & -prävention, Menschenrechte

Ob Chiapas, Guatemala oder Israel/Palästina: Gewalttätige Übergriffe auf die Zivilbevölkerung charakterisieren den Alltag in diesen Konfliktgebieten. Peace Watch Switzerland entsendet Beobachterinnen und Beobachter in diese Krisenregionen, um Dorfgemeinschaften vor Ort zu begleiten, vor Gewalt zu schützen und mit ihrer Präsenz den Frieden zu fördern. Soziale Gerechtigkeit und die Einhaltung der Menschenrechte sind zentrale Ziele des Vereins, der auf die Philosophie der Gewaltfreiheit setzt. Der Verein für internationale Menschenrechtsbeobachtung sucht freiwillige Beobachterinnen und Beobachter in der Schweiz, bildet sie für den Einsatz aus und entsendet sie für zwei oder drei Monate in eines der Projekte.

Abkürzung	*PWS*
Adresse	*Quellenstrasse 31, 8005 Zürich, Schweiz*
Telefon	*0041 - 44 / 272 27 88*
Fax	*0041 - 44 / 272 27 88*
E-Mail	*info@peacewatch.ch*
Internet	*www.peacewatch.ch*
Geschäftsführung	*Kathrin Salmon*
Gegründet	*1993, als Verein 2001 gegründet.*
Mitarbeiter	*6*
Jahresetat	*278.000 €*
Arbeitsweise	*Entsendung von freiwilligen Menschenrechts-beobachtern und -beobachterinnen*
Publikationen	*E-Newsletter*
Möglichkeit zur Mitarbeit	*lokale Begleitgruppen, Infostände, Mitarbeit in Trainings*

0414

Plattform Zivile Konfliktbearbeitung

Friedensbildung & -erziehung, Friedensforschung, Konfliktmediation & -prävention

Bei der Plattform Zivile Konfliktbearbeitung ist der Name Programm. Als offenes Netzwerk will sie Einzelne und NGOs bei ihrer gewaltmindernden Arbeit unterstützen und miteinander verbinden. Sie arbeitet zu Themen wie Entwicklungszusammenarbeit, Friedens- und Konfliktforschung und humanitärer Hilfe. Als Plattform für den Austausch von Informationen und die Entwicklung von Foren für weitere Zusammenarbeit widmet sie sich auch der Lobbyarbeit und bietet Recherche und Beratung zur zivilen Konfliktbearbeitung an.

Adresse	*Haus der Demokratie und Menschenrechte, Greifswalder Straße 4, 10405 Berlin*
Telefon	*030 / 54 71 43-21*
Fax	*-22*
E-Mail	*koordination@konfliktbearbeitung.net*
Internet	*www.konfliktbearbeitung.net*
Geschäftsführung	*Priska Palacios*
Aufsichtsrat/Vorstand	*Ulrich Frey, Ute Hegener*
Gegründet	*1998*
Mitarbeiter	*3*
Mitglieder/Förderer	*180*
Arbeitsweise	*Bildungsarbeit, Bereitstellung von Informationen über Konflikte und Konfliktbearbeitung; Beratung, Unterstützung und Qualifizierung, Vernetzung*
Möglichkeit zur Mitarbeit	*Vorbereitung von Tagungen, Mitarbeit in Arbeitsgruppen*
Erfolge	*Der Aktionsplan zivile Krisenprävention, Konfliktlösung und Friedenskonsolidierung wurde 2004 vom Bundestag verabschiedet. Die Plattform hat sich aktiv für die Erstellung des Aktionsplans eingesetzt und ist im Beirat des Aktionsplans vertreten.*

0415

RüstungsInformationsBüro e.V.

Abrüstung & Rüstungskontrolle, Kindersoldaten, Kleinwaffen, Rüstungsstandort Deutschland

Kleinwaffen, Kalaschnikow-Produktion oder Kindersoldaten: Das RüstungsInformationsBüro informiert über Waffenproduktion und Rüstungsexporte, tritt für eine Welt ohne Militär ein und dient als Archiv für die Friedensbewegung. Hier finden sich Informationen zu Militärindustrie, Friedensarbeit und Antikriegsbewegung. Außerdem koordiniert das RIB das bundesweite Deutsche Aktionsnetz Kleinwaffen Stoppen (siehe dort).

Abkürzung	*RIB*
Adresse	*Stühlingerstr. 7, 79102 Freiburg*
Telefon	*0761 / 767 80-88*
Fax	*-90*
E-Mail	*rib.freiburg@gmx.de*
Internet	*www.rib-ev.de*
Aufsichtsrat/Vorstand	*Virginia Edwards-Menz*
Gegründet	*1992*
Mitarbeiter	*1*
Jahresetat	*20.000 €*
Arbeitsweise	*Kampagnen, Veranstaltungen, Recherche, Aktionen*
Publikationen	*E-Newsletter*
Möglichkeit zur Mitarbeit	*in Arbeitskreisen, Teilnahme an Aktionen und an Infoständen*

0416

Schweizerischer Friedensrat

Abrüstung & Rüstungskontrolle, Friedensbildung & -erziehung, Kleinwaffen, Nord-Süd-Politik, Soziale Gerechtigkeit

Die Gründung des Schweizerischen Friedensrats ist eine Reaktion auf den Zweiten Weltkrieg: Ende 1945 setzten sich seine Initiatoren für den Beitritt der Schweiz zur UNO und die politische Öffnung des Landes ein. Seitdem ist er in verschiedenen friedenspolitischen Initiativen aktiv, z.B. Rüstungsreferendum, ziviler Friedensdienst etc. Weitere Themen sind eine solidarische Außenpolitik, die einen gerechten Umgang mit den Ländern des Südens verfolgt, sowie eine soziale Innenpolitik für die Schweiz. Außerdem organisiert er eine Kampagne gegen Kleinwaffen.

Abkürzung	*SFR*
Adresse	*Gartenhofstr. 7, 8023 Zürich, Schweiz*
Telefon	*0041 - 44 / 242 93 21*
Fax	*0041 - 44 / 241 29 26*
E-Mail	*info@friedensrat.ch*
Internet	*www.friedensrat.ch*
Geschäftsführung	*Peter Weishaupt*
Aufsichtsrat/Vorstand	*Ruedi Tobler*
Gegründet	*1945*
Mitarbeiter	*2*
Mitglieder/Förderer	*2500*
Jahresetat	*200.000 CHF*
Arbeitsweise	*Aktionen, Beratung, Infodienst, Kampagnen, Lobbyarbeit, Projekte, Tagungen*
Publikationen	*FriZ*

0417

SIPRI – Stockholm International Peace Research Institute

Abrüstung & Rüstungskontrolle, Atomwaffen, Biowaffen, Chemiewaffen, Friedensforschung, Konfliktmediation & -prävention

SIPRI setzt sich für die friedliche Lösung internationaler Konflikte und einen stabilen Frieden weltweit ein. Verschiedene Projekte erforschen die Bedingungen für die Entstehung von Konflikten. Weitere Themen sind: Waffenhandel, chemische und biologische Kriegführung, Konflikt-Frühwarnsysteme und präventive Politik. SIPRI stellt eine Datenbank und Bibliothek mit Publikationen zu den Themen zur Verfügung.

Adresse	*Signalistgatan 9, 169 70 Solna, Schweden*
Telefon	*0046 - 8 / 655 97 00*
Fax	*0046 - 8 / 655 97 33*
E-Mail	*sipri@sipri.org*
Internet	*www.sipri.org*
Geschäftsführung	*Alyson J. K. Bailes*
Aufsichtsrat/Vorstand	*Rolf Ekéus*
Gegründet	*1966*
Arbeitsweise	*Forschung, Veröffentlichungen*
Publikationen	*SIPRI-Yearbook*

0418

Sunshine Project e.V.

Abrüstung & Rüstungskontrolle, Biowaffen, Chemiewaffen, nichttödliche Waffen

Beim Sunshine Project erfahren Sie alles, was Sie noch nie über biologische oder chemische Waffen wissen wollten – vom Grauen japanischer Biowaffenangriffe im Zweiten Weltkrieg über die biologische Abwehrforschung der Bundeswehr bis hin zu neuen, betäubenden Chemiewaffen, die gerade in den USA entwickelt werden. Der Name ist dabei Programm – kein Sonnenstudio oder Reiseveranstalter stand Pate, sondern die Erkenntnis, dass biologische Waffen vom hellen Sonnenlicht schnell zerstört werden. So ist es das Ziel des Sunshine Project, Informationen über biologische Waffen an das Licht der Öffentlichkeit zu zerren, um den heimlichen Bakterienbastlern einen Strich durch die Rechnung zu machen. Seine schärfste Waffe ist dabei die Recherche; so konnte das Sunshine Project 2002 ein geheimes und illegales Chemiewaffen-Programm in den USA aufdecken.

Adresse	*Scheplerstraße 78, 22767 Hamburg*
Telefon	*040 / 43 18 80 01*
E-Mail	*van.aken@sunshine-project.de*
Internet	*www.sunshine-project.de*
Internationale Büros	*Hamburg und Oakland, USA*
Geschäftsführung	*Jan van Aken*
Gegründet	*1999*
Mitarbeiter	*1*
Adresse USA	*PO Box 41987, Austin Tx 78704, USA, Tel.: 001 - 512 / 494 05 45, Fax: 001 - 512 / 494 05 45, E-Mail: hammond@sunshine-project.org, www.sunshine-project.org*
Arbeitsweise	*Recherche, Lobbyarbeit, Medienarbeit, Kampagnen*
Erfolge	*2001 wurde der Einsatz von biologischen Waffen im Drogenkrieg in Kolumbien als Folge einer Sunshine-Kampagne gestoppt.*

0419

Swisspeace – Schweizerische Friedensstiftung

Friedensforschung, Konfliktmediation & -prävention

Swisspeace ist ein aktionsorientiertes Friedensforschungsinstitut, das zu den Bereichen Konfliktanalyse und Friedensaufbau arbeitet. Es analysiert die Auslöser von Kriegen und Konflikten, entwickelt Frühwarnsysteme für Spannungsherde und entwirft Maßnahmen zur Konfliktbewältigung. Ferner bietet swisspeace Risikoanalysen und Bewertungen von friedensschaffenden Strategien, Fortbildungen in Konfliktmediation und Trainingsprogramme z.B. zu Versöhnungen in Nachkriegsgesellschaften an.

Adresse	*Sonnenbergstrasse 17, 3000 Bern 7, Schweiz*
Telefon	*0041 - 31 / 33 01-212*
Fax	*-213*
E-Mail	*info@swisspeace.ch*
Internet	*www.swisspeace.org*
Internationale Büros	*Addis Ababa, Äthiopien*
Geschäftsführung	*Prof. Dr. Laurent Goetschel, Dr. Heinz Krummenacher*
Aufsichtsrat/Vorstand	*Prof. Dr. Hans-Balz Peter*
Ansprechpartner	*Außen-, Friedens-, Sicherheitspolitik: Prof. Dr. Laurent Goetschel, -210, laurent.goetschel@swisspeace.ch* *Politische Frühwarnung: Dr. Heinz Krummenacher, -028, heinz.krummenacher@swisspeace.ch* *Menschliche Sicherheit: Dr. Albrecht Schnabel, -071, albrecht.schnabel@swisspeace.ch* *Zivile Konfliktbearbeitung: Dr. Anita Müller, -218, anita.mueller@swisspeace.ch* *Umwelt und Konflikt: Didier Péclard, -216, didier.peclard@swisspeace.ch*
Gegründet	*1988*
Mitarbeiter	*40*
Mitglieder/Förderer	*174 Mitglieder im Unterstützungsverein*
Jahresetat	*4.000.000 €*
Arbeitsweise	*Forschung, Publikationen, Beratung, Training, Konferenzen, Vorträge*
Publikationen	*KOFF-Newsletter*
Erfolge	*Aufbau des Afghan Civil Society Forum (ACSF) und einer schweizerischen Plattform für Regierungs- und Nichtregierungsorganisationen im Bereich „Zivile Friedensförderung" (KOFF)*

0420

Trägerkreis „Atomwaffen abschaffen“

Abrüstung & Rüstungskontrolle, Atomwaffen

„Atomwaffen abschaffen – bei uns anfangen“ lautete das Motto der deutschen Kampagne „atomwaffenfrei bis 2020“. Initiiert hat sie der Trägerkreis Atomwaffen abschaffen, der sich seit über zehn Jahren für eine atomwaffenfreie Welt und den Abzug aller Atomwaffen aus Deutschland einsetzt. In der internationalen Kampagne „Mayors for Peace“ (Bürgermeister für den Frieden) kämpfen Stadtoberhäupter für eine Welt ohne Atomwaffen bis 2020 und wollen die internationale Verbreitung von Atomwaffen verhindern.

Adresse	*c/o Deutsche Friedensgesellschaft, Haußmannstr. 6, 70188 Stuttgart*
Telefon	*0711 / 21 55-112*
Fax	*-214*
E-Mail	*ba-wue@dfg-vk.de*
Internet	*www.atomwaffenfrei.de*
Gegründet	*1994*
Mitglieder/Förderer	*50*
Jahresetat	*5.000 €*
Arbeitsweise	*Lobbyarbeit, Kampagnen*
Möglichkeit zur Mitarbeit	*Recherchen*

0421

Vereinigung Deutscher Wissenschaftler

Abrüstung & Rüstungskontrolle, Atomwaffen, Gentechnik, Whistleblower

Die Vereinigung Deutscher Wissenschaftler ist der Zusammenschluss von rund 400 Geistes-, Natur- und Sozialwissenschaftlern, die sich einer verantwortlichen Wissenschaft verpflichtet fühlen. Die Vereinigung ist aus den „Göttinger 18" hervorgegangen, die sich im Jahr 1959 öffentlich gegen die atomare Bewaffnung der Bundeswehr ausgesprochen haben. Ziel der Mitglieder ist es, in ihrer wissenschaftlichen Arbeit – auch in der Grundlagenforschung – die möglichen militärischen, politischen, sozialen und ökonomischen Implikationen und Missbrauchmöglichkeiten in Forschungsfragestellungen und Lehre einzubeziehen. Neben Jahrestagungen und interdisziplinären Studien führt die Vereinigung auch Projekte durch. Sie hat beratenden Einfluss auf politische Entscheidungen zur Vermeidung des Missbrauchs wissenschaftlich-technischer Ergebnisse.

Abkürzung	*VDW*
Adresse	*Marienstrasse 19/20, 10117 Berlin*
Telefon	*030 / 28 48 21-40*
Fax	*-49*
E-Mail	*info@vdw-ev.de*
Internet	*www.vdw-ev.de*
Geschäftsführung	*Reiner Braun*
Aufsichtsrat/Vorstand	*Dr. Stephan Albrecht*
Mitarbeiter	*2*
Mitglieder/Förderer	*440*
Jahresetat	*ca. 80.000 €*
Gründungsanlass	*Der Versuch der Adenauerregierung, einen eigenen Zugriff auf die Atomwaffen zu bekommen, führte zur Erklärung deutscher Nobelpreisträger und prominenter Wissenschaftler, der sogenannten Erklärung der Göttinger 18 vom 13.4.1957. Dieses war der Anstoß zur Gründung der VDW.*
Arbeitsweise	*Lobbyarbeit, Vernetzung, Preisvergabe Whistleblowerpreis alle zwei Jahre gemeinsam mit der IALANA (siehe dort)*
Publikationen	*Newsletter*
Auszeichnungen	*Nobelpreis an Pugwash international, die VDW ist die deutsche Sektion der Pugwash-Organisation*
Möglichkeit zur Mitarbeit	*Mitarbeit in den Arbeitsgruppen, Teilnahme an den Veranstaltungen*

greenpeace
magazin.
politik.wirt
TU
57 TIPPS FÜ

greenpeace magazin.

Stichworte
Personen

Abfall – Futtermittel

Gefangene – Naturschutz

Naturschutz – Zwangsprostitution

Abel – Göbel

Göken – Nibbenhagen

Nicolova – Voß

Wagner – Zülch

Warenhaus
GREENPEACE MAGAZIN
greenpeace
magazin.

Notizen

Notizen

Notizen

Notizen

Notizen

Notizen